근현대 유림 문집 해제 2
-호남편-

편찬책임 | 서정화
총론집필 | 서정화
자료해제 | 김건우, 백진우, 이대승, 김새미오, 이국진, 정은주, 김진균
목록작업 | 김정화

전주대 한국고전학연구소 HK+연구단 자료총서 09
근현대 유림 문집 해제 2 -호남편-

초판 1쇄 발행 2021년 1월 25일

편   자 | 서정화 외
발행인 | 윤관백
발행처 | 도서출판 선인

등 록 | 제5-77호(1998.11.4)
주 소 | 서울시 마포구 마포대로 4다길 4 곳마루 B/D 1층
전 화 | 02)718-6252/6257   팩 스 | 02)718-6253
E-mail | sunin72@chol.com

정 가 36,000원

ISBN 979-11-6068-448-3 94900
ISBN 979-11-6068-446-9 (세트)

※ 이 저서는 2018년 대한민국 교육부와 한국연구재단의 지원을 받아 수행된 연구임(NRF-2018SA6A3A01045347)

전주대 한국고전학연구소 HK+연구단 자료총서 09

근현대 유림 문집 해제 2
-호남편-

서정화 외 편

동서출판 선인

자료총서를 발간하며

우리는 현재 탈유교사회에 살고 있습니다. 유가 경전을 통해 심성 수양과 철리 탐색을 주로 하던 문·사·철의 영역을 넘어 이학과 공학, 또 학제간의 융복합을 시도하여 새로운 결과물을 산출하는 시대에 살고 있습니다. 뿐만 아니라 디지털 혁명에 기반하여 물리적·디지털적·생물학적 공간의 경계가 희석되는 기술융합의 시대, 4차 산업혁명의 시대를 마주하고 있습니다. 그럼에도 한 발짝 더 이면으로 들어가 보면 유교문화는 여전히 재코드화되어 가족, 학교, 직장 등 가장 낮은 단위에서 실체적 힘으로 작동하고 있음 또한 부인할 수 없습니다.

전주대학교 한국고전학연구소는 『여지도서』와 『추안급국안』의 역주 사업을 밑돌로 삼아 2010년에 출범했습니다. 한국고전번역원의 '권역별 거점연구소 협동번역사업'에 선정되어 10년간 조선시대 문집을 다수 번역했고, 2020년부터 다시 10년간의 사업을 시작합니다. 또한 한국학중앙연구원의 기초자료사업 지원으로 '근현대 유학자 사회관계망 분석 및 자료수집연구'를 9년째 수행하고 있으며, 2014년에는 한국연구재단 대학중점연구소 사업으로 '근현대 지역공동체 변화와 유교이데올로기' 연구도 진행했습니다.

본 연구소는 유교문화 연구에 특화된 연구소입니다. 2018년에는 그간의 연구 성과를 바탕으로 한국연구재단의 인문한국플러스 사업에 '유교문화의 탈영토화, 공존의 인간학과 미래공동체'라는 아젠다로 선정되어 본 연구소가 한 번 더 도약하는 계기를 마련했습니다.

이번에 간행하는 자료총서는 이 인문한국플러스 사업의 일환으로서 정전을 재해석하고 새로운 문화지형을 구축하고자 하는 연구과정에서 산출된 성과물입니다. 본 연구단의 근현대 유교문화 관련 자료아카이브 구축의 방향은 다음과 같이 세 분야를 대상으로 하고 있습니다. 첫째는 일제강점기 이후 전국 단위로 조직된 유교단체가 발간한 기관지 자료, 둘째는 오늘날 향교에서 소장하고 있는 근현대 문서 자료, 셋째는 근대 이후 유림들이 생산한 문집 자료입니다.

자료총서 9권 '근현대 유림 문집 해제 2 - 호남편'은 근현대 호남 지역 유림의 문집을 목록화하고 주요 문집을 해제해 수록한 자료입니다. 사람은 그 시대의 상황과 함께 호흡하며 살아가기 때문에 그 시대의 글쓰기에는 그 시대의 상황이 들어있고, 그 시대의 사안에 대처하는 사람들의 의식이 투영되어 있습니다. 근현대 호남 지역 유림 문집에도 그 시대를 살아가던 호남 유림들의 시대상이 담겨 있습니다. 유교를 존숭하던 전통적인 모습부터 외세와 일제에 치열하게 저항하던 항일 운동의 현장, 신 기술과 정치·종교·문화 등에 부단히 대처하던 정황, 해방과 한국전쟁을 겪으며 느낀 감회들이 수록되어 있습니다. 언뜻 고루하게 전통유학에만 매몰되어 있을 것 같았던 유림 문집에 대한 편견을 넘어서면, 생생한 근현대사의 장(場)을 마주하게 됩니다.

이와 같이 본 연구단에서는 그간 학계에 많이 소개되지 않은 자료들을 포함하여 근현대 유교문화를 재가공하고 새롭게 해석할 수 있는 자료들을 꾸준히 발굴 소개할 것입니다. 이는 앞으로 우리의 근현대 유교문화를 보다 풍부하게 연구할 수 있는 토대로 기능할 것입니다. 본 연구단의 자료총서가 근현대 유교문화를 탐색하는 통로가 되고, 공존을 지향하는 우리의 미래공동체를 환하게 열 수 있는 든든한 디딤돌이 되기를 바랍니다.

본 자료총서가 나올 때까지 많은 분들의 도움을 받았습니다. 먼저 본 연구단을 물심양면으로 지원해주신 이호인 총장님을 비롯한 교직원들께 감사의 말씀을 올립니다. 출판 환경이 녹록치 않은 상황에서도 흔쾌히 본 총서를 출판해주신 윤관백 사장님 이하 직원들께도 사의를 표합니다. 무엇보다도 지속적으로 새로운 자료를 수집하고 자료총서를 기획 추진한 본 연구단의 자료팀 식구들, 특히 빼곡한 자료를 하나하나 들춰가며 궂은일을 감내한 연구보조원 선생님들께 심심한 감사를 전합니다. 아울러 옆에서 든든히 지원사격한 본 연구단의 모든 식구들에게도 고마움을 전합니다.

2021년 1월

한국고전학연구소 소장, 인문한국플러스연구단 단장 변주승

목 차

| **근현대 유림 문집 해제 -호남편- (문집 순)**

【 일러두기 】

1. 본 해제집에 수록된 해제는 근현대의 실제 현장을 보여줄 수 있는 작품을 선별하여 소개했다. 주로 근현대 주요 인물들의 관계를 밝히는 자료, 역사적 사건에 대한 의견, 근현대 새로운 정치 질서와 근대 개념에 대한 의견, 주변국 및 세계 각국의 상황을 소개하거나 비평하는 자료, 외래 종교 및 유학관련 논쟁, 서양기술 및 근대의 새로운 문물·문화·사조에 대한 자료, 의병활동 및 독립운동 관련 자료 등을 중심으로 선별, 해제했다.

2. 해제는 형태서지, 정의, 저자사항, 구성 및 내용, 주요작품 및 문집의 특징, 참고문헌으로 구성했다. 형태서지는 국립중앙도서관에서 개별 문집의 형태서지 내용을 참고했다. 해제 끝에는 해제 대상 문집의 사진 자료를 첨부했고 하단에 자료 출처를 표기했다.

3. 근현대 유림 문집의 목록은 2012년 한국고전번역원 연구과제 ITKC-2012-RR-01(연구책임자: 황위주)를 토대로 기초 목록을 작성했다. 외부 자문 및 추가 조사를 통해 문집을 추가하는 한편, 소장처·총서사항·비고 등의 내용을 보완했다.

총 론

근현대 유림 문집의 현황과 호남 지역 문집의 특징

서정화[1)]

Ⅰ. 머리말

근현대 한국에서는 상이한 문명 간의 충돌 및 일본에 의한 개항과 병합, 독립운동과 해방 등 한국인의 삶과 사상 등을 통째로 변화시키는 굵직한 사건들이 연속해서 발생했다. 사람은 그 시대의 상황과 함께 호흡하며 살아간다. 그렇기 때문에 그 시대의 글쓰기에는 그 시대의 상황이 들어있고, 그 시대의 사안에 대처하는 사람들의 의식이 투영되어 있다.

1895년 조선 정부는 칙령 제86호로 「공문식(公文式)」을 재가하여 반포했다.[2)] 천여 년에 걸쳐 사용하던 한문이 종말을 고하던 순간이었고, 이때부터 한문은 사멸 단계에 진입하기 시작했다. 국가의 공문서는 한글을 기본으로 삼았기 때문에 공문서는 물론 신문, 잡지 등에서 한글쓰기와 한글한자섞어쓰기가 점차 확산되었고 현재는 '한글 전용'의 시대가 되었다.[3)]

그렇다면 「공문식」이 반포된 이후의 상황은 어땠을까. 한문은 말 그대로 종말을 고했을까. 「공문식」이 반포되었다고 해서 바로 한글의 시대로 진입한 것은 아니었다. 한문에서 한글로 넘어가는 이행기에 살던 사람들은 여전히 자신의 생각을 한문으로 표현했다. 한문을 주된 표기수단으로 사용하던 주축은 유림이었다.

해학(海鶴) 이기(李沂, 1848-1909)는 문맹률을 낮추기 위해 한글로 한문을 타파하자고 주장했으나,[4)] 기정진(奇正鎭), 최익현(崔益鉉), 송병선(宋秉璿)이 전수한 학문, 즉 도학(道學)

---

1) 전주대 한국고전학연구소 HK+연구단 조교수
2) 『고종실록』, 고종 32년(1895) 5월 8일 기사, "第九條. 法律命令은 다 國文으로써 本을 삼꼬 漢譯을 附ㅎ며 혹 國漢文을 混用홈." 참고로 고종 31년(1894) 11월 21일에 발표된 「공문식」에서는 "第十四條. 法律・勅令總以國文爲本, 漢文附譯, 或混用國漢文."이라고 했다.
3) 현재에도 의미를 명확하기 위해 한글과 한자를 병기하거나, 머리기사에서 한자만을 노출하기도 한다. 이따금 한자로 한시를 짓거나 한문 문장을 작성하는 때도 있지만, 한글 전용의 시대라는 것을 부정하는 사람은 없을 것이다.
4) 이기는 갑오경장 때부터 시행된 한글한자섞어쓰기를 비방하는 것은 무지의 소치라고 주장하기까지 했다. 김진균, 「근대계몽기 해학(海鶴) 이기(李沂)의 한문 인식」, 『반교어문연구』 32, 반교어문학회,

을 익히고 전수하기 위해서는 고등교육에서 한문을 사용해야 한다고 주장하는 모순된 입장을 보이기도 했다.[5] 한글한자섞어쓰기를 주장하던 이기였지만, '중세 보편 문명'의 정수가 한문에 담겨 있다[6]는 의식을 하루아침에 바꾸기 어려웠을 것이다.

'한국고전적종합목록'에서 '문집'을 키워드로 검색하면, 일제강점기를 포함해 지난 100년 동안에 간행한 유림의 문집 규모는 17,000여 건으로, 신라시대~조선 말기까지 천 년이 넘는 시간 동안 간행되었던 문집 11,000여 건 보다 많다.[7] 이와 같이 한문 문집의 출판이 증가한 것은 전통적 인쇄방식인 목판이나 목활자 대신 석판이나 연활자 등을 활용하는 인쇄술로 전환한 점이 가장 큰 이유이다. 하지만 여기에서 주목할 점은 「공문식」이 반포된 이후에도 여전히 한문으로 글을 쓰는 유림이 많았고, 또 한문 문집을 간행하는 일이 성행했다는 점이다.

「공문식」이 반포된 이후 공식 석상에서 한문의 사용은 점차 줄었으나, 유림을 주축으로 한문 글쓰기와 문집의 편찬이 계속되었음을 살펴보았다. 그렇다면 근현대 유림이 저작한 한문 문집의 규모는 어떠하며, 한문 문집에는 수록된 내용은 무엇이었을지 근현대 유림 문집의 현황과 그 특징에 대해 간략하게 살펴보도록 하겠다.

Ⅱ. 근현대 유림 문집의 현황

본 자료집은 근현대 지식인이었던 유림들의 시대 인식과 대응을 살피기 위해 근현대 유림의 문집을 목록화하고 주요 내용을 해제했다. 급변하는 시대를 살아갔던 유림의 시대 인식과 대응은 빠르게 변화하고 있는 현대사회를 살아가는 현대인에게 탈유교사회에서의 지향점과 대응을 시사해 줄 수 있을 것이다.

근현대 지식인 동향이나 사상을 살펴보기 위해서 당시에 발행한 신문이나 잡지 등 비한문 자료에 대한 접근은 비교적 용이한 반면, 한문자료는 언어적 장벽이 높고 양이 방대하여 접근하기 쉽지 않은 점이 있다. 본 자료집 역시 방대한 유림문집을 단권의 책으로 소화하는 것이 불가능하다고 판단하여, 근현대 유림을 지역별로 나누어 문집 목록을 작성하고, 주요자료를 선별하여 해제대상 서목을 정해 해제했다.

2012, 274~276쪽.

5) 李沂, 「一斧劈破」, 『호남학보』 제1호, 1908년 06월 25일 13~14쪽, "吾觀諸公學問이 擧皆蘆沙 奇先生 勉菴 崔先生 淵齋 宋先生之所傳授者라. 則固善且美焉이나 然此可行於高等(大學己上)이오 不可行於普通(中學以下)矣라. 其如時之不合用에 何哉오."(김진균, 「앞의 논문」, 279쪽 재인용.)

6) 김진균, 「앞의 논문」, 270쪽.

7) 이 중 경인문화사의 『한국역대문집총서』, 캉유웨이(康有爲)·량치차오(梁啓超)·나리타 세키나이(成田碩內) 등의 외국문집 및 중복되는 것은 제외하면, 일제강점기(1910~1945)에 간행된 문집의 수는 1,656건이다.(황위주, 「일제강점기 문집편찬과 대구·경북지역의 상황」, 『대동한문학』 49, 대동한문학회, 2016, 13~15쪽.)

유림 문집을 파악함에 앞서, 근현대의 시기 비정을 가장 우선으로 삼았다. 인생에서 본격적으로 사회 활동을 하는 나이를 따지면 대략 20세 전후를 기준으로 삼을 수 있다. 근대 격동기의 시작을 병인양요(1866)로 잡으면,[8] 병인양요 때 20세인 사람들의 출생년은 1846년이 된다. 그러나 김윤식(金允植, 1835-1922)의 경우는 일제강점기까지 생존하며 왕성하게 활동했던 근현대의 주요 인물인데, 1846년을 기준으로 삼을 경우 김윤식은 본 자료집의 대상에 빠질 수 있다. 따라서 근현대 유림의 시작 시점을 조금 당겨서 1830년으로 잡았다.

한편, 일제강점기에 간행된 문집 1,656종을 10년 단위로 나누어 문집 간행 현황을 살펴보면,[9] 1910년대~1930년대에는 문집 간행 수가 점차 증가하지만, 1940년대가 되면 현격하게 줄어든다. 1940년대가 1940~1945년까지 5년이라는 요인도 있겠지만, 일제강점기 후반으로 갈수록 한문쓰기가 줄어들고, 더욱이 해방 이후 한글한자섞어쓰기의 시대로 접어든 것이 직접적인 요인으로 작용한 결과이다. 한문쓰기에 한해 근현대가 끝나는 시점을 1945년으로 잡는다면 이 때에 20세인 사람들의 출생년은 1925년이 된다. 이에 따라 근현대 유림의 대상을 정하자면, 대략 1830년~1925년 출생자로 정할 수 있다.

다음으로 근현대 유림의 분류 기준은 지역으로 정했다. 근현대 유림의 분류 기준은 학파, 시기, 지역 등으로 구분하는 것이 가능했으나, 각각의 장단점이 존재했다.

첫째, 학파로 분류하는 경우, 일맥요연하게 학맥을 살펴볼 수 있다는 이점이 있으나, 어디까지를 문인으로 볼 것이냐는 문제가 있다. 정형규(鄭衡圭, 1880-1957)는 부친의 벗인 권명희(權命熙, 1865-1923)에게 수학했는데, 권명희는 송병선(宋秉璿, 1836-1905)의 문인이다. 그는 20세 때인 1899년에 김천 직지사로 달려가 송병선의 제자가 되었다. 1905년 송병선이 을사늑약에 항거하여 음독자결하자 송병선의 아우인 송병순(宋秉珣, 1839-1912)의 문하에 들어갔다. 송병순은 일본이 은사금을 보내고 경학원의 강사로 나오도록 요구하자 이를 거부하고 음독자결했다. 두 스승이 잇달아 순절하자 정형규는 30세 때인 1909년에 친구 전

---

8) 송상도(宋相燾)의 『기려수필』은 병인양요부터 시작하고 있는데, "고종황제 병인년부터 기록한 이유는 나라가 망하기 시작한 재앙이 병인양요부터 시작되었기 때문이다."라고 했다. 금장태 역시 한말 유림의 사회적 지위와 시대적 역할을 논하면서 근대 격동기의 시작을 병인양요로 시작했다. 이에 대해서는 송상도 지음, 강원모 외 옮김, 『기려수필』 1, 문진, 2014, 23쪽; 금장태, 「Ⅴ. 종교를 통한 국권수호운동·유교」, 국사편찬위원회, 『한민족독립운동사』 2, 국사편찬위원회, 1987, 496~498쪽 참조.

9) 일제강점기(1910~1945) 문집간행 현황을 살펴보면 다음과 같다.

연대	목판본	목활자	석판본	연활자	필사,기타	총계
1910년대	149종	183종	19종	25종	18종	394종
1920년대	118종	212종	43종	55종	28종	456종
1930년대	136종	175종	231종	64종	36종	642종
1940년대	12종	50종	80종	10종	12종	164종
총계	415종	620종	373종	154종	94종	1,656종

※황위주, 「앞의 논문」, 14쪽 재인용.

기진(田璣鎭, 1889-1963)과 함께 고군산도에 은거하며 학문에 전념하던 전우(田愚, 1841-1922)를 찾아가 제자가 되었다. 정형규를 간재학파로 보기도 하나, 논란의 여지가 있는 것도 사실이다.

한편 특정한 스승 없이 학문을 성취한 경우가 있는데, 조긍섭(曺兢燮, 1873-1933)이 이에 해당한다. 그는 당시 영남을 대표하는 학자인 곽종석(郭鍾錫, 1846-1919), 장복추(張福樞, 1815-1900), 김흥락(金興洛, 1827-1899) 문하에 출입하면서 학문의 폭을 넓혔다. 특정 학파로 분류한다면 조긍섭은 유림 문집 해제에서 제외될 수밖에 없다.

둘째, 시기로 분류하는 경우이다. 시기로 구분한다는 것은 특정한 사건을 중심으로 분류한다는 것을 의미한다. 그러나 단명한 경우가 아니라면 특정 시기로 귀속시킬 수 없는 경우가 허다하다. 김윤식은 병인양요, 갑오개혁, 청일전쟁, 러일전쟁, 을사늑약, 강제병합, 3·1운동 등 근대의 굵직한 사건들을 모두 겪었으며, 전우도 김윤식과 경우가 비슷하다. 역사서를 기술하는 방식 중에 기사본말체가 있다. 특정한 사건의 전말을 한눈에 파악하기에 유용한 기술 방식이다. 그러나 '근현대' 유림을 다루면서 특정한 시기로 구분하면 동일 인물이 중복해서 등장할 수 있고, 반대로 이에 포섭되지 않는 인물도 생기게 마련이다.

셋째, 지역으로 분류하는 경우이다. 대상 인물의 출신지를 기준으로 영남, 호남, 호서, 서울·경기, 강원, 제주, 평안·함경으로 나누는 것이다. 지역 간 이동이 현대에 비해 활발하지 않고, 지역마다 사승 관계가 강하며, 이에 따른 학문 분위기가 조성되어 있다는 점에서 나름 유용한 방식이다. 그럼에도 이상룡(李相龍, 1858-1932)처럼 1911년 1월 서간도 회인현(懷仁縣) 항도촌(恒道村)으로 망명을 떠나 항일 운동의 후반기를 간도에서 보낸 경우, 지역으로 분류하는데 한계점이 있다. 또한 서울·경기의 경우 문물을 수입하는 것이 빠르고 유행에 민감했다. 이들은 어릴 때부터 한학을 배우기는 했지만, 문집을 남긴 경우가 드물었다. 과연 현저하게 적은 양의 서울·경기 지역 유림 문집으로 근현대를 설명할 수 있는가 하는 의문이 있다.

이상의 사정을 고려할 때 특정한 기준으로 근현대 유림을 완벽하게 분류하는 것이 쉽지 않지만, 다른 기준에 비해 비교적 장점이 많은 '지역'을 분류 기준으로 삼았다.

그간 지역 유림을 대상으로 근현대 유림 문집을 목록화하고 해제한 성과가 있었다.[10] 특히

---

10) 근현대 유림 문집에 대한 해제는 주로 영남, 호남, 호서 지역 유림을 대상으로 이루어졌는데, 대표적인 성과를 소개하면 다음과 같다.
한국국학진흥원, 『문집해제』1~27, 한국국학진흥원, 2003~2019; 김선기 외, 『격동의 근현대 대전·충남 한학가의 문헌 해제』, 역락, 2007; 박완식 외, 『전북 선현 문집 해제』1~6, 민족문화추진회 부설 국역연수원 전주분원, 2003~2008; 박완식 외, 『전북 선현 문집 해제』7~11, 호남고전문화연구원, 2009~2013; 전남대 호남한문고전연구실, 『20세기 호남 한문 문집 간명해제』, 경인문화사, 2007; 전남대 호남한문고전연구실, 『20세기 호남 주요 한문 문집 해제』, 전남대학교출판부, 2007; 전남대 호

한국고전번역원에서 발주한 연구과제의 보고서 「일제강점기 전통지식인의 문집 간행 양상과 그 특성에 관한 연구」(2013)는 1910년 이후 사망한 근현대 인물의 문집 목록을 제시하고 주요 문집의 특징을 간략하게 부기했는데, 각 지역 단위로 이루어지던 목록화와 해제 작업을 종합하여 전국의 문집 간행 상황을 파악할 수 있게 했다.[11] 이 보고서에 의하면 근현대 유림의 문집은 총 1,800여 종으로 집계되었다. 본 연구단에서는 각 종류의 논문[12]과 별도의 자료 조사를 통해 200여 종을 보충하여 2,000여 종의 문집 목록을 확보했으며, 주요 문집에 대한 해제 자료집을 기획했다.

본 연구단에서 확보한 자료를 바탕으로 근현대 유림과 문집수를 분류하면 다음과 같다.

〈표 1〉 근현대 유림 문집의 현황

지역	영남	호남	호서	서울·경기	기타	총계
저자수	857명	684명	364명	62명	39명	2,006명
문집수	892종	692종	384종	67종	43종	2,078종

전체 유림수는 1,961명이고, 2,078종의 문집을 확인했는데, 지역별로 분류할 때 2개 지역에 관계되는 인물이 45명이 존재해 전체 유림 수와는 약간 차이가 있다. 현재에도 미발굴 문집이 많고, 이 순간에도 새롭게 발굴되는 문집이 있을 가능성이 있으므로 현재 확보한 자료가 최종 자료라고 단언할 수 없다. 그러나 언어적 어려움과 방대한 양으로 인해 한문 자료 접근이 수월하지 않았던 점을 생각해 보면, 본 자료집과 같은 종합적 성격의 자료집은 근현대 유림에 대한 연구를 촉진하는 밑돌이 될 수 있을 듯하다.

Ⅲ. 근현대 호남 유림 문집의 특징

학통 또는 학풍을 중심으로 한말 유림의 동향을 살펴보면 도학파, 양명학파, 개화파로 분류할 수 있고, 또 개화파는 양무개혁론(洋務改革論), 변법개혁론(變法改革論), 문명개화론(文明開化論)으로 분류할 수 있다.[13] 이것은 개략을 살피는 데 도움이 되지만 실상을 따져보면 몇 개의 범주로 도식화할 수 없다. 도학파 중에도 개신론을 주장하는 인물이 있고, 양무개혁론을 지지하다가 문명개화본으로 옮겨가기도 한다. 일제강점기로 접어들면 더욱 다양

남한문고전연구실, 『호남지역 간행본 한문문집 간명해제』上·下, 전남대학교출판부, 2010.

11) 본 자료집을 엮는 데에 큰 도움을 받았다. 이 자리를 빌려 고마움을 표한다.

12) 대동한문학회의 2016년 추계학술대회 자료집인 『20세기 초 조선과 일본 지식인의 조선 문헌 수집과 연구 활동』을 토대로 평안도와 함경도, 간도 지역의 문집을 파악하여 추가할 수 있었다.

13) 이에 대해서는 금장태, 『앞의 책』, 499~511쪽; 김도형, 『근대 한국의 문명전환과 개혁론-유교비판과 변통-』, 지식산업사, 2014, 36~39쪽 참조.

한 양상이 전개된다. 일생동안 여러 차례의 부침을 겪으며 사상적 전환이 일어나는 경우도 허다하기 때문에 '중층적 인간'들을 몇 개의 범주로 묶기란 쉬운 일이 아니다.

유림은 보수 성향을 띠는 경우가 많고, 한문 문집을 남긴 경우는 이러한 성향이 더욱 뚜렷하다. 그러나 보수 유림이라고 해서 한결같은 모습을 가진 것도 아니다. 전우(田愚)는 망한 국가는 언제든지 다시 재건할 수 있지만 무너진 도는 다시 세울 수 없다며 도를 보존하는 것을 최우선했다. 그는 군산 앞바다에 있는 계화도(繼華島)에 입도한 뒤 일절 출입하지 않고 강학 활동에 전념했다. 한편 충남 홍성에 기반을 두고 활동한 유교부식회(儒敎扶植會)는 항일운동가 김복한(金福漢)의 후손 및 제자들이 주축으로 활동한 유교 단체이다. 활동기간이 채 5년이 되지 않지만,[14] 강연 활동을 통해 유교의 가치를 선전하고 교양했다. 또 『인도(人道)』라는 잡지를 발행하여 유교의 현재화 및 민중화에 힘을 기울였으며, 회원들의 계몽에도 앞장섰다. 군산과 홍성은 지역적으로도 그리 멀지 않고, 호서 노론의 학풍이 지배하던 곳이었음에도 유교를 바라보는 시선 및 실행 방향이 상이했다.

본 자료집은 호남 지역 유림의 문집을 목록화하고 주요 문집을 해제했다. 호남 지역에 한정했다고 해서 타 지역 유림들과의 변별성이 뚜렷한 것은 아니다. 다만 '근현대'에 초점을 두면, 전근대와 결이 다른 모습들을 추출할 수 있고 일부분에서는 호남 지역의 특징을 발견할 수도 있다. 아래에서는 근현대 유림의 다양한 양상을 살펴보기 위해 ① 도학 중시 ② 유교 개혁 ③ 항일운동 ④ 신문물 ⑤ 해방 이후라는 주제어를 중심으로 삼되, 호남 지역 유림의 자료를 통해 사상적 편린과 활동 양상 몇 가지를 살펴보도록 하겠다.[15]

첫째, 전근대의 도학자들처럼 죽음으로써 도를 지키고자 노력하며, 서양의 문물이나 신학문에 대해 일절 타협하지 않은 경우이다.

유영선(柳永善, 1893-1961)은 전우(田愚)의 문인으로, 1905년 을사늑약 이후 전우를 따라 서해 고군산군도의 외딴섬인 왕등도(旺嶝島)·계화도(繼華島) 등지에서 20여 년간 갖은 고초를 겪으면서 유학에 전념하였다. 그의 「신서론(新書論)」은 량치차오(梁啓超)의 『음빙실

---

14) 유교부식회는 1927년 4월 15일에 결성하여 1931년 12월 16일에 해산했다.
15) 근현대 유림 문집이라고 해서 전통적인 도학과 예학, 문학적 시문이 없는 것이 아니라 도학과 한문학이 문집의 대부분을 차지하는 것이 일반적이다. 그럼에도 본 자료집은 근현대의 실제 현장을 오롯이 보여 줄 수 있는 자료를 추출하고 소개하려고 노력했으며, 다음과 같은 기준에 의거하여 자료를 뽑고 설명했다. ① 근현대 주요 인물과의 관계를 밝힐 수 있는 자료 ② 역사적 사건을 목도하고 이에 대해 반응한 자료(병인양요, 개항, 임오군란, 청일전쟁과 러일전쟁, 을사늑약, 병합, 독립운동, 해방 등) ③ 개화/반개화에 대한 논의, 자유·평등에 대한 해석, 공화(共和)와 같은 정치체제 등을 논한 자료 ④ 서양 문물을 수입하여 발전시킨 일본, 부패와 무기력이 만연하여 서양에 잠식되던 중국, 패망한 폴란드나 월남 등 세계 각국의 상황을 소개하거나 비평하는 자료 ⑤ 천주교나 기독교에 대한 논의 또는 유교 개신(改新), 신학(新學)과 유학 논쟁 등과 관련된 자료 ⑥ 서양기술의 수용, 위원(魏源)의 『해국도지(海國圖志)』, 해방론(海防論) 등과 관련된 자료 ⑦ 전철·자동차·전기 등과 같은 신문물, 여성 교육이나 번성한 도회지 모습 등 신문화와 관련된 자료 ⑧ 의병활동이나 독립운동과 관련된 자료 ⑨ 서양의 철학/철학가, 새로운 문예사조와 관련된 자료 등등.

문집(飮氷室文集)』을 읽고 서구적 정치사상을 따른 변법론을 비판한 것이다. 실질적으로 서양세력을 배척하고 서양문화의 수용을 적극적으로 반대했던 간재학파의 입장을 표명한 글이다. 「석육왕삼가소인지심변(釋陸王三家所認之心辨)」은 심존설(心尊說)을 비판한 글로, 『주자대전(朱子大全)』·『주자어류(朱子語類)』·『양명집(陽明集)』 중에서 불가(佛家)·육구연(陸九淵)·왕수인(王守仁) 등의 사상에 관한 문구를 발췌하여 조목별로 분석한 것이다. 이 글은 삼가(三家)의 심즉리(心卽理)·심즉도(心卽道)·양지(良知)의 의미가 핵심임에도 불구하고 도리어 이를 배척하는 이유에 대해 의문을 제기하면서 당시 심존설을 주장한 주리론을 반박한 변론이다.

김규태(金奎泰, 1902-1966)는 기정진(奇正鎭) → 정재규(鄭載圭, 1843-1911) → 정기(鄭琦, 1878-1950)의 학맥을 계승한 인물이다. 그의 저술에는 화이론(華夷論)에 입각한 세계관이 강하게 반영되어 있다. 서학(西學) 등을 이단(異端)으로 배척하고 성리학적 정통을 수립하는 데 주력하였으며, 유가의 도통과 의례 및 윤리를 적극 피력하였다. 대표적으로 『경학제요(經學提要)』의 「도통편(道統篇)」에서는 요순에서 주자까지 성리학의 계통을 정리했고, 「통론(通論)」에서는 유학의 정통가르침을 밝혔고, 「벽이단편(闢異端篇)」에서는 이단의 문제점을 제기하고 바른 학문의 지침을 밝혔으며, 「척사설편(斥邪說篇)」에서는 바르지 못한 것을 배척하여 바른 길로 인도할 수 있게 하는 내용을 담았다. 한편 「복의발편(復衣髮篇)」에서는 단발과 양복의 문제를 거론하면서 선왕의 법복을 회복할 것을 천명했고, 「사례편(四禮篇)」에서는 관혼상제의 의례를 정리했다. 또한 「삼강편(三綱篇)」에서는 중국과 우리나라의 충신효자열녀를 기록하고, 「이륜편(二倫篇)」에서는 우애 깊은 형제와 벗에 관한 일화를 기록하여 인륜을 밝히고 진작하는데 힘썼다.

둘째, 유교의 현재화를 지향하여 부단하게 유교의 개신을 추구하거나 사회개혁을 적극적으로 주장한 경우이다.

이기(李沂, 1848-1909)는 정통 성리학보다 실학에 관심이 많았으며, 이러한 학문 경향은 훗날 전제 개혁을 주장하고 갑오개혁(甲午改革)과 을미사변(乙未事變) 등의 사건을 목도하면서 이를 극복하기 위한 시무책(時務策)을 제시하는 방향으로 나타났다. 「전제망언(田制妄言)」은 우리나라 토지제도의 문제점에 대한 개혁방안이다. 첫째로 두승(斗升)의 규정을 정할 것, 둘째로 공사(公私)의 세금을 정할 것, 셋째로 공매(公買)의 길을 열어둘 것, 넷째로 사전(賜田)을 엄금할 것을 제시하였다. 「급무팔제의(急務八制議)」는 시급하게 개혁해야 할 8가지 조항을 담은 것이다. 국제(國制)는 공화주의(共和主義), 입헌주의(立憲主義), 전제주의(專制主義) 등 여러 정치 체제에 대한 논의이다. 관제(官制)는 1894년 갑오개혁 중에서 관제 부분의 미진한 것에 대한 논의이다. 전선제(銓選制)는 인재 전형의 잘못에 대한 논의이다. 지방제(地方制)는 8도를 13도로 개혁한 것과 관련하여 잘못된 부분에 대한 논의이다. 전제(田制)는 「전제망언」을 간략하게 열거한 것이다. 호역제(戶役制)는 원구등(原九等)에 별상(別上)과 별하(別下) 각 3등을 더하여 15등급으로 호역을 부과할 것에 대한 논의이다. 잡세(雜稅)는 정세(正稅)인 전세(田稅)와 호세(戶稅)를 제외한 나머지 세금을 가리키며, 나라의 경용(經用)에 도움이 되고 백성의 생업을 방해하지 않도록 신중하게 잡세를 부과할 것에 대한 논의이다. 학제(學制)는 우리나라의 교육 제도를 서양처럼 소학교(小學校), 중학교(中學校), 대학교(大學校)로 나누고 수업 연한을 각각 5년, 4년, 4년으로 할 것을 주장한 논의이다. 이상의 내용을 통해 당시 국내외 정세에 대한 해박한 그의 지식과 견해를 살필 수 있다. 「호남학보논설(湖南學報論說)」의 '일부벽파론(一斧劈破論)'은 구학문(舊學問)의 폐단으로 사대주의(事大主義), 한문습관(漢文習慣), 문호구별(門戶區別)을 들고, 이에 대한 타개책을 제시한 글이다. 도끼로 찍어내듯 폐단을 없애야 한다는 제목과 같이 진취적인 사상과 개혁안을 살필 수 있다

셋째, 일제의 침탈에 항거하며 항일 의식을 고취시킨 경우이다. 한말 의병의 주축이 유림이었던 것에서 알 수 있듯이 유림의 항일 의식은 줄곧 이어졌다.

최병심(崔秉心, 1874-1957)은 도학에 매진하면서도 일제의 침탈에 대한 저항의식이 강고하였다. 32세가 되던 1905년에 을사늑약이 체결되자 전국 각처의 지사들에게 오적(五賊)을 먼저 처단하자고 격문을 돌리다가 임실경찰서에 투옥되었고, 1912년에는 독립밀맹단(獨立密盟團)의 전주 책임자로 활동했다. 특히 「염재야록서(念齋野錄序)」에서는 그의 저항정신이 갖는 구조와 깊이를 짐작해볼 수 있다. 우리나라가 단군(檀君)으로부터 시작되어 기자(箕子)를 통해 홍범구주(洪範九疇)를 받아들였기 때문에 예악과 문물이 중화와 같으며, 주(周)나라에서 노(魯)나라, 한(漢)나라로 이어지는 정통에 조선도 포함된다고 볼 수 있다고 했는데, 이러한 나라가 오랑캐가 춤추는 야만의 땅이 된 것에 분개하고 있다. 죽지 않는 사람 없고 망하지 않는 나라 없지만, 중화라는 문명과 왕도정치의 이상이 붕괴된다면 세상 모든 인류가 멸종될 것이라고 주장하며, 『염재야록』과 같은 기록을 통해 기개와 절개를 배워야 한다고 주장했다.

한편 김교준(金教俊, 1883-1944)은 우리 역사에 깊은 관심을 두고 자신의 관점을 제시했다. 「독고구려사탄밀우세유양인충절(讀高句麗史歎密友細由兩人忠節)」, 「독백제사감도미처정절(讀百濟史感都彌妻貞節)」, 「독신라사탄이차돈무식견이사(讀新羅史嘆異次頓無識見而死)」, 「신라일군위제사인소살(新羅釰君為諸舍人所殺)」, 「독신라사탄비녕자거진부자급합절충절(讀新羅史歎丕寧子舉眞父子及合節忠節)」, 「독신라백결선생전탄금세인사의추리(讀新羅百結先生傳歎今世人捨義趨利)」, 「신라김후직이시간군전렵(新羅金后稷以尸諫君田獵)」, 「신라김

유신지처종신불견기자원술(新羅金庾信之妻終身不見其子元述)」, 「효자손순매자득석종(孝子孫順埋子得石鍾)」, 「신라모초박자옥불이문적출신(新羅毛肖駁子玉不以文籍出身)」, 「아조붕당변(我朝朋黨辨)」과 같은 작품은 모두 『삼국사기』와 『삼국유사』 등에 나오는 우리나라의 역사적 사실을 주제로 자신만의 관점으로 우리나라의 역사를 읽어 냈다. 「청수만록(淸水謾錄)」은 조선역사 100여 장면에 대한 역사평이다. 이 책은 역사적 사실을 간단하게 기록한 후에 본인의 관점을 논술하는 방식으로 작성되었다. 태조가 영안군(永安君)과 정안군(靖安君)을 나누고 방석(芳碩)을 세운 것에 대한 사평으로 시작하여, 정조(正祖) 대까지의 역사사실과 평가를 내놓았다. 특히 당쟁에 대한 사실을 정리하고, 이에 대해 평가한 부분이 주목된다.

송주헌(宋柱憲, 1872-1950)은 성리학의 이기심성을 논하는 학자보다는 조선을 침탈하고 유교 전통을 억압한 일본에 항거하는 애국지사로서 유명하다. 「서옥체수시언지(西獄滯囚時言志)」는 서대문 옥중에 구금되었을 때 쓴 글로, 조선 독립의 정당성을 제시하는 동시에 일본에 굴하지 않겠다는 충의와 의지가 잘 드러나 있다. 더불어 「조선유림독립운동사략(朝鮮儒林獨立運動史略)」은 유림들의 독립운동에 대한 대략적인 역사를 기술한 글이다. 1919년 2월 2일 서울과 지방의 유림 대표 13인이 서울 도염동(都染洞) 최만식(崔萬植)의 집에 모여 독립운동선언서를 작성하여 상소했다가 일본 경찰에 붙들려 서대문 감옥에 구금당한 과정, 출옥 후 고사연구회를 만들고 독립선언서를 가지고 일본으로 건너가 조선독립의 정당성을 선언한 경위 등이 상세히 드러나 있다. 이 글에 이어지는 「기미독립후의행정칠조(己未獨立後擬行政七條)」에서는 기미독립운동이 성공했을 것을 가설하여 그 이후 시행해야 할 국가 운영의 7개 항목이 열거되어 있고, 「강호기략(江戶記略)」에서는 고사연구회 설립 이후 유림 대표로 일본 정부에 항의하고 이후 귀국하여 3월까지의 활동했던 상황이 기술되어 있다.

넷째, 신문명 또는 신문물에 대해 의견을 개진하거나 목도한 광경을 서술한 경우이다.

이병은(李炳殷, 1877-1960)의 「탕자가(蕩子歌)」는 서구 문화에 물든 젊은이를 방탕아(放蕩兒)로 설정하여 유행처럼 번져가는 서양 문화 속에서 구학(舊學)으로 치부된 채 점점 유학의 문화와 가치 체계가 무너져가는 현실에 대해 개탄한 내용이다. 「신학(新學)」은 서양의 사교(邪敎)를 물리치는 데는 우리 유학의 도를 밝히는 것이 최선의 방책임을 나타낸 시이다. 이외에 서학(西學)에 대한 인식을 살필 수 있는 시로 「야소(耶蘇)」, 「시천교(侍天敎)」 등이 있다. 이러한 시에서는 정통 유학자의 입장에서 당시 점점 번져가는 서학을 바라보는 관점과 인식을 볼 수 있다.

김태호(金泰鎬, 1889-1952)는 학자보다 문인에 가까운 인물이다. 「선조급방선조추모시(先祖及傍先祖追慕詩)」는 그의 선조와 방계선조를 추모하면서 쓴 시인데, 무려 94편에 이른다. 「동국제현추모시(東國諸賢追慕詩)」는 신라 때 설총(薛聰), 최치원(崔致遠)에서 시작하여 구한말 최익현(崔益鉉), 일제강점기의 이상재(李商在), 안중근(安重根)까지 73명을 대상으로 지은 시로, 시의 형식은 7언절구, 7언율시 등 다양하다. 그의 문인 성향은 역사적 사건이나 신문물을 대하면서도 여지없이 드러난다. 「문무국지보분통유음경술(聞無國之報憤痛有吟庚戌)」은 조선이 망했을 때 지은 시이고, 「문삼십삼의사선언독립감격유음기미(聞三十三義士宣言獨立感激有吟己未)」는 만세운동에 대한 시이며, 「을유칠월팔일문왜적패망수감음(乙酉七月八日聞倭賊敗亡遂感吟)」은 광복을 맞아 벅찬 마음을 표현한 시이다. 「건국일유감(建國日有感)」는 정부가 구성되었을 때의 느낌을 적은 것이고, 「경인난중(庚寅亂中)」은 한국전쟁에 관한 시이다. 한편 신문물에 대한 관심도 적지 않아 「기차(汽車)」, 「비행기(飛行機)」, 「전화(電話)」, 「녹음기(錄音器)」, 「전등(電燈)」, 「자동차(自動車)」, 「신문(新聞)」, 「우편(郵便)」, 「호남선(湖南線)」 등을 시로 읊기도 했다.

다섯째, 해방 이후에도 당대의 문제를 진단하고 견해를 피력한 경우이다.

김종가(金鍾嘉, 1889-1975)는 한말에서부터 현대까지 생존했던 만큼 문집에 수록된 작품의 창작시기가 다양하고, 근현대사의 여러 사건들에 대해 심회를 읊은 작품들이 다수 수록되어 있다. 「탄남북분쟁(嘆南北分爭)」은 해방 이후 남북으로 나뉘어 전쟁을 벌이는 상황에 대해 안타까운 마음을 토로한 시이다. 여기에서 김종가는 남과 북이 동포(同胞)임을 강조하며 동족상잔의 비극을 하소연할 길이 없다고 한탄했다. 이와 함께 「문남북교병(聞南北交兵)」에서도 남과 북이 각각 다른 국가에 의지하여 전쟁을 벌이고 있으나, 결국은 한 집안의 싸움이라고 역설하며 전쟁의 아픔을 읊었다.

홍경하(洪景夏, 1888-1949)는 최익현, 송병선, 송병순, 전우, 곽종석, 기우만 등의 문하를 출입하면서 학문과 식견을 넓힌 인물로, 한일합방 이후 유학의 순수함을 고수하며 폭넓은 교유를 맺어 명성이 높았다.

1948년 대한민국 정부가 정식으로 수립되었을 때 「시무십조(時務十條)」를 이승만 대통령에게 보내자, 이승만 대통령이 홍 선생(洪先生)이라 칭하며 상당한 예를 표했다고 한다. 「시무십조」에서 홍경하가 제시한 열 가지를 요약하면 다음과 같다. 1) 예의염치(禮義廉恥)라는 도덕률을 국가 통치의 요체로 삼을 것, 2) 붕당(朋黨)의 화를 막을 것, 3) 이단사교(異端邪敎)를 금할 것, 4) 숭문상무(崇文常武)를 중시할 것, 5) 농업과 공업을 일으킬 것, 6) 산림자원을 경영하고 조선업을 일으킬 것, 7) 인재를 잘 등용할 것, 8) 토지개혁에 반대하는 것은 아니지만 문중 토지는 보호해줄 것, 9) 정부는 국회와 힘을 합칠 것, 10) 적폐를 청산할 것이다. 선뜻 동의하기 어려운 부분도 있지만, 해방 후 20세기 근대 국가를 수립하는 과정에서 행정부 수반인 대통령에게 유림의 입장을 전달한 점에 의의가 있다고 하겠다.

Ⅳ. 맺음말

갑오개혁 때 한글을 기본으로 삼고 한문 번역을 첨부한다는 「공문식」이 반포되면서 한문은 공식석상에서 점차 사멸되기 시작했다. 그러나 한문에서 한글로 넘어가는 이행기에 살던 사람들 중에는 여전히 자신의 생각을 한문으로 표현하는 사람이 많았고, 한문을 주된 표기수단으로 사용하던 주축은 유림이었다.

근현대 한국에서는 상이한 문명 간의 충돌 및 일본에 의한 개항과 병합, 독립운동과 해방 등 한국인의 삶과 사상 등을 통째로 변화시키는 굵직한 사건들이 연속해서 발생했다. 사람은 그 시대의 상황과 함께 호흡하며 살아간다. 그렇기 때문에 그 시대의 글쓰기에는 그 시대의 상황이 들어있고, 그 시대의 사안에 대처하는 사람들의 의식이 투영되어 있으며, 근현대 유림 문집에도 그 시대상이 담겨 있다.

근현대 유림은 도학을 중시하고 유교를 추숭하던 전근대 유림의 전통을 이어받았다. 우리 민족의 문화적 기원을 기자(箕子)에 두던 문명인으로서 자존의식도 계승했다. 이러한 문화적 전통이 근현대 유림과 만나서는 외세와 일제에 대한 저항으로 이어지고 한말 의병과 독립군을 배태(胚胎)했다. 구본신참(舊本新參) 혹은 유교를 개혁하여 유교의 현재화를 시도했고, 서양의 기술과 정치, 문화, 종교 등을 부단히 연구했으며, 이를 통해 문명국으로 다시 발돋움하고자 했다.

근현대 유림 문집에서 전근대 도학자들의 깊이 있는 철학적 탐색과 문학가들의 번득이고 다채로운 글을 얼마큼 길어 올릴 수 있을지 장담할 수 없다. 문집이 양적으로 늘었다고는 하나, 문집을 남긴 유림의 개별 수준이 전근대보다 높거나 비슷하다고 단언할 수 없기 때문이다. 그렇다면 근현대 유림 문집에서 우리는 무엇을 찾을 수 있을 것이며, 또 문집에 수록된 내용들은 어떤 의의를 지니고 있는가.

근현대 유림 문집의 가장 큰 특징은 시대상을 담고 있다는 것이다. 유림이 아니더라도 시대상을 파악할 수 있는 자료는 많다. 그러나 지금이 탈유교사회라고 하더라도 유교문화는 곳곳에서 재코드화되어 작동하고 있다. 이를 인정한다면 근현대 유림은 여전히 당대를 책임진 한 축으로 인정할 수밖에 없다. 시대사든 지역사든 유림의 시선과 대응을 간과하고는 전체가 아닌 부분만 볼 수 있을 뿐이다.

근현대 유림의 문집을 수집하고 해제하는 작업은 일찍부터 진행되었고, 진척도 많았다. 그러나 한국고전번역원의 보고서를 제외하면 전국적 규모의 문집을 수집하여 목록화하고 해제하는 작업은 아직 이루어지지 않았다. 본 자료집은 근현대 유림 문집 전체를 목록화하고 해제하는 것을 목표로 삼고 있다. 이에 따라 자연스럽게 근현대 유림 문집의 전체 규모와 수록 내용이 공유·확산될 것이며, 이를 통해 가려졌던 근현대의 또 다른 모습을 발견할 수 있을 것이다. 곧 본 자료집은 근현대 지식인의 동향, 대응 방식을 살필 수 있는 기초자료서의 역할도 할 수 있을 것이다.

[참고문헌]

한국국학진흥원, 『문집해제』 1~27, 한국국학진흥원, 2003~2019.

김선기 외, 『격동의 근현대 대전·충남 한학가의 문헌 해제』, 역락, 2007.

박완식 외, 『전북 선현 문집 해제』 1~6, 민족문화추진회 부설 국역연수원 전주분원, 2003~2008.

박완식 외, 『전북 선현 문집 해제』 7~11, 호남고전문화연구원, 2009~2013.

전남대 호남한문고전연구실, 『20세기 호남 한문 문집 간명해제』, 경인문화사, 2007.

전남대 호남한문고전연구실, 『20세기 호남 주요 한문 문집 해제』, 전남대학교출판부, 2007.

전남대 호남한문고전연구실, 『호남지역 간행본 한문문집 간명해제』 上·下, 전남대학교출판부, 2010.

금장태, 「Ⅴ. 종교를 통한 국권수호운동·유교」, 국사편찬위원회, 『한민족독립운동사』 2, 국사편찬위원회, 1987.

김도형, 『근대 한국의 문명전환과 개혁론 – 유교비판과 변통 – 』, 지식산업사, 2014.

김봉곤, 「嶺南地域에서의 蘆沙學派와 寒洲學派의 成立과 學說交流」, 『孔子學』 14, 韓國孔子學會, 2007.

김진균, 「근대계몽기 해학(海鶴) 이기(李沂)의 한문 인식」, 『반교어문연구』 32, 반교어문학회, 2012.

대동한문학회, 『20세기 초 조선과 일본 지식인의 조선 문헌 수집과 연구 활동』(추계학술대회 발표집), 2016.

송상도 지음, 강원모 외 옮김, 『기려수필』 1, 문진, 2014.

한국고전번역원, 『(影印標點) 韓國文集叢刊 解題』 1~11, 한국고전번역원, 1991~2013.

황위주 외, 「일제강점기 전통지식인의 문집 간행 양상과 그 특성에 관한 연구」(연구과제 보고서), 한국고전번역원, 2013.

황위주, 「일제강점기 문집편찬과 대구·경북지역의 상황」, 『대동한문학』 49, 대동한문학회, 2016.

근현대 유림 문집 해제
-호남편-

〈호남-01〉 **송천집** 松川集

1. 형태서지

표제/권수제	송천집(松川集)
편저자	고예진(高禮鎭) 著
판사항	영인본
발행사항	[刊寫地未詳] : 保文堂, 1963
형태사항	총 13권 4책 四周雙邊 半郭 22.7×15.8cm, 界線, 11行24字 註雙行, 上上向松葉紋 ; 29.0×19.1cm
소장처	국립중앙도서관, 경상대, 국민대, 부산대, 원광대, 전남대, 전북대, 충남대

2. 정의

『송천집(松川集)』은 송천(松川) 고예진(高禮鎭, 1875-1952)의 시문집이다. 연활자본이며 13권 4책의 분량이다.

3. 저자사항

고예진은 본관은 장흥(長興), 자는 계문(季文), 호는 송천(松川), 본관은 장흥(長興)이다. 고조부는 한민(漢民), 증조부는 극태(克台)이다. 조부는 양재(養齋) 고봉환(高鳳煥), 부친은 성재(誠齋) 고시청(高時淸)이다. 모친은 죽산안씨(竹山安氏) 광찰(光察)의 따님이다.

저자는 흥덕(興德) 종송리(種松里)에서 11월 24일에 태어났다. 어렸을 때, 족형(族兄)인 수남(秀南) 고석진(高石鎭)에게 배웠고, 후에 정산(定山)에 있던 면암(勉菴) 최익현(崔益鉉)을 찾아가 배웠다. 처음에 노둔했지만, 각고의 노력으로 학문에 정진하였다. 고석진은 중추원 의관(議官)을 역임하다 을사조약이 강제로 체결되어 대한제국의 국권이 일본에게 넘어가자 사임한 뒤 최익현과 함께 거사를 꾀하였다.

저자는 을사늑약 체결이후에 의병활동에 투신하였다. 1906년 6월 4일, 최익현이 태인(泰仁) 무성서원(武城書院)에서 강회(講會)를 열고 유림(儒林) 인사들을 규합할 때 함께 의병을 일으킨 뒤, 고식진(高石鎭), 고용진(高龍鎭), 조카 고제만(高濟萬)등과 함께 항일투쟁을 벌였다. 이때 저자는 격문을 인쇄하고 조선팔도에 돌려 그 뜻을 알렸다. 그러다가 순창(淳昌) 구암사(龜巖寺)에서 크게 패하여 일본군에 붙잡혀 전주감옥에 투옥되었고, 다음 해 2월 9일 풀려났다. 1912년 말에는 임병찬(林炳瓚)이 대한독립의군부(大韓獨立義軍府)를 결성하고 국권회복운동을 전개하자 이에 가담하여 서기관(書記官)으로 활약하였다.

1919년 3월 6일, 고예진은 같은 유림 대표 6명 및 기독교 목사 5명과 함께 3·1운동의 불씨를 확산시키기 위해 종로에서 선언장서(宣言長書)를 써서 낭독하였다. 이를 총독에게 전달하려고 선언장서 투쟁에 참여했다가, 8개월의 체형언도(體刑言渡)를 받았다. 같은 해, 김창숙(金昌淑) 등이 파리 만국평화회의에 보내는 독립선언서인 파리장서(巴里長書)에 유림 대표 137인의 일원으로 서명하고 참여하는 등 항일 독립투쟁에 앞장섰다가 옥고를 치렀다. 이후 대한민국 상해임시정부에 군자금을 보내는 등 평생 독립운동에 헌신했다.

1952년 10월10일에 향년 77세의 나이로 운명하였다. 송암리(松岩里)에 장사지냈다. 배위(配位)는 밀양(密陽) 박준돈(朴準敦)의 따님이며, 슬하에 2남3녀를 키웠다. 해마다 5월 5일 고창 도동사(道東祠)·방호정사(方壺精舍)에서 추모제가 열리고 있다.

4. 구성 및 내용

문집은 월성(月城) 최용식(崔龍植)의 서문으로 시작한다. 최용식은 저자의 항일운동의 행적과 학맥을 중심으로 적었다.

권1에는 시(詩) 417제(題), 부(賦) 2편, 표(表) 1편이 수록되었다. 시 중에는 타인이 보내온 시에 차운한 작품이 많다. 환갑 때 보낸 시는 「수운(壽韻)」이라는 제목으로 구분하였고, 49제(題)이다. 만시는 「만사(輓詞)」라는 소제목을 두었고, 61제(題)이다. 수운(壽韻)에서는 저자가 어렸을 때 배웠던 수남 고석진의 환갑 때 쓴 「수남선생회갑소서병서(秀南先生回甲小序竝序)」가 주목된다. 「상면암선생(上勉菴先生)」은 면암에 대한 존경심을 담았고, 「만면암선생(輓勉菴先生) 6수」는 면암선생에 대한 만사이다. 이 시는 모두 저자의 학맥과 관련된다. 이밖에 차운한 시작품도 많은데, 저자의 교유관계를 확인할 수 있다.

부(賦) 2편은 「대우부(大雨賦)」와 「술소감부(述所感賦)」이다. 「대우부」는 병진년 5월에 큰 비에 내렸는데, 날씨에 빗대어 어지러운 시국과 삶이 어려운 민중을 걱정하였다. 「술소감부」는 어머니의 죽음을 계기로 자신의 어려웠던 삶을 돌아보면서, 사람으로서 어떻게 살아가야 할 것인가를 고민하는 내용이다. 표(表) 1편은 「하무성현가지성(賀武城絃歌之聲)」으로 무성서원에서 글 읽는 소리를 축하한다는 의미이다. 무성서원은 최치원을 모신 곳이다. 저자는 공자가 무성에서 책 읽는 소리를 듣고 닭 잡는데 소를 잡는 잡았다는 농담을 오버랩 시키면서 작품을 구성하였다. 무성서원은 저자가 최익현과 함께 무장항쟁을 했던 곳이기에 남다른 의미를 두었다고 하겠다.

권2에는 「상면암선생(上勉菴先生)」 3편, 「상송사기장(上松沙奇丈)」, 「상운재최장(上雲齋崔丈)」 12편, 「여현와족장(與弦窩族丈)」 3편을 비롯하여 총 93편의 편지를 수록하였다. 면암 최익현에게 올린 글은 선생님의 글이 모두 우국충정에서 나왔다고 하면서 보중(保重)하실 것을 올리고 있다. 송사 기우만에게 올린 글은 오랜 기간 인사드리지 못한 미안함과 함께 자신의 안부를 전하였다. 운재(雲齋) 최영조(崔永祚)는 면암 최익현의 아들이다. 운재와의 편지에서는 죽음을 따라 위로하며, 앞으로 어떻게 행동해야할 것인지에 대해 묻고 있다. 편지의 내용으로 볼 때, 저자는 면암에 이어 운재와도 깊이 관계하고 있었음을 알 수 있다.

권3에는 잡저(雜著) 15편을 수록하였다. 이중 저자의 행적과 관련하여서는 「면암선생병오거의시사실록(勉菴先生丙午擧義時事實錄)」, 「인산시사실록(因山時事實錄)」, 「통고역내문(通告域內文)」, 「통고무성문(通告武城文)」이 주목된다.

「면암선생병오거의시사실록」은 면암 최익현의 1906년(광무10)거사를 기록한 것이다. 이때 면암은 을사조약에 체결에 부당함을 성토하고 무성서원(武城書院)에서 의병을 일으켰다. 정읍(井邑) 내장사(內藏寺), 순창(淳昌) 귀암사(龜巖寺)까지 의병을 움직였지만, 관찰사 한진창(韓鎭昌)과 순창 군수 이건용(李建鎔)이 왜병을 이끌고 와서 공격하니, 무너지고 말았다. 면암은 이 일로 서울로 압송되어 일본군 헌병 사령부에 구금되었으며, 그해 7월에는 임병찬(林炳瓚)과 함께 대마도로 압송(押送)되었다가, 그 곳에서 순국하였다. 「면암선생병오거의시사실록」은 이런 과정을 자세히 그려내었다.

「인산시사실록」은 족친들과 함께 연명상소의 형태로 지은 글로, 순종에게 고종황제의 장례식 3년상으로 하시라는 내용을 담고 있다. 「통고역내문」는 온 나라에 해방을 맞았다는 소식을 알리는 내용이다. 기쁘고 감격스러운 감정을 글 내면에 담담히 담아내었다. 「통고무성문」은 무성서원에 면암 최익현을 모시면서 쓴 글이다. 무성서원에서 의병을 일으켰던 그의 사적을 거론하면서, 마땅히 모셔야 한다는 취지로 글을 써 내려갔다. 이 외에 「자막집중(子莫執中)」, 「등태산이소천하(登泰山而小天下)」, 「경의문대(經義問對)」, 「심통성정설증제생(心統性情說贈諸生)」 등의 작품에서는 저자의 성리학의 깊이를 느낄 수 있다.

권4에는 서(序) 37편을 수록하였다. 먼저 문중의 족보에 대한 서문4편이 있다. 문집에 대한 서문으로는 최두남(崔斗南)의 문집에 대한 「두남유고서(斗南遺稿序)」, 정명원(鄭明源)의 문집에 대한 「송남유고서(松南遺稿序)」, 김진제(金辰齊)의 문집에 대한 「죽오유집서(竹梧遺集序)」, 김창우(金昌雨)의 문집에 대한 「우졸집서(愚拙集序)」, 이병범(李柄範)의 문집에 대한 「풍수재집서(風樹齋集序)」, 유재형(劉載亨)의 문집에 대한 「농은시집서(農隱詩集序)」, 이병범의 부친의 문집에 대한 「만회유집서(晚悔遺集序)」 등이 확인된다. 이들 문집은 대부분 주변 문인들의 부탁으로 지은 글이다. 이는 저자의 문학적 역량을 보여주는 것은 물론 당시의 문학적 분위기를 이해하는 데에 매우 중요한 자료라고 할 수 있다. 이 밖에 송서류(送序類) 4편 및 여러 모임에 관련한 서문이 확인된다.

권5에는 기(記) 44편을 수록하였다. 「풍산정기(豊山亭記)」, 「노하정기(蘆下亭記)」와 같이 정자를 만들면서 남긴 기록, 「첨모재기(瞻慕齋記)」, 「승유재기(承裕齋記)」등과 같이 사우(祠宇)에 남긴 기록 등이 있다. 이들 기문은 전라도지역의 누정문화를 느끼고, 당시 전라도지역 유림문화를 확인할 수 있는 좋은 자료이다. 기문 중에 가장 많은 양을 차지하는 것은 호(號)와 자(字)를 지으면서 남긴 기록인데, 「석농기(石農記)」, 「강재기(剛齋記)」, 「만정기(晚井記)」, 「심석기(沁石記)」, 「경운기(耕雲記)」 등이 대표적이다. 이는 선비로서의 마음 자세 등을 강조하면서 글을 전개해나가고 있다.

권6에는 발(跋) 6편, 찬(贊) 1편, 축문(祝文) 6편, 혼서(婚書) 4편을 수록하였다. 발문은 밀양박씨의 족보에 대한 발문, 「초남시집(楚南詩集)」, 「이산유집(尼山遺集)」과 같이 문집에 대한 발문등이 확인된다. 찬(贊) 1편은 「시은처사봉공찬(詩隱處士奉公贊)」으로 문겸석(文謙錫)에 대한 기록이다. 축문 중에는 「면암최선생봉안문(勉菴崔先生奉安文)」이 주목되는데, 도동사(道東祠)에 최익현을 봉안하면서 쓴 작품이다.

권7에는 제문(祭文) 23편을 수록하였다. 이 중에 주목되는 작품은 「제면암선생문(祭勉菴先生文)」, 「제운재최장영조문(祭雲齋崔丈永祚文)」, 「제현와족장광선문(祭弦窩族丈光善文)」인데, 각각 최익현, 최영조, 고광선에 대한 제문이다. 이들은 저자의 학맥 및 교유관계에 있어 매우 중요한 위치를 차지하는 인물이다.

권8에는 상량문(上樑文) 19편을 수록되어 있다. 상량문에는 저자의 기문과 안팎을 이루는 글이 많다. 예를 들어 「승유재기(承裕齋記)」와 「승유재상량문(承裕齋上梁文)」과 같이 서로를 보완해주는 작품들이다. 이는 차후 연구를 진행할 때에 깊이를 더해줄 수 있다.

권9에는 비(碑) 14편과 묘표(墓表) 4편을 수록하였다. 비(碑) 14편 중에는 효자와 열녀에 관련한 비석이 가장 많다. 묘표 4편은 정희원(鄭熺原), 고시수(高時壽), 고순진(高順鎭), 김영익(金永翊)을 대상을 하였다.

권10에는 묘갈명(墓碣銘) 15편을 수록하였다. 묘갈명의 대상자는 임영택(林永澤), 문재근(文載根), 문재경(文載曍), 고학진(高鶴鎭), 성윤채(成胤彩), 고제욱(高濟郁), 임봉의(林鳳儀), 이형의(李瀅儀), 김용택(金龍澤) 등이 있는데, 모두 주변문인의 부탁으로 써준 작품이다.

권11에는 행장(行狀) 10편, 사장(事狀) 5편, 가장(家狀) 2편, 전(傳) 5편, 찬장(贊狀) 8편을 수록하였다. 행장(行狀) 10편은 공규원(孔奎源), 류종상(柳鍾相), 강용수(康龍壽), 김기중(金琪重), 이상우(李祥宇), 고제남(高濟南), 유인송씨(孺人宋氏)등이 대한 글이다.

사장(事狀) 5편은 이두범(李斗凡), 족형인 고용진(高龍鎭), 고시학(高時學), 효열부(孝烈婦) 김씨, 효열부(孝烈婦) 백씨에 관한 기록이다. 가장(家狀) 2편 저자의 아버지인 성재(誠齋) 고시청(高時清)과 모친은 죽산안씨(竹山安氏)에 대한 작품이다. 전(傳) 5편은 모두 효렬과 관련한 인물의 생평을 기록하였다. 찬장(贊狀) 8편은 모두 효자와 열녀를 추천하는 글이다.

권12에는 저자의 가장(家狀), 행장(行狀), 묘갈명(墓碣銘), 묘지명(墓誌銘)이 수록되었다. 가장은 손자인 고성우(高聖宙), 행장은 월성(月城) 최용식(崔龍植), 묘갈명은 고희상(高熹相), 묘지명은 족손(族孫)인 고익상(高翊相)이 지었다.

권13에는 부록(附錄)으로 제문(祭文), 만시(挽詩), 천장(薦狀), 경고문(警告文), 발문(跋文)이 실려있다. 제문을 지은 사람은 성노채(成魯綵), 김영한(金寧漢), 김요원(金堯元), 문생 고제설(高濟卨), 고제달(高濟達), 고제언(高濟彦), 고제원(高濟元), 이안범(李顔範), 고제관(高濟寬), 이재술(李在述), 고횡규(高鈜圭), 신사범(愼思範), 고광송(高光松), 류종태(柳鐘泰)이다. 만시를 지은 사람은 성노채(成魯綵), 권순명(權純命), 변영확(卞榮濩), 고광직(高光稷), 임기만(林基萬), 고제언(高濟彦), 고광두(高光斗), 기길서(奇吉舒), 류종윤(柳鐘潤), 변무연(邊武淵), 류종성(柳鐘聲), 고광태(高光台), 고제설(高濟卨), 이경택(李暻澤), 류종관(柳鐘寬), 고유상(高允相), 고인상(高仁相), 류정기(柳定基), 변시연(邊時淵)이다. 제문과 만시를 지은 사람들은 대부분 저자의 제자이거나 집안 사람들이다. 천장(薦狀)은 이병한(李柄漢), 백도진(白道鎭) 등이 작성하였다.

발문(跋文)은 종손인 고만상(高萬相), 문인(門人)겸 족손(族孫)인 고좌상(高佐相), 족손(族孫)인 고광은(高光殷)이 지었다.

5. 주요 작품 및 문집의 특징

저자의 중요작품으로는 「면암선생내오거의시사실록(勉菴先生內午擧義時事實錄)」, 「인산시사실록(因山時事實錄)」, 「통고역내문(通告域內文)」과 같은 류의 글을 들 수 있다. 이 글들은 일제에 대한 항거와 해방의 기쁨을 노래한 작품들이다. 특히 스승이었던 면암 최익현에 대한 그의 마음이 남다르다고 할 수 있다.

「면암선생내오거의시사실록」에는 "아아 오늘은 어떤 날인가! 오랑캐가 제멋대로 또 날뛰니 윤리강상은 모두 쓰러져 버리고 나라 명맥 붙일 곳이 없구나. 뜻있는 선비는 오래도록 한을 품고 영웅은 스스로 눈물을 흘리네. 천지는 온통 어찌 이리도 적적한가, 대장부는 홀로 잠들지 못하네."라고 하면서 면암에 대한 존경심과 함께 항일에 대한 굳건한 의지를 표명하였다. 앞으로 전라도 지역의 항일 운동사에 있어서 바탕이 되는 매우 중요한 문집으로 평가할 수 있을 것이다.

6. 참고문헌

고예진(高禮鎭), 『송천선생문집(松川先生文集)』

癸卯之流火節

松川集

保文堂發行

松川集

序

孔氏之門設科者四而德行爲本文學居末其實德行文學只有本末之殊而專言則一而已矣何者夫子又不曰有德者必有言有言者不必有德乎夫文者發於言而副之墨者也有德者之於爲文固未嘗有意於成章而涵蓄之久自然辭達理暢爗然爲載道之器矣挽近各家文集濫發廣布域中而類皆絢爛璀璨悅人眼目然夷考其實則大率以記誦詞章爲主其能粹然出於躬行心得之餘而有補於實用者幾希矣松川高公篤生於詩禮古家禀資朴實志氣牢確動容周旋自合規度孝友敦睦出於天性童年受業於族兄秀南先生而才不甚敏也公遂發憤振勵用己百己千之工罔晝夜研精覃思殆忘寢食有時氣疲而昏倒秀翁憫之勸其少休而亦不從也未

序　松川集卷之一　一

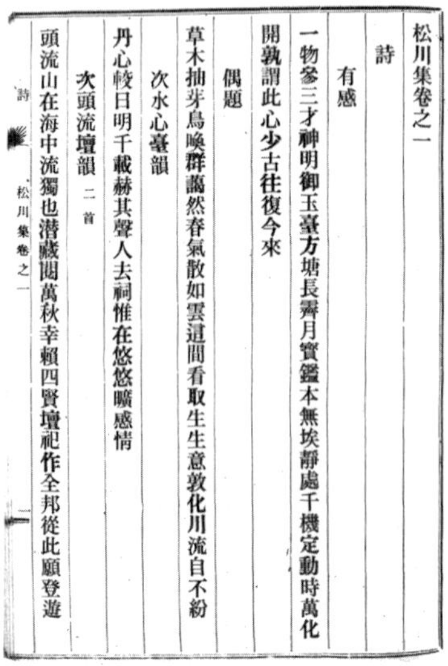

松川集卷之一

詩

有感

一物參三才神明御玉臺方塘長霽月寶鑑本無埃靜處千機定動時萬化開孰謂此心少古往復今來

偶題

草木抽芽鳥喚群藹然春氣散如雲這間看取生生意敎化川流自不紛

次水心臺韻

丹心較日明千載赫其聲人去祠惟在悠悠曠感情

次頭流壇韻 二首

頭流山在海中流獨也潛藏閱萬秋幸賴四賢壇祀作全邦從此願登遊

詩　松川集卷之一　一

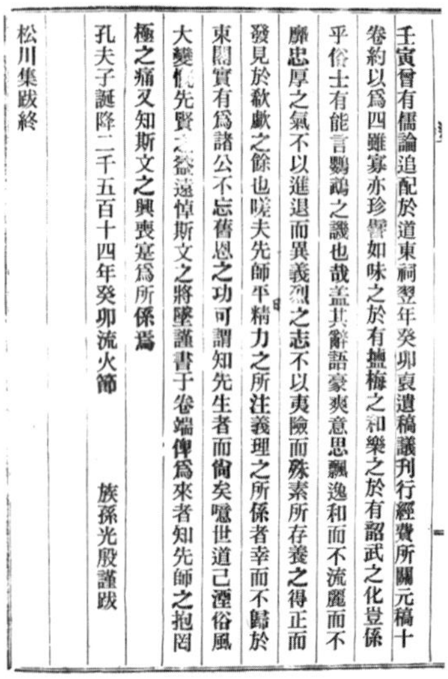

壬寅曾有儒論追配於道東祠翌年癸卯裒遺稿議刊行經費所關元稿十卷約以爲四雖寡亦珍譬如味之於有鹽梅之和樂之於有韶武之化豈係乎俗士有能言鸚鵡之譏也哉蓋其辭語豪爽意思飄逸和而不流麗而不靡忠厚之氣不以進退而異義烈之志不以夷險而殊素所存養之得正而發見於欬歎之餘也噫夫先師平精力之所注義理之所係者幸而不歸於東閣實有爲諸公不忘舊恩之功可謂知先生者而尙矣噫世道己湮俗風大變慨先賢之發遠悼斯文之將墜謹書于卷端俾爲來者知先師之抱罔極之痛又知斯文之興喪寔爲所係焉

孔夫子誕降二千五百十四年癸卯流火節　族孫光殷謹跋

松川集跋終

※ 국립중앙도서관 소장

〈호남-02〉 **도봉집** 道峰集

1. 형태서지

표제/권수제	도봉집(道峰集)
편저자	공학원(孔學源) 著
판사항	석판본
발행사항	[刊寫地未詳] : 書林精舍, 1948
형태사항	총 11권 5책 四周雙邊 半郭 22.0×15.9㎝, 界線, 13行28字 註雙行, 內向2葉花紋魚尾 ; 28.7×19.8㎝
소장처	국립중앙도서관, 전남대, 전주대

2. 정의

조선 말기에서 일제강점기를 살았던 유학자 공학원(孔學源, 1869-1939)의 11권 분량의 시문집이다. 문집은 1948년에 아들 공우열, 공남렬 등이 편집하고 간행하였다.

3. 저자사항

공학원(孔學源)의 본관은 곡부(曲阜), 자는 도경(道卿), 호는 도봉(道峰), 서림(書林)이다. 아버지는 공석철(孔錫哲), 어머니는 평산신씨(平山申氏)로 신택렬(申宅烈)의 딸이다. 재종형 공상원(孔商源, 1861-1900)을 스승처럼 모시고 시문을 익혔다. 공상원은 한시에 능숙하였고, 후진양성에 힘썼던 인물이었다. 저자는 후에 송사(松沙) 기우만(奇宇萬)을 찾아가 학문을 청하였다.

저자는 전라남도 장성군 북이면 만무리에서 태어났다. 일본의 한반도 침탈이 본격화되자 공자의 성령(聖靈)을 모시는 성묘(聖廟)를 집 근처에 세워 사산(泗山)이라 하고 제향하였다. 이후 사산은 저자의 뜻을 지키는 의지의 공간으로 자리하게 된다.

조선이 일제에 병합된 후에는 집 밖을 나서지 않았다. 1918년 고종이 서거하자 상례의 예법에 대한 많은 의론이 있었다. 저자는 망국의 백성은 예(禮)를 따르지 않고 의(義)를 따른다 하여 고종에 대한 삼년복을 벗지 않았다.

중일전쟁 중 곡부(曲阜)에 있는 공자사당이 파괴된 일이 있었다. 이 때 전국 유림이 수원에 모여 이를 비판하는 행사를 가졌는데, 이때 대표가 되어 성토문을 짓기도 하였다. 이후 평생 일제를 비판하며 민족자존을 지키려 하였다. 말년에는 후생의 강학을 위해 집 근처에 서림(書林)이라는 정사를 짓고 후학지도에 전념하였다.

저자는 당시 격변하는 시대상황에서 인륜의 회복과 도덕(道德)의 회복을 가장 시급한 문제로 생각하였다. 특히 도덕의 부패로 국정이 망가지고 그 수단인 형법과 상벌까지 영향을 준다고 생각하였다.

저자는 기정진의 성리설을 계승하면서도 이기론(理氣論)의 공허한 논쟁에 빠지지 않으려고 하였다. 이는 이(理)와 기(氣) 어느 한쪽에 치우쳐서 해석하는 것을 비판한 것이다. 이는 당시 기(氣)를 앞세웠던 당시의 흐름에 대해 반응이며, 이(理)의 능동적이면서도 적극적인 지위를 강조한 것이었다. 또한 당시 노사학맥과 간재학맥간의 쟁점이었던 이기설(理氣說)과 사서(四書)의 훈고학적 연구에도 노력하였다. 이는 그의 「경의기문(經疑記聞)」, 「변외필변(辨猥筆辨)」 등에서 구체화된다.

4. 구성 및 내용

문집에는 따로 서문이 없다. 목차도 정리되어 있지 않다. 마지막에 행장이 있지만, 출판상태가 양호하지는 않다. 문집은 목판본이며 11권의 분량이다.

권1에는 시 386편이 수록되어 있다. 연작시로는 「사산악부십절(泗山樂府十絶)」, 「차변회숙호암이십팔경운(次卞晦淑壺巖二十八景韻)」, 「화변회산동경시십육수(和邊晦山東京詩十六首)」 등이 있다. 사산(泗山)은 저자가 공자를 모시기 위한 공간으로, 저자가 공씨(孔氏)라는 점을 감안하면 단순히 성인 공자만을 의미하는 것이 아니다. 즉 자신이 피로 연결된 관계임을 생각한 것이다. 이는 공자사당이 훼손되었을 때 앞장서서 성토했던 그의 행적과도 이어진다.

「망북사(望北詞)」는 1918년 고종 인산때에 지은 작품으로 저자의 처신과 함께 살펴볼 만하다. 송서 기우만과의 관련된 작품으로는 「송사선생문집간소운(松沙先生文集刊所韻)」과 「송사선생수일운(松沙先生晬日韻)」이 확인된다.

권2-4에는 편지가 수록되어 있다. 권2에는 편지 89편이 있다. 권2에는 문중 인물들과의 편지를 모아놓았다. 집안일에 대한 이야기, 안부 등이 주된 내용지만, 학술적인 내용으로 토론한 것도 확인된다. 「답종인성학(答宗人聖學)」인 경우 번역사초변(飜譯史抄辨)의 항목으로 번역물에 대해 역사적 고증하고 있다. 권3에는 108편의 편지가 있고, 「상송사기선생(上松沙奇先生)」 10편을 비롯하여 선후배와 오간 편지가 수록되어 있다. 권4에는 편지 70편이 있는데, 대체로 후배들에게 안부를 전하는 편지이다.

권5에는 서문 26편, 기문 84편 등이 수록되어 있다. 서문에는 족보에 대한 서문, 각종 모임에 대한 서문과 「청헌공유집서(聽軒公遺集序)」, 「오은유집서(鰲隱遺集序)」, 「율재시집서(栗齋詩集序)」 등 다수의 문집 서문이 있다. 기문에는 여러 층위가 있다. 「사산사기(泗山祠記)」,

「서림정사기(書林精舍記)」, 「도봉기(道峰記)」는 저자 자신에 관련된 기문이다. 저자 주변 인물에 대한 기문으로는 「죽당기(竹堂記)」, 「계재기(溪齋記)」, 「남강기(南岡記)」 등이 있다. 「청금정기(聽琴亭記)」, 「쌍벽정기(雙碧亭記)」, 「일석정기(日夕亭記)」는 전라도 지역의 누정문화를 느낄 수 있는 작품이다. 「공씨삼효정려중건기(孔氏三孝旌閭重建記)」, 「황효자정려기(黃孝子旌閭記)」, 「강효자실행기(姜孝子實行記)」 등은 충효렬의 내용을 담았다.

권6에는 발문, 상량문, 제문이 실려 있다. 발문 19편은 여러 집안 족보의 발문, 효렬의 사실, 가장(家狀)과 행장(行狀)에 대한 발문이 많다. 「제조선사략후(題朝鮮史略後)」는 김종한(金宗漢)의 『조선사략(朝鮮史略)』에 대한 저자의 비판이다. 「흥덕읍지발(興德邑誌跋)」은 2편이 있는데, 모두 대작(代作)이다. 상량문에는 「사산사상량문(泗山祠上樑文)」, 「율수재상량문(聿修齋上樑文)」 등 16편이 있다. 제문에는 「제송사선생문(祭松沙先生文)」, 「의제조충정공병세문(擬祭趙忠正公秉世文)」 등 18편이 있다.

권7에는 축문 11편, 행장 17편, 묘표 9편, 묘갈명 7편, 전(傳) 3편이 수록되어 있다. 축문 11편은 공자의 영정을 옮기면서 지은 「문선왕영정이모고유문(文宣王影幀移摸告由文)」, 새로 우물을 파면서 지은 「제신정문(祭新井文)」, 기우문 등이 있다. 행장 17편은 대부분 문중에 관련된 작품이다. 문중외의 인물로는 안병섭(安秉燮), 변용(卞鏞), 변광기(邊廣基), 이명권(李命權), 김이문(金以玟) 등이 확인된다. 전(傳) 3편은 신인지(申仁志)를 대상으로 한 「돈와신처사전(橔窩申處士傳)」을 비롯하여 「효렬부김해김씨전(孝烈婦金海金氏傳)」, 「열부양씨전(烈婦楊氏傳)」이 있다.

권8에는 잠(箴) 2편, 논(論) 3편, 설(說) 22편, 사(辭) 5편이 실려있다. 잠(箴) 2편은 「자잠(自箴)」, 「과불급잠(過不及箴)」이다. 논(論) 3편은 「검치론(儉侈論)」, 「사민론(四民論)」, 「병어속자의어서론(病於俗者醫於書論)」이다. 「검치론」은 검소한 것과 사치한 것이 모두 적당할 때가 있음을 논한 것이고, 「사민론」은 사농공상(士農工商) 모두 각자의 역할이 있다는 것을 이야기하였다. 「병어속자의어서론」는 속된 마음은 독서를 통해 다스려야 하는 것을 설파하였다.

설(說)은 22편인데, 대부분은 자설(字說)이다. 자설외에는 「삼천안명의설(三千案名義說)」, 「사계설(四戒說)」, 「신송천기몽설(申松泉記夢說)」, 「신작로설(新作路說)」, 「어촌선선조묘갈명설(漁村先祖墓碣銘說)」 등이 확인된다.

사(辭) 5편은 「명오자사(明五字辭)」, 「자경자사(子敬字辭)」, 「질경자사(質敬字辭)」, 「서림만필(書林漫筆)」, 「적지농설(斥地動說)」이다. 「명오자사」, 「자경자사」, 「질경자사」의 3편은 자를 지어주면서 지은 글이다.

「서림만필(書林漫筆)」은 필기체의 형식으로 학자로서의 자세, 선비로서의 처신, 이기론 화이론 등을 기록하였다. 서림(書林)은 저자의 별호이다. 「척지동설(斥地動說)」은 지동설을 배척한 내용이다. 저자는 항목별로 나누어서, 음력과 양력을 같이 언급하였고, 이를 통해 지구가 움직인다는 것을 부정하고 있다.

권9에는 잡저(雜著)에는 「원선(原善)」, 「은난(隱難)」, 「서윤리문시아조(書倫理文示兒曹)」, 「쇄언(瑣言)」, 「우기(偶記)」, 「변외필변(辨猥筆辨)」, 「재변(才辨)」, 「중간공자통기박변(重刊孔子通記駁辨)」, 「하락총론(河洛總論)」, 「사상문답(泗上問答)」, 「기몽(記夢)」, 「포고천하문(布告天下文)」, 「등토남북적문(登討南北賊文)」, 「성토이인문(聲討李仁文)」, 「장성향교존성계안문초(長城鄉校尊聖稧案文草)」, 「사상강륜계발기서(泗上講倫契發起書)」의 17편이 실려 있다.

「원선(原善)」은 선(善)의 본래적 의미를 궁구한 글이다. 「은난(隱難)」는 숨어사는 것이 어렵다는 것을 밝힌 글이다. 「우기(偶記)」는 우연히 기록하였다는 의미인데, 내용은 이기설(理氣說)에 관련한 사항이다. 「변외필변(辨猥筆辨)」은 「외필(猥筆)」에 대해 변론한 글이다. 「외필」에 대한 내용을 쓰고 이후에 변론하는 방식으로 전개하였다. 「중간공자통기박변(重刊孔子通記駁辨)」은 명나라 문인 반부(潘府)가 지은 『공자통기(孔子通紀)』에 대해 분석하고 변론한 글이다. 「하락총론(河洛總論)」는 하도낙서(河圖洛書)에 관련한 내용을 정리하였다. 「사상문답(泗上問答)」은 객(客)과의 대화체로 유교사상을 풀어낸 글이다. 저자의 성리학적 관점이 잘 나타난 글이다. 「포고천하문(布告天下文)」과 「등토남북적문(登討南北賊文)」는 중일전쟁 시기 곡부의 공자사당이 파괴되자, 이를 알리고 성토하는 내용이다. 「성토이인문(聲討李仁文)」는 이인(李仁)이라는 사람이 공자를 비판하자 이를 성토하는 내용이다.

권10에는 「경의기문(經疑記聞)」과 「경의속론(經疑續論)」로 경전을 공부하면서 기록한 내용이다. 「경의기문」는 사서(四書)를 중심으로 자신이 확인한 사항과 의문점을 정리하였다. 「경의속론」은 『대학』과 『중용』을 중심으로 정리하였다. 마지막 「부록」에는 저자의 행장 등이 수록되었다.

5. 주요 작품 및 문집의 특징

저자는 유교를 수호하고 스승의 설을 계승하는 데에 많은 노력을 경주하였다. 「포고천하문(布告天下文)」, 「등토남북적문(登討南北賊文)」은 중일전쟁 때 곡부의 공자사당이 파괴되자, 이를 알리고 성토하는 내용이다. 「중간공자통기박변(重刊孔子通記駁辨)」, 「성토이인문(聲討李仁文)」 역시 공자를 비판하는 이인(李仁)을 성토하거나, 공자의 저작에 대한 저자의 논변이다.

「변외필변(辨猥筆辨)」은 노사 기정진의 저작인 「외필」을 비판하는 것에 대해 하나하나 변론하는 작품이다. 이는 스승의 성리학 이론에 대한 추숭과 존경의 일환이라고 할 수 있다.

「경의기문(經疑記聞)」, 「경의속론(經疑續論)」는 사서(四書)를 중심으로 차록하면서 저자의 경학적 입장을 표현하였다.

저자가 지은 전(傳) 3편은 모두 윤리 강조하였다. 「신작로설(新作路說)」과 「척지동설(斥地動說)」은 신문명에 대한 저자 나름의 입장을 밝혔다.

6. 참고문헌

공학원(孔學源), 『도봉선생문집(道峰先生遺集)』

김봉곤, 「송산 권재규 노사학 계승과 영남지역에서의 활동」, 『남명학연구』 34, 경상대학교 남명학연구소, 2012.

박학래, 「노사의 기정진의 성리설을 둘러싼 기호학계의 논쟁: 「외필(猥筆)」을 중심으로」, 『민족문화연구』 48, 고려대학교 민족문화연구원, 2008.

정병연, 「석오 권봉희의 「외필(猥筆)」에 대한 분석」, 『퇴계학보』 96, 퇴계학연구원, 1997.

양조한, 「간재와 노사의 외필논변」, 『간재학논총』 8, 간재학회, 2008.

이상익, 「기정진의 「외필(猥筆)」과 이에 대한 전우(田愚)와 정재규(鄭載圭)의 논변」, 『퇴계학논총』 35, 사단법인 퇴계학부산연구원, 2020.

이향준, 「「외필(猥筆)」의 기원」, 『유학연구』 51, 충남대학교 유학연구소, 2020.

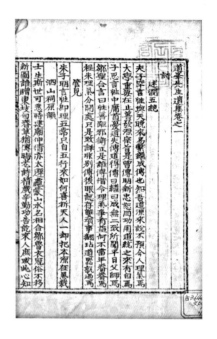

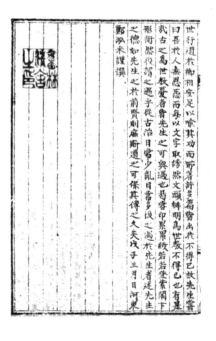

〈호남-03〉 **양재집** 陽齋集

1. 형태서지

표제/권수제	양재집(陽齋集)
편저자	권순명(權純命) 著
판사항	석인본(1~16권)/필사본(17~22권)
발행사항	井邑 : [刊寫者未詳], 1977
형태사항	총 22권 11책 四周雙邊 半郭 22.4×15.4㎝, 有界, 橫12行30字, 上2葉花紋魚尾 ; 28.2×18.9㎝
소장처	국립중앙도서관, 계명대, 고려대, 전남대, 한국학중앙연구원

2. 정의

『양재집(陽齋集)』은 권순명(權純命, 1891-1974)의 문집이다. 21권의 분량으로, 1-16권은 석인본(石印本)이며, 나머지는 필사본(筆寫本)이다. 서(書)와 묘지명(墓誌銘)을 중심으로 구성되어 있다.

3. 저자사항

권순명은 본관은 안동(安東), 자는 고경(顧卿), 호는 양재(陽齋)이다. 전라도 고부 출신이다. 아버지는 농와(農窩) 권원(權源)이고, 어머니는 강릉유씨(江陵劉氏)로 유종갑(劉鍾甲)의 딸이다. 국재(菊齋) 권부(權溥)의 후손이다. 간재(艮齋) 전우(田愚)의 문인이며, 양재라는 호는 전우에게 받은 것이다.

「가장(家狀)」과 「연보(年譜)」에 따라 그의 생애를 재구성하면 다음과 같다. 저자는 1891년(고종28) 음력 3월27일, 고부(古阜) 천태산(天台山) 탑동(塔洞)에서 태어났다. 태몽으로 화충(華蟲)이 들어오는 꿈을 꾸어 문장을 잘할 것이라며 축하를 받았다고 한다. 4세 때에는 갑오년 동학란으로 마항리(馬項里)로 피신하였다. 7세 때에 경재(敬齋) 김낙승(金洛昇)에게 천자문과 추구를 배웠고, 글을 지으라고 하니, "우리 정원에 푸른 대나무가 생겼으니, 눈속에서도 변치 않으리[吾園綠竹生, 雪中不變色]"라는 구절을 지어 지조있고 절개있는 선비가 될 것이라며 큰 칭찬을 받았다. 12세 때, 김제백일장(金堤白日場)에 시를 지어 입상한 바 있다. 15세 때에 을사조약으로 "천년 동강에 한 선비로 돌아가리니, 강산은 한을 품고 해는 빛을 잃었네[千載東岡歸一士, 江山有恨日無暉]"라고 한탄하고, 매국노를 성토하였다. 겨울에는 『이자성리서(李子性理書)』를 초록하고 성리학을 학문의 근본으로 삼았다. 16세 때에 함풍

참봉(咸豊參奉) 이흥모(李興模)의 딸과 혼인하였다. 여름에는 도계사(道溪祠)에 들어가 책을 읽었다. 이해에 면암(勉庵) 최익현(崔益鉉)이 대마도에서 순국하였고, 이에 만시를 지어 울분을 표현하였다.

18세 때에 봄에는 백천재(百千齋)에서 책을 읽었다. 이해 6월에 부안(扶安) 목중리(穆中里)에 있는 간재(艮齋) 전우(田愚)를 배알하였다. 이때 간재는 "그대의 자질을 보니 경서를 연구하고 학문으로 나아가니, 명예와 화복(禍福)에도 마음을 흔들리지 않겠구나"라고 하고는 『순자(荀子)』의 "경륜이 있는 상인들은 밑져도 장을 거두지 않는다[良賈不以折閱不市]"는 말 격려하였다. 이해 7월에 간재 전우와 스승과 제자의 의리를 맺고 평생 이를 지켜갔고, 8월에는 간재 전우가 저자의 집을 방문하기도 한다. 19세 때에는 간재를 따라서 군산도(君山島)로 들어갔다. 20세 때 경술국치를 당해서는 간재를 따라 왕등도(旺嶝島)로 들어갔다. 21세 때에는 간재의 명으로 유현곡(柳玄谷)등과 함께 간옹초고(艮翁草稿)를 교열 보았다. 22세 때에는 간재를 따라 왕도(旺島), 군산(君山), 계화도(繼華島)를 오갔고, 『간재선생초고(艮齋先生草稿)』 25책을 편집하였다. 23세 때에는 석농(石農) 오진영(吳震泳)을 배알하였다. 석농이 간재에게 인사드리러 왔을 때 저자를 불러서 만나게 된 것이다. 이후 평생 그 뜻을 같이하게 된다.

24세 때에는 간재를 찾아 배우는 학생들이 많아져서, 저자에게 동쪽에 따로 강학할 수 있는 공간을 마련하게 하고 '면학당(勉學堂)'을 따로 지었다. 면학당은 간재가 지어준 것이다.

1918년 12월, 고종이 붕어했을 때, 간재선생과 함께 망곡례(望哭禮)를 강사(講社)에서 행했다. 고종의 소상과 대상 때에도 모두 이렇게 하였다. 후에 순종황제 붕어 때에도 망곡(望哭)을 하였는데, 이는 모두 간재의 가르침에 따른 것이었다. 3.1운동 당시 간재는 독립선언문과 파리장서에도 서명하지 않았는데, 이는 망한 나라보다는 도통을 우선시 했던 것에 따른 것이었다.

1922년 7월, 간재 전우선생이 돌아가셨는데, 이후 저자는 상당 기간 동안 간재문집의 간행 문제를 두고 야기된 문인들의 불화를 봉합하고, 성공적인 문집 간행을 위해 동분서주하며 노력하였다. 스승의 뜻에 어긋나는 사항에 대해서는 적극적으로 논변하기도 하였다. 저자는 1974년 84세의 나이로 졸하였다. 그의 행장은 문인(門人)인 이백순(李柏淳)이 지었고, 묘갈명은 전원식(田元植)이 지었다.

저자는 이이(李珥), 김장생(金長生), 송시열(宋時烈), 김창협(金昌協), 김원행(金元行), 박윤원(朴胤源), 홍직필(洪直弼), 임헌회(任憲晦), 전우(田愚)로 이어지는 기호학파(畿湖學派)의 주요 학통을 계승하였으며, 전우의 문하에서 많은 제자를 길러내었다.

성(性)을 이(理)로 파악하고 심(心)을 기(氣)로 파악하는 전통적인 기호학파의 입장을 고수하면서, 간재 전우가 주장했던 심(心)을 이(理)로 파악하는 학설에 맞서기 위해 '성사심제설(性師心弟說)', '성존심비설(性尊心卑說)' 등의 독특한 학설을 계승하였고, 이에 대해 당시 여러 학맥과 토론을 하였다.

그의 삶은 평생 간재 전우의 뜻을 따라 실천하였다. 당시 제자 1천명 중에서 훈재(薰齋) 김종희(金鍾熙), 현곡(玄谷) 유영선(柳永善)과 함께 화도삼주석(華島三柱石)으로 역할을 하고 스승이 세상을 떠났을 때 1년간 심상(心喪)을 지냈다. 그는 경학, 예설, 성리학을 깊이 연구하였으며, 후진들을 양성하는 데 심혈을 기울였다. 제자로는 김희진(金熙鎭), 김택수(金宅洙), 이백순(李栢淳), 전원식(田元植), 김충호(金忠浩)등이 있고, 고부 태산사(台山祠)에 봉향되어 있다.

4. 구성 및 내용

『양재집』은 22권의 분량이다. 1-16권은 석인본(石印本)이며, 나머지는 필사본(筆寫本)이다. 문체별로 문집을 편집하였고, 전체 구성은 다음과 같다.

권1-7에는 서(書)가 실려 있다. 권1에는 74편의 편지가 실려 있다. 간재(艮齋) 전우(田愚) 선생에게 올린 편지 17편, 원재(遠齋) 이희진(李喜璡)에게 올린 15편, 단운(丹雲) 민병승(閔丙承)에게 올린 10편, 온양(溫陽) 임간재(任艮宰)에게 올린 5편, 창랑(滄浪) 이상영(李商永)에게 올린 4편, 근소재(近小齋) 서병갑(徐柄甲)에게 올린 3편, 삼외재(三畏齋) 권명희(權命熙)에게 올린 2편, 회봉(晦峰) 고제규(高濟奎)에게 올린 2편, 초은(樵隱) 권태협(權泰夾)에 올린 2편이 있다. 이들은 모두 양재의 선배 학자 그룹이다.

권2에는 74편의 편지가 실려 있다. 석농(石農) 오진영(吳震泳)에게 보낸 66편의 편지가 그 중심이다. 이외에 익재(翼齋) 고재붕(高在鵬)에 보낸 3편의 편지, 신난서(慎蘭緖)에게 답한 2편의 편지, 노철수(盧澈秀)에게 준 3편의 편지가 있다. 권3에는 128편의 편지가 실려 있다. 성기운(成璣運)에게 보낸 8편, 임진찬(任震瓚)에게 보낸 4편, 김패현(金佩弦)에게 보낸 8편, 송유재(宋裕齋)에게 보낸 10편, 전순형(田舜衡)에 보낸 5편, 남정함(南靜涵)에게 보낸 12편, 송자윤(宋子尹)에게 보낸 10편이 수록되어 있다. 권4에는 79편의 편지가 실려있다. 류희경(柳禧卿)에게 보낸 40편, 문성보(文聖甫)에게 보낸 6편, 김평오(金平五)에게 보낸 4편 등의 편지가 있다. 권5에는 116편의 편지가 수록되어 있다. 최의숙(崔毅叔)에게 보낸 15편, 정도윤(丁道允)에 보낸 7편, 정언모(鄭彦模)에게 보낸 10편, 남직련(南直蓮)에게 보낸 8편이 실려있다. 권6에는 142편의 편지가 수록되어 있다. 김뢰만(金賴萬)에게 보낸 9편, 허의백(許義伯)에게 보낸 8편, 변경중(邊敬中)에게 보낸 6편, 임영서(林英瑞)에게 보낸 4편, 고병오

(高炳五)에게 보낸 10편이 있다. 권7에는 109편의 편지가 수록되어 있다. 이재두(李載斗)에게 보낸 9편, 이백순(李柏淳)에게 보낸 11편, 문종기(文宗基)에게 보낸 4편, 김희진(金熙鎭)에게 보낸 4편, 류택규(柳澤奎)에게 보낸 4편, 김충호(金忠浩)에게 보낸 4편이다.

권8. 잡저(雜著) 52편의 글이 수록되어 있다. 잡저라는 형태로 묶였지만, 사실상 편지의 형식으로 논변한 글이다. 권9. 잡저(雜著)와 서(序)가 실려 있다. 서는 실기(實記)에 대한 서문, 문집서문, 족보서문, 수연서(壽宴序), 송서(送序)가 있다. 문집에 대한 서문으로 조명엽(曺命燁)문집의 「가헌일고서(稼軒逸稿序)」, 봉수학(奉秀學)의 문집인 「시은일고서(詩隱逸稿序)」, 박노중(朴魯重)의 문집인 「창암집서(滄菴集序)」, 임헌찬(任憲瓚)의 문집인 「경석집서(敬石集序)」, 박상규(朴象圭)의 문집인 「성당박공유고서(誠堂朴公遺稿序)」, 박준상(朴焌相)의 문집인 「두남박공유고서(斗南朴公遺稿序)」, 이재화(李載和)의 문집인 「양산유고서(陽山遺稿序)」등이 그것이다. 이외에도 많은 수의 문집서문이 확인된다. 이는 지인의 문집은 물론 지인 선대의 문집까지도 저자에게 의뢰했던 것이다. 대부분 간재 전우와 직간접적인 영향관계가 있는 사람들이 부탁한 것이다. 권10에는 서(序)와 기(記)가 수록되어 있다. 10권에는 송서류가 많다. 대부분은 간재 전우에게 배움을 청했다가 일정한 기간이 되어 다시 고향으로 돌아가는 사람들을 위해 쓴 것이다. 이들 대부분은 『화도연원록(華島淵源錄)』에 수록되어 있지만, 그렇지 않은 경우도 있다. 기문은 사우(祠宇)와 정자(亭子)에 대한 것과 함께 자와 호를 지어주면서 지은 기문도 적지 않다.

권11에는 제발(題跋), 명(銘), 잠(箴), 찬(贊), 자사(字辭), 혼서(昏書), 고축(告祝)이 실려있다. 제발은 시문집에 대한 제발문과 효열에 관련한 제발문이 많다. 명(銘)은 대부분 제자들에게 지어준 것이며, 호 또는 당호를 지어주면서 경계할 말을 적어주었다. 찬(贊)은 충효열(忠孝烈)에 관한 인물에 대한 것과 함께 인물의 화상에 대한 것이 주목된다.

권12에는 제문(祭文) 50편, 상량문(上梁文)9편, 비(碑) 39편이 실려 있고, 비문은 13권에도 이어진다. 권13에는 비(碑)41편과 묘지명(墓誌銘) 10편이 있다. 권14-18에는 묘지명(墓誌銘)이 수록되어 있다. 14권에는 73편, 15권에는 65편, 16권에는 48편, 17권에는 52편, 18권에는 51편의 묘지명이 수록되어 있다. 권19에는 묘표(墓表) 83편이 수록되어 있다. 저자가 이렇게 많은 묘도문자를 쓸 수 있었던 것은 간재를 찾아온 사람들을 지도한 바 있고, 이후에도 지속적으로 교유관계를 유지했기 때문이다. 저자의 묘도문자는 간재학맥의 지식인을 재구성할 때 매우 중요한 위치를 차지한다.

권20는 행장(行狀) 32편과 유사(遺事)1편, 전(傳) 8편이 실려있다. 행장은 집안 선조의 것은 물론 가까운 지인의 행장이 포함되어 있다. 이 중에 주목되는 것은 「간재선생행장(艮齋先生行狀)」이다. 스승의 행장을 썼다는 것 자체가 간재학맥에 있어서의 그의 위치를 말해주는 것이기 때문이다. 유사 1편은 유기춘(柳基春)에 대한 「영주유공유사(瀛山柳公遺事)」이다. 권 21에는 부(賦)와 시(詩)가 있다.

권22권은 추록(追錄), 양재선생연보(陽齋先生年譜), 부록(附錄)으로 구성되어 있다. 추록에는 문집을 만들고 나서 싣지 못했던 글을 넣었다. 연보는 그의 생애를 자세하게 알 수 있게 편집되어 있다. 부록에는 저자에 대한 제문과 만사가 수록되어 있다.

5. 주요 작품 및 문집의 특징

저자는 평생 간재 전우의 사상과 뜻을 계승하려고 하였다. 특히 간재전우를 비판하는 글에 대해서 변론하는 편지 등이 주목된다. 먼저 주목되는 점은 성리학적 논쟁에 대한 것이 많다는 것이다. 이는 스승 간재에게 보낸 편지에서도 마찬가지 경향이다. 간재에 대한 편지의 제목은 대부분 「상답간재선생서(上答艮齋先生書)」, 「상간재선생서(上艮齋先生書)」이다. 대체적인 내용은 성리학적 논쟁과 기호학맥에 관련된 관심사항을 스승에게 묻고 대답하는 형식이다. 저자와 간재학맥의 성리학적 성격을 정리할 수 있는 중요한 자료이다.

구체적인 편지내용으로는 기질체청설(氣質體清說)에 유응선(尹膺善), 정형규(鄭衡圭) 등이 이론이 있어서 간재가 기질체청설을 지어서 저자에게 편지를 보냈고, 이에 대해 저자가 주석의 형태로 답장을 올린 것, 황면재(黃勉齋)의 명덕설(明德說)을 논변한 것, 류성재(柳省齋)가 만년에 정심설(正心說)을 바꾸었지만 명료하지 않다는 것, 율곡의 성리학에 대한 질의와 답변, 율곡문집의 원본 체제에 대해 자별한 뜻이 있다는 것, 『삼연집(三淵集)』을 읽으면서 목록(目錄)을 작성하고 이에 대해서 묻는 것, 황묘(皇廟)에서 제사하는 의리의 뜻을 논한 것, 거백옥과 도연명처럼 예를 들어서 재야의 유신(儒臣)들이 반드시 죽을 필요는 없다고 것을 논했다.

석농(石農) 오진영(吳震泳)과의 편지도 주목된다. 석농과 저자는 간재를 통해 만난 후 평생을 함께 한다. 석농과의 편지에서는 성리학적 논쟁은 물론 예법에 관련한 사항을 확인된다. 구체적인 내용으로는 대한(大韓)의 호칭이 조선(朝鮮)에 걸맞지 않는다고 하면서, 고종 인산 때에는 황제의 예법을 행해야한다고 역설한 것, 성재(省齋)의 문인 주용규(朱庸奎)가 편집한 책에서 생심설(生心說)을 논변한 것, 따로 성재의 심설(心說)에 대해 바로 잡은 편지도 확인된나. 『덩의통락(黨議通略)』에 대해 논한 것 등도 있다.

저자의 편지에는 성리학에 관련한 논쟁이 매우 많다. 「답황형중찬규서(答黃亨中瓚奎書)」에서는 '품수미발(稟受未發)'의 뜻을 논하였다. 「상원재이공서(上遠齋李公書)」는 성리학의 이기 (理氣)논쟁에 대해 편지이다. 「답근소서공서(答近小徐公書)」는 『주자대전(朱子大全)』에 대한

문답을 적었다. 「여삼외재권공명희서(與三畏齋權公命熙書)」는 명덕설(明德說)에 대해 논하였다. 「여창상이공상영서(與滄上李公商永書)」는 선조의 이야기와 함께 사단칠정(四端七情)에 대해 논하였다. 「여신외천약우서(與申畏天若雨書)」는 호락논쟁(湖洛論爭)을 정리하고 논한 것이다. 「답최의숙서(答崔毅叔書)」는 성심(性心)이 평등하다는 견해에 대해 분명한 존비(尊卑)의 차이가 있다고 논변한 편지이다. 「답김뢰만서(答金賴萬書)」은 성주심빈(性主心賓)의 뜻을 깨우친 편지이다. 「관의숙곡전어(觀毅叔穀田語)」는 성심(性心)이 존비가 없다고 한 것을 곡전(穀田)에 비유해서 설명한 글인데, 이에 대해 양재가 논변한 것이다. 「답정도윤병교서(答丁道允炳敎書)」는 정도윤의 잘못된 경서 해설을 비판한 것이다. 「여이재두서(與李載斗書)」는 염계(濂溪)의 주정(主靜)에 대한 것을 논하였다. 「답정동윤서(答丁道允書)」는 농암(農巖)의 미발설(未發說)을 논하였다. 「여현곡서(與玄谷書)」는 『삼연집(三淵集)』 산필(散筆)에서 경서 해석에 관련하여 논한 글이다. 「갑김뢰만서(答金賴萬書)」는 정인보가 번역하여 출간한 정약용 7서의 주석을 바꾼 것을 비판한 글이다.

예법과 역사서에 관련한 편지도 확인된다. 「답진덕수서(答陳德銖書)」는 『강목(綱目)』의 서법에 대한 논의하는 내용이다. 「답익재고공재붕서(答翼齋高公在鵬書)」는 춘왕정월(春王正月)의 개념을 논하였다. 「답최의숙서(答崔毅叔書)」에서는 화이의 구분이 군신의 뜻보다 더 중요하다는 내용을 담았다. 「답나성부제봉서(答羅性夫濟奉書)」는 성묘에서 석존(釋尊)할 때에는 향을 올리는 방식이 다르다는 것을 논하였다.

잡저(雜著)의 형태인 변(辨)에서도 편지의 형식으로 성리학적 논쟁을 펼치고 있다. 「성존심비적거변변(性尊心卑的據辨辨)」은 1917년에 지은 작품인데, 조긍섭(曺兢燮)의 「성존심비적거변(性尊心卑的據辨)」을 비판한 것이다. 원래 간재가 「성존심비적거(性尊心卑的據)」를 지어 성존심비(性尊心卑)를 설파한 적이 있었다. 이에 조긍섭이 「성존심비적거변」을 지어 성심구존(性心俱尊)을 주장하였다. 저자는 조긍섭의 주장이 비록 한주 심학의 존심비성(尊心卑性)과는 다르지만, 존심(尊心)을 주장하는데 있어서는 매 한가지임을 밝혔다. 이와 관련해서는 「조긍섭답한씨서변(曺兢燮答韓氏書辨)」도 참조된다. 스승인 간재의 철학에 대한 대변자로서의 모습도 주목된다. 조긍섭과 관련해서는 「논조긍섭언난(論曺兢燮言難)」도 보인다. 이 글은 조긍섭이 율곡의 「만언봉사(萬言封事)」를 비판했는데, 이에 대해서 석옹(石翁)이 까무러치게 놀랐고, 이에 양재에게 부탁하여 이를 논박하는 글을 짓게 된 것이다.

「최익한상간옹서변(崔益翰上艮翁書辨)」은 1919년에 쓴 글이다. 최익한(崔益翰)은 곽종석(郭鍾錫)의 문인이다. 당시 호남과 영남의 양대 유종(儒宗)인 간재와 면우의 두 제자가 스승과 자신의 학파를 대리하여 전개한 논변이다. 이 글은 양재가 간재(당시 79세) 생전에 쓴 글로서 모두 33측에 이르는 장문의 서변(書辨)이다. 이 글에서 그는 최익한이 간재에게 보낸 편지에서 주장하는 한주와 면우의 심리설(心理說)을 조목조목 비판하며 간재의 심본성설(心本性說)을 적극적으로 옹호하고 있다.

「최해석상간재선생문목변(崔海石上艮齋先生問目辨)」은 최봉소(崔鳳韶)의 심리설을 반박하는 글이다. 간재 생전에 면암의 문인 최봉소가 심리설(心理說) 수천 언을 지어 간재에게 문목(問目)을 보내 질의한 적이 있었다. 당시 간재는 이것을 한번 읽어보고 저자에게 주었는데, 저자는 그 동안 묵혀두었던 이 글에 대해 다시 꺼내 보고 문목을 완성한 것이다.

「양집변후서(梁集辨後序)」는 양계초(梁啓超)의 학설을 통박하는 글이다. 스승인 간재가 「양집제설변(梁集諸說辨)」을 지은 바 있는데, 이와 동일한 주장을 펼치고 있다. 양계초가 서양의 학문을 종주로 공자를 비판하였는데, 이에 대해 반박하는 것이다.

「김용승무서변작(金容承誣書辨作)」은 김용승(金容承)이 간재에 대한 무고에 대해 변론한 글이다. 「성재심설변기의(省齋心說辨記疑)」는 곽종석이 그의 스승인 성재의 심설을 보태어 지었는데, 이에 대해 논박한 글이다. 저자는 간재의 주장을 정확하게 전달하고 있다.

「첨한우산심성의목(籤韓愚山心性疑目)」은 한우산이 간재에게 보낸 의목에 대해 저자가 대신 답변하는 형식이다. 이런 류의 작품이 매우 많은데, 저자에 대한 간재의 신뢰를 읽을 수 있다.

「심주재리주재훈사(心主宰理主宰訓辭)」는 성재(省齋) 류중교(柳重敎)와 한주(寒洲) 이진상(李震相)이 『주자어류』의 심주재(心主宰)·이주재(理主宰)를 인용하며 심(心)이 이(理)임을 주장하자, 양재가 문목(問目)을 만들고, 간재는 설명을 붙여 주재에는 유위와 무위 두 가지 뜻이 있음을 변론한 글이다. 내용은 『서경』의 도심(道心)과 『논어』의 종심(從心)에 대한 이진상의 해석에 대하여 전우는 이(理)가 리를 따르고, 이 밖에 이가 또 있다고 하여 그 논리에 대하여 비판하였다. 주재설에서도 한주학파의 곽종석은 그것을 임금이 명령하는 의미로 해석하였으나 전우는 이의 주재는 뿌리, 기의 주재는 운용이라고 해석하였다. 이와 기가 둘 다 주재하는 것은 전자는 진짜 군주이지만 후자는 가짜 군주로서 참주에 불과하다며 임금이 둘이 될 수 없다며 간재의 논리를 비판하였다. 명덕설에 대해서도 한주학파의 최익한이 이리구리(以理具理)라고 주장하였고, 저자는 눈으로써 눈을 보는 것이라고 하여 그 논리를 비판하였다.

양재의 성리학은 성사심세(性師心弟)와 심본성설(心本性說)을 종지로 삼고 있다. 이는 성즉리(性卽理)라는 성리학상의 정통적 견해에 입각한 이론으로서 학맥 상으로는 율곡·우암 그리고 간재로 이어지는 기호낙론의 핵심적 관점을 계승한 것이다.

양재는 이기설(理氣說)은 기호학파 낙론계열의 학설을 따랐다. 기호학파는 주희의 설을 따르기 때문에 양재도 주희의 설을 따른다. 양재의 설은 스승 간재의 기질체청설(氣質體清

說)을 계승하여 발전시킨 것이다. 간재는 기질의 청함에서 선이 나온다고 하였고, 양재 또한 기질본체는 청미(淸美)하고 여기에서 선이 나온다고 보았다. 다만 청미함이 이해와 계교에 가릴 때 불선이 나온다고 하였다. 이러한 기청선설(氣淸善說)은 결국 심(心)을 기(氣)로 보는 관점에서 선(善)이 행해지는 것을 설명한 것이고, 따라서 기청순선(氣淸純善)의 명덕(明德)을 주장하게 된 것이다. 「첨최봉조의목(籤崔鳳昭疑目)」에서는 심즉리(心卽理)에 대해 '심즉화기(心卽火氣)의 정영(精英)'과 '형기지혈기(形氣之血氣)', '기질지혼백(氣質之魂魄)', '심지신(神之心)', '명덕즉청기(明德卽淸氣)', '본연지심(本然之心)' 등 양재만의 특색있는 설을 피력하기도 하였다. 이 밖에도 양재는 매우 왕성하게 갖가지 성리학 문제에 대해 사우(師友)들과 논하면서 자신의 성리학적 관점을 심화시켜 가고 있었다.

6. 참고문헌

권순명(權純命), 『양재집(陽齋集)』, 여강출판사, 1988.

정병련, 「양재 권순명의 생애와 학문」, 『간재학논총』 3, 간재학회, 2000.

박순철, 「陽齋 權純命의 『大學』 明德說研究」, 『中國學論叢』 52, 한국중국문화학회, 2016.

蘇鉉盛, 「陽齋 權純命의 性理思想: 「崔益翰上艮翁書辨」의 心本性說을 중심으로」, 『간재학논총』 17, 간재학회 2014.

안유경, 「양재 권순명의 心論 고찰」, 『退溪學報』 144, 퇴계학연구원, 2018.

張炳漢, 「有菴 李厚林의 學問과 思想: 艮齋學의 連續과 不連續의 觀點에서」, 『간재학논총』 14, 간재학회, 2012.

陽齋集卷之○
目錄

書

上艮齋先生
上淵上李丈
上吳參列丈
三畏齋權丈
上雲齋李丈
上近小齋徐丈
上任參奉丈
上强齋黃丈
答荷潭權丈
上權隱權丈

上確齋金丈
上志山金丈
上丹雲閔丈
上錦翁金丈
上晦峯吕
答中堂朴丈
上沈令丈
上溫陽任丈
上權上舍丈
上敦齋柳丈

陽齋集卷之一

書

上艮齋先生

拜退後日又近旬伏未審日氣體服中氣力幸賴帝神之佑漸臻康寧否伏切悵慕無任下誠小子親庭依安伏幸但所聞於師席與友朋之心必本於理道心無過不及許多眞詮一不能省察體行於事親從兄與人接物之間所謂說時學而做時非學口耳性命手足禽犢者實爲小子準備藉也竊伏惟此身既受天地純善本淸之理氣又分父母光潔不瑕之形體固不可一毫自小自賤以獲罪於神祇君親而況委之吾先生而擬之古之道聖賢之學尤不可自擅自有而貽累於秋陽江漢之德也古人謂尒一師我死生禍福任之是登苟然哉有時思省不覺心寒骨栗然止吾止也只自反而自力焉爾耳嘗讀先生休言有曰天地如一屋子墍人如主翁我們幸爲其子弟奴僕屋

初安得再覽咸享國五百載子公之功空與忠莊忠武幷揭丹書光明宇宙而三百年壹醫忠壽其何以承化理所永命乎觀公不事權貴世之知不知功之錄固不繫於公志而早與忠莊忠武僑然期期乎天霜此水之間所可懷者尙無表揭以變忠烈於千古也余讀公蹟於諸家史忠忠臣義士之不遇輒如此壽其世以告天太常氏

陽齋集 卷之二十二 傳 三十七

〈호남-04〉 **송사집** 松沙集

1. 형태서지

표제/권수제	송사집(松沙集)
편저자	기우만(奇宇萬) 著
판사항	석판본/ 목활자본(부록)
발행사항	– 본집 : 潭陽 : 長華里, 1931 – 부록 : [刊寫地未詳] : 澹對軒, 1947
형태사항	총 54권 27책 – 목록 1책, 본집 50권 24책 및 속집 2권 1책 : 四周雙邊 半郭 22.6×17.1cm, 界線, 11行24字 註雙行, 內向二葉花紋魚尾 ; 30.9×21.0cm –부록 2권 1책 : 四周雙邊, 半郭 22.5×16.2cm, 10行21字, 註雙行, 內向三葉花紋魚尾 ; 29.6×19.6cm
소장처	국립중앙도서관, 경기대, 대구가톨릭대, 동아대, 서울대 규장각, 원광대, 전남대, 전주대, 한국학중앙연구원

2. 정의

『송사집(松沙集)』은 조선말기에서 일제강점기를 살았던 송사(松沙) 기우만(奇宇萬, 1846-1916)의 문집이다. 문집은 본집(本集) 50권과 속집(續集) 2권으로 이루어져 있다.

3. 저자사항

저자의 본관은 행주(幸州), 자는 회일(會一), 호는 송사(松沙)이다. 전라남도 장성 출신이다. 저자는 기정진(奇正鎭, 1798-1879)의 손자로, 장성 탁곡(卓谷)에서 태어나 일찍부터 할아버지 밑에서 수학(修學)하였다. 기정진이 거처를 자주 옮김에 따라 손자 기우만도 역시 따라 다니면서 배웠다. 할아버지가 돌아가신 후에는 일본의 감시를 피해 자주 옮겨 다녔다.

저자는 노사 사후 1883년에 담대헌이 있는 월송리에서 나주로 이사하여 이곳에서 10년을 살다가 1893년에 고진원의 중흥동으로 이사하여 살았다. 단발령이 내려지고 아관파천이 일어났을 때 격렬한 상소를 올렸으며, 이때 의병을 일으켜 호남의병장에 추대되었다. 하지만 선유사(宣諭使)의 해유로 의병을 파할 수밖에 없게 되자, 그 해인 1896년에 담대헌이 바라보이는 삼성산에 들어가 삼산재(三山齋)를 짓고 은거하였다. 1904년에는 광주 갈전면(葛田面) 주흥동(朱興洞)으로 옮겨 살았고, 여기에서 한천정사(寒泉精舍)를 경영하였다. 1911년에는 일본으로부터 회유를 피해 섬진강가에 있는 남원시 대강면 사석리로 옮겨가 살았다.

1914년에는 이곳에 사호정(沙湖亭)이라는 정사를 경영하였고, 1916년에 그곳에서 죽었다. 그가 죽은 뒤 1928년에는 장성의 고산서원에 배향되었다. 고산서원에는 문정공(文靖公) 기정진이 주향(主享)되었으며, 김녹휴(金錄休), 조의곤(曺毅坤), 정재규(鄭載圭), 기우만(奇宇萬), 김석구(金錫龜), 정의림(鄭義林), 이최선(李最善) 등의 위패가 배향(配享)되어 있다.

기정진이 죽자 저자는 조부이며 스승인 노사문집 간행을 주관하면서 호남과 영남 우도의 노사학파 문인들의 결속력을 강화했고 노사 학문을 확산시키는 데에 주도적인 역할을 했다. 그 사이 영남 학자들과 전우(田愚)등이 노사가 쓴 「외필(猥筆)」, 「납량사의(納凉私議)」에 대해 공격하자, 정재규는 「외필변변(猥筆辨辨)」, 「납량사의기의변(納凉私議記疑辨)」을 지어 반론을 펼쳤다. 이 일로 기우만과 정재규 등의 인물은 서로 매우 돈독해졌고 후에 의병활동을 같이 논의할 정도로 긴밀한 관계를 유지했다.

노사 문하에서 공부했던 난와(難窩) 오계수(吳繼洙)는 '송사는 성문(聖門)의 사손(嗣孫)'이라고 하였고 강화학파를 대표했던 이건창은 '박학(樸學)한 후손'이라고 칭하면서 노사 학문의 계승자로 인정하였다. 또한 쌍석(雙石) 이희용(李熙容)은 '선비들이 귀의할 곳이 생겼고 부지런히 가르쳐 우리들이 바로 설 수 있었다.'고 하면서 그 시대의 스승으로서 추앙하였다. 이로써 기우만은 명실상부한 노사학파 계승자이며 호남 유림들의 스승으로서의 확고한 위상을 차지했다.

그의 현실 인식과 대응은 조부였던 노사의 위정척사 정신과 일치한다. 그는 전통 유학 사상을 강화하려고 했고 외세와 서양 문명을 배척했다. 이는 기정진의 위정척사 정신의 실천적 계승이었다. 척사 대상은 각 시기에 따라 조금씩 달라지기는 하지만, 그의 척사 활동은 항일적 태도를 견지하는 데에 집중되었다. 이는 노사학맥의 대체적인 성격이라고도 할 수 있다.

저자는 두 차례 걸쳐 의병을 일으켰다. 1895년 일본군에 의해 민비가 죽임을 당하고, 고종이 러시아 공관으로 피신하였으며, 단발령까지 포고되었다. 이 때 장성에서 의병을 일으켜 나주에서 전열을 정비하고 광주로 가려고 했다. 하지만 선유사가 임금의 밀지를 전하자 '왕명을 따라야 한다'는 명분으로 의병을 해산했다.

1905년 일본의 강압에 의해 을사조약이 체결되자 '종이 한 조각으로 나라를 잃게 되었다'고 격분하면서 최익현과 정재규가 의병을 규합할 때 동참하고자 했다. 1906년 의병을 다시 모아 곡성에 모이기로 했으나 사전에 발각되어 무산되었다. 그러자 의병 활동을 주도했다는 죄명으로 광주 경무소에 갇혀 곤욕을 치렀다. 1907년 3월에 을사오적 암살 사주 혐의를 받아 영광, 목포, 서울까지 가서 옥고를 치렀고 4월 20일에 풀려났다. 집으로 온 후 「호남의사열전(湖南義士列傳)」을 저술하였는데, 이는 의병활동이 현실적으로 어려웠기 때문에 문투

(文鬪)를 선택한 항일 실천이었다. 비록 항일 의병활동에 참가했지만 이름조차 남기지 못한 이들을 기리고 그 척사 정신을 후세에 전하고자 했던 것이다.

항일 투쟁에서 그는 최익현과 가장 친밀한 관계를 유지했다. 기우만이 장성 의병을 해산하고 좌절하여 삼성산으로 들어갔을 때, 최익현은 기우만의 기개를 칭송하였다. 최익현이 대마도에서 순국하자 기우만은 서울에서 고향으로 돌아오는 길에 몸소 정산까지 가서 조의를 표하였다. 의병으로 활약했던 기삼연, 고광순, 조우식 등과도 긴밀한 관계를 유지하면서 의병 활동에 대한 논의를 함께 함으로써 호남 의병 활동의 지도자적 위상을 지니기도 했다.

4. 구성 및 내용

문집은 본집(本集)과 속집(續集)으로 나누어져 있다. 먼저 본집은 목록(目錄) 2권과 정오표(正誤表)를 필두로 50권으로 구성되어 있고, 속집은 2권의 분량으로 되어 있다. 모든 문체의 글이 있지만, 편지와 묘도문자(墓道文字)가 매우 많은 분량을 차지하고 있다.

권1에는 192제의 시(詩)가 수록되어 있다. 대체로 연대순으로 편차되어 있으나, 정확한 시기는 확인하기가 쉽지 않다. 저자와 시를 주고 받은 이들은 143명 가량이 확인된다. 앞부분에는 주로 선배들에게 올리거나 차운한 시가 많고, 뒤에는 동료와 제자들에게 준 시들이 많다. 내용은 수연(壽宴)을 축하하는 시, 만시(挽詩)등이 있고, 생활 속에서 느끼는 개인적인 감회만을 읊은 시는 드물다.

권2는 소(疏) 5편이 수록되어 있다. 「을미소(乙未疏)」, 「병신소(丙申疏)」 3편, 「을사소(乙巳疏)」이 그것이다. 「을미소(乙未疏)」는 명성황후의 시해, 단발령으로 올린 상소이다. 단발령의 철회와 명성황후의 복수에 대한 내용을 담았다. 「병신소(丙申疏)」 3편 은 2월, 3월, 5월에 올렸다. 2월, 3월에 올린 상소는 저자가 의병을 일으켰을 때의 올린 것과 조정에서 선유사(宣諭使)가 내려와 의병을 해산하면서 올린 상소이다. 5월 상소는 그간 올렸던 상소들이 임금에게 전달되지 않아서 올린 것이다. 이후 저자는 삼성산(三聖山)에 삼산재(三山齋)를 짓고 그곳에 머물며 내려가지 않았다. 「을사소(乙巳疏)」는 을사늑약(乙巳勒約)이 체결되자 올린 상소이다. 매국노 처단이 주된 내용이다.

권3-10에는 서(書) 1025편이 실려 있다. 주요 수신자는 이희석(李僖錫), 조성가(趙性家), 이최선(李最善), 김석귀(金錫龜), 최숙민(崔琡民), 정재규(鄭載圭), 오준선(吳駿善), 박노술(朴魯述), 고광선(高光善), 박노면(朴魯冕), 조용대(趙鏞大), 안규용(安圭容), 안병택(安秉宅), 조인석(趙寅錫), 이중업(李中業), 권재규(權載奎), 김재회(金在晦), 이광수(李光秀), 기양연(奇陽衍), 기재(奇宰) 등이다. 대부분 노사학맥과 직간접인 관계를 맺는 인물들이다.

권11-12는 잡저(雜著) 176편이 실려있다. 설(說), 자설(字說), 서증(書贈)의 형식이며 대부분 제자 그룹에 호나 자를 주면서 지은 글들이다. 「취몽설(醉夢說)」, 「농아설(聾啞說)」은 일제강점기의 지식인의 처지를 간접적으로 표현하였다. 「취몽설」은 술에 취한 것과 꿈을 꾼다는 것은 술에 깨어있고 꿈에서 깨어 있기 때문에 취하고 꿈을 꿀 수 있다는 취지로 논지를 전개하고 있다. 「농아설(聾啞說)」은 "지금 천하 사람들은 오랑캐처럼 되어 들을 만 한 것도 말할 만한 것도 없다"며 탄식하였다. 이 모두 일제 강점기 지식인들의 답답했던 모습의 일각을 느낄 수 있다.

「노월해(蘆月解)」는 염경유(廉敬儒)의 호에 대해 글이다. 노사(蘆沙)의 '노(蘆)'와 '월파(月波)'의 '월(月)'을 가져와서 호를 짓게된 내력을 풀어낸 것이다. 노사는 저자의 조부인 기정진을 말하고, 월파는 노사를 사사했던 정시림(鄭時林)을 말한다. 염경유가 정시림을 따라 노사를 자주 배웠기 때문에 '노월(蘆月)'이라고 호를 지은 것이다. 저자의 자설(字說)과 호설(號說)에는 모두 노사학맥에 관련된 인물들이라고 해도 과언은 아니다.

「한강문답(寒江問答)」은 성명미상의 김일사(金逸士)의 호에 대한 해설이다. 저자는 강(江)과 한(寒)을 의인화하여 서로 대화하고 아옹다옹 토론하는 모습으로 글을 전개하였다. 저자의 문학적 능력을 느낄 수 있다.

의병을 일으키면서 지은 글도 주목된다. 「윤고열읍문(輪告列邑文)」은 1895년 12월에 지은 것이다. 명성황수의 시해와 단발령으로 여러 의견을 수렴하려는 의도에서 지어진 글이다. 이후 저자는 상소를 올린다. 「격문(檄文)」은 1896년 1월 의병을 일으키면서 지은 것이다. 이밖의 「별고각읍공형소(別告各邑公兄所)」, 「게시경영병(揭示京營兵)」, 「효유완영병(曉諭完營兵)」, 「재고렬읍문(再告列邑文)」, 「삼고렬읍문(三告列邑文)」, 「윤시광산제장사(輪示光山諸壯士)」, 「영시연해육읍(令示沿海六邑)」 등 일련의 글도 모두 의병을 일으켰을 때에 지은 것이다.

「광주담판(光州談辦)」, 「영광담판(靈光談辦)」, 「경부담판(京部談辦)」은 경찰서에서 일본 경찰과 담판했던 내용을 대화체로 기록한 것이다. 당당했던 저자의 모습이 잘 나타나고 있다.

권13-16에는 서(序) 285편이 수록되어 있다. 문집(文集)과 족보(族譜)에 대한 서문이 가장 많고, 이외에 증서(贈序)와 송서(送序) 역시 많은 분량을 차지하고 있다. 대부분 노사학맥의 인물들과 관련된 사항이다.

권17-21은 기(記) 420편이 수록되어 있다. 주로 정자나 서재에 대한 기문과 정려기가 많다. 정자에 관한 기문으로는 「물염정중수기(勿染亭重修記)」, 「연계정중건기(漣溪亭重建記)」, 「풍영정중수기(風詠亭重修記)」, 「망북정기(望北亭記)」, 「송석정기(松石亭記)」 등이 있다. 이는 이 지역의 누정문화를 살필 수 있는 좋은 자료이다. 「영석재중수기(永錫齋重修記)」, 「영사재중수후기(永思齋重修後記)」, 「영모재중수기(永慕齋重修記)」, 「경모재중수기(敬慕齋重修

記)」 등의 기문은 사우(祠宇)에 지은 글이다. 노사학맥과 관련한 기문도 주목된다. 「대곡기(大谷記)」는 김석귀(金錫龜)에 대한 기문이고, 「노백헌기(老柏軒記)」는 정재규(鄭載圭)에 관한 기문이다. 김석귀, 정재규 모두 노사 기정진의 대표적인 제자이다. 이들의 글을 지을 수 있었던 것은 저자의 문학적 능력도 있지만, 주변에서 노사학맥에 관련한 글은 저자에게 부탁했음을 짐작할 수 있다. 다른 학맥과의 교류도 확인된다. 저자가 삼산재에서 지은 「운재기(雲齋記)」는 최영조(崔永祚)에게 지어준 글이다. 최영조는 최익현의 아들이다. 노사학맥과 화서학맥은 서로 매우 밀접한 관계를 맺었다는 것을 문학적으로도 확인할 수 있다. 정려기도 적지 않은 작품이 확인된다. 「열부소씨정려기(烈婦蘇氏旌閭記)」, 「박씨효렬정려기(朴氏孝烈旌閭記)」, 「효렬부금씨정려기(孝烈婦金氏旌閭記)」, 「효자리공정려기(孝子李公旌閭記)」, 「이씨량세정려기(李氏兩世旌閭記)」 등이 확인된다. 정려기는 일제강점기에 많은 작품이 확인된다. 이는 인륜을 중시했던 이들의 가치관이 반영된 것이라 할 것이다.

권22에는 발(跋) 116편이 수록되어 있다. 주로 개인문집에 대한 발문이고, 그 외 행장(行狀), 행록(行錄), 연보(年譜), 효열전(孝烈傳), 효열천장(孝烈薦狀)에 대한 발문도 확인된다.

권23에는 명(銘) 4편, 잠(箴) 1편, 찬(贊) 1편, 사(辭) 33편, 상량문(上樑文) 12편, 축문(祝文) 9편, 제문(祭文) 44편을 수록하였다. 잠(箴) 1편은 「삼산서실과정잠(三山書室課程箴)」은 삼산서실의 규범을 기록한 것이다. 저자가 1896년에 의병을 일으켰다 실패한 후에 삼성산에 삼산재(三山齋)를 짓고 은거했지만, 배우려는 사람들이 많아져 이처럼 규범을 기록한 것이다. 찬(贊) 1편은 「척촉화찬(躑躅花贊)」이다. 선조(先祖)가 심은 철쭉을 대상으로 지은 작품이다. 사(辭)는 위치검(魏致儉)에게 지어 준 「원유사(遠遊辭)」 1편 외에는 모두 자를 지어주면서 지은 글이다. 축문(祝文)은 모두 특정 사당(祠堂)에 올리는 것이다. 주자(朱子), 안향(安珦)과 같이 성리학에 관련된 내용이며, 최익현(崔益鉉)의 영정을 봉안하면서 쓴 「태산사최면암선생영정봉안고유문(泰山祠崔勉菴先生影幀奉安告由文)」과 같은 글도 확인된다. 제문(祭文)에는 노사학맥과 관련된 인물들이 많이 확인된다.

권24는 신도비명(神道碑銘) 16편이 수록되었다. 고려 말의 문신인 민안부(閔安富), 조선 초기의 문신인 이선재(李先齊) 등을 대상으로 하고 있다.

권25는 비(碑) 51편이 수록되어 있다. 「나주평적비(羅州平賊碑)」는 동학란을 평정한 나주목사(羅州牧使) 민종렬(閔種烈)의 공덕을 기린 글이다. 동학에 대한 저자의 입장이 잘 표현되어 있다. 이외에 특정 인물에 대한 유허비(遺墟碑)와 유적비(遺蹟碑)에 관한 글이 많다.

권26-40까지는 묘도문자가 실려 있다. 권26-38은 묘갈명(墓碣銘) 583편이 수록되어 있다. 권39-40에는 묘지명(墓誌銘) 67편이 실려 있다. 이렇게 묘도문자가 많은 것은 저자의 문학적 능력도 있지만, 노사학맥에서의 그 무게감도 적지 않았다는 것을 알 수 있다.

권49는 유사(遺事) 34편이 수록되어 있는데, 모두 인물을 대상으로 하였다. 나무송(羅茂松), 나식(羅湜), 문제극(文悌克) 등의 행적을 기록하였다.

권50은 전(傳) 36편이다. 작품의 전체적 주제는 충효열이라고 할 수 있다. 「사롱선생서공전(四聾先生徐公傳)」은 세조의 즉위로 숨어살던 서씨 형제의 이야기를 기록하였고, 「정장군전(鄭將軍傳)」은 동학란을 평정에 공을 세운 정석진(鄭錫珍)의 행적을 기록한 것이다. 이 밖에 「열부이씨전(烈婦李氏傳)」, 「서효자전(徐孝子傳)」, 「여산송씨사효전(礪山宋氏四孝傳)」 등에서도 충효열을 강조했던 저자의 지향점을 확인할 수 있다.

속집(續集) 권1은 시(詩) 16제, 서(書) 10편, 잡저(雜著) 12편, 서(序) 4편, 기(記) 27편, 발(跋) 7편, 사(辭) 1편이 수록되어 있다. 속집(續集) 권2에는 신도비명(神道碑銘) 3편, 비(碑) 4편, 묘갈명(墓碣銘) 17편, 묘지명(墓誌銘) 3편, 묘표(墓表) 7편, 행장(行狀) 2편, 유사(遺事) 2편으로 구성되어 있다. 속집은 구성과 주제가 본집을 따르는 양상이다.

5. 주요 작품 및 문집 특징

저자는 노사학맥의 위정척사(衛正斥邪)사상을 계승하는 인물이다. 저자는 기정진이 병인양요(丙寅洋擾)를 당해 척사소(斥邪疏)를 올렸던 것처럼, 명성황후가 시해되고 단발령이 내려지자, 이에 상소를 올리고 의병을 일으키는 등, 조부로부터 이어받은 위정척사의 의리론을 몸소 실천하였다.

「을미소(乙未疏)」, 「병신소(丙申疏)」 3편, 「을사소(乙巳疏)」는 조부인 노사의 위정척사사상을 계승하고, 실천했던 작품들이다. 의병을 일으키면서 지었던 「윤고열읍문(輪告列邑文)」, 「격문(檄文)」, 「별고각읍공형소(別告各邑公兄所)」, 「게시경영병(揭示京營兵)」, 「효유완영병(曉諭完營兵)」, 「재고렬읍문(再告列邑文)」, 「삼고렬읍문(三告列邑文)」, 「윤시광산제장사(輪示光山諸壯士)」, 「영시연해육읍(令示沿海六邑)」 등 일련의 글 역시 그의 실천적 사상이 녹아 있다.

「취몽설(醉夢說)」, 「농아설(聾啞說)」 등의 작품은 일제강점기의 지식인의 처신 등을 읽을 수 있다. 이밖에 수많은 자설(字說), 전(傳), 묘도문자(墓道文字) 등에서도 일제강점기 지식인이 어떻게 살아가야할 것인가를 잘 드러내었다.

6. 참고문헌

기우만(奇宇萬), 『송사선생문집(松沙先生文集)』, 한국문집총간 345-346.

김기림, 「송사 기우만의 시세계 고찰」, 『동양학』 60, 단국대학교 동양학연구원, 2015.

조일형, 「송사 기우만의 위정척사사상과 의병정신-상소문과 담판문을 중심으로-」, 『용봉
인문논총』 52, 전남대학교 인문학연구소, 2018.

권수용, 「기우만의 수신간찰과 교유의 성격」, 『영남학』 24, 경북대학교 영남문화연구원,
2013.

松沙集 一

松沙先生文集卷之一

詩

山居二絶

過軸西菴獨聽歌一天風雨夜如何須臾雲捲東隅曙依舊青
山入戶多

苔痕生白月初纖夏見雪花入短簷莫把無詞強寫景怕敎西
子換無鹽

呈李南坡先生 憲錫

憶昔戊寅冬吾祖與先生稀世兩大耋夜話或浹夏顧言久勿
替永永慶百齡吾道惟陽九翌年奧檜獨有先生在偏荷垂
憐情諸子治任後邐邐此日行懇語兼至海念念克家聲小子

松沙先生文集附錄卷之二

女迸南豹洛度男寬女柳永嬉許烱叔慶男老喆老淵老
源女崔成漾先生院歿之明年洛度使會甲代草家狀
邈巡未歎爲也今又淑廢宿昏而之會甲窩自惟爲
蔽識昧不足以知先生顧嘗侍侍門墻久粗有一二所
見則先生之發蘥以又違而世亂又如此友令不有述
後蘥有立言君子亦將何豫而闕揮之慈蔽撰次如右
而所闕遺者文峡同門諸子爲之蒐摭而增益焉癸酉
冬十月門人濟州梁會甲謹撰

〈호남-05〉 **경암집** 敬菴集

1. 형태서지

표제/권수제	경암집(敬菴集)
편저자	김교준(金教俊) 著
판사항	필사본
발행사항	[刊寫地未詳] : [刊寫者未詳], 1961
형태사항	총 9권 6책 四周雙邊 半郭 19.8×15.0㎝, 有界, 半葉11行22字 註雙行, 上黑魚尾 ; 28.2×18.7㎝
소장처	국립중앙도서관, 고려대, 원광대, 전남대, 전주대

2. 정의

개항기 순창 출신의 유학자인 경암(敬菴) 김교준(金教俊, 1883-1944)의 문집이다.

3. 저자사항

김교준의 본관은 경주(慶州), 자는 경로(敬魯), 호는 경암(敬庵)이다. 조선 선조 때 형조 참의 예문관을 지낸 만취(晩翠) 김위(金偉,1532-1595)의 후손이다. 김위는 율곡(栗谷) 이이(李珥), 우계(牛溪) 성혼(成渾)와 교유했던 인물이다. 고조부는 김항상(金恒相), 증조부는 김대열(金大熱), 조부는 김재성(金在成), 부친은 청천재(聽天齋) 김병의(金秉意)이다. 어머니는 장수 황씨(長水黃氏)의 의묵(義黙)의 따님이다. 배위(配位)는 문화류씨(文化柳氏) 류환철(柳煥喆)의 딸이며, 슬하에 2남 3녀를 키웠다. 아들의 이름은 김정현(金正炫), 김정채(金正彩)이다.

부친이 40세까지 자식이 없다가, 오산(鰲山)에서 100일 기도 후에 잉태했다고 전한다. 전자는 부모의 헌신적 지원으로 공부하게 되었다. 공부하는 초기에는 저자는 유교에 얽매이지 않으려 했다. 그러다가 친구의 충고를 받고 유교에 대해 공부할 것을 결심하고, 연재(淵齋) 송병선(宋秉璿)을 찾아가 배우기 시작했다. 연재(淵齋)가 돌아가신 후에는 간재(艮齋) 전우(田愚)를 찾아가 배웠다.

경암은 스승인 간재 전우의 성리학 이론인 '성사심제(性師心弟)'에 대하여 깊이 탐구하였다. 성사심제란 '성(性)'을 스승으로 삼고 '심(心)'은 제자가 되어 열심히 성(性)을 배운다는 유교 이론이다. 여기서 간재는 '성'은 하늘이 사람마다 부여하여 주는 것으로 순선하기만 하고 무악(無惡)한 것이라 보았고, '심'은 물질을 보면 발동하는 것으로 선하고도 악한 것이라 보았다.

1918년 고종이 붕어하자 성복(成服)하였는데, 스승인 간재의 가르침을 따른 것이다. 간재가 돌아가시고 유풍(儒風)을 일으키기 위해 노력하였다. 후에 남원 백전촌(栢田村)과 오산 (鰲山)의 농세재(聾世齋)에서 강학활동을 하면서 많은 제자를 길러내었다. 1961년에 제자인 황갑주(黃甲周)와 오귀영(吳龜永)이 중심이 되어 『경암집(敬菴集)』을 간행하였다.

4. 구성 및 내용

문집은 필사본이며, 총 9권으로 되어 있다. 서문은 고재(顧齋) 이병은(李炳殷)이 썼다. 이 병은은 전라북도 완주(完州) 출생이며, 간재 전우(田愚)의 문인이었다.

권1에는 서(書) 34편이 수록되어 있다. 연재 송병선에게 보낸 편지가 1편, 심석(心石) 송병 순(宋秉珣)에게 보낸 편지 2편, 간재 전우에게 보낸 편지가 9편이 그 중심이다. 대체로 저자 의 스승과 선배 학자들과의 교유를 정리하였다.

권2에는 서(書) 64편이 실려 있다. 석농(石農) 오진영(吳震泳)에게 보낸 편지 10편, 흠재 (欽齋) 최병심(崔秉心)에게 보낸 편지 4편, 고재(顧齋) 이병은(李炳殷)에게 보낸 편지 4편, 긍와(兢窩) 심상홍(沈相烘)에게 보낸 4편, 정와(靖窩) 박해창(朴海昌)에게 보내 편지 5편이 그 중심이다. 이들은 대부분은 간재 전우의 문하에 있었던 인물이었다.

권3에는 서(書) 59편이 수록되어 있다. 극암(克菴) 오귀영(吳龜泳), 금석(琴石) 황택주(黃 宅周)를 비롯한 제자 그룹과의 교유를 읽을 수 있는 부분이다.

권4에는 잡저(雜著) 26편이 수록되어 있다. 이 편의 중심은 역사에 관련한 자신의 관점을 제시하였다. 「독고구려사탄밀우세유양인충절(讀高句麗史歎密友細由兩人忠節)」, 「독백제사 감도미처정절(讀百濟史感都彌妻貞節)」, 「독신라사탄이차돈무식견이사(讀新羅史嘆異次頓無 識見而死)」, 「신라일군위제사인소살(新羅釰君為諸舍人所殺)」, 「독신라사탄비녕자거진부자급 합절충절(讀新羅史歎丕寧子舉眞父子及合節忠節)」, 「독신라백결선생전탄금세인사의추리(讀 新羅百結先生傳歎今世人捨義趨利)」, 「신라김후직이시간군전렵(新羅金后稷以尸諫君田獵)」, 「신라김유신지처종신불견기자원술(新羅金庾信之妻終身不見其子元述)」, 「효자손순매자득석 종(孝子孫順埋子得石鍾)」, 「신라모초박자옥불이문적출신(新羅毛肖駁子玉不以文籍出身)」, 「아조붕당변(我朝朋黨辨)」과 같은 작품은 모두 『삼국사기』와 『삼국유사』 등에 나오는 우리나 라의 역사적 사실을 주제로 자신만의 관점을 우리나라의 역사를 읽어 낸 것이다.

이 밖에 주목할 만한 삭품으로는 「군산문견록(群山聞見錄)」, 「오산정사일기(鰲山精舍日 記)」, 「두류산기행록(頭流山記行錄)」, 「병자수란일기(丙子水亂日記)」, 「독서잡식(讀書雜識)」, 「독율농간삼선생유서수의록(讀栗農艮三先生遺書隨意錄)」이 있다.

「군산문견록(群山聞見錄)」은 간재가 군산도(群山島)에 있었을 때에 찾아가서 배웠던 것을 기록하였다. 내용은 유교적인 내용부터 당시 시대상황의 변화에 따른 제반사항을 대화체로 기록하였다. 「오산정사일기(鰲山精舍日記)」는 오산에 공부할 집을 짓고, 그 집을 경재(敬齋)로 한 내력을 적었다. 말미에는 이 집이 농세재(聾世齋)로 이름을 바꾸었음을 밝혔다. 「두류산기행록(頭流山記行錄)」은 두류산을 유람하고 나서 쓴 기록으로 유산기의 일종이다. 「병자수란일기(丙子水亂日記)」는 1936년 6월 대홍수 때의 기록이다. 「독율농간삼선생유서수의록(讀栗農艮三先生遺書隨意録)」는 율곡(栗谷) 농암(農巖) 간재(艮齋)의 성리학 관련 글을 읽으면서 자신의 의견을 표현한 것이며, 「독서잡식(讀書雜識)」 역시 농암(農巖) 김창협(金昌協)·동춘당(同春堂) 송준길(宋浚吉)의 글을 읽고 그 느낌을 쓴 것이다.

권5에는 서(序) 14편, 기(記) 28편, 발(跋) 6편, 상량문(上樑文) 2편, 책(策) 1편, 잠(箴) 1편, 축문(祝文) 2편, 제문(祭文) 6편, 애사(哀辭) 2편, 발문(發文) 3편이 수록되어 있다.

서(序) 14편, 족보서문 3편, 수연서문 2편, 송서(送序) 3편, 모임에 쓴 서문이 3편이 그 중심이다. 족보서문은 경주김씨(慶州金氏), 나주임씨(羅州林氏), 복천오씨(福川吳氏)에 관한 글이다. 송서 중에는 제주 사람 백형수(白亨壽), 이영교(李永敎), 양찬종(梁燦鐘)을 보내는 글이 주목된다. 이들은 제주출신으로 간재문하에서 같이 배웠던 인물로 생각되며, 이는 간재학맥의 지역전파라는 측면에서 매우 주요하다. 「존신계서(尊信契序)」, 「완산계서(完山契序)」, 「위친계서(爲親契序)」, 「감호정광재사아집서(鑑湖亭光齋社雅集序)」모임에 따른 서문이다. 이는 경암의 인물 성격과 교유관계를 밝힐 수 있는 작품이다. 문집의 서문으로는 오인태(吳仁兌)의 문집에 쓴 「해은유고서(海隱遺稿序)」이 있는데, 극재(克齋) 오귀영(吳龜泳)의 부탁으로 쓴 글이다.

기(記) 28편 대부분은 정자, 서재, 사당에 대한 기문이다. 「후천사우중수기(後川祠宇重修記)」, 「사가정기(四嘉亭記)」, 「농세재기(聾世齋記)」, 「모효재기(慕孝齋記)」, 「제오재기(霽梧齋記)」, 「화당기(華堂記)」「성당기(誠堂記)」, 「망모재기(望慕齋記)」 등이 대표적이다. 이 지역 누정문화에 대한 개괄적인 상황을 읽을 수 있는 부분이며, 문학적인 연구가 필요한 부분이다. 이 중에 「농세재(聾世齋)」와 「농세재중수기(聾世齋重修記)」는 저자의 공간에 대한 기록이다.

발(跋)은 6편이다. 이중 행장에 대한 발문 3편인데, 석전(石田) 류건영(柳健永), 백형수(白亨壽), 장석로(張鐸魯)에 대한 것이다. 족보에 대한 발문은 2편으로 청주한씨(淸州韓氏)와 만취부군파(晩翠府君派)에 관련한 글이다. 문집의 발문으로는 「유산유고발(酉山遺稿跋)」이 있는데, 극재(克齋) 오귀영(吳龜泳)의 부친문집에 대한 것이다.

상량문(上樑文) 2편은 「회산재상량문(晦山齋上樑文)」과 「농세재상량문(聾世齋上樑文)」이다. 책(策)은 「삼강책(三綱策)」 1편이 있고, 삼강오륜에 관한 내용을 밝혔다. 잠(箴) 1편은 「자경잠(自警箴)」으로 유교의 도리를 지키려는 의지를 드러내었다. 축문(祝文)은 2편인데,

기우문(祈雨文)과 기청문(祈晴文)으로 농사에 관련하여 기원하는 내용을 담았다.

제문(祭文)은 6편이 있고, 「제간재선생문(祭艮齋先生文)」 2편이 주목된다. 애사(哀辭)는 2편으로 의병장인 이석용(李錫容)에 관련된 「이의사석용애사(李義士錫容哀辭)」와 「허처사업애사(許處士業哀辭)」이다. 발문(發文)은 3편이 보인다. 발문이란 공식적으로 모일 것을 알리는 글이다. 「농세재강회발문(聾世齋講會發文)」은 학문의 역할을 이야기하면서, 농세재에 모여 학문을 논하고 싶다는 뜻을 알리는 작품이다.

권6에는 행장(行狀) 8편, 비음기(碑陰記) 6편, 묘지명(墓誌銘) 10편, 묘표(墓表) 2편이 수록되어 있다. 행장(行狀)은 8편이며, 이 중 가장(家狀)이 4편이다. 저자의 증조인 김대열(金大烈), 부친인 청천재(聽天齋) 김병의(金秉義), 어머니인 황씨(黃氏), 8세조인 김경장(金慶長)에 관련된 것이다. 이 외의 인물로는 박윤식(朴允植), 류환철(柳煥喆), 이해운(李海運), 장중의(張重毅)를 대상으로 하였다. 비음기(碑陰記) 6편은 효열비(孝烈碑)와 관련한 것이 5편이고, 나머지 1편은 농포(農圃) 이종린(李鐘潾)의 사적에 따른 기록이다.

묘갈명(墓碣銘) 10편이 수록되어 있다 대상인물은 배면(裴{艸緬}), 저자의 7세조인 김진려(金震麗), 서흥기(徐興起), 황유(黃楡), 이명익(李溟翊), 이용수(李容秀), 이희정(李喜鼎), 박규문(朴奎文) 김인의(金仁義), 황용현(黃庸顯)이다. 묘표(墓表)는 2편이 있고, 대상인물은 백윤희(白允熙)와 저자의 조부인 김균(金稛)이다.

권7에는 시(詩)는 340여수와 부(賦) 1편이 수록되어 있다. 시는 형식에 관계없이 시간 순으로 수록하였다. 대체적인 경향은 다음과 같다. 먼저 스승인 연재 송병선과 간재 전우에 관련한 시로 「계화십승봉화(繼華十勝奉和)」, 「몽배연재선생어화양도중유감이작(夢陪淵齋先生於華陽途中有感而作)」, 「몽배간재선생유감이작(夢拜艮齋先生有感而作)」, 「숙계화정사(宿繼華精舍)」, 「상간재선생(上艮齋先生)」등이 있다. 한편 「도면암선생(悼勉菴先生)」은 대마도에서 순국한 면암 최익현을 추모한 시이다.

역사적 사실을 주제로 하여 역사를 평가하고 회고하는 작품류도 적지 않다. 「완산회고(完山懷古)」, 「경기전(慶基殿)」, 「포은옹(圃隱翁)」, 「경순왕(敬順王)」, 「이충무공(李忠武公)」, 「광해계축살영창대군의우강화(光海癸丑殺永昌大君{玉義}于江華)」, 「임해군피살우교동(臨海君被殺于喬桐)」, 「계림군(桂林君)」등과 같은 작품을 들 수 있다.

「지당서재여일우족종공음잉차노노정심경(池塘書齋與一愚族從共吟仍次老老亭十景)」, 「근차김영송용호정사구곡운(謹次金嶺松龍湖精舍九曲韻)」, 「농세재팔영(聾世齋八詠)」는 저자와 본인의 주변건물 혹은 경치를 보고 느낀 감정을 그대로 표현한 연작시이다.

강회(講會)에 관련한 작품들도 적지 않다. 「병자구월회강회음(丙子九月晦講會吟)」, 「기미삼월삼일정영식산장강회(己未三月三日鄭泳寔山莊講會)」와 같은 시는 모임을 통한 학문적 교류양상을 살펴볼 수 있다. 「농세재강회(聾世齋講會)」는 저자의 학당에서 모인 후에 시를 지은 것이다.

부 1편은 「비도부(悲都賦)」이다. 「비도부」는 갑자년 대원군과 민비의 갈등에서 시작하여 조선의 망국까지를 읊은 장편의 부이다. 조선망국의 비탄함을 시간적 순서에 따라 읊으면서, 망국의 원인과 비애를 드러내었다.

권8은 「청수만록(淸水謾錄)」이다. 「청수만록」은 조선역사 100여 장면에 대한 역사평이다. 이 책은 역사적 사실을 간단하게 기록한 후에 본인의 관점을 논술하는 방식으로 작성되었다. 태조가 영안군(永安君)과 정안군(靖安君)을 나누고 방석(芳碩)을 세운 것에 대한 사평으로 시작하여, 정조(正祖) 대까지의 역사사실과 평가를 내놓았다. 특히 당쟁에 대한 사실을 정리하고, 이에 대해 평가한 부분이 주목된다.

권9에는 「부록(附錄)」이 실려있다. 복천(福川) 오귀영(吳龜泳)이 지은 「경암김공행장(敬菴金公行狀)」을 시작으로, 김재석(金載石)이 지은 묘지명(墓誌銘)과 묘갈명(墓碣銘), 류영선(柳永善)이 지은 묘지명(墓誌銘), 강맹희(姜孟熙)이 지은 묘표(墓表)가 있다. 제문으로 「제경암김공문(祭敬菴金公文)」이 있는데, 복천(福川) 오귀영(吳龜泳)과 전의(全義) 이도형(李道衡)이 지었다. 「만사(挽詞)」는 8명의 작품이 있는데, 일가친척과 그의 제자그룹이다. 문집의 「발문(跋文)」은 황갑주(黃甲周)가 지었다. 부록의 마지막에는 64명의 제자명단을 기록한 「문인록(文人錄)」이다. 여기에는 제자의 자(字), 출신지역, 생년(生年), 간단한 가계를 적었다.

5. 주요 작품 및 문집의 특징

저자의 저작에서 가장 주목해야할 점은 역사에 관련한 저술이 많다는 점이다. 권4 잡저편에 있는 기록들은 『삼국사기』와 『삼국유사』의 내용에 대해 정리하면서 자신의 느낌을 서술하였다. 권8의 「청수만록」은 조선 역사를 저자 나름의 시각으로 녹아낸 저작이다.

주지하듯 저자는 일제강점기를 살았다. 저자의 상황에서 민족의 자존을 지켜내기 위해서 무력투쟁 보다는 문투(文鬪)를 선택했던 것이다. 그리고 역사에 대한 자신의 관점으로 정리하여, 민족자존에 대한 고민을 실현하였다. 이는 저자만이 가지고 있던 인식은 아니다. 당시 문인들이 공통적인 고민사항이었다. 이에 당시 다른 문인들과의 역사적 인식에 대한 공통점과 차이점을 추적한다면, 당시 유림들의 문장을 통한 독립투쟁의 한 양상을 살펴볼 수 있을 것이다.

6. 참고문헌

김교준(金教俊), 『경암선생문집(敬菴先生文集)』

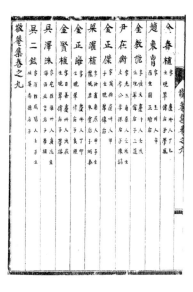

〈호남-06〉 **고당유고** 顧堂遺稿

1. 형태서지

표제/권수제	고당유고(顧堂遺稿)
편저자	김규태(金奎泰) 著
판사항	목활자본
발행사항	求禮 : 講修堂, 1967
형태사항	총 19권 7책 : 본집 16권 6책, 별집 3권 1책 四周雙邊 半郭 21.1×14.1㎝, 有界, 12行28字, 上向2葉花紋魚尾 ; 28.4×18.4㎝
소장처	고려대, 단국대 율곡기념도서관, 부산대, 성균관대 존경각, 전남대, 전주대, 춘호재

2. 정의

『고당유고(顧堂遺稿)』는 김규태(金奎泰, 1902-1966)의 시문집으로, 19권 7책의 분량이다.

3. 저자사항

김규태(金奎泰, 1902-1966)의 본관 서흥(瑞興), 자는 경노(景魯), 호는 고당(顧堂)이다. 전남 구례 출신이다. 율계(栗溪) 정기(鄭琦, 1878-1950)의 문인이다. 율계 정기는 노백헌(老柏軒) 정재규(鄭載圭, 1843-1911)의 제자이며, 노백헌은 노사(蘆沙) 기정진(奇正鎭, 1798-1879)의 적전으로 일컬어진다. 따라서 그는 '노사-노백헌-율계'로 이어지는 학맥을 계승하는 인물이라고 할 수 있다.

저자는 한훤당 김굉필(金宏弼)의 13대손이다. 저자는 지당(止堂) 김봉운(金琫運, 1879-1937)과 광주노씨(光州盧氏) 사이에서 4남 1녀 중 장남으로 경남(慶南) 현동(玄風) 지동(池洞)에서 태어났다. 한훤당 이후 대대로 이어지는 문한(文翰)의 가문에서 유학자로서의 교육을 받았다.

26세였던 1927년 스승 율계 정기를 따라 전남 구례로 이거하였다. 당시 율계와 함께 구례로 이거해온 사람이 5가구 30여명이다. 이 문하에서 수학한 제자 중에 효당(曉堂) 김문옥(金文鈺, 1901-1960)은 문장에 뛰어났는데, 저자 역시 시부(詩賦)와 서예에 뛰어나 율계 문하의 양당(兩堂)이라고 일컬어졌다. 시문에서도 김문옥과 수창한 시가 가장 많고, 일기에서 학문을 논하는 부분 역시 김문옥과의 문답이 가장 많다. 이 둘의 관계를 짐작할 수 있는 부분이다.

저자는 1936년에 구례 토지면 금내리에서 용암재(龍巖齋)를 짓고 후생을 교육하였고, 이후 장천재(莊泉齋), 강수당(講修堂) 등에서도 후학을 키워냈다. 1964년에는 풍영계(風詠契)를 결성하였고, 장성 고산서원(高山書院)에서 성리학을 강론하였다. 1966년 9월17일 65세를 읽기로 돌아가셨다. 현재 장천사(藏泉祠)는 향토문화유산으로 지정되어 관리되고 있다.

그의 저술에는 화이론(華夷論)에 입각한 세계관이 강하게 반영되어 있다. 서학(西學) 등을 이단(異端)으로 배척하고 성리학적 정통을 수립하는 데 주력하였다. 그는 학문과 더불어 산행을 매우 좋아하여, 많은 산행기(山行記)를 남겼다. 가례(家禮)에도 밝았고, 서예 역시 높은 경지에 이르렀다.『고당문집(顧堂文集)』은 선생이 세상을 떠난 다음 해인 1967년에 문인들이 중심이 되어 간행하였다. 별집 3권1책을 포함하여 모두 19권7책이다.

4. 구성 및 내용

문집의 서문은 김준식(金駿植), 발문은 여창현(呂昌鉉)과 김정회(金正會)가 썼다. 권1부터 권3까지는 시 830여수가 수록되어 있다. 이중에 당시 구례를 비롯한 영호남 지식인들과의 수창한 작품이 많고, 이와 관련한 만시도 400여편이나 된다. 시에서 확인되는 인물도 320여명에 이른다. 영호남 지식인들의 교류와 활동을 섬세하게 읽을 수 있는 부분이다. 나머지 명승고적이나 지역 누대에 대한 경관이나 감회를 읊은 작품이 많다. 38세 되던 해에 친구들과 금강산 유람을 다녀오면서 장안사(長安寺)를 비롯한 10여수의 기행시를 남겼다. 도중에 평양과 개성의 유적을 둘러보고 이에 대한 감회를 시로 남겼다.

권4-6까지는 편지로 모두 230여 편이 수록되어 있다. 스승인 율계선생에게 보낸 5통의 편지를 비롯하여 지방의 16명의 학자들과 학문을 논하는 글이 그 중심이다. 율계에게 올린 편지는 배움을 구하는 것과 공부하다가 궁금한 사항을 편지로 확인하는 내용이 많다. 권6에는 효당 김문옥과의 왕래한 편지가 11통 실려 있다. 모두 안부를 묻고, 학문을 논하고 있다.

권7은 잡저(雜著) 23편이 수록되어 있다.「산거해(山居解)」는 출세를 위해 세속과의 영합이 아니라 바른 심성을 기르고 덕을 쌓는 것이 자신의 삶의 목표라는 점을 표현하였다.「교경설(矯警說)」은 세상이 경박함을 논박하면서, 다시 자신을 돌아보고 자신의 잘못을 바로 잡고 깨우치고자 한 글이다.「보본설(報本說)」은 조상이 있어 현재의 자신 있다는 점을 이야기하면서 근본에 대해 고마움을 표현하는 것이 사람이 살아가야할 일임을 역설하였다.「원효(原孝)」는 효에 대한 근원적인 의미를 확인하는 작품이다.「독주자산릉의장(讀朱子山陵儀狀)」은 주자의 저작을 보고 느낀 바를 적은 것이다. 내용은 조상을 모시는 마음이 중요한 것은 사실이지만, 풍수설에 의지한다는 것은 잘못된 처사임을 설파한 것이다. 이렇게 책을 읽고 남긴 글은 여러 편 확인된다.「가훈(家訓)」에서는 사친(事親), 봉제(奉祭), 융사(隆師), 독

륜(篤倫), 독서(讀書), 강례(講禮), 절용(節用), 제욕(制慾), 신언(愼言), 택교(擇交)의 항목
으로 구성하여 저자의 후손에 전하고 있다. 「일성십조(日省十條)」는 겸공(謙恭), 근언(謹言),
양량(養量), 제욕(制慾), 명실(名實), 안분(安分), 지족(知足), 검신(檢身), 교접(交接), 처관
(處官)의 항목으로 구성되어 있고, 저자 자신이 날마다 자신을 돌아보는 사항을 정리한 것이
다. 「동유록(東遊錄)」은 동학들과 금강산 등을 유람하면서 쓴 여행기이다. 여행기는 일기형
식으로 소상히 기록하였다. 시 작품과도 짝을 이루는 기록이다. 여행기에는 열차를 탔을 때
번개처럼 빨랐던 느낌 등이 있는데, 신문명에 대한 이들의 인식을 잠시나마 읽을 수 있다.
경유한 여행지는 "구례-서울-장안사-만폭동-비로봉-만물상-신계사-구룡폭포-해금강-
석왕사-두문동-박연-송도-평양-호남"이다.

권8은 저자가 26세되던 1927년의 일기로, 1월1일부터 11월24일까지의 기록이다. 저자는
일기를 쓰는 이유에 대해서 다음과 같이 기록하였다. "나의 재주와 학문이 옛 사람들에 비해
훨씬 모자란데, 근래에 들어 게으름이 더욱 심하여 남들이 보지 않는 곳에서는 스스로 양심
을 속이는 일을 면하지 못할까 두렵다. 이에 날마다 나의 언어와 생각과 보고 듣는 것과 행
사의 사실을 빠뜨리지 않고 하나하나 책에 기록하여 나의 마음을 잃지 않는다면, 이 또한 조
금이라도 도움이 될 것이다."

일기의 내용은 저자의 일상은 물론 보고 들은 것들을 적었다. 친구들과 논하는 학문의 깊
이와 분석하는 의리의 정밀함을 엿볼 수 있는 자료도 있고, 스승과 문답한 내용도 자세히
적었다. 선현에 얽힌 교훈적인 일화나 시문을 초록하고 감상하는 글도 많다. 동학들과 공부
하면서 다른 관점을 이야기하면서 토론하는 부분도 관심을 끈다. 때때로 저자의 소회를 읊
조린 시도 수십 편 확인된다. 젊은 시절 학문하는 과정에서 이루어지는 또 다른 면모를 볼
수 있다. 노사 기정진의 「외필(猥筆)」에 대해 당시 간재학맥과의 관점차이와 갈등을 기록한
장면도 눈여겨 볼 대목이다.

권9에는 각종 서문(序文) 28편이 실려 있다. 먼저 개인 문집으로는 장효기(張孝基)의 문집
서문인 「동양유고서(桐陽遺稿序)」, 일신재(日新齋) 정의림(鄭義林)의 제자 임태주(任泰柱)의
문집서문인 「성재문집서(誠齋文集序)」, 양종해(楊宗諧)의 문집서문인 「돈와유고서(遯窩遺稿
序)」, 오정관(吳正舘)의 문집서문인 「만송유고서(晚松遺稿序)」, 김진규(金珍圭)의 문집서문
인 「만천시고서(晚川詩稿序)」 등이 있다. 문중의 글로 성책한 것에 대한 서문으로는 「완산세
고서(完山世稿序)」, 「주은세고서(酒隱世稿序)」, 「소성세고서(邵城世稿序)」, 「황씨세고서(黃氏
世稿序)」가 있다. 족보서문인 「김해김씨파보서(金海金氏派譜序)」, 「밀양박씨가승서(密陽朴氏
家乘序)」도 확인된다. 「인사음초서(仁社吟草序)」는 효당 김문옥 문인들이 지은 시를 모은 것
에 대한 서문이며, 「보인계서(輔仁契序)」는 효당 김문옥 문인들이 갹출하여 계를 마련하고,

전택(田宅)을 매입할 자금마련하기 위한 모임의 서문이다. 이 두 서문은 저자와 효당과의 관계를 짐작할 수 있는 좋은 글이다. 이밖에 적지 않은 수의 수연서(壽宴序)와 송서(送序)도 확인된다.

권10은 기(記) 48편이 수록되어 있다. 각종 유적의 건립에 관한 내용과 중건 및 중수에 관한 기록이다. 이는 저자가 주로 활동했던 구례는 물론 영호남 지역의 정자와 건물 등의 유적 유래를 확인하기 위해서 반드시 살펴봐야할 자료들이다.

「강수당사실기(講修堂事實記)」는 용암재(龍巖齋)에 대한 기록이다. 용암재는 저자가 초청받아 강학했던 곳이다. 내용은 세상이 변하듯 용암재의 건물도 변했지만, 다시 수리하게 되어 새롭게 되기를 기대한다는 것이다. 「상의당기(尙義堂記)」는 일제시대 창씨개명을 거부하고 민족의 자존감을 지켰던 석전(石田) 류공(柳公)에 대한 내용을 기록하였다. 이밖에 조상을 모시기 위한 묘실(廟室)과 사우(祠宇)에 대한 기록은 구례를 중심으로 이루어졌던 유림의 활동과 성격을 파악할 때 살펴봐야할 중요한 자료이다.

권11은 제발(題跋) 12편, 잠(箴)2편, 명(銘) 2편, 상량문(上樑文) 23편, 축문(祝文) 12편, 제문(祭文) 7편이 실려 있다. 제발(題跋) 12편은 대부분 문집의 제발인데, 「매곡집신간발(梅谷集新刊跋)」, 「심포집발(心圃集跋)」, 「정재집발(正齋集跋)」, 「인재유고발(忍齋遺稿跋)」, 「심암유고속편발(心菴遺稿續編跋)」, 「금호유고발(錦湖遺稿跋)」, 「제지촌유고후(題芝村遺稿後)」이다. 「제중국여도(題中國輿圖)」 중국지도를 보면서 변해버린 문명에 대해 비탄함을 느끼고, 밝은 문명에 대한 기원을 담았다.

잠(箴) 2편과 명(銘) 2편은 모두 자신의 행동에 대해 경계하기 위한 글이다. 상량문(上樑文)은 23편인데, 모두 구례를 중심으로 한 정자와 사우(祠宇)에 대한 상량문이다. 축문(祝文) 12편 중에는 「봉안율계선생석채영정고유문(奉安栗溪先生釋菜影幀告由文)」, 「효당문집간성시고유문(曉堂文集刊成時告由文)」등이 주목되는데, 이는 저자의 학맥과 매우 밀접하다. 제문(祭文) 7편에도 스승인 율계와 평생의 동료인 효당에 관한 것이 확인된다.

권12-권16에는 비명(碑銘)40편, 묘지명(墓誌銘) 4편, 묘갈명(墓碣銘) 94편, 묘표(墓表) 53편, 서사(書事) 2편, 행장(行狀) 7편, 전(傳) 7편이 수록되어 있다. 비명(碑銘) 40편은 효열(孝烈)에 관련한 내용이 대부분이다. 묘지명(墓誌銘) 4편, 묘갈명(墓碣銘) 94편, 묘표(墓表) 53편, 서사(書事) 2편, 행장(行狀) 7편, 전(傳) 7편은 대부분 주변 문인과 친구들인데, 저자의 학맥과 직간접적인 관계가 확인된다.

「별집(別集)」은 3권 1책으로 1967년에 본집과 같이 간행되었다. 이 책의 내용은 선생이 후생을 교육하기 위해 만든 교재의 형태로 저자의 교육철학이 고스란히 담겨있다. 「별집」 권1은 『경학제요(經學提要)』로 「도통편(道統篇)」, 「통론(通論)」, 「벽이단편(闢異端篇)」, 「척사설편(斥邪說篇)으로 구성되어 있다. 「도통편」은 요순에서 주자까지 성리학의 계통을 정리하였다. 「통론」에서는 유학의 정통가르침을 밝혔다. 「벽이단편」에는 이단의 문제점을 저기하면서 바른 학문을 생각하게 하였다. 「척사설편」에서는 바르지 못한 것을 배척하여 바른 길로 인도할 수 있게하는 내용으로 구성되어 있다.

「별집」 권2에는 「복의발편(復衣髮篇)」, 「사례편(四禮篇)」, 「육예편(六藝篇)」이 실려 있다. 「복의발편」은 단발과 양복의 문제를 거론하면서 선왕의 법복을 회복을 천명하는 것을 내용으로 하고 있다. 「사례편」은 관혼상제의 의례를 정리하였다. 「육예편」은 예악사서서우(禮樂射御書數)에 관련한 사항이다.

「별집」 권3에는 「삼강편(三綱篇)」, 「이륜편(二倫篇)」, 「대동악부(大東樂府)」로 구성되어 있다. 「삼강편」은 중국과 우리나라의 충신효자열녀를 기록하였고, 「이륜편」은 우애깊은 형제와 벗에 대한 기록이다. 모두 인륜을 밝히기 위해서 작성되었다. 「대동악부(大東樂府)」로 단군에서 고려 망국 때까지의 사건을 시로 표현하였다.

5. 주요 작품 및 문집의 특징

그의 주요 작품 중에는 「대동악부」, 잡저(雜著) 실린 여러 작품들, 기문, 일기류를 들 수 있다. 「대동악부(大東樂府)」는 저자의 역사의식이 드러난 저작이다. 당시는 일제강점기로 저자뿐만 아니라 다른 문인들도 역사에 대한 많은 관심을 드러내었다. 일제강점기 당시 이런 역사류를 정리한다면 이들의 공통점과 차별점을 느낄 수 있다. 잡저(雜著)의 작품에서는 저자의 성리학적 수양과정과 그 방법 등에 대해 담담한 필체로 논하였다. 이 지역 유림들의 의식을 반영한다는 점에서 의의가 있다. 많은 기문과 상량문에서는 남도의 넉넉한 누정문화를 느낄 수 있다. 효당 김문옥과 관련한 글도 주목해야한다. 저자와 효당이 당시 양당(兩堂)이라 일컬어졌던 만큼 일기와 시문에 많은 교유의 흔적이 남아 있다. 그리고 두 분 모두 많은 제자를 키웠던 분들이다. 이 둘에 대해서는 전라도 유림에 관한 사항은 물론 노사학맥에 성격과 관련해서도 깊이 있는 연구를 진행해야 할 것이다.

6. 참고문헌

김규태(金奎泰), 『고당선생문집(顧堂先生文集)』
『고당문집(顧堂文集)』 1-4, 박완식 옮김, 구례문화원, 2015.
강동석, 「고당(顧堂) 김규태(金圭泰)의 생애와 문학」, 『국학연구론총』 24, 택민국학연구원, 2019.

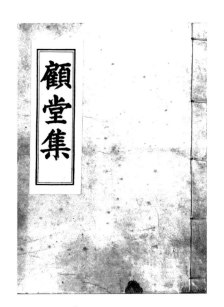

顧堂集

顧堂文集序

嗚呼此吾故友顧堂老人遺稿也此
老其長逝耶斯文名者也而止於
斯矣其將喪斯文耶目今大地陸沈矣同一氣數何往不然吾東土人也
請余東土之夫兩湖嶠南素號文雅藪而以今風聞以斯文名者也
僅落落晨星六七處己若彼六七處者一朝不諱又如斯老之止於斯則
處士之廬誰復問焉上蠹魚誰掃焉而周公仲尼之昭訓微旨亦將
掩閉蓁濛於凝塵寂寞之濱雖欲無喪得乎周公仲尼之書而徒將平
則近來客家佗不乎剞劂之役者无遠廬無用長物有顯晦君子當居離觀機以待其變
不可以已惡哉日不然時有否秦物有顯晦君子當居離觀機以待其變
不可因朝夕之故而為之自阻歟帷盖之緊猶藏而待之而況祖述周
公仲尼者哉此公挺生大賢之家而深探道德之奧則淵源濫觴的門路自
正汲引英俊託附有所而至足之餘溢爲文辭者寬厚而不流於汗漫莊

以憂遠而縈惠之可有辭於後世此非規模簡次之大而詳者數其凭佗
悸一時販功名者不甞嬰矣今將與稟集拜刊公之孤富東請二言于
尾撫卷感舊愴恨未得陸雲之談易於王弼塚中訂其魚魯之二三而
叙之如右孟丁未孟春之晦豊山洪錫憙跋

顧堂文集卷之一

詩 述懷

邦國風雲久未收窮山窟伏欲千峰雪暗飢烏下四學婁健早愁
音信不來西塞外夢魂猶繞九龍洲賃心祇有殘編在正是諸君努力秋
題萬國全圖四首
大洋無際沈西東天地依然渾沌中萬國斑斑浮齐葉始知民物與萍同
風雲動盪五千界鐵血飛騰五大洲直到機變兼智渴人間離難始懸休
天關神州半萬秋彬彬文物此中求可憐東畔靈形土一例興亡又入幽
地屬天破道猶存明目何人似出畎竹看舟車霜露處芸芸血氣共相尊
負郭臨郊自占家知君淸致絶芬華春宵爲客開樽笑星々欄干一望斜

堂夜話
晚闓

〈호남-07〉 **효당집** 曉堂集

1. 형태서지

표제/권수제	효당집(曉堂集)
편저자	김문옥(金文鈺) 著
판사항	목판본
발행사항	[刊寫地未詳] : [刊寫者未詳], [刊寫年未詳]
형태사항	총 16권 9책 : 목록 1책, 본집 16권 8책 四周雙邊 半郭 22.7×16㎝, 10行24字 註雙行, 上一葉花紋魚尾 ; 30.0×20.6㎝
소장처	국립중앙도서관, 고려대, 연세대, 전남대, 전북대

2. 정의

『효당집(曉堂集)』은 전라남도 화순 출신인 김문옥(金文鈺, 1901-1960)의 문집이다. 목판본이며, 16권 분량이다. 1987년, 6권 분량으로 『효당시문초(曉堂詩文鈔』가 다시 발간된 바 있다.

3. 저자사항

저자의 묘갈명은 심진택(沈鎭宅)이 지었고, 행장은 평생의 지기인 고당(顧堂) 김규태(金奎泰)가 지었다. 이를 근거로 그의 생애를 재구성하면 다음과 같다.

김문옥의 본관은 광산(光山), 자는 성옥(聖玉), 호는 효당(曉堂)이다. 고조는 김양언(金養彦), 증조는 김응권(金應權), 조부는 김두혁(金斗爀)이다. 아버지는 김기추(金琪錘)이고 어머니는 현풍곽씨(玄風郭氏)이다. 저자는 광주에서 합천으로 이사하여 학업을 이룬 인물이다.

저자는 경남(慶南) 합천군(陜川郡) 용주면(龍洲面) 이사리(伊泗里)에서 태어났다. 아버지에게 『소학(小學)』과 『통감(通鑑)』 등을 배웠고, 어려서부터 남다른 면이 있었다. 1914년에 합천보통학교를 형인 태옥(泰鈺)과 함께 다녔다가, 잠시 후 그만두었다. 이어 무산정사(武山精舍)로 율계(栗溪) 정기(鄭琦, 1878-1950)를 찾아가 경학과 송나라 유학을 배웠다. 율계 정기는 노백헌(老柏軒) 정재규(鄭載圭, 1843-1911)의 제자이며, 노백헌은 노사(蘆沙) 기정진(奇正鎭, 1798-1879)의 적전으로 일컬어진다. 따라서 그는 '노사-노백헌-율계'로 이어지는 학맥을 계승하는 인물이라고 할 수 있다.

율계의 문하에서 공부할 때에 친형인 태옥이 갑작스레 세상을 떠났는데, 저자는 이때 심하게 병을 얻었다. 동료들이 고향으로 가라고 권했지만, 남아서 끝까지 공부했다고 한다. 율계는 저자에게 『대학(大學)』을 읽을 것으로 권하였고, 저자와 이를 토론하고 강론하였다.

1920년에 합천의 대학자 희당(希堂) 김수(金銖)선생에게 나아가 문장에 대한 특별지도를 받고 한퇴지의 서책을 밤낮으로 탐독하여 문장의 구성과 흐름을 숙지하였다. 1925년 중국대학자(中國大學者) 하령봉(夏靈峯) 진무(震武)에게 편지를 보내 학문 교류를 청하기도 했다. 이에 율계선생이 "일시적인 명예에 사로잡히지 말고 학문의 근본을 연구하여 성인(聖人)의 학문에 주력하라"는 지도를 받았다고 한다.

1927년 10월에 스승인 율계 정기를 따라 전라남도 구례군 토지면 덕천(德川)으로 이거하였고, 경학과 문장에 정진하였다. 다음 해에는 덕천정(德川亭)에서 정기의 문하생들을 맡아 학문을 강론하였다. 전라도 사람들이 많이 찾아와 배웠다. 이 시기 매우 가난했어도 끊임없이 정진하였고, 많은 제자를 키워내었다.

1931년에 서울 흑석동에서 살던 정인보(鄭寅普)를 방문하여 홍명희(洪命熙), 안재홍(安在鴻), 변영만(卞榮晚), 임해려(林海旅) 등과 교유하였다. 1933년 5월, 생면부지의 이모(李某)씨가 다녀간 후에, 일제 저항을 야기하는 학문을 한다는 이유로 왜경에 체포되었다. 저자는 임실 구치소(任實拘置所)에서 3개월간의 옥고를 치르고 9월에 다시 순창 구치소로 이감되었다. 순창감옥에서 순사들이 억지로 두발을 깎으려했는데, "나는 머리카락을 지키는 귀신이 될지언정 삭발한 사람은 되지 않겠노라"라고 하니, 순사들이 이때부터 공경하고 조심스럽게 대했다고 한다.

1934년 1월에 감옥에서 나왔고, 광산 김씨 집성촌인 화순군 남면 절산리 복천(福川)으로 이주하였다. 이곳에서 윤정복(尹丁鍑), 나갑주(羅鉀柱), 위계도(魏啓道), 손평기(孫坪琦), 서기종(徐祺鍾)등 여러 문인들과 학문을 강론하였다. 이들은 김문옥의 대표적인 제자로 거론되는 인물들이다. 이후 만송(晚松) 민준식(閔駿植)이 서재를 만들어 능주(綾州)로 거처를 옮기게 된다.

1948년에 여순 반란으로 여러 제자들을 거느리고 장성, 보성, 김제사이를 떠돌며, 매우 어려운 시기를 보내면서도, 제자를 육성하는데 더욱 힘을 쏟았다. 1950년에는 능주에서 벌교 저잣거리로 이사하였다. 1950년 10월에는 율계선생 돌아가셨는데, 전쟁 중에도 상을 치르고 심상(心喪) 3년을 지냈다. 전쟁 통에도 어려운 일이 있을 때는 사람들이 효당을 찾았고, 그때마다 정성스럽게 일을 해결해주었다.

하루는 경관 몇 인이 총을 난사하며 효당을 겁박한 일이 있었는데, 사람들이 "이 어른이야말로 참으로 우리나라의 큰 어진 선비이다. 만약 이 어른을 해치면 반드시 재앙이 미칠 것이다"라고 하니, 경관이 도리어 사과를 하고 돌아갔다고 한다. 이후 송촌(松村) 박노홍(朴

魯鴻)의 도움으로 고읍(古邑) 노강산(蘆岡山) 아래로 거처를 옮겼다가, 1958년 송촌이 죽자, 절산(節山)에 사는 일가들이 집과 전답을 마련해주어 고향으로 돌아오게 되었다. 저자는 1960년 세상을 떠났다. 첫째부인의 외아들 경(灝)은 형인 태옥(泰鈺)의 양자로 갔고, 둘째 부인 사이에 준(濬)·용(溶)을 키웠다.

1961년에는 문인들이『효당집(曉堂集)』16권 9책을 만들었다. 1974년 4월 7일에 절산사(節山祠)를 세우고, 매년 제향을 지내고 있다. 1987년에는『효당시문초(曉堂詩文鈔)』라는 이름으로 다시 발간되었다.

4. 구성 및 내용

효당 김문옥의 문집은 2종이 전하고 있다. 하나는『효당집(曉堂集)』으로 목판본이며 16권 9책의 분량이며, 또 하나는『효당시문초』로 활자본이며 6권이다.『효당시문초』를 다시 만들게 된 연유는 정확하게 확인되지는 않는다. 이 두 책의 구성은 다음과 같다.

『효당집(曉堂集)』		『효당시문초』	
권수	내용	권수	내용
1	시(詩) 196제(題)	1	시(詩) 111제(題)
2	시(詩) 249제(題)		
3	서(書) 50편	2	서(書) 33편
4	독(牘) 79편		독(牘) 47편
5	독(牘) 107편		
6	잡저(雜著) 27편		잡저(雜著) 13편
7	서(序) 60편	3	서(序) 57편
8	서(序) 56편		
9	기(記) 52편	4	기(記) 44편
10	기(記) 45편		
11	발(跋) 22편, 명(銘)11편, 애사(哀辭) 3편, 상량문(上梁文) 3편, 축문(祝文) 4편, 축문(祭文) 17편	5	발(跋)15편, 명(銘) 5편, 애사(哀辭)3편, 상량문(上梁文) 3편, 제문(祭文) 15편.
12	비명(碑銘) 39편, 묘지명(墓誌銘) 8편		비명(碑銘) 14편, 묘지명(墓誌銘) 5편
13	묘갈명(墓碣銘) 38편	6	묘갈명(墓碣銘) 17편
14	묘표(墓表) 52편		묘표(墓表)8편
15	묘표(墓表) 35편		
16	서사(書事) 7편, 행장(行狀) 1편, 전(傳) 6편		서사(書事)2편, 행장(行狀) 1편, 전(傳) 5편, 중간발(重刊跋)

『효당집(曉堂集)』을 중심으로 내용을 간략히 소개하면 다음과 같다. 권1-2에는 시를 수록하였다. 연작시가 많고 형식에 구애받지 않았으며, 대체적으로 시간 순으로 배열하였다. 권 1

에는 196제(題)의 시가 있고, 권2에는 249제(題)의 시작품이 있다. 형식상으로는 오언율시 29수, 칠언율시 311수, 오언절구 25수, 칠언절구 231수, 사언고시 1수, 오언고시 6수, 오언배율 44수, 칠언배율 18수로 구성되어 있고, 두보의 율시에 대한 깊이 있는 독서가 있었음을 짐작할 수 있다.

「율계선생명가창우유시유증경차봉화(栗溪先生命駕敵寓有詩留贈敬此奉和)」는 율계선생이 효당의 처소에 와서 시를 지어 이에 차운한 오언율시인데, 스승에 대한 무한한 존경심을 표현하였다. 율계양당(栗溪兩堂)이라 불리우는 고당과의 교유시는 51수가 확인된다. 「기고당(寄顧堂)」은 오랜 타관살이에 부부처럼 정이 들었다고 하면서 서로를 그리워한 작품이다. 「화기고당견억지작(和寄顧堂見憶之作)」은 고당과 함께 금강산 유람을 하지 못한 아쉬움과 옛날 같이 놀았던 때를 회상하며 지은 시이다. 이런 시는 교유관계와 학맥을 확인할 수 있는 좋은 작품이다.

「만황석전원(挽黃石田瑗)」은 매천 황현의 동생에 대한 시이다. 황원은 형이 죽자 비분한 마음을 토로하다가 총독부에서 창씨개명령이 시행되자 다량의 술을 먹고 마을 앞 저수지에서 투신자살하였다. 효당이 그 행동을 장하게 여겨서 시를 짓고 사람들에게 알렸다. 「등유달산(登儒達山)」 유달산에 올라 지은 시인데, 목포 시가지에 가득한 왜색 풍물과 넓은 바다 위에 넘실대는 일본선박을 보면서 장탄식을 하고 있다. 「지감(志感)」은 일본의 참혹하고 잔학한 폭정은 인간으로서 도저히 할 수 없는 일이며, 이는 하늘이 반드시 그들을 처벌할 것이며, 우리민족은 장차 다시 소생할 것임을 절절한 언어로 표현하였다.

「을유칠월칠일문일본항우연합국(乙酉七月七日聞日本降于聯合國)」과 「칠월칠일유감(七月七日有感)」은 해방의 기쁨을 발랄한 어조로 그려내었다. 저자의 시는 이렇듯 일제강점기의 시대적 상황과 저자의 항일의지를 문투로 표현해내었다. 이는 당시 유림에서 공통적으로 나타나는 감정이라고 할 수 있다.

권3에는 「상율계정선생(上栗溪鄭先生)」를 비롯한 서(書) 50편이 수록되어 있다. 대부분 지인과의 안부 및 당시 시대상황에 대한 걱정을 비롯한 다양한 내용이 녹아있다. 「답정경시서(答鄭景施書)」는 정인보와의 편지인데, 자신이 지은 묘지명에 대한 이야기를 하면서 문학적인 토론을 이어가고 있다. 「답황석전(答黃石田)」은 황원(黃瑗)에게 답한 편지인데, 조선의 문장 및 문장가에 대한 간단한 토론과 힘께 소품문에 대한 비판을 내용으로 한다. 「답곽우헌(答郭愚軒)」은 심(心), 리(理), 기(氣)에 대한 토론이 담겨있다. 권4와 권5에는 독(牘)을 모아 놓았고, 각각 79편과 107편을 수록하였다. 대체로 제자그룹에 대한 글이 많다.

권6에는 잡저(雜著) 27편이 수록되어 있다. 「대학척의(大學摭義)」, 「지감(志感)」, 「자송(自訟)」, 「고당설(顧堂說)」 등이 주목된다. 「대학척의」는 『대학(大學)』에 대한 저자의 철학적 사유를 정리한 것이다. 저자는 평생 『대학』에 연구했고, 이는 스승의 권유도 있었다. 「지감(志感)」은 1945년 지은 작품이다. 조선이 해방되었을 때 지은 작품이다. 일본이 조선을 병탄하고 영국이 인도를 지배할 수 있었던 것이 바로 제국주의라는 임을 비판하고 있다. 당시 세계 상황과 사상사를 읽었던 저자의 관점이 잘 녹아 있다.

「자송(自訟)」은 스스로에게 따져본다는 일종의 반성문이다. 평소에 자신이 오만하게 행동했는데, 이를 알려주는 친구 고당(顧堂) 김규태(金圭泰)에 대한 고마움을 표현하고, 앞으로 자신을 돌아보는 계기로 삼겠다는 저자의 결심이 드러난다.

권7-8에는 서(序)이며, 권7에는 60편, 권8에는 56편이 수록되어 있다. 서문은 성격에 따라 내부적으로 재편집되어 있다. 제일 먼저 보이는 것은 실기(實記)에 대한 서문이다. 이는 실제의 사실을 전달하면서 한 인물의 생평을 정리하는 성격이다. 저자가 문장에 뛰어났던 만큼 문집의 서문도 많이 확인된다. 여기에서는 문학을 바라보는 관점도 잘 표현되어 있다. 충절(忠節), 순의(殉義), 열(烈)이라는 주제로 묶은 책에 서문을 쓴 경우도 적지 않다. 이는 조선의 도덕관과 함께 일제강점기 당시 사람들의 마음이 담겨있다. 시집류에 관한 서문은 따로 수록하였다. 여기에는 개인시문집은 물론 모여서 시를 짓고 책자를 만들어 앞에 서문을 쓰는 경우도 있다. 이외에 집안 족보에 대한 서문, 수연서문(壽宴序文), 자호(字號)를 지어주면서 쓴 서문 등이 확인된다.

권9-10에는 기(記)가 실려 있다. 권9에는 52편, 권10에는 45편이 실려 있다. 기문에는 사우(祠宇)에 대한 기문, 공부하는 집인 정사(精舍)와 서당(書堂)에 관련한 기문, 제자의 호를 지어주면서 쓴 기문, 중수기(重修記)와 같이 건물의 내력을 기록한 기문 등이 확인된다.

권11에는 발(跋) 22편, 명(銘)11편, 애사(哀辭)3편, 상량문(上梁文) 3편, 축문(祝文) 4편, 제문(祭文) 17편이 확인된다. 발(跋) 22편은 대부분 시문집에 대한 발문으로, 저자의 문학적 관점을 확인할 수 있다. 명(銘) 11편은 호를 지어주면서 명심해야 할 것 등을 기록하였다.

권12에는 비명(碑銘) 39편과 묘지명(墓誌銘) 8편이 수록되어 있다. 대부분 주변 지인들이 자신들의 집안 선조에 관한 비석을 세우면서 부탁한 것이다. 간간히 제단(祭壇)에 관련한 비문도 보인다. 이중에 「백범김공의적비(白凡金公義蹟碑)」와 「정재이공순의비명(靜齋李公殉義碑銘)」이 주목된다. 이 두 작품은 각각 백범 김구(金九)와 의병장 이석용(李錫庸)에 대한 것이다. 이는 해방기에 저자의 문학적 위상을 잘 보여준다.

권13에는 묘갈명(墓碣銘) 38편, 권14-15에는 묘표(墓表) 52편과 35편이 수록되어 있다. 거의 대부분 지인들의 부탁으로 지은 글이며, 저자의 문학적 역량을 확인할 수 있다.

권16에는 서사(書事) 7편, 행장(行狀) 1편, 전(傳) 6편이 실려 있다. 이 중에 6편의 전(傳)이 관심을 끄는데, 이현규(李玄圭)를 입전한 「현산이공가전(玄山李公家傳)」, 김수(金銖)를 입전한「창랑김공가전(滄溪金公家傳)」, 김지호(金志浩)를 입전한「김사과전(金司果傳)」, 안규홍(安圭洪)을 입전한「안의장전(安義將傳)」, 진망중(陳望重)의 아내 회산황씨(檜山黃氏)를 입전한「회산황유인전(檜山黃孺人傳)」, 이영헌(李瑛憲) 가문의 세 여성을 입전한「이씨양세삼유인가전(李氏兩世三孺人家傳)」, 한규엽(韓圭曄)의 아내 풍산심씨(豐山沈氏)를 입전한「한모심유인전(韓母沈孺人傳)」이 그것이다.

「현산이공가전」, 「창계금공가전」은 근대초기 전통지식인의 모습을 그려내었다. 전통 교육을 받은 지식인이 일제강점기라는 암울한 근대와 맞닥뜨려야했던 구시대 지식인의초상을 그려내었다. 「김사과전」, 「안의장전」는 의기(義氣)와 저항의 기록이다. 일제(日帝)의 폭압에 저항했던의인(義人)의 면모를 장중한 필체로 그려내었다.

「회산황유인전」, 「이씨양세삼유인가전」, 「한모심유인전」은 '가문의식'을 비롯한 전통시대의 가치관에 충실했던 여성들의 고단한 삶과 성취를 그려내었다. 그의 전(傳)을 객관적이면서도 객관적으로 서술하여 간결한 필체가 돋보인다.

5. 주요 작품 및 문집의 특징

저자는 당시에 정인보(鄭寅普), 이현규(李玄圭)와 함께 3대 경학문장가로 추앙받았다. 성리학에 대한 조예는 물론 시대의 문장으로 칭송받았다. 또한 호남 지방에서 많은 제자를 길러내었다.

「대학척의」는『대학(大學)』에 대한 저자의 경학적 깊이를 느낄 수 있다. 「지감(志感)」에서는 제국주의를 비판했던 그의 시대인식을 확인할 수 있다. 「백범김공의적비(白凡金公義蹟碑)」와「정재이공순의비명(靜齋李公殉義碑銘)」는 일제강점기에 저항했던 인물을 후세에 전하는 글이다. 「현산이공가전(玄山李公家傳)」과「창랑김공가전(滄溪金公家傳)」은 전통 교육을 받은 지식인이 암울한 근대와 맞닥뜨려야했던 지식인의 초상을 통해 자신의 모습을 다시 살펴보게 한다. 이 밖에 서문, 기문, 발문 등에서도 저자의 문학적 역량과 깊이를 확인할 수 있다.

6. 참고문헌

김문옥(金文鈺),『효당집(曉堂集)』

김문옥(金文鈺),『효당시문초(曉堂詩文鈔)』全, 삼성인쇄소, 1988.

박금규,「효당(曉堂) 김문옥(金文鈺)의 생애와 시(詩)」,『한문교육연구』11, 한국한문교육학회, 1997.

정길수,「일제강점기 전통 지식인의 고뇌-김문옥(金文鈺)의 전(傳) 연구-」,『인문학연구』
　　40, 조선대학교 인문학연구원, 2010.

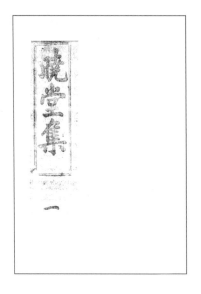

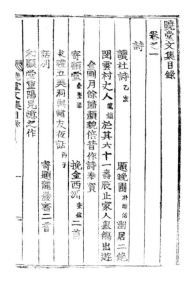

〈호남-08〉 **염재집** 念齋集

1. 형태서지

표제/권수제	염재집(念齋集)
편저자	김순(金峺) 著
판사항	영인본
발행사항	全州 : 三省社, 1981
형태사항	총 16권 2책 四周雙邊, 半廓 23.0×15.4㎝, 有界, 16行42字, 注雙行, 內向二葉-花紋魚尾 ; 28.5×19.2㎝
소장처	국립중앙도서관, 국회도서관, 전북대, 전주대

2. 정의

『염재집(念齋集)』은 일제 강점기에서 근현대를 살았던 염재 김순(金峺)의 문집이다.

3. 저자사항

김순(金峺)의 초명(初名)은 환각(煥珏), 자(字)는 중옥(重玉) 또는 중옥(中沃), 호(號)는 염재(念齋) 또는 긍세당(矜細堂)이다. 본관은 강진(康津)인데, 도강(道康)이라고도 한다. 시조는 고려시대 도성군(道城君)을 지낸 희조(希祖)이다. 고조는 선(璿), 증조는 경흠(景欽)이다. 할아버지는 영상(永相)이며 호는 춘우정(春雨亭)이다. 아버지는 병술(炳述)이며, 어머니는 전의이씨(全義李氏) 근혁(根赫)의 딸이다. 그의 아버지는 태어난 다음 해에 돌아가셨고, 조부의 영향을 크게 받았다.

김순은 1888년(고종25) 12월3일, 고부(古阜) 도찬리(道贊里)에서 태어났다. 어려서 할아버지에게서 교육을 받았다. 1900년(광무4)에 할아버지를 따라 연재(淵齋) 송병선(宋秉璿)을 만났고, 이어 간재(艮齋) 전우(田愚)를 찾아갔다. 전우를 만났을 때 "염조수덕(念祖修德)"이라는 4글자를 받았는데, "할아버지를 생각하며 덕을 닦으라"는 의미이다. 김순은 평생 이 말을 마음에 담고 살았다.

1906년 (광무10) 면암(勉菴) 최익현(崔益鉉)이 무성원(武城院)에서 의병을 일으켰을 때, 그의 조부 김영상이 선봉이 되었고, 김순 역시 조부의 명을 받고 동맹록(同盟錄)등을 썼다. 하지만 옥천(玉川) 귀암사(龜巖寺)에서 어머니가 아프다는 소식을 듣고는 고향으로 돌아간다.

한일합방이 되었을 때, 김순의 조부 춘우정 김영상은 노인은사금 증서를 받고는 이를 찢

어버렸다. 이 때문에 왜경에 연행되었는데, 중간에 죽으려고 만경강에 투신했다. 바로 구조는 되었지만, 이후 군산 감옥에서 9일간 단식한 후 절명하고 말았다.

조부가 옥에서 돌아간 후, 김순은 가족들을 이끌고 산에 들어가서 살았다. 산에 살면서도 꾸준히 후학을 양성하였고, 일본이 있는 동쪽을 향해서는 앉지도 않았다고 한다. 1978년 6월 16일에 돌아가셨고, 향년 91세였다.

배위는 여산(礪山) 송종일(宋鍾一)의 따님이시다. 아들은 덕기(悳基), 충기(忠基), 혜기(惠基), 화기(禠基), 딸은 밀양(密陽) 박노관(朴魯觀)에게 시집갔다. 덕기의 아들은 호신(鎬愼), 충기의 아들은 호영(鎬英), 호봉(鎬鳳), 호창(鎬昌), 호돈(鎬惇)이고, 혜기의 아들은 호정(鎬{玉廷}), 호련(鎬璉), 호진(鎬{玉進}), 호종(鎬琮)이며, 화기의 아들은 호자(鎬柘), 호균(鎬囷), 호충(鎬种), 호겸(鎬謙)이다.

그의 학문은 철저히 간재 전우의 심성설(心性說)을 따르고 있다. 그의 문인으로는 김돈기(金敦基), 이재건(李在健)등이 있다.

4. 구성 및 내용

『염재집』은 총 16권으로 구성되어 있다. 권1-3은 부(賦), 사(辭), 시(詩)를 수록하였다. 부(賦), 사(辭)는 각 1편씩 있다. 권1에는 289수, 권2에는 270수, 권3에는 290수가 수록되어 있다. 대체로 시간순으로 정리하였다.

권1에는 면암 최익현과 관련한 시가 주목된다. 최익현과 관련해서는 국헌(菊軒)을 대신해서 지은 시와 면암에 대한 만시(挽詩)가 있는데, 모두 염재의 항일정신과 관련된다. 간재에 대한 시도 매우 중요하다. 「배간옹우계화감정일절(拜艮翁于華島敢呈一絕)」은 계화도에서 간재를 뵙고 올린 시인데, 스승을 향한 무한한 존경심을 느낄 수 있다.

권2는 1937년 이후의 시를 모았고, 권3에는 환갑(還甲) 이후의 시를 정리하였다. 권3에는 「십월팔야몽배간옹(十月八夜夢拜艮翁)」, 「계화도십승(繼華島十勝)」과 같은 작품이 있는데, 모두 스승인 간재 전우를 그리워하며 지은 것이다.

권4-5는 염재가 보낸 편지를 수록하였다. 권4는 스승인 간재 전우에게 보낸 편지 18편을 실었다. 내용은 염재가 공부하면서 의문난 점을 편지를 보내고, 간재가 이에 대해 답장하는 것이다. 염재는 본인이 보낸 편지는 물론 간재의 답장까지 그대로 기록하였다. 스승과 제자 간의 마음을 느낄 수 있을 뿐만 아니라, 간재의 사상을 그대로 계승하려는 염재의 노력을 읽을 수 있다.

권5에서는 77편의 편지를 수록하였다. 수신자는 김준영(金駿榮), 정규삼(鄭奎三), 소학규(蘇學奎), 고제규(高濟奎), 이종원(李鍾元), 이우열(李宇烈), 이치형(李治衡), 김곤(金坤), 김종호(金鍾昊), 김응덕(金應悳), 서진영(徐鎭英) 등의 인물이 확인된다. 이들은 염재와 같은 간재의에서 배웠거나, 저자의 제자들이다. 그리고 가까운 일가와 자식들에게도 보낸 편지가 확인된다.

권6에는 26편의 서(序)와 35편의 기(記)를 수록하였다. 서문은 대체로 타인의 환갑이나 송서류(送序類)가 많다. 집안의 족보의 서문이나 다른 집안 족보의 서문도 확인된다. 문집의 서문으로는 「석남고서(石南稿序)」, 「위재집서(危齋集序)」, 「화계집서(華溪集序)」가 있다. 기문은 건물에 대한 기록이 많다. 이중 「염재기(念齋記)」와 「긍세당기(矜細堂記)」는 염재 자신에 대한 기록이다. 「염재기(念齋記)」는 간재 전우가 써준 글에 대해 본인이 그 내력을 풀어내었다. 이 작품에서는 친구들이 자(字)를 부르지 않고, 호(號)로 불렀어도 사양하지 않았다고 하면서, 수양이란 자신이 스스로 생각해야할 것임을 적시하였다. 「긍세당기(矜細堂記)」는 '작은 것부터 힘쓴다면 오래하면 멀리 이를 수 있고, 왕척직심(枉尺直尋)의 병폐도 없을 것이다'라는 취지로 썼다. 두 기문 모두 수양을 중시했던 염재의 생각을 읽을 수 있다.

권7에는 제발(題跋) 27편, 설(說) 16편, 자설자해(字說字解) 6편, 논(論) 2편, 잠(箴) 2편, 명(銘) 12편, 찬(贊) 6편, 통문(通文)5편, 혼서(婚書) 3편을 수록하였다. 제발(題跋)에는 개인문집에 대한 발문이 대부분을 차지한다. 설(說)은 「화송설(畵松說)」, 「분송설(盆松說)」, 「고백설(枯柏說)」과 같이 자신의 지조를 강조한 작품과 함께, 「강설(剛說)」, 「농은설(農隱說)」, 「화암설(化菴說)」, 「후석설(後石說)」과 같이 호에 대한 부설적인 설명의 차원에서 지은 작품도 있다. 자설자해(字說字解) 6편은 자(字)를 지어주면서 이에 대한 해설을 적은 글이다. 염재가 지어준 인물은 김윤무(金允務), 김대유(金大庚), 김보문(金保文), 김환재(金煥在), 김환영(金煥英), 김충호(金忠浩)인데, 이들은 모두 염재의 제자그룹으로 볼 수 있다. 명(銘)에는 「죽연적명(竹硯滴銘)」·「신죽장명(臣竹丈銘)」과 같이 물건에 지은 명문도 있고, 「자지명(自誌銘)」과 같이 자찬묘지명의 형태로 자의식을 드러내어 지은 작품도 확인된다. 찬(贊) 6편에는 열녀와 절사(節士)와 같은 전통적인 성격의 작품이 있는가 하면, 「사진자경(寫眞自警)」, 「이리사진추제자경(裡里寫眞追題自警)」과 같이 사진을 보면서 스스로 경계하는 마음을 갖는 작품도 있다. 이는 전통시대 초상화와 같이 자신의 사진을 통해 자신의 마음을 다스리려했던 수양적 인식을 살펴볼 수 있다. 통문(通文)5편은 「경고역내동지문(敬告域內同志文)」, 「무성원통문(武城院通文)」, 「한일친선항의문(韓日親善抗議文)」, 「항일윤고문(抗日輪告文)」, 「의여정부서(擬與政府書)」이다. 「경고역내동지문(敬告域內同志文)」는 곡부의 공자 사당이 전쟁통에 훼손되자 유자들에게 이를 알리고, 분통해하는 내용이다. 「무성원통문(武城院通文)」, 「한일친선항의문(韓日親善抗議文)」, 「항일윤고문(抗日輪告文)」은 모두 항일운동과 관련한 글이다. 「무성원통문(武城院通文)」은 1906년 면암(勉菴) 최익현(崔益鉉)이 무성원(武城院)에서 의병을 일으켰을 때 지은 글이다. 「한일친선항의문(韓日親善抗議文)」은 3번 지었는데, 첫 번째는 1900년에 고부향교(古阜鄕校) 45명의 유자와 함께 연명(聯名)으로 지었고, 2번째는 무성서원(武城書院)에서 20명이 연명으로 하며, 항일의 뜻을 분명히 하였다. 「의여정부서(擬與政府書)」 역시 정부에 항일의 의지를 다질 것을 촉구하는 내용이다.

권8에는 상량문(上梁文) 23편, 고축(告祝) 18편, 제문(祭文)10편, 비(碑) 30편이 수록되어 있다. 상량문은 정려와 사묘를 지었을 때 부탁받아 지었다. 고축에는 「고종황제위령고축(高宗皇帝慰靈告祝)」, 「무성묘정비고문(武城廟庭碑告文)」, 「고간재선생문(告艮齋先生文)」이 눈에 뜨이는데, 이 글들은 모두 염재의 정체성과 연관된 작품들이다. 이밖의 고문은 대부분 선조에게 올리는 글이다. 제문은 대부분 집안 사람들에 대한 것이다. 「제면암최공익현문(祭勉菴崔公益鉉文)」은 항일운동을 하다가 대마도에서 순직한 최익현을 추모하면 지은 작품이다. 비(碑)는 비석을 세우면서 지은 글인데, 효자와 열녀에 관련한 작품이 많다. 이는 인륜을 중시하는 유교를 구현하기 위한 것도 있고, 시대가 지나 나라에서 효자와 열녀를 정려하거나 표창할 수 없기에 비석으로 지은 것도 있다.

권9에는 서우(徐祐), 최정익(崔廷益), 김정삼(金鼎三), 윤유혁(尹裕爀), 김은택(金銀宅) 등 80편의 묘갈명(墓碣銘)을 수록하였다. 권10에는 묘지명(墓誌銘)과 묘표(墓表)를 정리하였다. 묘지명의 대상자는 김수풍(金壽豊), 이흥모(李興模), 이돈모(李敦模), 박인근(朴仁根)이며, 나머지 하나는 「자지묘지(自誌墓誌)」으로, 자찬묘지명이다. 묘표는 김명언(金命彦), 홍윤오(洪允五), 류동진(柳東眞), 송병섭(宋丙燮) 및 집안 선조에 대한 56편의 작품을 수록하였다.

권11에는 행장(行狀), 행록(行錄), 유사(遺事), 전(傳)을 수록하였다. 행장(行狀)은 김계균(金季勻), 이수일(李守一), 김광우(金光遇)등의 12편의 작품이다. 행록(行錄) 3편은 그의 집안에 관련된 내용이다. 2편의 유사(遺事)는 조재준(趙在俊)과 관련한 것과 집안에서 전해오는 이야기를 적은 것이다. 4편의 전(傳)이 실려 있는데, 모두 열부(烈婦)와 효열(孝烈)의 내용을 담았다.

권12-14에는 잡저(雜著)이다. 권12에는 「일기략초(日記略抄)」이며, 권13은 「미궐췌록(靡闕贅錄)」이다. 「일기략초(日記略抄)」는 1900년 윤8월15일에 시작하여 1919년 정월까지의 기록이다. 초록했다는 것으로 보아 따로 원본은 있을 것으로 생각된다. 내용은 간재 전우 선생을 만났을 때의 장면에서 시작한다. 이후에 성리학을 배우면서 느꼈던 사항을 일상의 언어로 표현하고 있다.

「미궐췌록(靡闕贅錄)」은 일종의 차기체(箚記體) 필기이다. 내용은 주로 성리학적 내용을 정리하고 있다. 공부하면서 생각나는 것이나 따로 하나의 글로 만들기 어려운 것을 메모 형식으로 기록하였다.

권14에는 잡저(雜著)의 제목으로 24편의 작품을 수록하였다. 「암롱문답(暗聾問答)」, 「복중행발고증(服中行發攷證)」, 「혹인문답(或人問答)」, 「예설답문록(禮說答問錄)」, 「계도기문(華島記聞)」, 「서시학도(書示學徒)」, 「화치우(花峙牛)」, 「시제생(示諸生)」, 「대학도(大學圖)」, 「심통도(心統圖)」, 「귤계(橘戒)」, 「추기(追記)」, 「목양기감(牧羊記感)」 등이 실려 있다. 대체로 성리학에 관련된 성격과 수양을 목적으로 지어진 작품이 많다.

권15은 부록(附錄)으로 염재의 생애를 확인할 수 있는 자료들이다. 염재의 지인들이 지은 만사(挽詞)와 가장(家狀), 행장(行狀), 묘지명(墓誌銘)이 수록되어 있다.

권16에는 「대동천자문(大東千字文)」이 수록되어 있다. 「대동천자문(大東千字文)」은 염재의 대표작으로 1948년에 집필하였다. 이는 우리나라의 역사와 사상사를 한 눈에 알아볼 수 있도록 엮은 책이다.

5. 주요 작품 및 문집의 특징

시작품에서는 면암과 간재에 대한 작품이 주목된다. 「근차면암선생대마도자책급증동의제공운(謹次勉菴先生對馬島自責及贈同義諸公韻)」와 「면암선생만(勉菴先生挽)」은 면암에 대한 존경심과 일제에 대한 그의 마음이 잘 녹아 있다. 「배간옹서득정경이언우득명성이언감이유작(拜艮翁書得靜敬二言又得明誠二言感而有作)」과 「배간옹우화도감정일절(拜艮翁于華島敢呈一絕)」류의 작품은 스승인 간재 전우에 대한 존경심이 표현하였다. 면암과 간재는 그의 생애를 결정하는 스승이었기 때문이다.

통문(通文)5편에서는 유교에 대한 것과 항일에 관련한 사항이다. 그의 일기에서는 성리학적 고민을 읽을 수 있다. 권14의 「암롱문답(暗聾問答)」은 사람이 누구나 양심(良心)을 가지고 있지만, 욕심에 가려서 금수와 같은 행동을 한다며, 이를 설파하였다. 「혹인문답(或人問答)」역시 유교의 원리를 문답체로 쉽게 풀어놓은 글이다.

권16에 수록된 「대동천자문(大東千字文)」는 우리나라의 역사와 사상사를 주제로 엮은 책으로, 우리 민족의 정신적 뿌리와 흔적을 느낄 수 있다. 후반부에는 풍속과 속담 등이 수록되어 있어 민중들의 생활상을 표현하였다.

그의 작품들은 항일, 유교의 보존, 민족자존을 표현하였다. 이는 일제강점기 지식인의 한 양상으로 평가할 수 있다.

6. 참고문헌

김순(金璹), 『염재선생문집(念齋先生文集)』

〈호남-09〉 **월담유고** 月潭遺稿

1. 형태서지

표제/권수제	월담유고(月潭遺稿)
편저자	김재석(金載石) 著
판사항	석판본
발행사항	長城 : 文苑編刊會, 1976
형태사항	총 8권 4책 四周雙邊 半郭 21.2 ×14.2 ㎝, 有界, 11行25字, 花口, 上下向2葉花紋魚尾 ; 28.8 ×18.8 ㎝.
소장처	국립중앙도서관, 부산대, 전주대, 한국학중앙연구원

2. 정의

『월담유고』는 개항기부터 해방 이후까지 생존한 유학자 김재석(金載石, 1895-1971)의 시와 산문을 엮어 1976년에 간행한 8권 4책의 시문집이다.

3. 저자사항

김재석의 자는 경담(景潭), 호는 월담(月潭), 본관은 울산(蔚山)이다. 하서(河西) 김인후(金麟厚)의 5세손인 자연당(自然堂) 김시서(金時瑞)의 11세 적손(嫡孫)으로 아버지는 김병대(金炳大)이고 어머니는 행주(幸州) 기씨 기주현(奇周鉉)의 딸이다. 1895년(고종32) 9월 24일 나주(羅州) 여황면(艅艎面) 흑석리(黑石里) 외가에서 태어나 본가인 순창(淳昌) 복흥면(福興面) 사창(社倉)에서 성장했다. 간재(艮齋) 전우(田愚)가 순창 훈몽재(訓蒙齋)에서 강의할 때 10세의 나이로『소학(小學)』전편을 틀리지 않고 외워 간재 전우로부터 친필 훈화(訓話)를 받았다. 또한 11세에는 전우의 문인이었던 백헌(栢軒) 김관수(金觀洙)가 선비의 자식들을 데리고 서정병사(西鼎丙舍)에서 공부하자 그를 따라 배웠다. 그 후 「자경문(自警文)」등을 통해 간재학통을 계승하는 면모를 드러내었다. 그의 자와 호는 모두 전우가 지어준 것으로서 석담(石潭) 즉 율곡(栗谷) 이이(李珥)를 흠모하라는 뜻이 담겨 있다. 25세가 되던 1919년 11월 동지 다음날에는 계화도로 가서 전우를 두 번째로 배알했다. 그 이듬해인 1920년 8월 추석 다음날에는 자연당 김시서의 유고를 들고 계화도로 가서 다시 전우를 방문했다.

한편, 김재석의 조부 성암(省庵) 김상기(金相璣, 1855-1926)는 1906년 면암(勉庵) 최익현(崔益鉉)과 함께 을사조약(乙巳條約)에 항거하는 유림(儒林)의 의거를 도모하다 일본 경찰에 체포되기도 한 인물이다. 후일 고종(高宗)은 김상기의 이러한 경력과 공적을 평가하여 의대조(衣帶詔)를 내려 통정(通政)의 품계를 하사하고 독립의군부초토영참서관(獨立義軍府招討營參書官)을 제수하였다. 이에 김재석은 조부의 유지를 받들어 보이지 않는 곳에서 항일운동을 도왔다. 때로는 국내외의 동지들과 항일단체를 조직하여 항일운동을 지원하기도 하고, 상해임시정부 산하의 요인이 국내에 들어오면 몇 년이고 집에 숨기고 숙식이나 자금을 제공하기도 했다. 김동수(金東秀), 김일두(金一斗), 정계원(鄭啓源) 등을 숨겨준 것도 그중의 하나였다. 또한 단재(丹齋) 신채호(申采浩)와 뜻을 함께 하여 아주 친밀하게 지냈다. 6·25 동란 직전에 전주로 이주하여 인봉신장(麟峯新庄)에서 학문에 전념하면서 학행으로 이름이 널리 알려졌다. 이곳에서는 주로 시문(詩文)·비문(碑文)·행장(行狀)을 지으며 재야 유림들의 활동을 선양하는 일에 종사하였다. 1971년 6월 18일 77세로 생을 마쳤다. 전라북도 정읍시 산내면 매죽리 묘덕촌 뒤 선영에 묻혔다.

4. 구성 및 내용

『월담유고』는 8권 4책의 석판본(石版本)이다. 1976년에 아들 종섭(鍾燮)과 오병근(吳炳根) 등이 편집하여 영인해서 간행하였다. 권두에 권용현(權龍鉉)의 서문이 있고, 권말에 종섭·오병근 등의 후지(後識) 및 족인(族人) 천수(千洙)의 발문이 있다. 권1에는 시 283수가 수록되어 있다. 시는 문체별로 정리되어 실려 있다. 5언은 모두 121수로 5언 절구 78수, 5언 율시 22수, 5언 고시 21수이다. 7언은 162수인데 7언 절구 65수, 7언 율시 95수, 7언 고시 2수이다.

권2에는 「상간재선생(上艮齋先生)」을 비롯한 서(書) 58편이 실려 있고 권3에는 잡저(雜著) 5편, 서(序) 20편, 기(記) 21편, 발(跋) 10편이 실려 있다. 권4에는 명(銘) 1편, 찬(贊) 2편, 혼서(婚書) 2편, 상량문(上樑文) 13편, 축문(祝文) 15편, 제문(祭文) 14편이 실려 있으며, 권5에는 비문(碑文) 13편, 묘지명(墓誌銘) 1편, 묘표(墓表) 14편이 실려 있다. 권6에는 묘갈명(墓碣銘) 93편이 실려 있고 권7에는 행장(行狀) 및 가장(家狀) 39편, 서사(書事) 3편, 전(傳) 3편이 실려 있다. 권8은 저자와 관련된 부록으로 행장, 묘갈명, 묘표, 묘지명이 수록되어 있다.

김재석의 시문학에 대해 권두에 실린 권용현의 서문에서는 "월담의 문학은 경전에 근거하여 고금의 일을 참작하였는바, 하수상한 시사(時事)에 대해 비분의 마음과 보다 큰 스승을 찾아가는 호학(好學)의 정신과 화이(華夷)의 향배(向背)에 대한 본분에 대해 간절히 하였다."라고 비평했다. 요컨대 김재석은 유학과 성리학(性理學)을 학문의 바탕으로 삼아 시는 도학시(道學詩)의 염락풍(濂洛風)을 띠었으며 산문도 성리학을 지향하는 양상이 돋보였다.

5. 주요 작품 및 문집의 특징

권2의 서(書) 중 「답김성옥(答金聖玉)」은 광복이 되던 해에 교우인 김성옥에게 보낸 것으로서 일제의 질곡으로부터 벗어난 기쁨이 감동적으로 묘사되어 있다. 『월담유고』에서 주목되는 부분은 권3의 잡저이다. 이 중에서 먼저 「화도기행(華島紀行)」은 1919년과 이듬해에 걸쳐 당시 계화도에 있던 스승 전우(田愚)를 찾아가 나눈 문답을 정리한 글이다. 이 글에는 학문적 주제나 성리학적인 문제를 두고 깊은 대화를 나눈 내용이나 당시 조선이 처한 현실 문제에 관해 대화를 나눈 내용은 거의 없다. 이는 당시 김재석의 관심사가 오직 본인의 선조인 자연당 김시서 문집의 교정과 출간에 집중되어 있었음을 보여준다.

「자경십도(自警十圖)」는 전우의 소심존성(小心尊性)의 뜻을 밝혀 존심의 수행법을 10폭의 도표로 그린 것이다. 「자경십도」는 제1 사일(事一), 제2 삼외(三猥), 제3 삼요(三要), 제4 사극(四克), 제5 인체(仁體), 제6 지경(持敬), 제7 서학(恕學), 제8 위미(危微), 제9 총도(總圖), 제10 체용(體用)으로 구성되어 있다. 이 중에 제1부터 제8까지는 존심지방(存心之方)의 수양론을 밝힌 것으로서 스승 전우의 가르침을 도설로 풀어 설명한 것이다. 제9는 간재 전우의 가르침에 보충 설명을 덧붙인 것이며, 제10은 김재석이 스스로 지은 것이다.

「풍천록(風泉錄)」은 아버지로부터 들은 이야기를 기록한 것이다. 이 글에는 1905년 을사조약이 체결되자 고종이 최익현을 도체찰사로 삼아 전국적으로 의병을 봉기시키도록 밀조(密詔)를 내린 사실, 고종의 독살사건에 총독부병원 원장 한상룡(韓相龍)이 직접 개입한 일과 파리에서 열린 평화회의에 중국대사로 참가한 육정상(陸廷相)에게 그 사실을 알려 일본 대사를 호되게 나무란 이야기 등이 실려 있다. 이는 독립운동사를 연구하는 데 중요한 참고자료가 된다. 「수록(隨錄)」은 그의 학문적인 연구 결과가 집약된 글이다. 특히 이 글에는 을사조약이 체결된 뒤 고종의 명으로 중국에 밀파되어 독립군 결성의 책임을 맡았던 이재륜(李載崙)의 활동상이 실려 있어 주목된다.

김재석의 학문 형성에 직접적인 영향을 끼친 두 가지 요소는 가학의 전통과 간재의 학문이다. 가학의 내용은 자신의 선조인 하서 김인후와 자연당 김시서에 대한 존숭, 조부 성암 김상기의 항일의거와 애국적 의리정신이 주조를 이루고 있다. 김재석은 「가전심법요람(家傳心法要覽)」에서 자신의 선조들이 지녔던 정신과 풍모를 정리하여, 그 가르침을 본받고 실천하려는 노력을 끊지 않았다. 이를 바탕으로 간재의 학문을 본받아 율곡 이이와 우암 송시열에서 간재 전우로 이어지는 기호(畿湖) 낙론(洛論)의 전통을 이어받았다.

『월담유고』는 바로 이와 같은 김재석의 학문적인 면모와 그가 격변기에 대응한 현실 인식과 활동 양상을 살펴볼 수 있다는 점에서 가치가 크다. 아울러『월담유고』는 115명의 묘갈명과 39명의 행장이 수록되어 있어 20세기 후반기 문인들의 행적과 교유관계를 알 수 있는 자료로서도 가치가 있다. 또한 을사늑약 체결 당시 고종이 최익현에게 밀지를 내린 바와 같은 독립운동과 관련된 비화 등이 담겨 있어 독립운동사를 연구하는 데에도 중요한 참고자료가 된다.

6. 참고문헌

김동현,『월담유고』,『한국민족문화대백과사전』, 1996.

박완식,『전북 선현 문집 해제 (Ⅰ)』, 민족문화추진회 부설 국역연수원 전주분원, 2003.

소현성,「월담(月潭) 김재석(金載石)의 생애와 학문」,『간재학논총』6, 간재학회, 2007.

月潭遺稿序
昔方正學之言曰爲常人之後非難而爲名
人之子孫固難而爲大賢之子孫尤難夫所謂難者非統緒相承
之爲難而風範紹述之爲難傳曰其文析薪其子不克負荷能知
負荷之任者是爲能知其難也河西金先生爲希聖之賢而歷五
世有肯胎堂肄時瑞得華陽之傳名行重一時人稱能世其家自
黙堂之遠摘有月潭居士景潭公自幼有豈弟之質甫十歲從田曰
山翁之講席蒙期奬掦訓語後又登門請盒得聞潭幸相侍之訣
而服膺爲其於先世之嘉謨懿訓誦習惟謹兢兢爲知拱璧之奉
而躍式夬壑其行義德業爲士友推重成淵港然有孫若是者可
謂能風範之紹述而其於爲大賢後何難之有公有遺賢若干卷

曰余有後子夙夜憂懼莫知措躬幸有吳友炳根不忘府君病
床之遺鬪竭盡智盡誠輔余不逮始終敦事不憚其勞又自輔仁
契中助之以資此是役之所賴而成者而吳友之力居多爲此
不肖所以銘心刻骨而不能忘者也故旣逸略識其私誠于
卷尾云乙卯仲冬不肖男鍾寔泣血謹識

月潭遺稿卷之一
詩
五言絕句
雲天吟
雲浮天似低雲散天還高
莫貺勞
又追慕延懷
先苫期待意將石欲玉戌白首今何事復吟初尚未明
偶吟
論琴復抹菊獨叟淵明情風月無遺裡開吟道氣生
莫閒月潭子傷心今世情桐江千載後誰復濟蒼生

〈호남-10〉 **입헌집** 立軒集

1. 형태서지

표제/권수제	입헌집(立軒集)
편저자	김종가(金種嘉) 著
판사항	신연활자본
발행사항	[刊寫地未詳] : [刊寫者未詳], [刊寫年未詳]
형태사항	총 10권 5책 四周雙邊 半郭 22.3×16.1㎝, 有界, 12行30字, 上下向2葉花紋魚尾 ; 29.7×20.8㎝
소장처	경기대, 단국대 퇴계기념도서관, 인제대, 전남대, 전북대, 한국학중앙연구원

2. 정의

『입헌집』은 구한말부터 현대까지 활동한 유학자 김종가(金鍾嘉, 1889-1975)의 시와 산문으로 구성된 문집이다.

3. 저자사항

김종가의 호는 입헌(立軒)이고, 본관은 경주(慶州)이다. 연재(淵齋) 송병선(宋秉璿)의 문하에서 수학하였고, 간재(艮齋) 전우(田愚)를 사사하였다. 송병선의 저술인 『동감강목(東鑑綱目)』과 선친의 저술인 『동감강목전편(東鑑綱目前編)』을 간행하고, 근대사를 엮은 『속동감강목(續東鑑綱目前編)』을 저술하였다. 저서로는 문집인 『입헌집』과 『속동감강목』이 있다. 교유한 인물로는 송병선의 문하에 함께 있었던 회봉(晦峰) 안규용(安圭容)·심주(心洲) 양석모(楊錫謨)를 비롯하여 위당(爲堂) 정인보(鄭寅普) 등이 있다.

4. 구성 및 내용

『입헌집』은 10권 5책이며, 연활자본이다. 권1은 시(詩), 권2는 서(書), 권3은 서(序), 권4는 논(論)·설(說)·발(跋)·혼서(婚書)·문(文)·고유문(告由文)·축문(祝文)·통문(通文)·제문(祭文)·상량문(上樑文)·잡지(雜識)로 되어 있고, 권5·6은 기(記), 권7-9는 묘갈명(墓碣銘)·묘표(墓表)·행장(行狀)·전(傳)이며, 권10은 비(碑)로 구성되어 있다. 전남대학교 도서관, 전북대학교 도서관, 한국학중앙연구원 도서관 등에 소장되어 있다.

권1은 시 135제이다. 대체로 순수하고 담박한 도학시(道學詩)가 수록되어 있다. 가장 앞부분에 수록된 「도원문(桃源問)」 3수와 「도원답(桃源答)」 3수는 문답 형식의 연작시로, 유학자(儒學者)의 관점에서 '도원'이라는 이상향에 대해 읊은 것이다. 또한 「유회(有懷)」에서는 신식학문 등이 도입된 상황 속에서 옛 선현의 유학을 배우고자 하는 김종가 본인의 뜻을 밝혔다. 이 외에 「유해인사음(遊海印寺吟)」 등의 기행시와 「만이우(輓李友)」 등 주변 인물들에 대한 만시도 다수 수록되어 있다.

권2는 서(書) 154편이다. 서는 간재 전우에게 보낸 편지를 비롯하여 안규용·양석모·송운(松雲) 정운경(鄭雲慶) 등의 인물에게 보낸 편지가 수록되어 있다. 「상전간재선생(上田艮齋先生)」은 김종가가 전우에게 가르침을 청하고자 올린 편지로, 이를 통해 33세의 다소 늦은 나이로 전우의 문하에 들었음을 알 수 있다. 한편, 김종가는 송병선·송병순 문하의 인물들과도 활발히 교유하였고, 또한 송병선의 저술인 『동감강목』 간행에 적극적으로 참여하였는데, 「답권옥현(答權玉鉉)」 등의 편지에서 김종가의 『동감강목』 간행에 대한 사명감을 확인해 볼 수 있다.

권3은 서(序) 98편으로, 다수의 작품의 작품은 문집에 대한 서이고, 이외에 수서(壽序)나 계서(契序)도 수록되어 있다. 송강(松江) 정철(鄭澈)의 문집 국역본에 대한 「송강집국역동간록서(松江集國譯同刊錄序)」를 비롯하여 「이산집서(尼山集序)」·「월헌유고서(月軒遺稿序)」 등의 작품이 있으며, 수서로는 「서소천육일수서(徐紹泉六一壽序)」·「동초정군육일수서(東樵鄭君六一壽序)」 등이 있고, 계서로는 「일신계서(日新契序)」·「대동계서(大同稧序)」 등이 있다. 이 가운데 「속동감강목서(續東鑑綱目序)」는 송병선의 『동감강목』과 선친의 『동감강목전편』을 이어 『속동감강목』을 편찬하고자 하는 김종가의 포부와 사명감을 나타낸 작품이고, 『한국풍아집서(韓國風雅集序)』는 1964년 남원향교에서 편찬한 『한국풍아집』의 편찬 경위를 밝힌 작품이다.

권4는 논(論) 1편, 설(說) 4편, 발(跋) 6편, 혼서(婚書) 3편, 문(文) 1편, 고유문(告由文) 17편, 축문(祝文) 9편, 통문(通文) 10편, 제문(祭文) 18편, 상량문(上樑文) 20편, 잡지(雜識) 20편 등이 있다. 논은 삼강오륜의 연원과 중요성을 설파한 「강륜론(綱倫論)」 1편이 있고, 신학(新學)을 추종하고 구학(舊學)을 등한시하는 세태 속에서 구학의 중요성을 역설한 「신구설(新舊說)」 등의 작품이 있다. 발문으로는 송시열의 시문을 모은 『존현록(尊賢錄)』에 대해 쓴 「서존현록후(書尊賢錄後)」가 있다. 제문은 전우에게 쓴 「제간재선생문(祭艮齋先生文)」 등의 작품이 있고, 잡지에는 「좌우명(座右銘)」·「자경편(自警編)」·「가훈(家訓)」 등이 수록되어 있다. 이 가운데 「전수심법(傳授心法)」은 공자에서부터 주자·송시열을 거쳐 스승 송병선까지 전수되어 온 심법(心法)에 대해 정리한 작품이다.

권5·6은 기(記) 184편으로, 문집에서 묘도문(墓道文) 다음으로 큰 비중을 차지하고 있다.

대부분이 건축물에 대한 기문으로, 이를 바탕으로 도통(道統)이나 성리학(性理學), 처세(處世)에 대한 저자의 견해를 확인할 수 있다. 작품으로는 「원승재기(元繩齋記)」·「노헌기(魯軒記)」·「쌍절당기(雙節堂記)」 등이 있다. 이 가운데 「오재기(寤齋記)」는 공맹(孔孟)-주자(朱子)-송시열(宋時烈)로 내려오는 도통(道統)을 계승하여 학문에 정진할 것을 역설하였고, 「회당기(悔堂記)」는 『주역(周易)』의 '길흉회린(吉凶悔吝)'을 바탕으로 뉘우침의 중요성을 조리 있게 풀어낸 작품이다.

권7-9는 묘갈명(墓碣銘) 175편, 묘표(墓表) 12편, 행장(行狀) 20편, 전(傳) 9편이고, 권10은 비(碑) 70편이다. 묘갈명은 「한천김공묘갈명(寒泉金公墓碣銘)」부터 「남사방공묘갈명(南史房公墓碣銘)」까지 총 175인의 행적을 서술하였고, 묘표에는 「유인강씨묘표(孺人江氏墓表)」·「신군중식묘표(申君重植墓表)」 등이 있으며, 행장에는 「연정하공행장(蓮亭河公行狀)」·「용암신공효행실록(龍岩申公孝行實錄)」 등이 있다. 전은 「오효부전(吳孝婦傳)」·「효열서김유인전(孝烈婿金孺人傳)」 등의 열녀전과 「소해노공전(蘇海盧公傳)」 등 항일의사의 일대기를 서술한 작품이 있다. 비문으로는 「유인경주김씨효열비(孺人慶州金氏孝烈碑)」·「만송양거사적비(晩松梁居士蹟碑)」 등이 있다.

5. 주요 작품 및 문집의 특징

김종가의 일생은 구한말에서부터 현대까지 걸쳐있어 근현대사의 우여곡절을 겪었다. 그런 만큼 문집에 수록된 작품의 창작시기 또한 다양하고, 근현대사의 여러 사건들에 대한 김종가의 심회를 읊은 작품들도 다수 수록되어 있어 주목할 만하다. 「파리장서기념비건립운(巴里長書紀念碑建立韻)」(권1)은 파리장서 사건을 기념하고 이에 참여한 인물들을 기리는 파리장서 기념비를 건립한 것을 맞이하여 참여한 인물들의 의로움을 읊은 시이다. 「탄남북분쟁(嘆南北分爭)」(권1)은 해방 이후 남북으로 나뉘어 전쟁을 벌이는 상황에 대해서 김종가의 안타까운 마음을 토로한 시이다. 여기에서 김종가는 남과 북이 동포(同胞)임을 강조하며 동족상잔의 비극을 하소연할 길이 없다고 한탄하였다. 이와 함께 「문남북교병(聞南北交兵)」(권1)에서도 남과 북이 각각 다른 국가에 의지하여 전쟁을 벌이고 있으나, 결국은 한 집안의 싸움이라고 역설하며 전쟁의 아픔을 읊었다.

한편 현대적 의미의 관광 체험을 기록한 작품도 존재한다. 「제주기행(濟州紀行)」(권4)은 제주공항이 개항한 이후에 김종가가 제주로 여행을 다녀온 뒤 남긴 작품이다. 김종가는 제주에 대해 간략히 소개하고, 김포공항에서 제주공항까지 비행기를 타고 가는 과정을 기술하였는데, 비행기 내에서는 전혀 빠르게 느껴지지 않았지만 도착시간을 보니 소요시간이 놀라울 정도로 짧았다는 점, 상공에서 구름을 내려다보고 마을과 도로가 아주 작게 보이는 점 등 비행기를 탑승한 내용을 핍진하게 묘사하였다. 또한 날짜별로 만장굴, 협재굴, 한라산 등의 관광체험을 기록하고 제주도에서 자라는 나무의 특징적인 점에 대해서도 상세히 기술하였으며, 오래전부터 전해 내려오던 제주에 대한 이야기들을 직접 확인해보는 등 흥미로운 내용을 담고 있다.

한편, 김종가는 스승 송병선의 『동감강목』과 부친의 『동감강목전편』을 간행하고, 『속동감강목』을 편찬하는 등 역사서 간행 및 편찬에 많은 노력을 기울였는데 김종가의 이러한 관심과 의식을 작품들 속에서도 확인해 볼 수 있다. 「영사(詠史)」(권1)에서는 존왕양이(尊王攘夷)를 행하는 역사서의 역할을 시사하며, 송병선의 『동감강목』이 이러한 의식을 담고 있는 역사서임을 말하고, 아울러 남북이 분단되어 있는 상황을 안타까워했다. 「서동감강목후(書東鑑綱目後)」(권4)는 사직과 종묘가 폐지되더라도 국민성이 존재하면 나라는 망하는 것이 아니라고 하며, 의식 있는 역사서가 국민성을 고쳐시킬 수 있음을 말하였다. 「동감강목발간통문(東鑑綱目發刊通文)」 등에서도 역사서 편찬에 대한 김종가의 의식 및 사명감을 확인해 볼 수 있다.

6. 참고문헌

박완식, 「입헌선생문집」, 『전북 선현 문집 해제2』, 민족문화추진회 부설 국역연수원 전주분원, 2004.

立軒先生文集卷之一

詩

桃源問

春來徧是水不記去來花離欲仙源到雲山骨幾多
爾從何處至欲問泛來花前路渺無烓石門鎖薜蘿
年々春不變獨剩今年花挂杖徘徊立雲深路更丫

桃源答

水從山裏去隨逐年々花然有花爲引沿紅到我家
春風同四海何處不飛花非獨花迷路世人空自退
畢竟皆由我請君更謝花尋眞獨有術念捲俗心遮
名山不世情飄灑一堂明春色無人破盈階草自靑

謹次望雲亭原韻

立軒先生文集卷之十 終

天降大任篤生異人翼翼文裏出類離倫幸有文肅同德相隣斥虜恢疆王命
維新東方千載永賴其仁登辭載石悠久不磷崇德報功敬薦精禋

〈호남-11〉 **용파유고** 龍坡遺稿

1. 형태서지

표제/권수제	용파유고(龍坡遺稿)
편저자	김태호(金泰鎬) 著 / 한국고전연구회(韓國古文研究會)
판사항	석판본
발행사항	長城 : 金源得, 1988
형태사항	총 2권 2책 四周雙邊 半郭 21.5×15.6㎝, 有界, 11行23字 註雙行, 內向2葉花紋魚尾 ; 27.9×19.1㎝
소장처	국립중앙도서관, 원광대, 전남대, 충남대

2. 정의

조선 말기에서 해방기의 시대를 살았던 유학자 김태호(金泰鎬, 1889-1952)의 문집이다.

3. 저자사항

김태호(金泰鎬)는 자 국진(國珍), 본관 광산(光山), 호는 용파(龍坡), 본관은 광산(光山)이다. 고조는 망초재(望椒齋) 김주보(金柱輔)인데, 『대학』에 침잠했다고 한다. 증조는 초하(椒下) 김정찬(金鼎燦), 조부는 김세혁(金世赫)이다. 부친은 김수영(金壽榮)은 숨어 벼슬하지 않았다. 어머니는 연일정씨(延日鄭氏)로 참봉(參奉)을 지낸 정현달(鄭賢達)의 딸이다.

저자는 전라도 장성군 황룡면(黃龍面)에서 출생했다. 어려서부터 명민하고 부모에 효도했다. 곧고 의리를 좋아했고, 큰 뜻을 품고 주유(周遊)하였다. 늘 우리나라가 일본에 병탄된 것에 분통해하면서도 어쩔 수 없어 한을 품고 아파하였다. 늘 강하고 꺾이지 않는 기세가 있어서 한 밤중에도 일어서 망국의 장탄(長歎)을 쏟아내곤 하였다. 경서와 역사서를 읽으면서 충신(忠臣)과 열사(烈士)의 이야기가 나오면 격앙된 마음을 억누르지 못했다.

집안 선조들의 아름다운 덕을 생각하고, 나라의 명현(名賢)과 대신(大臣)들의 사적을 흠앙하면서 사람마다 한편의 시를 지어서 추모하는 뜻을 폈다. 고조부의 무덤으로 산송(山訟)이 있었는데, 이를 잘 처리하고 집안사람들의 신임을 받았다고 한다.

만년에는 집을 지어서 날마다 문인들과 시를 지으면서 교유했고, 이로 인해 사람들이 '용파거사(龍坡居士)'라고 불렀다. 저자가 사양했어도 사람들이 그렇게 불렀고, 이에 「용파기(龍坡記)」라는 기문과 함께 시도 지었다. 이에 대해 주변의 문인과 친구들이 시에 화운하거나, 서문(序文), 기문(記文)등을 보내어 찬탄했다고 한다.

1952년 5월10일 64세를 일기로 생을 마쳤다. 묘소는 장성(長城) 삼계면(森溪面) 나신촌(羅新村)에 장사를 지냈다. 배위는 고흥류씨(高興柳氏) 류병선(柳秉善)의 딸이다. 1남 2녀를 길렀다. 아들 원득(源得)은 장흥고씨(長興高氏) 고광술(高光述)의 딸과 결혼하였다.

저자는 집안 교육을 통해 성장했고, 장성지역에서 평생을 살았다. 교유인물은 간재(艮齋) 전우(田愚) 학맥은 물론 노사(蘆沙) 기정진(奇正鎭) 학맥의 문인들과 두루 교유했던 것으로 보인다.

4. 구성 및 내용

문집은 권1에 저자의 글이 실려 있고, 권2에는 부록으로 구성되어 있다. 문집의 서문은 권용현(權龍鉉), 김학수(金學洙), 김윤동(金潤東)이 썼다. 권1에는 시(詩), 서(書), 서(序), 기(記), 제문(祭文), 묘표(墓表), 가장(家狀)으로 구성되어 있다.

시(詩)는 주제별로 묶여 있다. 먼저 「입춘(立春)」, 「원단(元旦)」 등의 시는 절기별로 저자의 느낌을 풀어놓았다. 「매(梅)」, 「난(蘭)」, 「국(菊)」, 「죽(竹)」과 같은 영물시는 기존 시의 성격을 그대로 본받고 있다.

저자의 시대인식을 드러낸 작품도 주목된다. 「문무국지보분통유음경술(聞無國之報憤痛有吟庚戌)」은 조선이 망했을 때 지은 시이다. 「문삼십삼의사선언독립감격유음기미(聞三十三義士宣言獨立感激有吟己未)」는 만세운동에 대한 시이다. 「을유칠월팔일문왜적패망수감음(乙酉七月八日聞倭賊敗亡遂感吟)」는 광복을 맞아 먹찬 마음을 표현하였다. 「건국일유감(建國日有感)」는 정부가 구성되었을 때의 느낌을 적었다. 「경인란중(庚寅亂中)」은 6·25사변에 대한 시이다.

신문물에 대한 저자의 반응도 적지 않다. 「기차(汽車)」, 「비행기(飛行機)」, 「전화(電話)」, 「녹음기(錄音器)」, 「전등(電燈)」, 「자동차(自動車)」, 「신문(新聞)」, 「우편(郵便)」, 「호남선(湖南線)」등은 신문물에 대한 관심을 표현하였다.

다양한 유람시도 주목할 사항이다. 저자는 금강산을 유람하면서 「장안사(長安寺)」, 「구룡폭(九龍瀑)」, 「옥류동(玉流洞)」, 「만물상(萬物相)」 등의 시를 지었다. 이밖에 제주도(濟州島), 군산(群山), 진주(晉州), 광주(光州), 한양(漢陽) 등을 오가면서 지은 시도 확인된다. 「용파팔경(龍坡八景)」은 저자의 집 주변의 경치에 대해 읊은 작품이다.

저자의 시는 차운시가 매우 많다. 먼저 선조(先祖), 종조(從祖), 선고(先考), 사형(舍兄)의 시에 차운을 한 작품이 32편이다. 다음으로 고운(孤雲) 최익현, 포은(圃隱) 정몽주(鄭夢周),

화담(花潭) 서경덕(徐敬德), 정암(靜菴) 조광조(趙光祖), 율곡(栗谷) 이이(李珥), 퇴계(退溪) 이황(李滉) 등 27명의 시에 대해 차운하여 작품화 하였다.

「선조급방선조추모시(先祖及傍先祖追慕詩)」는 저자의 선조와 방계선조를 추모하면서 쓴 시인데, 무려 94편에 이른다. 「동국제현추모시(東國諸賢追慕詩)」는 신라 때 설총(薛聰), 최치원(崔致遠)에서 시작하여 구한말 최익현(崔益鉉), 일제강점기의 이상재(李商在), 안중근(安重根)까지 73명을 대상으로 하여 시를 지었다. 시의 형식은 7언절구, 7언율시 등 다양하다.

만시(挽詩)는 32편이 확인된다. 만시는 문중 사람들을 대상으로 한 경우가 대부분이다. 기타 기삼연(奇參衍)과 같은 의병장도 있고, 저자와 교유했던 문인들에 대한 만시도 있다.

서(書) 4편은 모두 가족들에게 보낸 편지이다. 서(序) 1편은 저자 자신에 대한 「용파자서(龍坡自序)」이다. 기(記) 1편은 「봉우당기(鳳愚堂記)」으로 저자의 사형(舍兄)인 김봉우(金鳳愚)의 집에 대한 기문이다.

제문(祭文) 15편은 모두 집안사람들에 관계된 내용이다. 묘표(墓表) 1편은 「고실유인고흥류씨묘표(故室孺人高興柳氏墓表)」이다. 가장(家狀) 7편은 5대조 김필수(金必洙), 고조 김주보(金柱輔), 증조 김정찬(金鼎燦), 조고 김세혁(金世赫), 본생조고 김문혁(金文赫), 선고 김수영(金壽榮), 선비 연일정씨(延日鄭氏)에 대한 것이다.

권2는 부록(附錄)으로 저자에 관한 만장, 행장, 묘표, 묘지명 등이 수록되어 있다. 시는 저자의 시와 차운시로 구성되어 있다. 「용파원운(龍坡原韻)」 1편에 주변문인의 「용파차운(龍坡次韻)」이 300수, 저자의 「회갑원운(回甲原韻)」에 주변 문인의 「차운(次韻)」 9수, 저자의 「생조원운(生朝原韻)」에 주변 문인의 「차운(次韻)」 9수가 있다. 「만장(輓章)」은 36수인데, 저자의 주변문인이 지은 것이다. 제문(祭文) 2편은 김준식(金駿植)과 사형(舍兄) 김봉우(金鳳愚)의 작품이다. 「용파유고서(龍坡遺稿序)」의 제목으로 3편이 실려있는데, 김윤동(金潤東), 권용현(權龍鉉), 김학수(金學洙)가 지은 것이다. 「용파기(龍坡記)」의 제목으로 김도중(金度中), 김수택(金壽澤), 정규종(鄭圭綜), 남승우(南勝愚), 김문옥(金文鈺), 고윤주(高允柱), 이근우(李瑾雨), 노문표(魯玟杓), 김정회(金珽會)의 작품이 있다. 「찬용파(贊龍坡)」는 조카 김수택(金壽澤)이 지었다. 송재성(宋在晟)은 「찬용파화상(贊龍坡畫像)」을 지어 저자의 그림에 대해 글을 지었다. 「용파거사부군행장(龍坡居士府君家狀)」은 아들인 김원득(金源得)이 지었고, 「용파거사부군가상후(龍坡居士府君家狀後)」는 제자인 김학수(金學洙)가 지었다. 김준식(金駿植)은 「용파거사행장(龍坡居士行狀)」을 지었고, 권용현(權龍鉉)은 「용파김공묘표(龍坡金公墓表)」을 지었다. 「용파김공묘지명(龍坡金公墓誌銘)」은 김황(金榥)이 지었고, 「용파김공묘갈명(龍坡金公墓碣銘) 병서(幷序)」는 효당(曉堂) 김문옥(金文鈺)이 지었다. 마지막에는 조카 김수택(金壽澤)과 변시연(邊時淵)의 발문(跋文)이 있다.

5. 주요 작품 및 문집의 특징

저자 작품의 특징은 차운 시를 통한 선조와 동국제현(東國諸賢)을 기억한 것이라고 하겠다. 선조의 시에 차운한 32편, 동국제현의 시에 차운한 27편을 비롯하여 「선조급방선조추모시(先祖及傍先祖追慕詩)」 94편, 「동국제현추모시(東國諸賢追慕詩)」 73편이 그것이다. 저자가 살았던 시기가 일제강점기라는 점을 감안하면, 이는 유구한 역사를 지녔던 조국에 대한 마음이라고 하겠다. 이런 인식은 「문무국지보분통유음경술(聞無國之報憤痛有吟庚戌)」, 「문삼십삼의사선언독립감격유음기미(聞三十三義士宣言獨立感激有吟己未)」, 「을유칠월팔일문왜적패망수감음(乙酉七月八日聞倭賊敗亡遂感吟)」과 같이 시대를 읽었던 저자의 시에서도 확인된다. 이 밖에 「기차(汽車)」, 「비행기(飛行機)」, 「전화(電話)」, 「녹음기(錄音器)」, 「전등(電燈)」, 「자동차(自動車)」, 「신문(新聞)」, 「우편(郵便)」과 같은 시에서는 현대문물을 보고 느낀 점을 담담하게 그려내고 있다.

6. 참고문헌

김태호(金泰鎬), 『용파유고(龍坡遺稿)』

龍坡遺稿 乾

序

余與金君源得託契者久矣
日神至尊公龍坡遺稿彩一
訪金雅漢師之東請貝弁經
悦甚子而石及其親此情や集
捲夅陡無一而之雅笥鳥や少

軒下令固龍子之命少伸平昔未盡之忱
丁卯十一月三日黃州延時淵謹跋

龍坡遺稿卷之一

詩

立春
金花睍彩此何辰 獻發天時日漸新 萬物從玆生意動知應
寒谷㧾回春

元旦
一歲之中最上辰 畫鷄虛賀逢春 屠蘇酌後椒觴進共迓
新年醉幾人

人日
剪彩鏤金此令辰 新元七日喜蓬人 唐宗惟是英明主聊識
魏徵爭一臣

〈호남-12〉 **후창집** 後蒼集

1. 형태서지

표제/권수제	후창집(後滄集)
편저자	김택술(金澤述) 著
판사항	석판본
발행사항	- 본집 : [刊寫地未詳] : [刊寫者未詳], 1955 - 속집 : [刊寫地未詳] : [刊寫者未詳], 2004
형태사항	총 39권 19책 - 본집 31권 15책 : 四周雙邊 半郭 23.1×16.2㎝, 界線, 12行30字 註雙行, 上下向2 　葉花紋魚尾 ; 29.8×19.1㎝ - 속집 및 부록 8권 4책 : 27.2×18.5㎝
소장처	국립중앙도서관, 경상대, 계명대, 고려대, 부안교육문화회관, 전북대, 전주대

2. 정의

『후창집』은 본집 31권 15책, 속집 8권 4책, 합 39권 19책으로 구성된 김택술(金澤述, 1884-1954)의 시문집이다.

3. 저자사항

김택술의 자는 종현(鍾賢), 호는 후창(後滄) 또는 항재(恒齋), 본관은 부안(扶安)이다. 아버지는 벽봉(碧峰) 김낙진(金洛進)이며, 어머니는 전주최씨로 석홍(錫洪)의 딸이다. 1884년(고종21) 6월 6일에 정읍군 이평(梨坪)면 창동(滄東)리에서 4남 2녀 가운데 장남으로 태어났다. 15세에 성주(星州)이씨를 부인으로 맞았다. 17세에 부안 월명암(月明菴) 강회(講會)에서 간재(艮齋) 전우(田愚)로부터 격려를 받은 뒤, 그해에 천안 금곡(金谷)을 찾아가 간재 전우를 스승으로 모시는 예를 행했다. 이때 후창(後蒼)이라는 호를 받고, 창동처사(滄東處士)라 하였다. 23세에 최익현(崔益鉉)의 의병진중(義兵陣中)을 방문하여 스승 전우의 서한을 전달했으며, 32세에는 일제가 보낸 은사금(恩賜金)을 물리쳤다. 33세에 할머니와 어머니가 함께 세상을 떠나자 3년간 시묘(侍墓)를 해 포로고행(圃老高行)이라는 칭송을 받았다. 1919년 36세에 부안 월포(月浦)로 이거(移居)했다.

1924년에 동문인 오진영(吳震泳)이 스승 전우의 유지(遺旨)를 무시하고 총독의 허가를 얻어 문집을 발간하려 하자, 동지 59명과 함께 오진영을 성토하였다. 이 때문에 배일당(排日黨)으로 지목되어 전주 검사국에 여러 번 호출을 당했고, 일차 피랍되어 무수한 고문을 당하였다. 1925년에는 유학의 맥을 이어야 한다는 전우의 가르침에 따라 정읍 만종재(萬宗齋)에서 강학을 시작하였다. 이때 「강규(講規)」, 「교과규칙(敎課規則)」, 「시고규칙(試考規則)」 등을 지어 교육과정과 운영방법을 구체적으로 제시하였다.

1930년경 단발령(斷髮令)과 창씨개명령(創氏改名令)에 불응해 일제의 감시대상이 되었으며, 일제가 주는 배급은 받지 않고 솔잎과 감자로 연명하였다. 항상 복수설욕의 일념으로 왜적을 타도할 기회를 엿본다는 뜻을 담아 불망실(不忘室)을 건립해 일생의 고절(高節)을 수립하고 후학의 교육에 힘썼다. 1954년 2월 18일 71세의 나이로 생을 마쳤다. 전라북도 완주군 소양면 명덕리 산수동에 안장했다. 1964년 문인과 유림들이 그의 도덕을 기리기 위해 출생지인 전라북도 정읍시 이평면 창동리에 창동서원(滄東書院)을 건립하여 향사(享祀)하였고, 1975년 부안 계양사(繼陽祠)에도 배향되었다.

4. 구성 및 내용

『후창집』본집은 1955년 김택술의 아들 김형관(金炯觀)과 문인들이 편집해서 석판본(石版本)으로 간행하였다. 권두에 김노동(金魯東)의 서문이 있다고 전하나 현재 문집에는 수록되지 않았고, 발문 또한 없다. 목차는 권두에 총목(總目)이 있고, 권별마다 목록이 따로 있다. 본집 권1-12에 서(書) 536편, 권13-19에 잡저(雜著) 101편, 권20에 서(序) 42편, 권21에 기(記) 32편, 제발(題跋) 20편, 명(銘) 15편, 잠(箴) 8편, 찬(贊) 4편, 혼서(婚書) 5편, 자사(字辭) 24편, 애사(哀辭) 1편, 권22에 제문(祭文) 37편, 고축문(告祝文) 16편, 상량문(上樑文) 8편, 비문(碑文) 5편, 권23과 24에 묘갈명(墓碣銘) 30편, 묘지명(墓誌銘) 3편, 묘표(墓表) 28편, 권25에 행장(行狀) 19편, 가장(家狀) 4편, 전(傳) 11편, 권26-31에 시 1,331제(題), 부(賦) 2편, 사(辭) 1편이 수록되어 있다.

속집은 2004년 손자 김철중에 의해 간행되었다. 속집의 권수에는 김준영(金駿榮)이 계묘(1903) 4월에 본 문집의 저자 김택술에게 써주었던 「증김종현서(贈金鍾賢序)」를 서문으로 대신하였고, 그 뒤에 이를 서문으로 쓰게 된 연유를 저자의 아들 김형관이 발문으로 붙였으며, 별도로 『사백록(俟百錄)』과 『중동국통정변유무년표(中東國統正變有無年表)』를 편집하였다. 『사백록』에는 서문은 없고 저자의 아들 김형관의 발문은 있으나, 『중동국통정변유무년표』에는 저자의 서문은 있지만 발문은 없다. 권1-3에 서(書) 98편, 권4에 잡저(雜著) 23편, 권5에 서(序) 6편, 기(記) 12편, 발(跋) 8편, 명(銘) 2편, 잠(箴) 1편, 찬(贊) 1편, 혼서(昏書) 2편, 고축문(告祝文) 3편, 제문(祭文) 3편, 상량문(上樑文) 2편, 묘갈명(墓碣銘) 4편, 묘지명(墓誌銘) 1편, 묘표(墓表) 7편, 유사(遺事) 1편, 전(傳) 2편, 권6에 시 170제(題), 권7에 부록으로 연보

(年譜), 권8에 부록으로 연보, 가(歌), 상간재선생서(上艮齋先生書)가 수록되어 있다.

『후창집』의 대다수는 시, 서(書), 잡저가 주류를 이루고 있다. 시는 오언체·칠언체의 절구와 율시를 비롯하여 장편고체(長篇古體) 등 그 시형이 다양하다. 시의 내용은 도학(道學)을 지향하는 일제강점기의 유자(儒者)가 민족적 시각에서 시사(時事)와 역사적 인물에 대해 감회를 읊은 시, 당시의 부패한 현실과 민생의 고통에 대해 읊은 시, 생활 주변의 승경을 읊은 시, 영물시 등으로 나눌 수 있다. 서(書)에는 스승 전우(田愚)를 비롯해 사우(師友) 간에 주고받은 서찰이 많으며, 경학·성리학·예학 등에 관한 학문적인 논설이 주를 이루고 있다. 오진영과의 선사(先師)문집에 관련된 논쟁 또한 상당수를 차지하고 있다. 잡저는 김택술의 사상과 학문, 그리고 당시의 학규(學規) 등 다양한 학술을 살펴볼 수 있는 중요한 부분이다. 이밖에도『후창집』에는 기(記), 서(序), 발(跋), 묘갈(墓碣) 등 방대한 분량에 주제도 다양한 작품들이 수록되어 있다.

5. 주요 작품 및 문집의 특징

『후창집』 중에서 김택술의 사상과 학문을 이해하는 데에 중요한 잡저의 주요 작품을 살펴보면 다음과 같다. 먼저 본집 권13 잡저의 첫 번째 작품인 「주리주기대(主理主氣對)」는 스승 전우가 「주리주기문(主理主氣問)」을 짓자 이에 관한 대답 형식으로 쓴 것이다. 불씨(佛氏)의 주기(主氣)와 왕양명 등의 주리(主理)에 관해 논의했다. 「기질성문답(氣質性問答)」에서는 본연성(本然性)을 태양에 비유하고 기질성(氣質性)을 구름이나 기류에 따라 어둡거나 추워지는 것에 비유하여 기상(氣象)이 태양의 본체를 손상시킬 수 없듯이 본연성이 기질성에 불변하게 존재함을 강조했다. 이는 율곡의 성리학을 재천명하는 입장에서 쓴 것으로, 간재의 성존심비설(性尊心卑說)과 성사심제설(性師心弟說)을 계승하는 차원이라고 할 수 있다.

「편복설(蝙蝠說)」은 주관과 지조 없는 자들을 꾸짖는 내용으로서 시비의 정견(定見)이 없이 부화뇌동하는 유자(儒者)를 박쥐에 빗대어 질책하는 글이다. 「숙손통론(叔孫通論)」·「한문제불상두광국론(漢文帝不相竇廣國論)」·「한문제득옥배개원론(漢文帝得玉杯改元論)」·「등유기자론(鄧攸棄子論)」 등은 사론(史論)이며, 「직불의상금론(直不疑償金論)」·「매우산론(買牛山論)」·「부득죄어거실론(不得罪於巨室論)」 등은 경론(經論)으로 김택술의 역사에 대한 인식과 경학에 대한 조예를 천명한 글이다.

권 14-16의 주된 내용은 간재문집에 관한 논변으로서 오진영에 대한 통문(通文)과 변(辨)이 주를 이루고 있다. 「노화동이고(蘆華同異攷)」는 기정진(奇正鎭)과 이항로(李恒老)의 이기설(理氣說)에 담긴 유사점과 차이점을 명덕(明德)·도심(道心), 정기(精氣)·신심(神心) 및 인물성(人物性) 등으로 비교하여 분석하고 자신의 견해를 덧붙인 글이다. 권 17의 「금화집지록(金華執贄錄)」은 부친의 명을 따라 간재 전우를 스승으로 삼는 과정을 자세히 기록하여 스승을 찾아 입문하는 과정을 적고 있다. 「화도산량록(華島山樑錄)」은 1922년 7월 3일에 간재선생이 위급하다는 전보를 받고 계화도를 찾아가 그 이튿날 스승이 임종할 때부터 삼우(三虞)이후까지의 과정을 적고 있다. 권 18의 「독강목수록(讀綱目隨錄)」은 주자(朱子)가 지은 『통감절목(通鑑節目)』의 문제점을 정밀하게 검토한 글이다. 권 19의 「관조선사(觀朝鮮史)」는 1936년에 편찬된 김경중(金暻中)의 『조선사(朝鮮史)』를 읽고 자신의 견해를 225조항으로 기록한 역사비평문이다. 김택술은 이 글에서 '조선사(朝鮮史)'라는 명칭문제, 여말선초(麗末鮮初) 인물과 절의, 명나라 조정의 대조선 정책, 조선 군주의 처신, 위정자의 실정, 불교 및 사치풍조 등 다양한 방면에 걸쳐 춘추대의(春秋大義)에 입각하여 논평을 남겼다.

이어서 속집 권4의 잡저에 수록된 주요 작품을 살펴보면 다음과 같다. 먼저 「독어류의목(讀語類疑目)」은 『주자어류(朱子語類)』를 읽고 의문을 가진 여러 부분에 대해 자신의 견해를 밝힌 글이다. 「관첨족소간신보(觀僉族所刊新譜)」는 종친이 간행한 새 족보의 오류를 조목별로 논변한 것이다. 「관김대중여송영숙서(觀金大中與宋瑩叔書)」는 김대중이 송영숙에게 보낸 편지 가운데 스승 전우의 견해에 달리한 부분을 논변한 것이다. 「혐음변(嫌音辨)」은 집안의 재실 명칭인 사경(思敬)은 제사를 받들 때 경건히 할 것을 생각한다는 의미를 취한 것인데, 그 독음이 사경(死境)과 같아 시비가 있음으로 이에 대해 논변한 것이다. 「조서변(曹書辨)」은 조긍섭(曺兢燮)의 멸경패의(滅經悖義)에 대한 논변이다.

또한 「유설변(劉說辨)」은 조선 왕조가 망하게 된 원인은 사서삼경만 읽은 까닭이며, 500년 동안 유지해 온 것은 『대전통편(大典通編)』 때문이라고 한 유원표(劉元杓)의 말을 반박한 글이다. 이 글에서 김택술은 사서삼경 중 치정(治政)의 대요(大要)를 열거하면서 『대전통편』은 다만 사서삼경의 지류에 불과하다고 주장하였다. 그리고 청나라 양계초(梁啓超)가 저술한 『음빙실(飮氷室)』이 나라를 다스리는 방책의 요람이라고 하지만, 그 역시 사서삼경에서 나온 것이라고 주장하였다. 「호남학보변(湖南學報辨)」은 호남학보에 성리학의 망국론과 한학(漢學)의 폐단을 지적하고 신학(新學)을 장려하는 글이 게재되자 이에 대해 논변한 것이다. 「창동문답(滄東問答)」은 어느 과객과 나눈 문답을 기록한 것으로서 동서고금의 역사와 정치 제도를 논한 글이다. 「금백의설(禁白衣說)」은 백의민족의 유래와 그 보존의 정당성을 천명한 것으로, 춘추대의(春秋大義)에 입각할 때 백의를 고수하는 것은 곧 선왕의 대의(大義)를 고수함이라는 논지를 펼쳤다. 「조변(條辨)」과 「정인현답김종연서변(鄭寅鉉答金鍾淵書辨)」은 오진영의 무사개고(誣師改稿)에 대해 비판적으로 논변한 것이다.

이처럼 김택술은 일제강점기를 살았던 도학자(道學者)로서 그의 학문적 관심은 경학(經

學)·예학(禮學)·사학(史學)에 걸쳐 폭넓게 전개되었다. 그는 역사의 의리적 문제와 전통 풍속의 쇠퇴에 깊은 고뇌를 드러내었으며, 교육을 통해 도학을 계승하여 전통을 지키려는 집념을 가지고 있었다. 따라서 『후창집』은 전근대와 근현대를 지냈던 한 전통유학자의 현실 인식과 역사 인식을 살펴보는 데에 중요한 의미를 가진다.

6. 참고문헌

금장태·고광식 공저, 『續儒學近百年』, 여강출판사, 1989.

신동호, 『후창집』, 『한국민족문화대백과사전』, 1996.

박완식, 『전북 선현 문집 해제 (Ⅰ)』, 민족문화추진회 부설 국역연수원 전주분원, 2003.

정훈·손앵화·조수익, 『전북 선현 문집 해제 (XI)』, 호남고전문화연구원, 2013.

後滄先生文集 一

後滄先生文集卷之一

書

後滄先生文集卷之十二

書

上再從祖
丙寅

上河東族叔洛龜
乙亥

乙未陽復頃安東人金普東書

〈호남-13〉 **남죽유고** 南竹遺稿

1. 형태서지

표제/권수제	남죽유고(南竹遺稿)
편저자	박경진(朴璟鎭) 著
판사항	석판본
발행사항	[刊寫地未詳] : [刊寫者未詳], 1970
형태사항	총 3권 2책 四周雙邊, 半廓 21.7×15.8㎝, 有界, 12行26字, 注雙行, 內向二葉花紋魚尾 ; 27.9×19.8㎝
소장처	국립중앙도서관, 경희대, 고려대, 단국대 퇴계기념도서관, 영남대, 전남대, 전주대, 조선대

2. 정의

『남죽유고』는 박경진(朴璟鎭, 1884-1956)의 시와 산문 등이 수록된 문집으로, 뒷부분에 교유 문인들에게 받은 시와 편지 등을 모은『남죽종유시독(南竹從遊詩牘)』이 합부(合附)되어 있다.

3. 저자사항

박경진의 자는 사일(士一)이고, 호는 남죽(南竹)이다. 본관은 진원(珍原)이다. 고조부는 지평(持平)을 지낸 양동(陽洞) 박찬영(朴燦瑛)이고, 증조부는 파호(琶湖) 박윤빈(朴允彬), 조부는 지옹(芝翁) 박서현(朴瑞炫), 부친은 학계(鶴溪) 박중언(朴重彦)이며, 모친은 고령 신씨(高靈申氏) 신우모(申禹模)의 따님이다. 여산 송씨(礪山宋氏) 송두섭(宋斗爕)의 따님과 혼인하였다. 1884년(고종21) 8월 7일에 태어나 1956년 11월 25일에 향년 73세의 나이로 세상을 떠났다. 3남 1녀를 두었는데, 아들은 박태삼(朴泰三), 박태수(朴泰秀), 박태호(朴泰鎬)이고, 딸은 류대석(柳大錫)에게 시집갔다. 저서에『남죽유고』가 있다.

어려서부터 재주와 총명함을 겸비하였으나 집안이 가난하여 종이와 붓을 마련할 수 없자, 허공에 손가락으로 글씨를 쓰며 글자를 익혔다. 효성이 지극하여 부모가 살아 계실 때에는 봉양을 잘하였고, 부모의 상(喪)을 당하여서는 장례에 진심을 다하였다. 집안 대대로 전해온 유문(遺文)을 간행하는 데 힘을 다하였고, 송사(松沙) 기우만(奇宇萬), 단운(丹雲) 민병승(閔丙承), 석농(石農) 오진영(吳震泳), 회봉(晦峰) 안규용(安圭容), 극재(克齋) 송병관(宋炳瓘), 동강(東江) 김영한(金寧漢) 등 경향(京鄕)의 인사(人士)들을 찾아가 교류하고 글을 청탁하였다.

일제강점기에 새로운 문화가 유입되고 습속이 변하자, 유가(儒家)의 전통이 점차 사라지고 세도(世道)와 사문(斯文)이 나날이 무너지는 것을 안타까워하였다. 단발령이 시행되었으나 끝까지 의리와 지조를 지켰으며, 사우(士友)들과 계를 이루어 모여서 강학하는 데 힘썼다. 만년에는 더욱 학문에 정진하여 성리학에 전념하였다. 문장은 정교하고 아름답기보다는 천진하고 순박하다는 평이 있고, 시우(詩友)들과 함께 자연을 거닐며 시를 읊는 것을 즐겼다. 자주 어울렸던 시우로는 보성(寶城) 지역에서 시명(詩名)이 높았던 소파(小波) 송명회(宋明會)와 고흥(高興) 지역에서 남계회(南溪會)라는 시회(詩會) 활동을 하였던 봉산(鳳山) 김상천(金相千), 춘정(春汀) 류성(柳晟) 등이 있다.

4. 구성 및 내용

박경진의 문집은 총 3권이고, 박경진이 교유하였던 문인들에게 받은 시와 편지 등을 모은 『남죽종유시독(南竹從遊詩牘)』과 함께 1970년에 석판본으로 간행되었다. 현재 국립중앙도서관, 경희대학교 도서관, 고려대학교 도서관, 영남대학교 도서관, 전남대학교 도서관, 조선대학교 도서관 등에 소장되어 있다. 1995년에 경인문화사에서 영인본으로도 출간하였다.

권두에는 1958년에 송형주(宋衡柱)가 지은 서문이, 권미에는 1968년에 안종선(安鍾宣)이 지은 발문이 수록되어 있어서 『남죽유고』의 간행 경위 및 수록 작품에 대한 간략한 정보를 알 수 있다.

권1에는 230여 제의 시(詩)가 수록되어 있다. 창작 시기와 상관없이 오언절구(五言絕句), 오언율시(五言律詩), 칠언절구(七言絕句), 칠언율시(七言律詩)의 순서로 편차되어 있으며, 이 중에 절반이 넘는 140여 제의 시가 칠언율시이다. 먼저 당대의 암울한 현실을 반영한 시로 「술회(述懷)」·「탄세(歎世)」·「회고(懷古)」 등이 있는데, 대체로 이국(異國)의 문화로 인하여 하루가 다르게 변해가는 세상을 보며 옛날의 성대하였던 시절을 그리워하는 내용이다. 「을유칠월칠일문광복지희(乙酉七月七日聞光復志喜)」는 36년간의 치욕스러운 식민 통치 시기를 견뎌내고 광복을 맞이한 기쁜 심정을 노래한 시이다. 이외에 「우성(偶成)」·「춘일우성(春日偶成)」·「추성(秋聲)」과 같이 자연 경물 및 계절에 흥기되어 지은 시도 있고, 「영백로(詠白鷺)」와 「백구(白鷗)」와 같은 영물시(詠物詩)도 있다.

박경진은 보성 지역의 소파 송명회와 고흥 지역의 봉산 김싱천, 춘정 류성 등 전라남도 지역의 문인들과 교류하였다. 「동송소파숙송군정사(同宋小波宿宋君精舍)」·「동소파방송군어영효재(同小波訪宋君於永孝齋)」·「동소파방신원명(同小波訪申元明)」·「동춘정봉산숙남강서실(同春汀鳳山宿南岡書室)」·「동춘정봉산방장군(同春汀鳳山訪張君)」·「여봉산유수도암(與鳳山

遊修道菴)」 등의 시에서 알 수 있듯이 시우(詩友)들과 함께 호남 지역의 명승이나 지인들을 방문하면서 시를 짓기도 하였다. 「소파급신서강내방(小波及申西岡來訪)」·「단양소파봉산내방(端陽小波鳳山來訪)」·「여수객관희봉산내방(麗水客舘喜鳳山來訪)」 등과 같이 시우들이 찾아온 경우와 「하구정방소파(何求亭訪小波)」·「원모재춘정봉산이남계견방(遠慕齋春汀鳳山李南溪見訪)」·「구룡약헌방혜전춘정(九龍藥軒訪蕙田春汀)」 등과 같이 시우들을 찾아간 경우에도 함께 시를 지어 남겼다.

권2에는 서(書) 50여 편, 잡저(雜著) 9편, 서(序) 8편, 기(記) 9편, 발(跋) 6편, 송(頌) 2편, 표(表) 1편, 상량문(上樑文) 1편, 제문(祭文) 4편, 묘표(墓表) 1편, 행장(行狀) 10편, 전(傳) 2편이 수록되어 있다.

편지는 『진원박씨세고(珍原朴氏世稿)』의 간행 과정에서 인연을 맺은 경향(京鄕)의 여러 인사들과 고흥을 중심으로 한 호남 지역의 문인들에게 보낸 것이다. 「상오석농(上吳石農)」에서는 성리학 및 예학(禮學)에 관한 지식을 살필 수 있고, 「답송극재(答宋克齋)」·「여김동강(與金東江)」 등의 별지에서도 상례(喪禮)와 제례(祭禮)에 관하여 논한 것을 볼 수 있다. 「답류춘정(答柳春汀)」·「답김봉환(答金鳳煥)」·「답나창홍(答羅昌洪)」과 같은 편지에서는 박경진의 시인이자 풍류인으로서의 면모를 확인할 수 있다.

잡저 가운데 「병정록(丙丁錄)」은 병자년(1936)부터 정축년(1937)에 이르기까지의 『진원박씨세고』의 간행 경위에 대해 상세하게 서술한 것으로, 이 과정에서 기우만, 민병승, 오진영, 안규용, 송병관, 김영한 등의 대가(大家)들을 찾아가 글을 청탁하는 등의 교류를 확인할 수 있다. 「이우첩서(移寓帖敍)」와 「이우표(移寓表)」는 1942년에 박경진이 고흥의 학림리(鶴林里)에서 마륜리(馬輪里)로 집을 옮긴 것과 관련된 글이다. 참고로 『남죽종유시독』에 지인들이 박경진에게 지어준 「반이시증별시(搬移時贈別詩)」 32수가 수록되어 있다.

권3은 부록으로, 박경진에 관한 글들을 모은 것이다. 송형주(宋衡柱)가 지은 행장, 권용현(權龍鉉)이 지은 묘갈명, 송재직(宋在直)이 지은 묘표, 신정우(申正雨)가 지은 것을 포함한 116편의 만장(挽章), 류성(柳晟)이 지은 것을 포함한 21편의 제문이 실려 있다.

5. 주요 작품 및 문집의 특징

박경진은 전라남도 고흥 일대에서 활동하였던 문인으로, 고흥 지역의 남계회라는 시회의 시인들과 친분이 있었고, 시명(詩名)이 높았던 송명회 등과도 교류하였다. 송명회·김상천·류성을 비롯하여 혜전(蕙田) 백낙일(白樂佾)·회산(晦山) 송헌섭(宋憲燮)·남파(南坡) 박형득(朴炯得) 등이 주로 함께 유람하거나 내왕하였던 시인들이다. 문집의 권1의 230여 제의 시가운데 단오(端午)에 송명회와 김상천이 찾아왔을 때 지은 「단양소파봉산내방(端陽小波鳳山來訪)」, 류성과 김상천과 함께 남강서실에서 묵을 적에 지은 「동춘정봉산숙남강서실(同春汀鳳山宿南岡書室)」, 하구정에서 송명회를 방문하고서 지은 「하구정방소파(何求亭訪小波)」, 학명재에서 백낙일과 송헌섭을 기다리며 지은 「학명재대혜전회산(鶴鳴齋待蕙田晦山)」, 송헌섭과 함께 박형득을 방문하고서 지은 「여회산방남파(與晦山訪南坡)」(이상 권1) 등 호남의 시인들과 함께 유람하거나 내왕하면서 지은 시가 상당수를 차지한다. 류성과 김상천에게 답한 편지인 「답류춘정(答柳春汀)」·「답김봉환(答金鳳煥)」(이상 권2)에서도 빨리 만나서 시를 지으며 함께 유람하고 싶어하는 마음을 확인할 수 있다.

한편 박경진은 문집이 있는 고조부 박찬영을 제외하고서 현조부 간재(艮齋) 박희석(朴禧錫)으로부터 증조부 박윤빈, 조부 박서현, 부친 박중언에 이르기까지 4대의 시고(詩稿)를 합하여 1책으로 만들고 『진원박씨세고』라고 이름을 붙였다. 1914년에 기우만에게 교정을 청하고서 바로 간행하고자 하였으나 시절이 좋지 못하여 나중을 기약하였다. 이후 1936년 병자년에 다시 간행하기를 도모하고서는 이듬해인 정축년에 이르기까지 서울의 김영한, 민병승, 진천(鎮川)의 오진영, 대전(大田)의 송병관, 전주(全州)의 최병심(崔秉心), 정읍(井邑)의 권순명(權純命), 고창(高敞)의 류영선(柳永善), 보성(寶城)의 안규용 등을 차례로 방문하며 각종 서문, 발문, 기문, 묘표 등의 글을 청탁하였다. 이에 관한 상세한 내용은 「병정록(丙丁錄)」(권2)에 보인다.

박경진은 1942년에 후손들을 위하여 점을 쳐서 고흥 학림리에서 마륜리로 거주지를 옮겼는데, 「이우표(移寓表)」는 집을 옮기며 후손들에게 대대로 복이 있게 해달라고 바라는 내용을 담고 있다. 「이우첩서(移寓帖敍)」(이상 권2)에는 점을 쳐서 집을 옮기는 과정이 기록되어 있을 뿐만 아니라 수많은 지인들이 찾아와 송별회를 열고 증별시를 지어준 것에 대한 감회도 서술되어 있다.

만년에는 학문에 정진하여 성리학에 전념하였는데, 「상오석농(上吳石農)」에서 성(性)이 스승이고 심(心)이 제자라는 주장에 반박하는 내용을 확인할 수 있다. 아울러 덧붙여진 문목(問目)에서 상례에 관한 내용을 볼 수 있고, 「답송극재(答宋克齋)」와 「여김동강(與金東江)」 등의 별지에서도 발인(發靷)할 때의 영구(靈柩)의 방향, 부재모상(父在母喪) 및 부상중모상(父喪中母喪)을 당하였을 때의 복식, 기제(忌祭) 등 상례(喪禮)와 제례(祭禮)에 관한 논의를 볼 수 있다.

6. 참고문헌

박경진(朴璟鎮), 『남죽유고(南竹遺稿)』

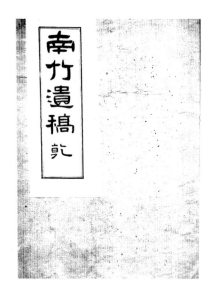

南竹遺稿 乾

南竹遺稿序

嗚呼昔日文學隆興之世世之文人詩士率皆如丹穴之鳴鳳無非靈瑞也玄圃之積玉無非夜光也故人不知爲可貴也及渉叅相幻文學垂範之日若有其人則是鷄中噦噦之鳳瓦礫間璨璨之玉誰不稱且貴哉此南竹朴公之詩與文可庶幾焉以珍原大家其先世世文行溢遠遺文不下於陸務觀呂伯恭兩家之八代文獻也公自省事以來特誠於爲先楡風沐雨遠從京鄕立言大家闡發幽德令遺文而棄槊永圖不朽於孚偉弐公秉忠學惲帶風流弘長而才氣豪邁讀書効力將大有爲焉而早失所怙其御家處世之事已大小通常變無一之不由於已因此所魔工有作投状畢生興於詩游於藝身老空山名播一世一世之善士莫不爲可書及詩識亦博文詞騰富有時孚言志吐辭與師友徃復及應人之求者合

繼家聲且光世之遺文也狀德也又得立言家大筆莫不擧揚而發揮又惟及於所生先祖琴湖公使累百年幽潛之讀昭垂無窮偉歟盛哉此可與往哲之出扶世道而昭曜千古者雖有顯微淺深之不同然其賢懷之磊落規模之遠大燕或無愧矣執不曰有是祖有是孫而在泰俊則尤不勝感泣之至也

戊寅三月十二日

南竹遺稿卷之一

詩 五言絶句

自警二首

行高眞碩士言重昊男欲識爲人道傾心學晦菴
五十始知非林泉箕遯兒孫時課業自此出門稀
敬次金塔寺四韻會遊韻 壬申
講道如前日吾生際不辰可憐山水色無負古今人
謹次道統利韻 林寒川安嶼輔子
大哉天縱聖遺澤古今存道脉雨賢在千秋所共尊
述懷
一朝天地覆血淡不禁流豈意山河異傷心似楚囚
謹次宋克齋嫡難贈韻

南竹從遊詩牘 終

〈호남-14〉 **성당사고** 誠堂私稿

1. 형태서지

표제/권수제	성당사고(誠堂私稿)
편저자	박인규(朴仁圭) 著
판사항	석판본
발행사항	全州 : 三省印刷社, 1977
형태사항	총 12권 6책 : 목록 1책, 본집 12권 5책 四周雙邊 半郭 23.3×15.5cm, 界線, 12行22字 註雙行, 內向2葉花紋魚尾 ; 28.2×18.5cm
소장처	국립중앙도서관, 안동대, 원광대, 전주대

2. 정의

『성당사고』는 12권 6책으로 구성된 박인규(朴仁圭, 1909-1976)의 시문집이다.

3. 저자사항

박인규의 자는 사안(士安), 호는 성당(誠堂), 본관은 밀성(密城)이다. 아버지는 박시환(朴時煥)이고 어머니는 남평 문씨 문대진(文大振)의 딸이다. 1909년 정읍 흑암리(黑巖里)에서 태어났다. 우당(尤堂) 김용승(金容承)에게 수학하다가 선생이 세상을 떠나자 간재(艮齋) 전우(田愚)의 학통을 이은 흠재(欽齋) 최병심(崔秉心, 1889-1597)의 문인이 되었다. 전우의 제자 중에서도 중요한 세 제자를 특별히 '호남 삼재(三齋)'라고 하는데, 바로 흠재 최병심, 고재(顧齋) 이병은(李炳殷), 유재(裕齋) 송기면(宋基冕)이다.

박인규는 스승 최병심을 가까이에서 모시기 위해 정읍에서 나와 전주 옥류동에 구강재(龜岡齋)를 지었다. 최병심이 떠난 후에는 정읍에 있는 자신의 집을 뜯어와 스승의 집 근처에 집을 짓고, 구강재에서 재물이 아닌 학문에 뜻이 있는 자들만 가르쳤다. 이후 그곳에서 강학과 교육에 힘을 쏟아 전주유도회장을 역임하였으며, 1976년 68세의 나이로 구강재에서 세상을 떠나 금구(金溝) 승방산(僧方山)에 안장되었다.

4. 구성 및 내용

『성당사고』는 서문과 발문이 없으며 바로 총목과 목록이 실려 있다. 권수(卷首)에 「상정부(上政府)」가 실려 있는데, 이는 정부에 올린 건의서의 성격을 띤 글이다. 권1은 시 104여 제

(題)가 유형별로 분류되어 있다. 권2에는 서간문 75편, 권3에는 서간문 111편이 수록되어있다. 권4의 잡저(雜著)는 박인규가 일생동안 가장 관심을 기울인 논저로서 51편의 작품이 수록되어 있다. 권5에는 서(序) 18편, 기(記) 19편, 발(跋) 7편, 명(銘) 1편, 자사(字辭) 1편, 혼서(婚書) 2편, 상량문(上樑文) 1편, 고축(告祝) 3편, 제문(祭文) 4편이 있다. 권6은 신도비명(神道碑銘) 1편, 비(碑) 8편, 묘갈명(墓碣銘) 34편이 있고, 권7에는 묘갈명 6편, 묘표(墓表) 22편, 행장 5편, 전(傳) 4편이 있다.

권8은 「사례촬요도(四禮撮要圖)」와 「사례촬요(四禮撮要) 일(一)」, 권9는 「사례촬요(四禮撮要) 이(二)」와 「사례촬요발(四禮撮要跋)」 두 편인데, 전체가 예학(禮學)에 관한 설로서 관혼상제에 대한 정리이다. 권10의 「증민제요(拯民提要) 일(一)」, 권11의 「증민제요(拯民提要) 이(二)」와 「증민제요발(拯民提要跋)」은 사회개혁제도에 대해 언급한 것인데, 크게 사회제도와 교육정책으로 나누어 볼 수 있다. 권12는 「작문궤범(作文軌範)」으로서 한문학의 문장 작법의 준칙과 전범을 적어놓은 글이다. 구체적으로는 자법부(字法部), 구법부(句法部), 편법부(篇法部)로 구성되어 있다.

한편, 본집 이외에 『성당별집(誠堂別集)』 불분권 1책이 전한다. 별집 1책은 별집, 부록 상, 부록 하로 되어있다. 별집에는 서 17편, 잡저 3편, 고축 1편이 있다. 부록 상에는 사문유묵(師門遺墨) 5편, 유림제공유독(儒林諸公遺牘) 7편, 상량문 1편, 기 4편, 시 66편이 있다. 부록 하에는 송준호(宋俊浩) 교수가 지은 행장, 류제식(柳濟寔) 교수가 지은 묘갈명이 있으며, 그 외에 제문 4편, 만사 8편, 빈붕록(賓朋錄), 이문록(以文錄) 등이 있다. 끝에 저자의 유필(遺筆)과 이강오(李康五) 교수가 지은 발문이 있다.

5. 주요 작품 및 문집의 특징

권수에 실린 「상정부」는 1960년 10월 3일 정부에 올린 건의서이다. 이를 조선시대 상소문에 해당하는 것으로 간주하여 편수에 실은 것이다. 다만 조선시대가 아니라서 소(疏)로 쓸 수 없었고, 사적인 편지인 서(書)와 구분하여 권의 맨 처음에 실은 것이다. 그 내용을 살펴보면, 1960년에 일본 정부는 우리나라와의 통상조약 체결을 위해 일본 외상 고사카 젠타로(小坂善太郎)가 대표부 설치를 건의했다. 그러자 전주지역 유림에서 박인규를 대표로 하여 지난날 일본 정부의 만행을 지적하고 앞날의 경제적 지배를 우려하는 내용을 쓴 것이다. 당시 정부는 이에 대해 국무총리 장면이 본인의 이름으로 답서를 보내왔는데, 이를 「상정부」의 뒤에 수록하였다.

시는 시체(詩體)별로 구분하여 수록했는데, 오언 고시 3수인 「증송군준호겸시옥류제생(贈

宋君俊浩兼示玉流諸生)」,「증권생효식(贈權生孝植)」,「봉정춘파(奉呈春坡)」는 모두 성리학에 관한 내용을 담고 있다. 반면에 오언절구는 서경시(敍景詩)가 주류를 이루고 있으며, 칠언절 구는 다양한 소재와 내용으로 구성되어 있다. 그중에서「한일비준서가 교환되던 날, 3수의 절구를 읊어 류제우 교수에게 보이다.[批準書交換日, 吟成三絕, 寄示柳敎授濟宇]」는 1965년 한 일간에 체결한 비준서가 을사보호조약의 재현이자 연장이라는 인식을 담고 있다. 또한「갑 인년(1974) 6월 28일, 흑암 노구동을 찾아 선고의 묘소를 참배하고 옛집을 찾아드니, 모든 아들과 며느리들은 다 서울로 떠나버렸다. 이 때문에 덩그렇게 텅 빈 집의 뜰에 난초만이 흐 드러지게 피어 있었다. 불현듯 옛일이 생각나 절구 3수를 읊어본다.[歲甲寅六月二十八日, 到黑岩魯邱洞, 拜省先考墓, 卽入故家, 子子婦婦, 皆在京國, 敎蕭然一屋子, 而庭蘭爛發却憶 前日事 聊吟三絕]」는 자손들이 모두 도시를 찾아 떠난 뒤에 혼자 남은 박인규가 가문의 전통 과 유학의 쇠락을 느끼는 위기의식이 담겨 있다.

권2와 권3에 수록된 서간문은 주로 스승인 최병심과 동문, 그리고 지기나 문생들과 주고 받은 것으로서 경학(經學)과 성리설(性理說), 예학(禮學)과 권계(勸戒) 등 폭넓은 내용들이 수록되어 있다. 권4의 잡저 중에서「쇄언(瑣言)」은 경학에 관한 수록(隨錄)을 위주로 하여 신변잡기사와 예학에 관한 내용 등을 기록하고 있다.「한계문답(漢溪問答)」은 여러 제자와 의 성리학에 관한 문답인데, 모두 간재 전우의 성리학을 기조로 설명하고 있다.「인물성설 (人物性說)」,「성위심주설(性爲心主說)」,「성체심용설(性體心用說)」에는 성리학에 대한 언급 이 더욱 자세하게 담겨 있다.「유교확위종교(儒敎確爲宗敎)」는 유교 역시 종교의 개념으로 신을 섬긴다는 점을 들어 예수교와 같은 종교임을 역설하였다.「존오국보오민(尊吾國保吾 民)」은 경술국치를 겪은 뒤 60년이 지난 경술년에 즈음하여 국민의 각성을 촉구하고 그 방 법을 서술하였다.

「을해중추일록(乙亥仲秋日錄)」은 서울 자하동으로 우당(尤堂) 김선생을 탐방한 기록이다. 「무자중추일록(戊子仲秋日錄)」은 1948년 봄 향교의 석전대제 3일 후에 쓴 것으로, 1939년 고부향교(古阜鄕校)의 가을 석전대제에서 겪었던 일을 회상하는 내용이 담겨 있다. 이 글에 서 박인규는 자신이 1939년 가을 고부향교에서 열린 석전대제 때 봉독관으로 초청을 받았는 데, 당시 만세삼창과 황국신민서사(皇國臣民誓詞)를 읽어야 했지만 기어이 거부했고, 이로 인해 일본 경찰에게 수차례 괴롭힘을 당했던 사실을 기록했다. 박인규는 당시 만세삼창을 하지 않은 이유에 대해 우리의 임금을 잊을 수 없다는 것, 우리나라를 저버릴 수 없다는 것, 춘추의 대의를 밝히지 않을 수 없었다는 것을 들었다. 이는 일제강점기에 일본의 참화가 석 전대제에까지 미쳤던 실상을 잘 보여준다.「신묘중하일록(辛卯仲夏日錄)」은 옥류동으로 스 승인 최병심을 찾아가 한문 문장의 작문법에 대해 문답한 내용을 적고 있다.「옥산집촉록(玉

山執燭錄)」은 최병심이 세상을 떠나기 나흘 전에 자신의 문집에 대해 남긴 유언을 적고 있다. 「남양사봉안일록(南陽祠奉安日錄)」은 1963년 4월 13일, 남양사에 고재 이병은을 봉안한 기록이다. 「유도유흥사실록(儒道維興事實錄)」은 자신이 노구를 이끌고 유학을 부흥시키고자 전주향교에서 강학회를 주도한 사실을 적고 있다. 「한전사실추록(韓田事實追錄)」은 일제가 스승인 최병심의 한벽루 주변 토지를 강탈하고자 잠업소 설치를 명분으로 토지수용령을 내렸는데, 이 과정에서 최병심이 겪었던 고초와 당시의 상황을 자세히 적고 있다. 「현암촌약(玄巖村約)」은 자신의 고향에 효도와 우애가 점차 쇠퇴함을 안타까워하여 효우(孝友)의 실천을 주도하고자 지은 동약(洞約)이다.

「자경(自警)」에서는 "마음이 이치와 합하면 성인이다. 일시적으로 이치와 합하면 일시의 성인이요, 말마다 일마다 모두 이치에 합하면 이는 전체의 성인이다. 인규여! 이 점을 힘쓸지어다. 내 일찍이 증험해보니, 희로애락 가운데 성내는 마음이 가장 쉽게 발생하여 중도를 지나치곤 한다. 이 성내는 마음을 제재하지 않으면 안 된다. 이를 제재할 수 있는 것은 무엇일까? 마음이다. 마음이여! 이를 제재해다오."라고 하였다. 「자계(自戒)」에서는 "고요할 땐 잡념을 일으키지 말고 담담하게 마음을 비우고 고요하여 항상 잠 깨어 혼미하지 말라. 움직일 땐 어느 일이든 전일한 마음으로 하여 두 갈래 세 갈래 마음 없이 조그마한 잘못도 없도록 하라."라고 하였다. 이 두 글은 박인규가 지향한 선비의 삶과 정신을 잘 보여준다.

한편, 권10과 권11은 사회개혁제도에 대해 언급한 것으로서 박인규가 생각하는 경국제세의 구상안이 담겨 있다. 이는 크게 사회제도와 교육정책으로 나뉘는데, 먼저 사회제도는 농경사회의 전통적인 전제(田制)를 주로 다루고 있으며, 교육제도 역시 봉건적 형태에서 벗어나지 못하고 있다. 그러나 전통적인 유학의 경세관이 현대 산업사회 속에서 어떤 대처 방안을 내세웠는지를 구체적으로 살펴볼 수 있는 자료이다. 권12의 「작문궤범(作文軌範)」은 훌륭한 문학 없이는 성현의 도덕을 밝힐 수 없다는 재도지기(載道之器)의 문학관을 바탕으로 하고 있다. 이를 통해 고문(古文)의 문법을 논함에 일정한 준칙이 없음을 개탄하며 『문전유취(文筌類聚)』를 주 대본으로 하여 경사자집(經史子集)을 참작하여 편집한 내용을 담고 있다. 그리고 끝에는 작문에 대한 문답을 부록으로 첨부하여 작문에 대한 자신의 견해를 밝혔다.

이처럼 『성당사고』는 일제강점기와 근현대시대에 전주지역에서 주로 활동한 박인규의 사상적 면모와 현실인식을 구체적으로 살펴볼 수 있다는 점에서 가치가 크다. 박인규는 일제의 압제에 저항하며 성리학을 고수하면서 동시에 근대사회에 적응하는 방책을 제시하고자 노력하였다. 그 과정에서 예학의 재정비와 아울러 일종의 사회개혁제도를 추구하였는데, 그 근간은 모두 동도서기설(東道西器說)을 기반으로 하였다.

6. 참고문헌

박완식, 『전북 선현 문집 해제 (Ⅰ)』, 민족문화추진회 부설 국역연수원 전주분원, 2003.

이종근, 「정읍 선비 성당(誠堂) 박인규(朴仁圭)와 전주 구강재(龜岡齋)」, 『정읍학』5, 정읍
학연구회, 2018.

誠堂私稿卷首

書

上政府

檀紀四千二百九十三年十月三日湖南全州儒林代表
朴仁圭謹再拜上書于政府諸大位閤下伏以國之爲國
以其有春秋也春秋之義宣可一日而不講乎吾韓不可
貳也日本之所爲不可忘也昔在壬辰日本火我文廟
夷我二陵覆我三都蹂我八路此非通商之事容其百端
予高宗丙子又與日本結通商條約何幾何機詐百
出內脅外欺馬關獨立之誓保護愛而爲吞併
變而爲保護保護愛而爲吞併或岳併而
無吾韓於世界此亦非通商之事爲其亡國之本予鳴呼

誠堂私稿卷之一

詩 五言古詩

贈宋君俊浩兼示玉流諸生

尊性固由心 稊性亦由心 尊性與稊性 俱出乎其心 戒懼
入聖機効 縱爲愚心而不尊性百邪日相隨貪味厥作疾好
者不尊性矣爲心而不尊性百邪日相隨貪味厥作疾好
色其家毀人見其末流謂性不善矣操則存捨則凶萬古
治心之法請君治心分宜入于聖域

贈權生孝植 丙十

浮雲雖蔽月月光雲開出氣欲雖蔽四端時或出四端
之或出譬如雲開月由此擴充去物欲自消釋物欲旣消
釋五性亦可復顧君不自棄日夜須努力

十日每棄後學而仲允鍾澤甫懼先生之文之或泯沒故
謀諸門人卽付鋟梓閱歲積月而功告訖囑不佞以跋其
尾余雖不文義難固辭謹書如右此集乃先生所手校者
也故稱以私稿云爾

隆熙紀元七十三年丁巳六月下澣門人全州李康五謹
跋

〈호남-15〉 **민재유고** 敏齋遺稿

1. 형태서지

표제/권수제	민재유고(敏齋遺稿)
편저자	박임상(朴琳相) 著
판사항	석판본/영인본
발행사항	務安 : [刊寫者未詳], 1945/2001년 중간
형태사항	총 8권 4책 四周雙邊 半郭 23.1×15.0㎝, 界線, 11行24字 註雙行, 上下向2葉花紋魚尾 ; 29.0×18.2㎝
소장처	국립중앙도서관, 경상대, 계명대, 전남대

2. 정의

『민재유고』는 박임상(朴琳相, 1864-1944)의 시와 산문 등이 수록된 문집으로, 총 8권 4책이다.

3. 저자사항

박임상의 자는 유옥(孺玉)이고, 호는 민재(敏齋)이다. 본관은 무안(務安)이다. 부친은 북암(北巖) 박기준(朴淇準)이고 모친은 김해 김씨(金海金氏) 김제헌(金濟憲)의 따님이다. 부인은 하동 정씨(河東鄭氏) 정무현(鄭武鉉)의 따님과 혼인하였다. 1864년(고종1) 3월 29일 무안군에서 태어나 1944년 11월 10일에 향년 80세의 나이로 세상을 떠났다. 1남 1녀의 자녀를 두었는데, 아들은 박현풍(朴炫豊)이고, 딸은 기우흥(奇宇興)에게 시집갔다. 저서로는『민재유고』가 있다.

어렸을 때에는 족숙(族叔)인 죽포(竹圃) 박기종(朴淇鐘)에게 공부를 배우기 시작하였고, 1881년(고종18)에 중암(重菴) 김평묵(金平黙)을 찾아가 제자로서 학문을 익혔다. 이윽고 면암(勉菴) 최익현(崔益鉉)과 송사(松沙) 기우만(奇宇萬)을 차례로 알현하고 학문을 질정하였다. 최익현이 '민재(敏齋)'라는 호를 지어주고, 기우만이 「민재기(敏齋記)」를 지어준 것을 보면, 두 선생에게 총애를 받았던 것을 알 수 있다. 이후 1895년(고종32) 을미사변 때 기우만이 의병을 일으키자 참여하였고, 1905년(광무9) 을사조약에 항거하기 위하여 최익현이 일으킨 의병에도 참여하였다. 1910년(융희 4) 경술년에 국권을 상실하게 되자, 하염없이 눈물만 흘리면서 두문불출하였다.

이후로는 다수의 계(契)를 조직하여 문인들과 강론을 하거나 후학 양성에 힘을 쏟았다. 만년에 평천정사(平川精舍)를 지어 이곳에서 지내다가 생을 마감하였다. 죽음을 앞두고 "최익현과 기우만 두 선생을 위하여 사당을 세우고 석전제(釋奠祭)를 지내고자 하였으나 결국 하지 못하였다."라는 말을 남겼는데, 이에 자제들이 힘을 모아 평산사(平山祠)를 건립하고 두 선생을 배향하였다. 박임상 또한 평산사에 추배(追配)되었다.

4. 구성 및 내용

박임상의 문집은 1945년에 8권 4책의 석판본으로 간행되었고, 이후 2001년에 부록을 추가하여 영인본으로 중간(重刊)되었다. 국립중앙도서관, 전남대학교 도서관, 경상대학교 도서관, 계명대학교 도서관 등에 소장되어 있다.

권1에는 시(詩) 130제(題)가 수록되어 있는데, 다양한 소재의 시가 시기와 상관없이 수록되어 있다. 「우국(憂國)」·「상시(傷時)」·「탄세(歎世)」·「탄이단(歎異端)」·「한양감회(漢陽感懷)」·「도한강(渡漢江)」 등의 시에서는 위정척사를 주장하는 문인의 우국충정을 살펴볼 수 있다. 「영죽(詠竹)」·「망월(望月)」·「괴석(怪石)」 등의 자연경물을 읊은 영물시(詠物詩)가 있고, 「단오유회(端午有懷)」·「중양유회(重陽有懷)」·「한식(寒食)」과 같이 절기에 따른 감회를 읊은 시도 있으며, 교유 문인들과 주고받은 화운시 및 이들에 대한 만시 등이 다수 수록되어 있다.

권2에는 서(書) 109편이 수록되어 있다. 스승인 최익현과 기우만에게 올린 편지를 비롯하여 박임상의 사승 및 교우 관계를 파악할 수 있는 편지들이 많이 수록되어 있다. 특히 노사학파와 관련된 인물들이 다수 있음을 알 수 있는데, 기우만에게 올린 「상송사기선생(上松沙奇先生)」, 오계수(吳繼洙)에게 올린 「상난와오장(上難窩吳丈)」, 오준선(吳駿善)에게 올린 「상후석오장(上後石吳丈)」 등에서 『노사집(蘆沙集)』의 중간(重刊)과 관련한 논쟁에 대한 언급을 확인할 수 있다.

권3에는 12편의 잡저(雜著)와 46편의 서(序)가 수록되어 있다. 「존양설(尊攘說)」에는 춘추대의를 밝히고 국난을 극복하려는 의지가 드러나 있다. 아울러 「우암사실등서기(尤庵事實謄書記)」·「농암집등서기(農巖集謄書記)」·「삼학사전등서기(三學士傳謄書記)」는 박임상이 각각의 책을 필사(筆寫)한 다음에 소회를 기록한 것이다. 서(序) 중에서는 증서류가 다수를 차지하고 있고, 이외에는 「유산정시회계서(遊山亭詩會契序)」·「병산조계서(柄山租契序)」·「병산단향계서(柄山壇享契序)」·「존성계서(尊聖契序)」·「도산사부의계서(桃山祠扶義契序)」·「관선계서(觀善契序)」·「양성계서(養性契序)」·「향약계서(鄕約契序)」 등의 계에 대한 서문이 주목할 만하다.

권4에는 기(記) 30편, 발(跋) 5편, 상량문(上樑文) 4편, 제문(祭文) 13편, 고유문(告由文) 4편이 수록되어 있다. 기문의 경우 지인들에게 지어준 누정기(樓亭記)가 다수를 차지하며, 제문에는 박임상이 스승으로 모셨던 김평묵, 박기종, 최익현, 기우만에 대한 제문인 「제중암김선생문(祭重庵金先生文)」·「제족숙죽포선생문(祭族叔竹圃先生文)」·「제면암최선생문(祭勉菴崔先生文)」·「제송사기선생문(祭松沙奇先生文)」 등이 있다.

권5에는 비(碑) 4편, 묘표(墓表) 16편이, 권6에는 묘갈명(墓碣銘) 33편이, 권7에는 행장(行狀) 34편이, 권8에는 행장 24편, 유사(遺事) 4편, 습유(拾遺) 1편이 수록되어 있다. 이상에서는 박임상의 교유 관계는 물론이고 무안 지역을 비롯한 호남의 문인 및 학자들에 대한 정보를 파악할 수 있다.

중간본의 부록에는 박기청(朴淇靑)이 지은 「민재박선생행장(敏齋朴先生行狀)」, 양회갑(梁會甲)이 지은 「민재박선생묘갈명(敏齋朴先生墓碣銘)」, 김문옥(金文鈺)이 지은 「평천정사기(平川精舍記)」, 기우만(奇宇萬)이 지은 「민재기(敏齋記)」, 박기청과 정기(鄭琦)가 각각 지은 「평천정사상량문(平川精舍上樑文)」이 수록되어 있다.

5. 주요 작품 및 문집의 특징

박임상은 전라남도 서부, 특히 무안 지역을 중심으로 활동하였던 인물이다. 당시 무안 지역의 문인들은 대체로 위정척사를 강하게 주장하였던 송사 기우만의 영향을 받았기 때문에 박임상 역시도 위정척사사상의 영향 아래에 있었다.

특히 그의 시에서 국난에 처한 시대를 걱정하거나 외세에 항거하려는 의식을 엿볼 수 있다. 예컨대 「우국(憂國)」에는 조선 오백년의 왕업이 외세로 인하여 나뉘게 된 것에 대한 비통과 한탄이 드러나 있고, 「탄세(歎世)」에는 외세의 침략 이후에 세교(世敎)가 점점 쇠하는 것에 대한 유학자의 안타까운 심정이 드러나 있다. 「상시(傷時)」에서는 일제 치하에서 서구의 문물이 마구 유입되어 전통이 점점 사라지는 현실에 가슴 아파하는 모습을 볼 수 있고, 「한양감회(漢陽感懷)」에서도 외세의 문물로 물들고 전통을 잃어버린 수도의 모습을 보고 침울해하는 모습을 확인할 수 있다. 「탄이단(歎異端)」(이상 권1) 역시 전통 유학에 어긋난 외세의 문물을 양주(楊朱)와 묵적(墨翟)보다도 심한 재앙에 비유하면서 시절을 한탄한 시이다.

이와 같은 우국의 심정은 시 뿐만 아니라 신문에서도 볼 수 있는데, 「상면암최선생(上勉菴崔先生)」에서의 "현재의 형세가 갈수록 더욱 위태로워진다."와 "이언(異言)과 이색(異色)으로 인의(仁義)가 꽉 막혀 위태로움과 두려움이 심하다."라는 등의 언급에서 나라를 걱정하는 당대의 전통 지식인의 마음을 살필 수 있고, 「상송사기선생(上松沙奇先生)」(이상 권2)에서는 의병에 참여하고자 하는 의지를 확인할 수 있다. 또한 「존양설(尊攘說)」(권3)은 존주(尊周)와 춘추대의(春秋大義)를 밝히고 보국의 정신으로 국난을 극복하는 데 힘써야 할 것을 주장한 글로, 구한말 지식인의 위정척사 및 자주 의식을 살필 수 있는 작품이다.

박임상은 스승인 기우만이 노사(蘆沙) 기정진(奇正鎭)의 손자인 데다가 노사학파(蘆沙學派)의 일원으로서 무안 지역에서 큰 명망이 있었기 때문에 『노사집』의 중간(重刊)에 참여하였던 것으로 보인다. 다만 기정진의 「외필(猥筆)」이 문제가 되어 영남지역의 연재학파(淵齋學派), 기호지역의 간재학파(艮齋學派) 문인들의 비판을 받았기 때문에 그 과정이 순탄치만은 않았다. 이러한 상황에서 노사학파로서의 기정진을 옹호하는 입장 및 생각이 「상송사기선생(上松沙奇先生)」·「상난와오장(上難窩吳丈)」·「상후석오장(上後石吳丈)」 등에 잘 드러나 있다. 「상김동해선생훈(上金東海先生勳)」(이상 권2)은 「외필」의 논쟁 속에서 부화뇌동하다가 기우만에게 절교를 당한 김훈(金勳)에게 올린 편지인데, 김훈이 한참 연배가 높았음에도 잘못된 생각을 바로잡으라고 부탁하는 내용이 보인다.

아울러 「제면암최선생문(祭勉菴崔先生文)」과 「제송사기선생문(祭松沙奇先生文)」(이상 권4) 등에서는 스승에 대한 존경과 스승을 잃은 상실감이 잘 드러나 있다. 박임상은 최익현의 죽음에 심상(心喪)의 예를 하기도 하였고, 최익현과 기우만을 위해 사당을 세우고자 하였기 때문에 이 두 스승에 대한 제문은 더욱 주목할 필요가 있다.

『민재유고』는 박임상의 장례가 끝난 1944년 말부터 간행에 착수하여 1945년 4–5월경에 간행되었다. 화란을 당하기 전에 간행을 하고자 하였으나 시기적으로 궁핍하였기 때문에 본래의 원고에서 소정의 작품만을 추려 8권 4책으로 간행한 것이다. 다만 박임상의 위정척사 사상 및 항일 의식이 강하게 드러난 작품이나 의병 활동을 하였던 구체적인 기록 등을 찾을 수 없는 것은 아마도 해방 이전이었기 때문에 이같은 내용의 작품들은 우선 제외하고 간행한 듯하다.

6. 참고문헌

김대현, 「20세기 전반 전남 서부지역 漢詩人들의 활동 모습 ─민재와 지산의 경우를 중심으로─」, 『한국시가문화연구』 20, 한국시가문화학회, 2007.

나상필, 「《敏齋遺稿》의 簡札 選譯」, 전남대학교 석사학위논문, 2017.

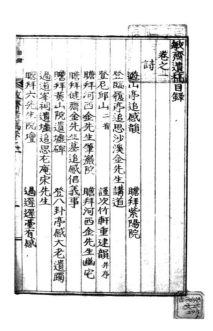

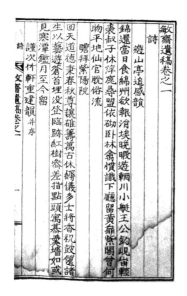

〈호남-16〉 **석전시초** 石顚詩鈔

1. 형태서지

표제/권수제	석전시초(石顚詩鈔)
편저자	박한영(朴漢永) 著
판사항	신연활자본
발행사항	京城 : 東明社, 1940
형태사항	총 2권 1책 四周單邊 半郭 17.2×11.5㎝, 有界, 半葉11行26字, 上下向黑魚尾 ; 25.4×14.9㎝
소장처	국립중앙도서관, 고려대, 동국대, 전주시립완산도서관

2. 정의

『석전시초』는 상·하 2권으로 구성된 박한영(朴漢永, 1870-1948)의 시문집이다.

3. 저자사항

박한영의 자는 한영(漢永), 호는 석전(石顚), 불명(佛名)은 정호(鼎鎬)·영호(暎湖)이다. 부친은 박성용(朴聖墉)이고 모친은 진주 강씨(姜氏)이다. 전라북도 완주군 초포면 조사리에서 장남으로 태어났다. 출가 이전에는 통사와 사서삼경을 수학하면서 한문과 학문적인 기초를 닦았고, 16세에 이미 서당의 학동들을 가르칠 만큼 배움이 깊었다. 17세 되던 해 어머니가 전주 위봉사(威鳳寺) 금산(錦山)스님에게 들은 삶과 죽음에 관한 생사법문을 전해주자 크게 발심해 출가를 결심했다고 한다. 19세에 금산스님을 찾아가 출가하면서 정호(鼎鎬)라는 법명을 받았다. 21세에 장성 백양사(白羊寺)의 환응(幻應)스님에게 사교과(四敎科)를 배우고, 선암사(仙巖寺)의 경운(敬雲)스님에게 대교과(大敎科)를 배웠다. 26세에 순창 구암사(龜巖寺)에서 설유(雪乳)스님으로부터 법통을 받고 법호를 영호(暎湖)라고 정했다. 27세부터 산청 대원사(大源庵)·장성 백양사·해남 대흥사(大興寺)·합천 해인사(海印寺)·보은 법주사(法住寺)·구례 화엄사(華嚴寺)·안변 석왕사(釋王寺)·동래 범어사(梵魚寺) 등에서 5년간 삼장(三藏)을 강설했다.

39세이던 1908년 가을에 서울에 올라와 만해(卍海)·금파(琴巴)스님과 불교 개혁과 유신에 관해서 토론했다. 1910년 이후에는 만해·성월·금봉 스님과 함께 임제종(臨濟宗)을 설립해 조선불교의 정체성을 지키려 노력했다. 당시 조선총독부가 이회광(李晦光) 등을 앞세워 조선불교를 일본불교 조동종(曹洞宗)과 통합하는 '불교 한일합병'을 모의했을 때, 그 음모를 분쇄하는 데 결정적인 역할을 했다. 1913년에는 불교잡지인 『해동불교(海東佛教)』를 창간하여 불교의 혁신과 경술국치의 부당함을 일깨웠다. 그는 3.1운동 당시 민족대표로 합류하지는 못했으나 3.1운동 이후 한성 임시정부 국내 특파원과 전북 대표를 맡기도 했고, 조선민족대동단에 합류해 항일 운동에 참여했다.

1914년에 고등불교강숙(高等佛教講塾), 1916년에는 불교중앙학림(佛教中央學林)의 강사가 되었다. 1926년에는 서울 안암동 개운사(開運寺)에 강원을 개설하여 불교계의 영재들을 배출하였다. 1929년에 조선불교 교정(教正)에 취임하여 불교계를 지도하였고, 1931년에는 중앙불교전문학교(동국대학교의 전신) 교장으로 선임되었다. 1945년 광복 이후 조선불교중앙총무원회의 제1대 교정으로 선출되어 불교계를 이끌었다. 이후 정읍 내장사(內藏寺)에서 만년을 보내다가 1948년 4월 8일 세속 나이 일흔아홉 살, 법랍 예순한 살에 입적하였다.

박한영은 진응(震應)·금봉(錦峯)스님과 함께 근대 불교사의 3대 강백(講伯)으로 추앙받았으며, 경사자집(經史子集)과 노장(老莊)학설을 두루 섭렵하고 서법(書法)까지도 겸통한 대고승으로 평가받았다. 그는 단행본 형식의 역서와 저술 9권을 비롯해 100여 편이 넘는 논설과 수필을 남겼다. 평생 4만 권에 가까운 도서를 읽었다고 전하며, 불교계뿐만 아니라 학계와 문화계 전반에도 지식인으로서 영향을 미쳤다. 만해를 비롯해 정인보·이능화 등 당대 최고의 지성인들이 그를 정신적 스승으로 모셨다. 최남선·서정주·이병기·신석정·조지훈·김동리 등 내로라하는 문인들도 모두 박한영의 제자이거나 학문적·인격적으로 깊은 영향을 받았다.

박한영의 기본사상은 크게 겸학정신(兼學精神)과 지율엄정(持律嚴正), 그리고 화엄적 세계관과 겸전적(兼全的) 선사상으로 나눌 수 있다. 그는 겸학정신의 바탕 위에 계정혜(戒定慧) 삼학(三學)의 겸수는 물론 무불겸섭(無不兼涉)하는 학문세계, 그리고 신구겸학(新舊兼學)의 교육관과 다양한 포교방법 및 지행합일 등을 강조했다. 특히 승려의 기본자세는 무엇보다도 계행이 청정해야 한다며 대처(帶妻)와 식육(食肉) 등 파계와 무애행을 자행하던 일부 승려들을 통렬히 비판했다. 또한 개방적이고 다원화되어가는 현대사회에 모든 존재와 가치의 중중안립(重重安立)을 강조하는 화엄철학을 바탕으로 한 세계관과 실천관을 내세우고, 지행합일의 겸전적(兼全的) 선사상을 기본입장으로 하여 진귀조사설(眞歸祖師說) 등 종래의 전통적 선사상을 비판적으로 수렴했다.

4. 구성 및 내용

『석전시초』는 1940년 최남선이 발행한 상·하 2권의 시문집이다. 당시 시설이 가장 훌륭했던 대동인쇄에서 송조체(宋朝體) 활판으로 찍었다. 요지(料紙)는 고급인 옥판선지(玉版宣紙)를 썼고, 편철(編綴)을 사찬공(四鑽孔)의 당판(唐版) 체제로 한 점이 이례적이다. 상권에는 252제(題), 하권에는 176제의 시가 수록되어 있다. 작품의 총수는 자작 598수, 타작 6수이다. 이를 시체별로 구별해보면 오언절구 11수, 칠언절구 293수, 오언율시 30수, 칠언율시 223수, 오언배율 4수, 칠언배율 8수, 오언고시 21수, 칠언고시 3수, 장단구 악부체 5수가 창작 연대순으로 수록되어 있다. 상권에는 최남선의 서문과 정인보의 「석전상인소전(石顚上人小傳)」이 수록되어 있어서 『석전시초』의 간행 경위와 저자의 행적을 설명하였다.

『석전시초』의 시작품들은 대체로 국토기행을 소재로 한 시와 시사(詩社)에서 지은 시작품들로 구성되어 있다. 『석전시초』의 작품 제목에서 기행(紀行)의 창작 배경이 직접적으로 드러나는 것만 예로 들어 보면 「영주기행(瀛洲紀行)」 24수, 「중유풍악기행(重游楓岳紀行)」 26수, 「설제남유초(雪際南遊草)」 18수, 「속남유기행(續南遊紀行)」 21수, 「유서산초(遊西山草)」 17수, 「경주회고(慶州懷古)」 4수, 「백두유초(白頭遊草)」 23수, 「남유초(南遊草)」 30수, 「재입영주기행(再入瀛洲紀行)」 18수 등을 들 수 있다.

또한 『석전시초』의 작품 제목에서 시회(詩會)의 면모가 직접적으로 드러나는 것만 예로 들어 보면 「청량사동인시회(清凉寺同人詩會)」 1수, 「북림독좌회동인(北林獨坐懷同人)」 1수, 「산벽시사체증동인(珊碧詩社遞贈同人)」 16수, 「장유향산피초산벽사수화(將遊香山被招珊碧社遂和)」 1수, 「삼청동이송당시회(三清洞二松堂詩會)」 1수, 「청량사시회(清凉寺詩會)」 1수, 「한상음사국화제영 이수(漢上吟社菊花題詠 二首)」, 「성북동용화묘시회(城北洞龍華廟詩會)」 1수, 「용금관시회공부(湧金館詩會共賦)」 1수, 「봉산관구로시회(鳳山館九老詩會)」 1수, 「북단앵화회소집(北壇鶯花會小集)」 1수 등을 들 수 있다.

5. 주요 작품 및 문집의 특징

최남선은 서문에서 "내 석전 영호당 스님을 모시고 지내기 삼 십 여년. 백두산, 금강산, 묘향산, 지리산, 한라산 안간 곳이 없었으니 내 글이나 학문에 스님의 은혜가 스미지 아니한 곳이 없다. 아, 스님은 계향이 엄정하신 고승이시니 속인이 즐거움으로 삼는 일이란 스님은 모두 부족하다 하시고, 오직 담박한 생활과 무덤덤한 즐거움으로 오늘까지 지내 오셨다. 스님께서 '이제 늙었다' 한마디 하심에 모두 스님의 춘추가 고희라는 것을 깨달았으니, 내 스님께 바칠 것은 없으나 마음만은 그냥 있을 수 없어 스님께서 강의의 여가로 기쁨에 넘쳐 음미하신 시(詩)를 살펴보니, 착상이 풍부하고 조예 또한 매우 깊다. … 그저 스님께서 이 시집을 펴보시고 지나오신 발자취를 상기하시어 빙그레 웃으시며 버리지나 않으신다면 만족할 뿐

이다. 스님께서 오래도록 늙지 마시고, 나 역시 나약한 몸이나마 오래 보존한다면 스님을 받
드는 길이 훗날도 있을 것이니, 이 느낌은 스님만이 아시리라. 기묘년 섣달 동주 최남선 아
룀."이라고 하여 박한영에 대한 존경과 흠모의 마음을 담아 이 시문집을 간행하였음을 고백
했다. 정인보는 「석전상인소전」에서 박한영의 선승(禪僧)이자 시승(詩僧)의 면모를 높이 평
가하고 그의 소탈함과 탈속적인 모습을 부각했다. 「희조자술구장(稀朝自述九章)」은 박한영
이 70세 되던 1940년에 지은 작품으로서 자신의 일생에서 가장 중요한 선사(禪事)를 시로
서술한 점이 주목된다. 「석전시초후자서(石顚詩抄後自敍)」는 만년에 자신을 돌아보면서 자
신의 시창작 동기와 시의 소재에 대해 상세하게 설명하였다.

『석전시초』에는 박한영이 일제강점기에 나라 잃은 슬픔과 울분을 표출한 시들도 종종 보
인다. 그러나 『석전시초』의 주가 되는 작품들은 기행시와 시사(詩社)에서 지은 시이다. 『석전
시초』의 기행시는 지리산·묘향산·금강산·칠보산·백두산·한라산 등의 명산과 그곳을 왕래
한 길, 쌍계사·대흥사·송광사·선암사·영원사·법주사·유점사·마하연·보현사·금산사·백
양사·내장사 등의 대찰 등을 비롯해 남북한 방방곡곡을 여행한 것을 소재로 하였다. 그러나
박한영의 기행시에는 선사(禪事)·선리(禪理)·선취(禪趣)가 담겨 있다. 이는 선가(禪家)의 인
물을 대상으로 창수하거나 절이나 암자를 제재로 하여 객관적인 묘사를 한 경우, 선가에 전
해 내려오는 공안(公案)을 취하여 객관화하거나 선적인 깨달음을 읊은 경우, 선경(禪境)에서
느끼는 흥취나 선미(禪味)를 표현한 경우 등에서 확인할 수 있다.

박한영은 시의 의미에 대해 "대개 시와 같은 것은 문예의 소품이다. 그러므로 도를 추구하
는 자가 달갑게 여길 것이 아니다. 그러나 시 자체로서 보면 우주간의 청숙(淸淑)한 기운이
흘러나와 시가 된다고 한다. 그러므로 시인의 눈빛은 달빛처럼 천고를 비추어보며 부질없는
세상의 공명을 가볍게 보는 것이다. 시를 말함에 어찌 운율과 절주(節奏)가 없는 것으로 천
지의 조화인 천뢰(天籟)에 합치되는 것이라 하겠는가? 시는 삼백으로부터 운에 따라 장구를
이루었으며 한(漢)·당(唐)의 즈음에 이르러서는 운어(韻語)가 크게 이루어졌다."라고 하였
다. 또한 "상승의 경지에 이르면 시와 선(禪)은 하나다.[及到上乘詩鮮一揆]"라고 하였다.

이와 같은 관점은 『장자(莊子)』, 「제물론(齊物論)」에 수록된 자연의 소리를 일컫는 천뢰(天
籟)라는 개념을 바탕으로, 송(宋)나라 엄우(嚴羽)의 『창랑시화(滄浪詩話)』에서부터 오랫동안
이어져 온 시선일치(詩禪 致) 사상을 계승한 것이다. 이에 박한영의 시론은 천뢰(天籟)에
기반 한 시선일규론(詩禪一揆論)으로 요약할 수 있다. 따라서 박한영의 한시를 이해하는 데
는 이와 같은 그의 한시론을 염두에 둘 필요가 있다.

한편, 박한영이 시사(詩社)에서 지은 시들은 서울을 중심으로 살고 있던 전통적인 지식인
및 근대 문화예술인들과 교유하거나 함께한 시회(詩會)에서 지은 한시가 중심을 이루고 있

다. 그중에서 「산벽시사체증동인」 16수는 산벽시사(珊碧詩社) 동인들에게 각각 한 수씩 써 준 시인데, 그 동인의 이름을 살펴보면 우향(又香) 정대유(丁大有)·난타(蘭陁) 이기(李琦)· 자천(紫泉) 서상춘(徐相春)·우당(于堂) 윤희구(尹喜求)·규산(奎山) 조중관(趙重觀)·창사(蒼 史) 유진찬(俞鎭贊)·위창(葦滄) 오세창(吳世昌)·성당(惺堂) 김돈희(金敦熙)·석정(石丁) 안종 원(安鍾元)·우하(又荷) 민형식(閔衡植)·관재(貫齋) 이도영(李道榮)·성석(惺石) 이응균(李應 均)·춘곡(春谷) 고희동(高羲東)·육당(六堂) 최남선(崔南善)·진암(震庵) 이보상(李輔相)이다. 이런 점에서 『석전시초』는 일제강점기 구지식인 및 신문화 지식인의 시사(詩社) 활동 연구 자료로서의 가치도 높다고 할 수 있다.

6. 참고문헌

목정배, 『정호(鼎鎬)』, 『한국민족문화대백과사전』, 1997.

정훈·손앵화·조수익·유승섭·박노석, 『전북 선현 문집 해제 (Ⅶ)』, 호남고전문화연구원, 2009.

이병주 외, 『석전 박한영의 생애와 시문학』, 도서출판 선운사, 2012.

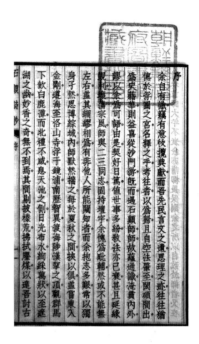

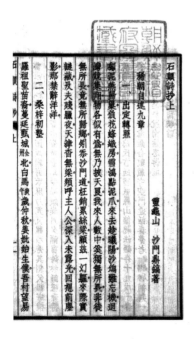

〈호남-17〉 **정와집** 靖窩集

1. 형태서지

표제/권수제	정와집(靖窩集)
편저자	박해창(朴海昌) 著
판사항	석판본
발행사항	[刊寫地未詳] : [刊寫者未詳], 1970
형태사항	총 9권 3책 四周雙邊 半郭 21.8×15.0㎝, 有界, 半葉11行28字, 上2葉花紋魚尾 ; 28.3×19.4㎝
소장처	국립중앙도서관, 고려대, 동국대, 동아대, 부산대, 서울대 규장각, 원광대, 전남대, 한국학중앙연구원

2. 정의

『정와집』은 구한말-일제강점기에 활동한 남원의 유학자 박해창(朴海昌, 1876-1933)의 시(詩)·서(書)·잡저(雜著) 등이 수록된 문집이다.

3. 저자사항

박해창의 자는 자극(子克)이고, 호는 정와(靖窩)·호서(壺西)이며, 본관은 죽산(竹山)이다. 부친은 구한말 비서원(秘書院)의 승(丞)을 지낸 송곡(松谷) 박주현(朴周鉉)이고 모친은 풍천노씨(豊川盧氏) 노기수(盧箕壽)의 따님이다. 1876년(고종13)에 윤5월 17일에 전라북도 남원시 수지면 호곡리에서 태어났다. 어린 시절에는 집안에서 세운 서당에서 천자문 및 경서를 배웠다. 1891년(고종28) 16세가 되던 해에 증광감시(增廣監試)에 합격하여 성균관 진사(進士)가 되었고, 이 해에 연일(延日) 정재건(鄭在健)의 딸과 혼인하였다. 18세가 되던 1893년(고종30)에 전주부의 문과 초시에 합격하였고, 이듬해인 1894년(고종31)에 조선왕조 마지막 문과(文科)의 복시(覆試)에 합격하여, 가주서(假注書)에 제수되었으나 이튿날 곧바로 개차(改差)되었다. 이후 박해창은 갑오농민운동, 을미사변과 의병전쟁 등 혼란스러운 정세 속에서 벼슬에 나아가지 않고 고향에서 학문에 정진하였다. 1896년(건양 1)에 부친의 명에 따라 연재(淵齋) 송병선(宋秉璿)의 문하에 나아가 수학하였다. 1905년(광무9) 어려운 시국을 보고 다시 출사를 결심하여 홍문관 시강(弘文館侍講)에 제수되었으며, 봉상시 전사(奉常寺典司)·희릉참봉(禧陵參奉)·비서감랑(秘書監郎) 등을 역임하였다. 1907년(광무11) 비서감랑직을 사임하고는 다시 벼슬길에 나아가지 않았다.

비서감랑 직에 재임 중이던 1905년 을사늑약이 체결되자, 적극 반대하는 상소운동에 동참했고, 『대한자강회월보』에 국권회복을 위한 국민들의 자강불식(自强不息)을 권면하는 기고문을 투고하기도 했다. 한편, 1907년 7월부터 호남학회 활동에 참여하여, 평의원(評議員)으로 활동하다가 1908년 7월부터 4개월간 호남학보 편집부장을 맡아 활동하였고, 11월에 사퇴하고 낙향하였다. 그 뒤 남원의 민회(民會) 회장이었던 부친 박주현이 세상을 뜨자 장례를 치른 후 일제의 핍박을 피해 경남 사천의 삼천포로 이거하여 7년 동안 우거하다가 1918년에 다시 남원으로 돌아와 서당을 개설하여 후학 양성에 전념하였다. 1933년 7월 7일에 하세하였다. 슬하에 2남 2녀를 두었다.

4. 구성 및 내용

『정와집』은 9권 3책이며, 석판본(石版本)이다. 권1-4는 부(賦)와 시(詩), 권5·6은 서(書), 권7은 소(疏)·상량문(上樑文)·서(序)·기(記)·제발(題跋)·명(銘)·찬(贊)·사(辭)·혼서(婚書), 권8은 제문(祭文)·묘갈명(墓碣銘)·묘표(墓表)·행장(行狀)이며, 권9는 부록으로 박해창의 행장(行狀)이 수록되어 있고, 마지막에 아들 박정식(朴政植)의 발문이 있다. 1970년에 박정식이 간행하였으며, 국립중앙도서관, 서울대학교 규장각, 한국학중앙연구원, 동국대학교 도서관, 원광대학교 도서관 등에 소장되어 있다.

권1-4는 부(賦) 1편, 시(時) 약 730여 제이다. 부로는 주자(朱子)의 「감춘부(感春賦)」에 차운하여 쓴 「차감춘부(次感春賦)」가 있는데, 이 작품은 3·1운동이 실패한 이후의 한탄과 국권회복에 대한 염원을 노래한 작품이다. 시는 1895년(고종32)에 지은 「유거(幽居)」를 시작으로 창작연대 순으로 수록되어 있다. 권1·2에 수록된 작품은 청·중년기에 창작한 것으로, 작품 중에는 「양류(楊柳)」·「소(簫)」·「해당화(海棠花)」(이상 권1), 「간화접(看花蝶)」(권2) 등의 영물시가 있는가 하면, 「근차연재선생육십일수신운(謹次淵齋先生六十一晬辰韻)」·「차심석재송문장운(次心石齋宋文丈韻)」·「몽배연재송선생각후음(夢拜淵齋宋先生覺後吟)」(이상 권1) 등 박해창의 사승관계 및 사상적 지향을 확인할 수 있는 작품들도 수록되어 있다.

한편, 박해창이 비서감랑직을 수행하며 비서감이나 왕실 측근의 여러 관료들과 업무가 끝난 후 시국과 자신의 진로에 대해 논의를 한 것에 대해 읊고 자신의 감정을 토로한 「우여춘세방관료논회(又與春桂坊官僚論懷)」·「시강원여이하석송계서이석년중필연음(侍講院與李華石宋溪西李石年重弼聯吟)」(이상 권1) 등의 작품이 있다. 계속해서 귀향을 꿈꾸던 박해창은 1907년(광무11) 사직을 하고 귀향했는데, 이 당시 「사직귀향(謝職歸鄉)」(권1)을 창작하여 자신의 심회를 서술하였고, 귀향한 뒤 은거하던 시절에는 「남양유거(南陽幽居)」·「강촌유사(江

村幽事)」 등 은일시(隱逸詩)도 다수 창작하였다.

권3·4는 중장년기부터 만년기에 창작한 작품들이 수록되어 있다. 박해창은 스승과 부친의 가르침을 받들어 유교를 정교(正敎)로 삼고 기독교 등의 다른 종교는 배척하였는데, 박해창을 계속해서 찾아오는 전도사를 거절하는 「객유이교회사빈빈과방작시이사견(客有以敎會事頻頻過訪作詩以謝遣)」 등의 작품을 남기기도 하였다. 한편, 박해창은 만년에 전국 곳곳을 여행 다니며 보고 들은 것에 대한 시를 다수 창작하였다. 「욕유성온천(浴儒城溫泉)」 등의 시를 비롯하여 경성에 가서 쓴 「입경성창경원(入京城昌慶苑)」·「과경복궁(過景福宮)」 등의 작품이 있다. 「입경성창경원」은 동물원이 되어 버린 창경원에 대한 안타까움을 표하였고, 「과경복궁」은 예전의 모습을 떠올리며 망국의 한을 토로한 작품이다.

권5·6은 서(書)로, 100명에게 보낸 124편의 편지가 수록되어 있다. 편지는 스승인 송병선에게 올린 「상연재선생(上淵齋先生)」 4편이 가장 처음 수록되어 있으며, 송병순에게 올린 「상심석선생(上心石先生)」 2편, 최익현에게 올린 「상면암선생(上勉菴先生)」, 김복한에게 올린 「상김지산(上金志山)」 등이 있다. 1904년 스승 송병선에게 올린 「상연재선생」에서는 스승에게 가르침 받은 '함인자정(含忍自靖)'을 가슴 깊이 새기고 있다고 말하면서도, 은거하여 절개를 지키라는 '자정(自靖)'의 뜻을 조정에 나아가 신하로서의 본분을 지켜야한다는 것으로 상반되게 해석하여 관직 진출의 뜻을 밝혔다. 이외에 「답신농산(答申農山)」에서는 『대학(大學)』의 의심스러운 부분에 대해 문답을 주고받는 등 작품 곳곳에서 박해창의 학문관을 확인할 수 있을 뿐만 아니라 주변 인물들과의 교유관계를 파악할 수 있다.

권7은 소(疏) 6편과 「계상왕래록(溪上往來錄)」·「남유록(南遊錄)」 등이 있으며, 상량문 3편, 서(序) 8편, 기(記) 10편, 제발(提拔) 8편, 명(銘) 14편, 찬(贊) 3편, 사(辭) 2편, 혼서(婚書) 2편 등이 수록되어 있다. 소에는 비서감랑 재직 시절 올린 「언사소(言事疏)」 1편과 민영환(閔泳渙)·조병세(趙秉世) 등의 인물이 대표가 되고 박해창이 참여한 「연명소(聯名疏)」 5편이 수록되어 있다. 또한 「계상왕래록」은 박해창이 스승 송병선의 문하에 왕래하며 있었던 일을 기록한 것으로 그의 사승 관계 및 교유 관계에 대해 확인할 수 있다. 서(序)는 개인의 문집(文集)에 대한 서문은 작품수가 적고, 「죽산박씨족보서(竹山朴氏族譜序)」 등의 족보서나 「화수계서(花樹契序)」 등의 계서 등이 수록되어 있다. 기(記)는 「우효자정려기(禹孝子旌閭記)」 등 정려기의 비중이 높고, 제발로는 송병선이 저술한 『동감절요(東鑑節要)』의 편찬 의도를 칭송하고, 후세 학자들에게 이를 숙독하기를 권면하는 내용을 담은 「동감절요발(東鑑節要跋)」 등의 작품이 있다. 찬 가운데에는 주자(朱子)와 우암(尤菴) 송시열(宋時烈)의 자찬(自贊)을 모방하여 자신의 초상화에 쓴 「사진자찬(寫眞自贊)」 2편과 최익현의 의로움을 칭송한 「면암선생상찬(俛菴先生像贊)」 등이 있으며, 사에는 와룡산(臥龍山)에 은거할 무렵 도연명의 귀거래사를 의작한 「속귀거래사(續歸去來辭)」 등이 있다.

권8 제문 11편, 묘갈명 11편, 묘표 9편, 행장 7편과 「습유서운농인고여이춘급(拾柳絮韻農人告余以春及)」·「의한군신하마상득천하표(擬漢群臣賀馬上得天下表)」·「운흥사절목(雲興社節目)」·「잡지(雜識)」·「이재선신사옥사(李載先辛巳獄事)」 등의 작품이 수록되어 있다. 권9는 부록으로 아들 정식이 서술한 박해창의 행장이 수록되어 있다. 제문은 「의제면암최선생문(擬祭勉菴崔先生文)」 등의 인물에 대한 제문 및 「용산강기우축문(龍山江祈雨祝文)」 등 기우제 등에 쓴 축문(祝文)이 있으며, 이 외에 묘갈명·묘표 등의 묘도문자를 통해 박해창 주변 인물들의 행적과 교유관계를 확인할 수 있다. 한편, 마지막에 수록된 작품인 「이재선신사옥사」는 흥선대원군의 재기를 도모하다가 사사(賜死)된 흥선대원군의 아들이자 고종의 이복형인 이재선의 일화를 기록한 것이다.

5. 주요 작품 및 문집의 특징

박해창은 을사늑약 등 국권이 침탈되어가던 시기에 주요 관직을 역임하였고, 또 독립운동에 참여한 인물들과 교유하고 있었기 때문에 문집에 이에 관련된 작품들이 다수 수록되어 있다. 박해창은 을사늑약에 반대하는 연명소에 함께 참여했던 민영환에 대한 작품을 남겼는데, 그가 자결했다는 소식을 듣고서 애통한 심정을 담은 「만민보국(挽閔輔國)」(권1)과 민영환이 자결한 자리에서 대나무가 자라났다는 일화를 담은 「혈죽(血竹)」(권1) 등의 작품을 남기면서 그를 추모하고 의로운 행동을 칭송하였다. 이뿐만 아니라 이준(李儁)이 헤이그에서 순국한 소식을 듣고 통탄스러운 마음을 읊은 「문이열사해아지보(聞李烈士海牙之報)」(권1)도 수록되어 있으며, 의병운동과 독립운동에 투신한 이석용(李錫庸)과 깊은 교분을 맺어 그가 옥중에 있을 당시에 지어 보낸 작품에 화운한 「화이정재운수옥중작(和李靜齋雲水獄中作)」(권2) 등의 작품도 있다. 순종황제가 서거하였을 당시 쓴 「순종효황제만장(純宗孝皇帝輓章)」(권4) 등에서도 국권을 침탈당한 상황에 대한 안타까움이 잘 드러나 있다.

한편 박해창은 부친의 영향으로 사상적으로는 도학(道學)을 견지하면서도 계몽활동에 참여하였으며, 신식문물에 개방적이고 유연한 태도를 보였다. 「기자강회(寄自强會)」(권3)는 대한자강회에 박해창이 기고한 시로, 조선을 훤칠한 미소년으로 설정하고 일제를 교태를 부리는 소녀로 설정하여 지금은 비록 소년이 소녀에게 눈이 멀어 패가망신한 상황이 되었으나, 이제라도 잘못을 고쳐 자강불식(自强不息)하면 다시 예전처럼 회복될 수 있을 것이라고 역설하였다. 이러한 작품은 박해창의 자강론을 잘 보여준다고 할 수 있다. 한편 박해창은 지리산 등반 중에 서양인의 집에서 유숙한 일을 기록한 「자종석대방서양인가유숙(自鍾石臺訪西

洋人家留宿)」(권4)이라는 작품을 남기는가 하면, 「비행기(飛行機)」(권4)라는 제목의 시를 남기기도 하였다. 이 시에서는 비행기라는 문명의 이기가 서구로부터 동양에 전래된 사실과 신묘한 기술을 높이 사며 만방(萬邦)이 비행기로 인해 가까운 이웃이 되었으니, 평화로운 세상을 함께 지켜나가자는 희망찬 기대를 표현하였다. 또한 박해창이 만년에 금강산 지역을 유람할 당시에는 기차를 탄 경험을 「청량리등거(淸涼里登車)」(권4) 등의 시로 남겨두었으며, 「금강귀로재봉심하정매정거점운성구(金剛歸路再逢沈荷汀每停車拈韻成句)」(권4)는 금강산에서 청량리로 돌아오는 기차 안에서 평강(平康)−철원(鐵原)−연천(漣川)−동두천(東豆川)−의정부(議政府) 등 매 역마다 시구를 남긴 연작시로, 한시에서 현대의 문명을 문학적으로 형상화하는 특징적인 양상 확인할 수 있다.

6. 참고문헌

원재연, 「한말−일제강점기 남원유학자 박해창(朴海昌, 1876−1933)의 자강론과 계몽활동」, 『역사와 실학』 62, 역사실학회, 2017.

靖窩集
一

靖窩集序

文以不能補成邦國之彝倫持世道之萬一支于我世之爲士者不務
實應而劘礪爲章句雕繪文辭拾靑紫冤科第蒙龍鱗附鳳翼以鬢冒貴身
淄淄習是嗚呼近世文臣有若松谷朴承宣公靖窩秘郎君父子之文章
可謂能補衮職之闕裌而扶持世道於不扶持之中者也蓋按承宣公嘗
爲崇甲申衣章改革之日以霜垊言官論事風發髯奴猻魂秘郎君卷見
乙巳勒約之愛屢疏請討天意莫回則遠與趙閔兩忠臣公聯名聯請兩
公旣抗義立懂則君乃齎身勇退以自獻自靖于先王嗚呼公父子之文
章蘭氣餘無朕於方之明每保身者也蓋公父子辭得此一事其氣頗淵
源有自來矣憶承宣公嘗慕悅淵齋宋文忠公之華陽家學喬鬢送秘郎
君於其門請學爲君才藝風扤年十六中司馬十九登文科趨三年丁酉

傷不自惜忍遽頹枝于泗上三千浦盖以風樹之痛屋莊之恨支抗靑膲
有時自發於言語之間者多矣應七年依母夫人命撤遠故趣題其
楣日靖窩用自靖之義也公之一生自初及老富且貴爲而少無騵躼之
態常在畏約之念人之長短是非不掛於齒己之喜怒愛憎不形於色不
肖等辛日追慕此度重之弘裕規模之謹嚴不勝自靑而己府君尙不廢
研究工夫其學愈廣文益於用筆楷與正此乃公之蹟而眞可云通
才全德矣有侍山齋趣味南陽幽居錄金剛紀行及持序記跋庭述諸
篇而藏在巾行尚疑入梓傳語久遠而不惟物力之未逮其祝洙丁乙之
役實難其人遷延至此而今當漢文撤卷之時出此文集世或所芙泯合
薇窩戌全帙而後孫追裒之一龜鑑故不袋時宜之如何且信有蘚傳之人
斯此積應之志行此不世之事爲後孫者氣敬奉貳邦庚戌盂春不肖政植董書

靖窩集卷之一

賦

次感春賦　王戌

朱子先生有此賦而朱先生次次之余不揆僭妄
倣朱子賦而次之蓋朱出於不辰之敎也

嗟我生之不辰兮寓字宙而安之宜貽海而登山芳遠之無前期感性
皇之付早芳顏余衮而朝勿替鳳就正於有道芳把遺經而求志音余之
賦歸來芳聽震人之告春董安豐之耕讀芳可與儔者若人旣聞詩而聞
禮芳勉象度之遺訓實自強而不息芳慎光陰之分寸侶蘭蕤衆艸爲伍
芳日傷宣尼之楼衰縞恕千載而洞泗芳孰能知余之寸億虞癢靈藏
寒芳無松栢之鬱菁侬河山之改色芳寧欲臨照然不見障舊色暮芳眼
權花之里光翰苑春婆一夢芳鳴佩如聞琅璫懷恩澤之出尊常芳終身

〈호남-18〉 **덕천집** 悳泉集

1. 형태서지

표제/권수제	덕천집(悳泉集)
편저자	성기운(成幾運) 著 / 류영선(柳永善) 校正
판사항	석판본
발행사항	-본집 : 燕岐 : 悳泉齋, 1958 -속집 : 大田 : [刊寫者未詳], 1977
형태사항	총 11권 5책 - 본집 8권 4책 : 四周雙邊 半郭 22.5×17.1㎝, 界線, 12行25字 註雙行, 內向2葉花紋魚尾 ; 28.3×19.6㎝ -속집 2권 및 보유 1권 合 1책 : 四周雙邊 半郭 21.7×14.7 ㎝, 有界, 12行24字, 上2葉花紋魚尾 ; 28.2×19.1㎝
소장처	국립중앙도서관, 고려대, 단국대 퇴계기념도서관, 연세대, 전남대, 전주대, 충남대

2. 정의

『덕천집』은 구한말부터 현대까지 활동한 유학자 성기운(成璣運, 1877-1956)의 시와 산문을 수록한 문집이다.

3. 저자사항

성기운의 자는 순재(舜在)이고, 호는 덕천(悳泉)이며, 본관(本貫)은 창녕(昌寧)이다. 부친은 성두채(成斗彩)이고, 모친은 김해 김씨(金海金氏) 김한익(金漢翼)의 따님이다. 경상북도 청도군 이서면(伊西面) 신안동(新安洞)에서 출생하였다. 어려서부터 총명하였고, 12세에 회산(晦山) 반동락(潘東雒)의 문하에 들어가 공부하였다. 부친의 권고로 22세에 기호 지방으로 가서 간재(艮齋) 전우(田愚)·연재(淵齋) 송병선(宋秉璿)·심석재(心石齋) 송병순(宋秉珣)·약재(約齋) 송병화(宋炳華) 등을 방문하고 24세 되던 1900년(광무4)에 전우의 문인이 되었다. 32세에 다시 경상북도 청도군 덕천으로 이거하였고, 34세 되던 해인 1910년(융희4)에 경술국치를 당하자 나라를 잃은 슬픔에 통곡하였다. 1912년 스승 간재를 따라 전라북도 부안 계화도(繼華島)로 들어가 학문에 전념하였다.

1917년 식민 정책의 일환으로 호적령(戶籍令)이 내려졌는데, 성기운은 이에 반대하여 호적을 거부하여 그해 5월부터 8월까지 네 차례에 걸쳐 구속과 석방을 거듭하였다. 이 과정에서 일제 경찰에 의해 고문을 당했지만, 굴하지 않고 단식으로 투쟁하며 끝내 호적에 등재되는 것을 거부하였다. 당시 성기운은 한국의 유민이고, 한국 땅에 살고 있는데 왜 일본의 호적에 들어가야 하느냐며 체포하러 온 순사들을 꾸짖었는데, 일본 경찰도 감동하여 의사(義士)라고 평가하였다고 한다.

44세가 되던 1920년에는 덕천재(悳泉齋)를 짓고, 2년 뒤인 1922년에는 간재문집간소(艮齋文集刊所)를 덕천재에 마련하였다. 1924년에 청주 문의 의성동(義成洞)으로 이거하였고, 1928년에 다시 공주의 달전(達田, 현 연기군 금남면 달전리)으로 이거하여 정착하였다. 여기에서 부양재(扶陽齋)를 짓고 학문과 저술에 전념하였다. 1953년 77세의 나이로 충현서원(忠賢書院) 원장에 추대되어 지역에서 후학 양성에 활발히 활동하였고, 1956년 8월 5일 달전정사(達田精舍)에서 향년 80세의 나이로 하세(下世)하였다. 첫 번째 부인 밀양 박씨(密陽朴氏)와의 사이에는 3녀가 있고, 두 번째 부인 진주 강씨(晉州姜氏)와의 사이에는 2남 1녀가 있다. 『송서유선(宋書類選)』・『소학증보(小學增補)』 등을 편찬했다고 하는데 화재로 소실되었고, 현전하는 저술로는 『덕천집』이 있다.

4. 구성 및 내용

『덕천집』은 11권 5책이며, 석판본이다. 원집 권1-3은 서(書), 권4는 잡저(雜著), 권5・6은 서(序), 기(記), 발(跋), 명(銘), 찬(贊), 혼서(昏書), 고축(告祝), 제문(祭文), 상량문(上樑文), 묘비명(墓碑銘), 비(碑)이고, 권7・8은 묘갈명(墓碣銘), 묘지명(墓誌銘), 묘표(墓表), 행장(行狀), 전(傳), 시(詩)이다. 속집 권 상・하는 서(書), 잡저, 기, 제발(題跋), 명, 묘갈명, 묘표, 묘지명, 시이고, 보유(補遺)에 행장, 묘지명, 묘갈명 등이 수록되어 있다. 1958년 성기운의 문인 성구용(成九鏞)과 아들 성훈(成塤) 등에 의해 편집・간행되었다. 원집에는 서문・발문이 없고, 속집 권두에 권용현(權龍鉉)의 서문과 권말에 박효수(朴孝秀)의 발문이 있다. 국립중앙도서관, 고려대학교 도서관, 연세대학교 학술정보원 등에 소장되어 있다.

원집 권1-3은 서(書) 348편이다. 앞부분에는 간재(艮齋) 전우(田愚)에게 올린 「상간재선생(上艮齋先生)」 9편이 수록되어 있고, 연재(淵齋) 송병선(宋秉璿)에게 올린 「상연재송장(上淵齋宋丈)」을 비롯하여 약재(約齋) 송병화(宋炳華)・면암(勉庵) 최익현(崔益鉉)・심석재(心石齋) 송병순(宋秉珣)・지산(志山) 김복한(金福漢) 등에게 올린 편지가 있다. 서(書)는 대부분 성리학(性理學)과 경학(經學)에 관련된 논답과 정세(政勢)에 대한 견해를 밝힌 작품들이다. 특히 전우에게 올린 「상간재선생」에서는 우리나라에서의 정전법(井田法) 시행에 대한 지형(地形)의 적부(適否), 형법에서의 연좌법(連坐法)의 비인간성, 문벌에 의해서만 이루어지는 인재 등용의 편폐(偏弊) 등을 날카롭게 지적하였다. 1940년 일제가 창씨개명을 행할 무렵

성기운이 제자에게 보낸 「답성구용(答成九鏞)」에서는 예로부터 내려오는 성씨(姓氏)의 중요성을 강조하며, 일제의 만행에 안타까움을 표하였다.

권4는 잡저 19편이다. 잡저로는 「정심설(正心說)」·「독서설(立志說)」 등의 설(說) 작품 및 「예채수달경자설(芮琛洙達卿字說)」 등의 자설(字說)을 비롯하여 성기운의 의식과 학문관을 확인할 수 있는 여러 형식의 글들이 수록되어 있다. 「이습재규약(而習齋規約)」은 서당에서 배우는 제자들이 아침에 일어나서부터 취침할 때까지의 지켜야 할 사항들을 조목별로 정리해둔 것이다. 「부양재사지(扶陽齋私識)」에서는 토지제도·형벌제도·군사제도 등의 행정제도의 실행가능성을 따지고, 치국(治國)의 도를 논한 작품이다.

권5에는 서(序) 28편, 기 37편, 발 12편이 수록되어 있다. 서와 발은 대부분 족보나 문집 등에 쓴 작품이고, 기는 건축물에 대한 기문이다. 작품으로는 「칠봉집서(七峯集序)」·「백천유고서(百泉遺稿序)」·「경모재기(景慕齋記)」·「오사재기(五思齋記)」·「이재유고발(履齋遺稿跋)」 등이 있다. 권6에는 명 8편, 찬 2편, 혼서 1편, 고축 10편, 제문 36편, 상량문 2편, 묘비명 7편, 비 15편이 수록되어 있다. 작품으로는 성기운의 선조 성담년(成聃年)이 편액한 백원재(百源齋)에 쓴 「백원재명」, 장남의 혼서인 「장자훈혼서(長子壎婚書)」 등이 있다. 한편, 전우·송병선·송병화·최익현 등의 인물에 대한 제문있으며, 비문 가운데 「의사이공기적비(義士李公紀蹟碑)」는 일제에 항거한 이진구(李鎭九)의 행적을 기술한 작품이다.

권7·8은 묘갈명 49편, 묘지명 3편, 묘표 21편, 행장 5편, 전(傳) 2편, 시 118제가 수록되어 있다. 성현(成俔)에 대한 「예조판서증좌찬성허백당성문대공묘갈명(禮曹判書贈左贊成虛白堂成文戴公墓碣銘)」을 비롯하여 성기운의 선조와 주변인물들의 묘도문이 수록되어 있어 해당 인물의 행적이나 성기운의 교유 관계를 확인해볼 수 있다. 한편 문집의 말미에 시가 있는데, 1904년(광무8)에 쓴 「관수유감(灌水有感)」부터 창작연대별로 수록이 되어있다. 시는 정경(情景)을 서술하며 성기운의 심회를 토로하는 작품이 많고, 만년에는 만시(挽詩)를 다수 창작하였다. 작품으로는 「덕천재유거(悳泉齋幽居)」·「군산도관해(羣山島觀海)」 등이 있다. 한편, 역사나 정세에 대한 성기운의 인식을 확인할 수 있는 작품도 수록되어 있는데, 을사늑약 이후 민족적 자각을 고취시킨 책으로 알려진 『월남망국사(越南亡國史)』를 읽고 느낀 바를 서술한 「관월남망국사(觀越南亾國史)」 등이 있다.

속집 권상·하에는 서(書) 112편, 잡저 3편, 기 2편, 제발(題跋) 2편, 명 1편, 묘갈명 9편, 묘표 8편, 묘지명 1편, 시 2제가 있고, 보유에 행장 3편, 묘지명 1편, 묘갈명 1편 등이 수록되어 있다. 서에는 「상간재선생」 2편을 비롯하여 원집에 수록되지 못한 편지들이 수록되어 있고, 잡저에는 「송자대전중간소재발문(宋子大全重刊所再發文)」 등의 작품이 있다. 시는 「증임군병기후식(贈林君炳璣厚植)」과 「만박죽엽(輓朴竹葉)」이 수록되어 있다.

5. 주요 작품 및 문집의 특징

성기운은 성품이 강직하고 도덕과 의리를 중시하였는데, 구한말부터 일제강점기, 해방 이후까지 격변하는 시기를 살아온 만큼 기존에 성기운이 고수하던 윤리 및 규범과 시대의 변화된 규범이 맞지 않는 경우가 많았다. 이 때문에 성기운의 문집 가운데에는 신식문물을 배척하고, 기존의 규범과 학문을 공고히 하려는 의식이 담긴 작품이 다수 존재한다. 「시이공우(示李涳雨)」(권4)에서는 예로부터 내려오는 화이(華夷)의 구분이 있고, 성인의 경서(經書)에 이러한 가르침이 다 나와 있는데, 이를 배우고도 오랑캐의 풍속을 행하는 것은 있을 수 없는 일이라며 머리를 깎지 말 것을 주장하였다. 「학교사문답(學校師問答)」(권4)은 신식학교의 교사를 만나 한문교육을 폐지한다는 소문에 대해 묻고, 그가 한문은 타국의 문자이므로 폐지한다고 하자 사체(四體)를 중국인이나 한국인이나 모두 가지고 있는 것처럼 한문도 공유하는 문자이고 오랜 세월동안 한문으로 된 경서를 익혀왔기 때문에 이미 우리의 문자나 다름 없다고 주장하며, 한문교육의 중요성을 역설한 작품이다. 시에도 변해버린 풍속을 한탄하는 「상세(傷世)」(권8) 등의 작품이 수록되어 있어, 당시의 풍속을 안타까워하고 예전 선현의 유풍을 회복하고자 하는 성기운의 의지를 엿볼 수 있다.

또한 성기운은 영남지역 출신이나 부친의 가르침에 따라 호남의 유명 문사들을 두루 방문하고, 고심 끝에 전우의 문하에 들어가서 학문에 힘썼는데, 스승 전우에게서 배운 학설을 공고히 하고, 이를 토대로 자신의 학설을 발전시켜 나갔다. 「도상문대(島上問對)」(권4)는 성리설의 문제점들에 대해 전우와 문답을 나눈 내용을 담은 것으로, 심성이기(心性理氣)에 대해 많은 논설을 도출하고 관련된 변증자료들을 제시하면서 주자설(朱子說)에 근거한 이이(李珥)의 설을 정론(定論)으로 정리하였다. 「독서설시제생(讀書說示諸生)」(권4)에서는 문사(文詞)에만 힘쓰는 것은 유익한 독서가 되지 않는다고 지적하며, 유익한 독서방법은 인성(人性)의 변화와 음양오행·일월성신·역수(曆數)·정전(井田)·학교·예악명물(禮樂名物)·병법·형법 등의 실용적인 것을 궁구하여, 이를 수신에서 치국까지 연결 지을 수 있어야 한다고 역설하였다. 이러한 작품들에서 스승의 문하에서 배운 내용을 세밀히 정리하고 따져볼 뿐만 아니라 이를 실용적인 것으로 확장시키는 실천적 자세를 확인할 수 있다. 아울러 제자들과 경문(經文)에 대해 주고받은 문답을 기록한 「경의문대(經義問對)」는 교육자로서의 면모와 경학에 대한 진지한 태도를 보여준다.

6. 참고문헌

신동호, 『덕천집』, 『한국민족문화대백과사전』, 2010.

書

惠泉集

跋

此我先師惠泉先生續集之刊行于世者已久而今又
續集成先生之全體微言庶可以備耶蓋原集之所以成也原集之取其
篇帙故不能毋遺珠之恨則此續集之所以英秀之資早從有
精粹集之取其備不可以闕一者也先生以英秀之資早從有
道之門趨向端的見道也明兼義也確故其發於論議者無不
自蘊抱著積中出而雖片言半簡要皆發揮道妙辭則義理爲
後生之盲南者也非世之剿竊模擬者所能彷彿也然則原續
之集雖或不一其粗精紫欵之不同其爲載道之器傳心之訣則
一也覽者其可以差殊觀哉惟小學解增補及宋書節篇是可
先生盡心編輯嘉惠來學者而嘗見定於鬱收而無傳焉是可
恨也成斯文九鏞師門之高第也旣編次此集而以余爲同
門之末屬爲跋於此

惠泉集卷一

書

上艮齋先生 丙午

伏惟仲春道體神相慕仰之忱昕夕不任學道所以明理而行諸
事者也明理之中有性理之中有心謂氣理有理無爲有爲有爲
論而蓋工淺於性同不同有心謂氣理有理無甚用工於
性理源頭欲致廣大者忽於精微愼於近小者慢於遠大類以推
之不可枚舉而非直窮性有異受教以傳習各異故也以此各主
己見援同攟異分門割戶幻心性爲戈戰飾恭惟先生論人物性之
抗而無復其性高矣呼其惜哉恭惟先生論人物性之
同異則曰人物之性亦我之性但以形氣之不同而有異焉曰人
物同得天地之理以爲性獨人得形氣之正而能有以全其性猶

〈호남-19〉 **열재집** 說齋集

1. 형태서지

표제/권수제	열재집(說齋集)
편저자	소학규(蘇學奎) 著
판사항	석판본
발행사항	[刊寫地未詳] : 全泰然, 1957
형태사항	총 11권 5책 四周雙邊 半郭 21.9×15.8㎝, 界線, 12行30字 註雙行, 上下向2葉花紋魚尾 ; 26.6×18.3㎝
소장처	국립중앙도서관, 계명대, 연세대, 원광대, 전북대

2. 정의

『열재집(說齋集)』은 전라북도 완주군 출신의 소학규(蘇學奎, 1859-1948)의 시문집이다. 11권 5책의 분량이며, 석판본이다.

3. 저자사항

소학규의 자는 화지(化知) 또는 정습(正習), 호는 열재(說齋)이며, 본관은 진주(晉州)이다. 전라북도 완주군 용진읍 상운리에서 태어났다. 진사 소휘식(蘇輝植)의 아들이다. 어려서부터 가학(家學)으로 학문을 닦아 향읍(鄕邑)에 재명(才名)이 알려졌다. 10세 때 모친 도강김씨(道康金氏)를 잃는 아픔을 겪었지만 흔들리지 않고 학문에 열중하여 16세 때 향시에 급제하였다. 33세인 고종 28년(1891) 증광시(增廣試) 진사시에 급제했지만, 갑오년·을미년 국변대란(國變大亂)을 겪으면서 벼슬길에 나가는 것을 단념하였다. 명리(名利)에 뜻을 끊고 스스로 '열재거사(說齋居士)'라 하면서 시주(詩酒)로써 마음을 달랬다.

소학규는 기묘명현(己卯名賢)으로 대사간(大司諫)을 지낸 곤암(困菴) 소세량(蘇世良, 1476-1528)의 후손이다. 소세량은 아우 소세양(蘇世讓, 1486-1562)과 함께 진주 소씨를 대표하는 저명한 학자로 꼽힌다. 소학규는 소세량의 『곤암집』과 소세양의 『양곡집』을 중간(重刊)하면서 가문의식을 높이기도 하였다.

저자의 부친 소휘식(1837-1910)은 자가 치수(致秀), 호는 만재(晚齋)이다. 그는 1879년 진사시에서 장원급제하였으나 양친이 세상을 떠난 뒤 벼슬을 단념하고 위기지학(爲己之學)에 전념하여, 문집 6권을 남겼다. 일생토록 『주자대전』과 『율곡전서』를 스승으로 삼았으며,

족형인 소휘면을 종유(從遊)하면서, "율곡 이이-우암 송시열-농암 김창협-매산 홍직필"로 이어지는 기호학파 노론학맥을 계승하였다. 1900년 가을, 간재 전우와 도의지교(道義之交)를 맺었으며, 이듬해 겨울 완주 봉서사(鳳棲寺)에서 다시 간재와 만나 경의(經義)를 강명(講明)하였다. 이때에 아들 소학규를 대동함으로써 간재의 문하에 나갈 수 있는 계기를 만들었다.

1901년 소학규는 부친의 인도로 간재 전우를 뵌 뒤 간재의 문인이 되었다. 간재는 소학규의 서재 이름을 '검사재(檢四齋)'라 하고 훈사(訓辭)까지 지어주면서 격려하였다. 간재 문하로 들어간 것은 저자의 나이 43세였다. 저자는 공자에서 주자로 이어지는 정맥을 간재가 계승했다고 하여 사설(師說)을 높이고 중시했다.

동문들은 그의 자를 부르지 않고 '열재소장(說齋蘇丈)'등으로 일컬었다 한다. 또 강회(講會)를 베풀 적에 대개 그를 장자(長者)로 초빙하곤 하였다 한다. 그는 '장로(長老)'의 예우를 받는 데다 중망이 있었다. 기개가 있고 언사(言辭)가 엄정(嚴正)하여 상대방을 압도하는 풍도가 있었으니, 사람들이 그의 말을 듣고는 귀를 기울이거나 얼굴빛을 고쳤다고 한다. 이를 보아 간재학파 학인들 사이에서 그의 위상이 매우 높았음을 알 수 있다.

열재의 학문은 '존성(尊性)'과 '존화(尊華)'로 요약되며, 이는 간재의 학문과 사상의 핵심을 계승하는 것이다. 그는 사설(師說)을 독신(篤信)하여 이를 준수하고 옹위(擁衛)하는 데 앞장섰다. 광복 이후 정치가로 활약했던 계산(桂山) 소선규(蘇宣奎, 1903-1968), 유당(悠堂) 소완규(蘇完奎, 1902-?) 의 족형(族兄)이자 스승으로 알려져 있다.

4. 구성 및 내용

『열재집(說齋集)』은 문인 전태연(全泰然)의 발기로 1957년 족손 소화영(蘇華永)과 그의 문인이 편집·간행했다. 책 머리에 김현술(金賢述)의 서문이 있고, 책 마지막에는 족손 소화영과 전태연의 발문이 있다. 『열재집(說齋集)』은 11권 5책이며, 석판본이다. 문집의 서두에 총목록이 있고 각 책의 권두에 세부 목록이 있다.

권1-2는 사(辭)1편, 가(歌) 2편과 다수의 근체시가 수록되어 있다. 사(辭) 1편은 「차귀거래사권신진사우(次歸去來辭勸新進士友)」인데, 도연명의 「귀거래사(歸去來辭)」에 차운하여 선비들을 권면한 내용이다. 시는 형식별로 묶여있다. 106제(題)의 5언절구, 56제(題)의 5언율시, 11제(題)의 5언고시, 6제(題)의 6언절구, 132제(題)의 7언절구, 266제(題)의 7언율시, 10제(題)의 7언고시가 있다. 시에는 간재(艮齋) 전우(田愚), 면암(勉菴) 최익현(崔益鉉)을 비롯하여 여러 사람들과의 차운시를 비롯하여 만시와 풍광을 읊은 시가 있다. 시편의 마지막에 가(歌)의 형태로 2편이 실려 있는데, 「등수양산화채미가(登首陽山和采薇歌)」, 「문도하소식화백수가(聞都下消息和麥秀歌)」이다. 이 두 작품 모두 망해버린 조선에 대한 탄식과 자신의 절개를 지키는 저자의 모습이 잘 표현되어 있다.

그의 시는 대체로 평담전아(平淡典雅)하여 성정(性情)에서 유출(流出)하고 인의(仁義)에 근본하였다는 평가를 받는다. 새로운 것[新]과 기이한 것[奇]을 좋아하거나, 화려하게 수식하는 것과는 거리가 멀다. 또한 저자는 암울했던 시대를 거치면서 우국분세(憂國憤世)하는 감정을 다수의 시로 남겼다.

권3-4에는 서(書)가 수록되어 있다. 권3에는 23명에게 보낸 35편의 편지가 수록되어 있고, 권4에는 55명에게 보낸 91편의 편지가 실려 있다. 수신자는 간재(艮齋) 전우(田愚), 병암(炳菴) 김준영(金駿永)을 비롯한 선배그룹의 학자들은 물론 김택술(金澤述)을 비롯한 제자그룹의 학자도 있다. 간재에게 보낸 편지는 시국의 변화에 따른 안부는 물론 성리학에 관계된 사항을 묻고 있다. 이 밖에 스승 간재가 타계한 이후에는 스승의 학설을 지키는 내용들이 눈에 띄고, 일제강점기에 『간재집(艮齋集)』 간행을 둘러싸고 스승인 간재의 도학을 어떻게 계승해야 하는가에 대한 동문 간의 논쟁 역시 잘 나타나 있다.

권5는 비(碑) 14편, 묘갈명(墓碣銘) 31편, 묘지명(墓誌銘) 2편이 실려 있다. 비(碑)는 조상의 비문과 함께 처사와 효자의 유허비(遺墟碑)가 있다. 묘갈명과 묘지명은 대부분 주변 지인의 부탁으로 지은 것이며, 저자의 집안과 관계된 약간의 글이 있다.

권6은 42편의 묘표(墓表)와 3편의 묘지(墓誌)가 수록되어 있다. 묘표에는 집안에 관계된 묘표가 상당수 있는데, 모두 저자가 있을 때 조상의 묘표를 세운 것으로 보인다. 3편의 묘지 중에는 「자지(自誌)」가 주목되는데, 일종의 자찬묘지명에 해당한다. 이 작품에서 저자는 '토무사(討誣師)', '책기사(責欺師)', '절배사(絕背師)'의 문제에 있어서는 남에게 양보하지 않았다고 밝혔다. 이를 보면 사문수호(師門守護)에 대한 그의 의지가 남달랐음을 알 수 있다.

권7에는 16편의 행장(行狀), 11편의 행록(行錄)이 수록되어 있다. 행장에는 「십사대조고증병조판서부군가장(十四代祖考贈兵曹判書府君家狀)」, 「증조고담묵재부군가장(曾祖考淡默齋府君家狀)」, 「성산선생소공행장(惺山先生蘇公行狀)」 등 집안의 가장(家狀)이 주목된다. 이밖에 정익삼(鄭益三)을 대상으로 한 「동계정공행장(東溪鄭公行狀)」, 윤영돈(尹永暾)을 대상으로 한 「눌암윤공행장(訥菴尹公行狀)」 등이 확인되는데, 대부분 지인의 부탁으로 지은 작품이다.

권8에는 19편의 제문(祭文), 29편의 서(序)가 수록되어 있다. 제문에는 「제간재선생문(祭艮齋先生文)」이 확인되고, 이 외에는 집안 사람들의 제문이 많다. 서문은 문집서문, 족보서문, 모임에 관한 기문 등이 있다. 「사물재일고서(四勿齋逸稿序)」, 「면와집서(眠窩集序)」, 「삼성재유고서(三省齋遺稿序)」 등은 집안 선조의 문집에 대한 서문이다. 「귀호강당흥학계첩서(龜湖講堂興學契帖序)」, 「홍희서동경계첩서(洪義瑞同庚契帖序)」, 「은천사효충계첩서(隱泉祠

效忠契帖序)」등은 모임을 시작하면서 면려하는 의미로 쓴 서문이다.

권9는 51편의 기(記)가 수록되었다. 기문에는 건물에 대한 기록이 많은데, 중수기문(重修記文), 중건기문(重建記文), 이건기문(移建記文) 등이다. 이 밖에 「학생유공정려기(學生柳公旌閭記)」, 「유인여산송씨렬행기(孺人礪山宋氏烈行記)」와 같은 정려기문(旌閭記文)과 「팔의정기(八宜亭記)」, 「아석정기(我石亭記)」와 같이 정자에 관련한 기문도 많다. 이외에 「학송당기(學松堂記)」, 「은구재기(隱求齋記)」, 「농은당기(聾隱堂記)」와 같은 기문 역시 주목된다.

권10은 6편의 발(跋), 4편의 제(題), 7편의 잡저(雜著), 1편의 논(論), 8편의 상량문(上樑文), 1편의 설(說), 2편의 혼서(婚書), 12편의 잠(箴), 22편의 명(銘), 5편의 찬(贊)이 수록되어 있다.

발(跋) 6편은 모두 문집에 대한 글이다. 제(題)에는 간재선생의 문집편찬과 관련하여 의견을 제시한 「제간재선생문집진주본고변록(題艮齋先生文集晉州本考辨錄)」이 확인된다. 잡저에는 「지락당규범(至樂堂規範)」과 「지락당규약(至樂堂規約)」 등 서당에서 지켜야 할 규칙이 실려 있다. 1편의 논(論)과 설(說)은 「흥학론(興學論)」과 「권학설(勸學說)」인데, 정주학을 계승하려고 한 저자의 학문관이 잘 드러나 있다.

잠(箴)과 명(銘)에는 경계하는 말이 기록되어 있다. 저자가 죽기기 전 지은 「자명(自銘)」에서 다음과 같이 말하였다. "옛 조선 나라 성균관 진사요 훌륭한 간재 문하 가르침 지킨 사람일세. 존주대의 지키려다 끝내 이루지 못했지만 가슴 속엔 우리 임금 대통(大統) 뿐일세. [朝鮮舊國成均士 艮老高門守訓人 義欲尊周終未得 胸中祇有我王春]"라고 하여 저자자신의 정체성을 밝히고 있다. 찬(贊)에는 「간재선생화상찬(艮齋先生畵像贊)」을 비롯하여 선배그룹의 찬문이 있다.

권11은 부록(附錄)으로 저자에 대한 자세한 사항을 읽을 수 있는 부분이다. 저자에 대한 김택술(金澤述)의 제문(祭文) 7편, 만사(挽詞)62편, 김억술(金億述)이 지은 묘갈명(墓碣銘), 최태일(崔泰鎰)이 지은 행장(行狀), 아들 소진기(蘇鎭機)가 지은 가장(家狀), 문집을 간행할 때 김형관(金炯觀)이 지은 간집통문(刊集通文), 문집간행 후 김억술(金億述), 채동건(蔡東建), 김형관(金炯觀)이 지은 「흘간일감제(訖刊日感題)」, 문집 간행때 금전적인 도움을 주었던 명단인 「의연인방명록(義捐人芳名錄)」이 있다. 마지막에는 전태연(全泰然)이 지은 「열재집발(說齋集跋)」이 있다.

5. 주요작품 및 특징

시가 작품에서는 「등수양산화채미가(登首陽山和采薇歌)」, 「문도하소식화맥수가(聞都下消息和麥秀歌)」이 주목되는데, 이 시들은 모두 망국의 설움과 개인의 절개를 표현하였다. 이는 「자지(自誌)」, 「자명(自銘)」과 같은 자찬묘지명 형식의 문장에서도 읽을 수 있다.

잡저의 「흥학론(興學論)」과 「권학설(勸學說)」인데, 정주학을 계승하려고 한 저자의 학문관이 잘 드러나 있다. 이는 간재 전우의 학문적 전통을 이으려는 저자의 마음이라고 할 수 있다. 편지에서도 간재 전우에 대한 변론과 문인들의 마음을 아우르는 내용이 있는데, 모두 스승 간재 전우에 대한 존경심의 표현이라고 할 수 있다.

그의 묘도문자에서는 집안에 관련한 내용이 매우 많다. 이는 문장으로 집안을 정리하고 후손에게 전하려는 그의 가문의식이 나타난 것이다.

전체적으로 볼 때, 그의 작품은 대체로 선조에 대한 추숭과 간재 전우에 대한 존경으로 요약된다. 시대 의식을 반영한 작품들 역시 그의 가치관과 함께 깊게 살펴볼 필요가 있을 것이다.

6. 참고문헌

소학규(蘇學奎), 『열재선생문집(說齋先生文集)』
최영성, 「說齋 蘇學奎의 생애와 학문」, 『간재학논총』14, 간재학회, 2012.

説齋集序
説齋蘇先生既没之二十年丁酉其賢子鎮機與門生某某秦歙考平生手定稿
付令同觀刊之以不動一宇底保其真面且遇余逢壺山下錫拜巻之文乖詢
余能文也以詳悲顛末無累其大鍋此所按諸近世儒門子孫以父祖生平心
血依戴重尋物没卻真面目埋羞重泉之上豈可同年而語我念厭先父祖平
日權腎搜腹以期於千秋果何如而爲其子孫者忠復爲是也以此觀之余雖
蒼顔白髮氣象衰邁而論古今如倒三峽而東注吾知公爲一代豪傑持文觀其
其如道何與小心涵齋俊倉詩公心揚德高建赤慳横我出鋒使魋類量卿
鱗甲満地余時雖欤木亦殿其棱美主義理正明日開月解氣象嚴重慶遠
擧廓清陰氣之妖氣使脊六陽於萬代吾知公永徒爲家傑文章而明麟經大
一流也未幾山樑遽卖認起墻以爲千古道術終曆平先師而先師而有此

説齋先生文集
　序

説齋先生文集
丁酉陽復節門人天安金泰於謹跋
則從歿世遁其有賴而无所以感服不己者華永氏之賢勞也
謀發諸求得製十餘繼付諸剞劂閲歳切音乾鳴呼積年岩心者今炳遂顧
免巾行之藏感嘆大業恐或有湮没之嘆然是牛門生請人與其緒華永氏詢
波窂窟而況不肖子間伏念先之下世子孫八九年所著幾局尚未
蘇然其萬蘇景圭狀狀嵬曹與我光伯父諱明川公諱明聖學志同道念教証
命所守眷春秋大義而著之味咏形諸簡帛者無非是物心歸然於其名王事鳴
嗚呼此卽我説齋蘇先生文稿也良翁隨傳天安近道所講者天人性

説齋先生文集卷之一
　辭

辭
次歸去來辭勸新進七友

歸去來兮聖學時廢胡不歸夫何世俗之好新覽宇宙而漠悲懐其未而不担
絶其去而莫適卲須叟而拒拐惝慌時事之日非藥鹹誦之好音裂芰荷之蓑衣
駁駁入於音閒寞宙道之依微嘻嘻少友莫馳騫荐瞻之在前正道有門賢賢
雖遠心法猶存古俗大寞汗樽兄何人儕何人所願學夫孔顔路路坦坦兮
矢直惟其行之所安旦高古号卓立門常開而不關師友徴其座有是吾之
相洞笑啓苧而辭往樑放心而復邁歳月忽其如流莫辭躇而野吞來号兮
斛輔仁以交巽義與利而割住橾念此道此求尚觀舟泝游魚盈科而故
悌貳市参及所試莫犬字朋傳帷暗室運其虛游泛之德態樂性命必慶
亦止瓦木嘗夫而生蘗泉盈科而教流感衆物之自得嘆吾學之式休己卖子

※ 국립중앙도서관 소장

〈호남-20〉 **유재집** 裕齋集

1. 형태서지

표제/권수제	유재집(裕齋集)
편저자	송기면(宋基冕) 著
판사항	석판본
발행사항	[刊寫地未詳] : 蓼橋精舍, 1959
형태사항	총 8권 5책 : 본집 6권 4책, 부록 2권 1책 四周雙邊 半郭 20.3×14.7㎝, 有界, 10行26字, 花口, 上下向黑魚尾 ; 27.2×18.4㎝
소장처	국립중앙도서관, 계명대, 단국대 퇴계기념도서관, 성균관대 존경각, 전남대, 전북대, 전주시립완산도서관

2. 정의

『유재집』은 본집 6권, 부록 2권, 합 5책으로 구성된 송기면(宋基冕, 1882-1956)의 시문집이다.

3. 저자사항

송기면의 자는 군장(君章), 호는 유재(裕齋) 또는 겸산기인(兼山騎人) 또는 병암(屛巖), 본관은 여산(礪山)이다. 아버지는 송응섭(宋應燮)이며, 어머니는 전주최씨로 세영(世榮)의 딸이다. 1882년(고종19)에 전라북도 김제군 백산면 요교리(蓼橋里)에서 5남매 중 막내로 태어났다. 5세에 부친이 세상을 떠났으며, 13세에 동학농민운동이 일어나자 만경 규동(閨洞)으로 피난했다. 1906년 25세에 10년 동안 석정(石亭) 이정직(李定稷)에게 시문(詩文)·서화(書畵)·의약(醫藥)·역산(曆算) 등을 배운 뒤, 조정에서 박사과(博士科)를 선발한다 하여 응시하려다가 시험장이 문란하다는 이야기를 듣고 그만두었다. 29세에 스승인 이정직이 세상을 떠나자 스승의 뒤를 이어 후학을 지도했다. 39세를 전후하여 계화도에 있던 간재(艮齋) 전우(田愚)에게 나아가 수학히면서 고향인 요교리에 요교정사(蓼橋精舍)를 짓고 후학양성과 학문연구에 전념했다. 1956년 10월 25일 75세의 나이로 요교리 집에서 생을 마쳤다. 11월 5일 김제 북쪽 백석면 자학리(紫鶴里)에 안장했다. 후에 김제 병암사(屛巖祠)에 봉안되었다.

초년에는 이정직의 문하에서 문장·서화·역산(曆算) 등을 두루 배웠고, 만년에는 전우의 문하에서 성리와 의리에 관한 학풍을 받아들여 학문적 기반을 형성하였다. 심성설(心性說)에서 전우의 기본명제인 '성존심비(性尊心卑)'·'성사심제(性師心弟)'의 설을 추종하여 계승하고 전개시켰다. 그러나 그의 문집의 백미로 꼽히는 잡저(雜著)를 살펴보면, 상당 부분 근대적 사고에 입각한 사회개혁의 논지를 담고 있다. 송기면은 유교의 생활규범과 유학사상의 토대 위에 근대 유학자로서의 새로운 삶의 좌표를 설정하고, 고향의 요교정사에서 후진양성에 전념하며 "선비는 도를 위해 자신을 바치고 신하는 나라를 위해 자신을 바친다."라고 강조했다. 항일정신이 투철하여 삭발은 물론 창씨개명을 거부하다가 일본 경찰에게 갖은 협박을 당하기도 했다. 특히 서예에 뛰어나 왕희지(王羲之)·미불(米芾)·동기창(董其昌)의 경지에까지 이르렀을 정도였으며, 간재 전우의 부탁으로 임헌회(任憲晦)의 신도비명을 비롯하여 많은 비문을 썼다.

4. 구성 및 내용

『유재집』은 1959년 송기면의 아들 성용(成鏞)과 문인들이 편집해서 석판본으로 간행하였다. 부록 권두에 전일건(田鎰健)의 서문이 있으며, 1988년에 영인본을 발행하면서 권용현의 중인서(重印序)가 추가되었다. 목차는 권1에 부(賦) 2편, 시 276제 368수, 권2에 서(書) 112편, 잡저(雜著) 8편, 권3에 잡저 2편, 권4에 서(序) 18편, 기(記) 12편, 제발(題跋) 16편, 명(銘) 12편, 찬(贊) 5편, 자사(字辭) 1편, 혼서(婚書) 4편, 고축문(告祝文) 6편, 제문(祭文) 23편, 애사(哀辭) 1편, 상량문(上樑文) 2편, 권5에 비(碑) 7편, 묘갈명(墓碣銘) 31편, 묘표(墓表) 21편, 권6에 묘지명(墓誌銘) 8편, 행장(行狀) 12편, 전(傳) 1편, 부록 권1·2에 가장(家狀)·행장·묘갈명·묘지명 각 1편, 제문 14편, 만시(輓詩) 68수, 사우왕복서(師友往復書), 창수시(唱酬詩), 제가기술(諸家記述), 읍혈서(泣血書), 강학록(講學錄), 간재수서(艮齋手書), 유묵(遺墨) 등이 수록되어 있다.

권1의 「필부(筆賦)」는 필법의 진결(眞訣)을 밝힌 것이다. 송기면은 이글에서 먼저 서예도 육예(六藝) 중의 하나인 예술이라고 전제하였다. 이어서 왕희지(王羲之)·안진경(顔眞卿)·유공권(柳公權) 등 옛날 중국 명필들의 필법을 구체적으로 설명하였다. 이어서 예서·전서·행서·초서·해서 등 각체의 운필법과 서법 이론에 대하여 중국과 우리나라의 서법을 상호 비교하여 그 특징을 밝혔다. 이어서 스승 이정직에게 전해 받은 자신의 서체 이론을 간결명료하게 설명하였다.

송기면의 시풍은 권용현의 중간 서문에서 밝힌 바와 같이 "대체로 말쑥하고 고상하다."고 일컬어진다. 그의 시세계는 고사적(高士的) 삶의 태도와 지절 의식, 국토 유력의 감흥과 망국의 유민 의식, 호남지역에서 활동한 문인들과의 교유시 등이 주를 이루고 있다. 그중 「병신원조(丙申元朝)」라는 작품에서는 "홀로 근심 안고 새벽까지 앉아서[獨抱幽憂坐達晨], 하늘과 땅에 빌고 신에게 또 빌었네[拜天禱地又祈神]. 어느 누가 부드럽게 품어주는 덕 베풀어 [何人能施柔懷德], 온 세계 따사로운 봄 얻을 수 있을까[四海融融各得春].”라고 읊었다. 송기면이 세상을 떠나던 해인 1956년(75세) 설날 아침에 쓴 이 시는 그가 한평생 나라의 안녕을 염원했던 간절한 마음이 잘 나타나 있다.

권2에 수록된 서간문은 스승 전우를 비롯해 사우(師友)와 지구(知舊)와의 왕복 서간이 주를 이루고 있는데, 학문을 토론하거나 자신의 의견과 일상생활을 개진한 것으로서 송기면의 사상을 엿볼 수 있다. 그러나 이 서간문에는 전우와 성리학에 관한 학술을 논의한 부분을 거의 찾아볼 수 없으며, 이정직에게 올린 서신은 남아 있지 않다. 권2·3에 수록된 잡저 중에서 「유신론(維新論)」과 「망언(妄言)」 2편은 송기면의 현실인식과 사상적 경향을 알 수 있는 중요한 자료이다. 이 외에도 앞서 개관한 바와 같이 송기면은 다양한 문체의 산문을 두루 남기고 있다. 그중에서 권5의 「정평구전(鄭平九傳)」은 김제 평고창(平皐倉)의 창고지기인 정평구의 뛰어난 기변(機變)의 골계(滑稽)를 서술한 작품이다. 이 글은 정평구가 비록 지체가 낮은 상인(常人)이지만 재치와 기변이 있음을 소개하면서 그와 같은 인물을 등용하지 못하는 조선조의 신분제도를 지적하고 있다. 이는 유학자로서 보기 드문 진취적 사고의 반영이라고 할 수 있다.

5. 주요 작품 및 문집의 특징

송기면이 남긴 작품들 중에서 가장 주목되는 것은 잡저이다. 그중에서 먼저 「유신론(維新論)」은 새로운 것은 옛것을 계승하여 본체로 삼고, 옛것은 새로운 것을 응용으로 삼는다는 구체신용설(舊體新用說)을 제기한 글이다. 이는 참된 유신이란 전통의 계승적 창조에 있음을 강조한 논술이다. 특히 송기면의 「유신론」은 그의 사회개혁에 대한 논지가 잘 드러난 작품으로, 이정직의 사상을 이어받고 전우의 경학을 토대로 한 현실인식을 반영한 것으로 평가된다. 다음으로 「병중산필(病中散筆)」은 태극(太極)·음양(陰陽)·이기(理氣)·인심도심(人心道心)·사단칠정(四端七情) 등을 연역적으로 설명한 글이다. 이 중 이기설은 본원의 이치는 만물이 똑같지만 기질의 편차에 의해 각기 달라진다는 이이(李珥)의 이통기국(理通氣局)설을 연역한 것으로 전우의 성리학을 견지하였다.

권3에 수록되어 있는 「망언(妄言)」 2편은 송기면의 대표작이라고 할 수 있다. 「망언」 1편에서는 군민(君民)·의리(義利)·경권(經權)·강약(强弱)·문무(文武)·빈부(貧富)·용겁(勇怯)·금일동서(今日東西) 등 18조를 열거하여 현실의 절실한 문제들에 대한 소신을 피력하고 있다. 송기면은 통치자인 군(君)과 백성은 세계를 유지하는 데 필수적인 두 요소라 보고, 통치자의 역할은 백성들로 하여금 사람마다 경쟁을 하지 않으면서 이익을 고르게 가질수 있게 하는 것이라고 지적했다. 그리고 의(義)란 "백성들로 하여금 사람마다 소리(小利)를 잊고 대리(大利)를 구하게 하는 것"이라 하고, 인(仁)이란 "사람의 공심(公心)에 근본하여 이익을 사람마다 두루 누리게 하는 것"이라 하여, 인과 의에 대한 새롭고 독특한 정의를 내렸다. 이는 의(義)와 리(利)를 대립적으로 파악하는 종래의 도학적 입장을 넘어서서 의와 리의 조화를 강조한 것이다. 아울러 송기면은 이 글에서 동도서기론(東道西器論)을 근거로 동도(東道)의 중요성을 내세워 유학(儒學)이 사라지면 외침 이전에 스스로 국가가 공허하게 될 것이라는 점을 강조하고, 서구과학은 동양의 정신문화를 기조로 하였을 때 비로소 정립될 수 있음을 말하였다. 이를 통해 유교적인 도덕정치야말로 가장 궁극적인 정당성을 지니고 있다는 점을 강조했다. 「망언」 2편에서는 양계초(梁啓超)의 『음빙실문집(飲氷室文集)』에 실린 「동서고금 정치학술(東西古今政治學術)」에 대해 동서양의 정치이념과 제도를 종합·검토하여 양계초의 서구적 정치사상에 따른 변법론을 비판하고 있다. 이 또한 유교적인 도덕정치가 가장 궁극적인 정당성을 지니고 있다는 점을 강조한 것이다.

송기면은 29세 때까지 10여 년 동안 이정직의 문하에서 수학했고, 30대 후반에 최만년(最晩年)의 전우에게 나아가 학문을 배웠다. 이정직에게는 실용적 지식을 포함한 박학적(博學的)인 학풍을 전수받았다면, 전우를 통해서는 성리(性理)와 의리(義理)에 관한 약례적(約禮的)인 학풍을 받아들여 학문적 기반을 형성했다. 이를 바탕으로 한말과 일제강점기, 동족상쟁(同族相爭)의 비극을 모두 겪으면서 자신만의 경세론과 사상적 토대를 구체화했다.

송기면은 이 과정에서 경상(經常)과 권도(權道)의 문제나 세력의 강약 문제, 성패(成敗)의 문제, 시의(時宜)와 변법(變法)의 문제 등 현실의 절실한 문제들을 자신의 일관된 입장에서 균형과 조화를 이룰 수 있도록 고민하였다. 그리고 동서양의 정치이념과 제도를 종합 검토하고서 군주제(君主制) 아래 군왕을 존귀하게 높이는 동시에 백성을 근본으로 삼아 중시해야 한다는 입장으로 군주민본(君主民本)과 군존민중(君尊民重)의 원리를 제시하였다. 또한 서양의 정치원리가 공리(功利)에 기반을 두고 있음을 분석하고 동양의 유교적인 도덕정치가 궁극적인 정당성을 지니고 있다는 확신을 가지고 있었다.

『유재집』은 이와 같은 송기면의 사상적 면모와 현실인식을 구체적으로 살펴볼 수 있다는 점에서 가치가 크다.

6. 참고문헌

금장태·고광식 공저, 『儒學近百年』, 박영사, 1984.

이동술, 『유재집』, 『한국민족문화대백과사전』, 1996.

박완식 역, 『裕齋集 : 유재 송기면의 문학과 사상』, 이회, 2000.

박완식, 『전북 선현 문집 해제 (Ⅰ)』, 민족문화추진회 부설 국역연수원 전주분원, 2003.

구사회·김규선, 「유재 송기면의 선비정신과 시세계」, 『한국 고전문학의 자료 발굴과 탐색』, 보고사, 2013.

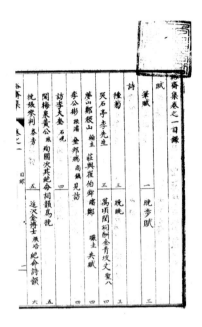

〈호남-21〉 **소파시문선고** 小波詩文選稿

1. 형태서지

표제/권수제	소파시문선고(小波詩文選稿)
편저자	송명회(宋明會) 著
판사항	신활자본
발행사항	[刊寫地未詳] : [刊寫者未詳], 1958
형태사항	총 4권 2책 四周雙邊 半廓 23.1×17.3㎝, 有界, 14行27字, 上下向2葉花紋魚尾 ; 29.0×20.0 c
소장처	국립중앙도서관, 경기대, 고려대, 영남대, 전남대, 전북대, 충남대

2. 정의

『소파시문선고』는 4권 2책으로 구성된 송명회(宋明會, 1872-1953)의 시문집이다.

3. 저자사항

송명회의 자는 남일(南一)이고 호는 소파(小波), 본관은 여산(礪山)이다. 1872년(고종9)에 전라남도 보성군(寶城郡) 원당리(元堂里)에서 아버지 송수면(宋秀勉)과 어머니 남원(南原) 윤씨(尹氏) 사이에 5남 1녀 중 장남으로 태어났다. 어려서부터 총명하기가 남보다 뛰어나 5세에 글을 읽었다고 하며, 7세에 연정(蓮亭) 이기선(李基善) 문하에 나아가 배웠다. 이기선이 시재(詩才)가 있다고 여겨 '관해(觀海)'라는 시제(詩題)를 주니 거뜬히 지어내기에 천재라고 경탄하였다고 한다. 과거시험이 폐지되어 시험을 볼 수가 없었음에도 불구하고 더욱 시문 창작에 몰두하였다.

1893년(고종30)에 영재(寧齋) 이건창(李建昌)이 보성으로 유배 왔을 때, 송명회는 동생 송운회(宋雲會)와 함께 이건창을 찾아가 그 아래서 수학을 하였다. 송명회는 이건창에게 문사(文詞)가 뛰어나다고 많은 칭찬을 받았는데, 1894년에 이건창이 유배에서 풀려 돌아가자 평생 그를 스승으로 받들었다. 이후 1897년 겨울에는 강화(江華) 사곡(沙谷)으로 이건창을 찾아가 뵙고 그 동생 난곡(蘭谷) 이건방(李建芳)과 친분을 쌓아 그와도 평생지기가 되었다. 1898년(광무2)에는 연재(淵齋) 송병선(宋秉璿)이 남쪽으로 유람 왔을 때 그를 찾아가서 여러 날을 함께 보내며 수창하였다. 송병선은 송명회의 재능을 사랑하여 자기 제자처럼 대해 주었다.

1900년에는 정산(定山)으로 면암(勉菴) 최익현(崔益鉉)을 찾아가 배알하였다. 최익현은 송명회에게 정로(正路)를 잃지 말고 공부에 정진하라고 격려해 주었다. 이듬해인 1901년에는 지리산 아래 구례로 매천(梅泉) 황현(黃玹)을 찾아가서 여러 날 동안 화엄사 등지에서 함께 머물며 시를 논하고 수창하였다. 당시 황현은 송명회를 지기(知己)처럼 대해 주었다고 한다. 송명회는 이때 백촌(白村) 이병호(李炳浩)·유당(酉堂) 윤종균(尹鍾均)·남파(南波) 김효찬(金孝燦) 등 구례의 여러 문인들과 친분을 쌓았다. 이 무렵의 시가 현재 문집에 여러 편 실려 있다. 이후 송명회는 서울을 오가며 동강(東江) 김영한(金寧漢)·위당(爲堂) 정인보(鄭寅普) 등과도 교분을 쌓았으며, 금강산과 한라산 등지를 여행하며 많은 시를 남기다가 향년 82세에 고향에서 타계하였다. 그는 호남시단에서 매천 황현을 잇는 호남의 대시인으로 칭송되었다.

4. 구성 및 내용

『소파시문선고』는 신활자본 4권 2책의 문집이다. 송명회가 1953년에 82세의 나이로 별세하자 아들 송문현(宋紋顯)이 그의 시와 문을 수집하여 아버지와 교분이 두터웠던 연창(延昌) 안규용(安圭容)·동강 김영한·위당 정인보·광산(光山) 김문옥(金文玉)의 서문과 죽산(竹山) 안종남(安鍾南)·응주(應州) 이병원(李秉元) 및 동생 송운회의 발문을 받아 1958년에 간행하였다. 권1에는 시 316수, 권2에는 시 362수, 권3에는 시 370수가 실려 있다. 권4에는 서(書) 10편, 서(序) 12편, 기(記) 12편, 발(跋) 7편, 상량문(上樑文) 3편, 제문(祭文) 5편, 묘갈명(墓碣銘) 6편, 묘표(墓表) 2편, 행장(行狀) 4편, 잡저(雜著) 3편이 실려 있다. 부록으로 묘표(墓表) 1편과 발(跋) 3편이 실려 있다.

안규용은 서문에서 송명회가 약관이 못되었을 때부터 공령시(功令詩)로 이름을 날렸으며, 과거시험이 없어진 뒤에도 고조(古調)와 근체(近體)에 전념하여 손에서는 한위(漢魏)의 시를 놓은 적이 없고, 입으로는 당송(唐宋)의 시를 읊지 않은 적이 없었다고 하였다. 또한 침식을 잊고 깊이 연구하고 깨달아서 마침내 신묘(神妙)함에 들어갔다고 평가하고, 눈으로 본 바와 정으로 펴낸 것이 시 아닌 것이 없었으니, 성음(聲音)이 갱장(鏗鏘)하고 색채가 현란하여 사람들의 이목을 빼앗아 자신도 모르게 심취하고 정신을 깨어나게 한다고 평가했다. 김영한은 서문에서 호남에서 고죽(孤竹) 최경창(崔慶昌), 옥봉(玉峰) 백광훈(白光勳), 백호(白湖) 임제(林悌) 등의 시인이 나타나 이름을 날렸고, 근세에는 매천 황현이 그들의 뒤를 따랐는데, 또 그 뒤에 송명회가 나타났다고 평가했다. 정인보와 김문옥도 서문에서 송명회가 이건창과 황현에게 배워 시에서 뛰어나게 되었으며, 황현을 잇는 호남의 대표적인 시인이라고 일컬었다.

5. 주요 작품 및 문집의 특징

『소파시문선고』의 서문에서 일컫는 바와 같이 송명회는 당시 황현을 잇는 호남시단의 대표적인 시인이었다. 그는 근체시를 잘 지었으며, 시인의 영감을 중시했다. 이러한 송명회의 시론은 다음의 작품을 통해 확인할 수 있다.

「鍊詩」	「시를 연마함」
東邦詩學擬中華	우리나라 시학은 중국을 배워서
祖宋宗唐幾大家	당송(唐宋)을 으뜸으로 삼으면 거의 대가라 하네
鍊到鏗鏘金有響	담금질하여 치면 쇠는 멋진 소리 울리고
磨成璀璨玉無瑕	갈아서 빛나게 되면 옥은 티가 없어지네
務祛陳腐方爲雅	힘써 진부함을 없애면 바야흐로 고상하게 되고
悟得空靈始入佳	공령(空靈)을 깨달아 얻으면 비로소 아름다움에 들어간다네
歷盡深幽艱險境	깊고 그윽하며 험한 경계를 다 지나면
一條坦路不欹斜	한 줄기 평탄한 길 기울지 않는다네

「論近體和雲人」	「근체시를 논하며 운인(雲人)과 화답함」
大家元不限藩籬	대가는 원래 울타리를 한정하지 않으니
豈止蘇黃以自期	어찌 다만 소식과 황정견으로 자신을 기약하랴
妙悟由心難與道	묘오(妙悟)는 마음에서 나오니 더불어 말하기 어렵고
精硏下手且須遲	정밀하게 연구하며 써 내려가니 더디기만 하구나
空明月印潭中影	비고 밝고 월인(月印)은 못 속의 그림자로 있고
淸淡梅胎雪後枝	맑고 담박한 매태(梅胎)는 눈 내린 가지에 있네
未必勞勞尋別逕	반드시 수고롭게 다른 길을 찾지 말 것이니
從來眞境在無爲	예로부터 참된 경계는 무위(無爲)에 있다네

위의 두 작품은 송명회의 시론을 잘 보여준다. 먼저 「연시(鍊詩)」는 함련(頷聯)에서 열심히 시구(詩句)를 단련한 것을 말하고, 경련(頸聯)에서 진부함을 없애고 공령(空靈)을 깨달아야 함을 강조하고 있다. 그리고 「논근체화운인(論近體和雲人)」에서는 함련에서 엄우(嚴羽)가 『창랑시화(滄浪詩話)』에서 강조한 묘오(妙悟)의 깨우침을 바탕으로 시구를 단련하는 면모를 중시하고 있다. 이어서 경련에서는 그러한 과정을 통해 드러나는 시적 경계를 은유적으로 표현하고, 미련(尾聯)에서 시창작에서 작위적이고 인위적인 노력은 헛된 것임을 일깨운다. 따라서 이와 같은 시론을 통해 송명회가 지향한 창작 태도를 짐작할 수 있다.

송명회의 시작품을 좀 더 구체적으로 살펴보면, 먼저 교유시가 많은 것이 주목된다. 송명회는 이건창, 황현, 송병선과 관련된 시들을『소파시문선고』의 제일 앞부분에 실어서 존경의 뜻을 드러내었다. 그리고 운인(雲人) 송홍(宋鴻), 우석(愚石) 기세철(奇世哲), 월사(月舍) 윤천희(尹天喜)를 비롯한 여러 문인들과의 교유시를 수록했다. 개인적인 서정시로는 제목에 '산거(山居)', '산재(山齋)'와 같은 글자가 들어간 시를 통해, 산촌에서 은거하는 쓸쓸한 정서를 읊은 작품들이 많이 보인다. 그리고 꿈을 제재로 해서 노장적 세계관을 투영하고 인생을 한바탕 꿈으로 여기는 시들도 여러 편 있다.

다음으로 농촌 생활의 다양한 모습을 생동감 있게 묘사한 작품들이 주목된다. 그중에서「정천관렵(程川觀獵)」은 보성군 미력면 근처를 흐르는 정자천에서 고기 잡는 모습을 읊으며, 강변의 자연 풍경을 묘사하였다.「오월전가(五月田家)」는 한창 바쁜 시기 농가의 풍경을 따뜻한 시선으로 그렸다. 반면에 가난한 농민의 참상을 사실적으로 읊은 작품들도 있다. 예를 들어「타맥(打麥)」은 세금에 시달리는 가난한 농가의 형편을 형상화했으며,「상시(傷時)」에서도 열심히 일해도 굶주림과 헐벗음에서 벗어나지 못하는 참상을 묘사했다.

또한 송명회는 여러 지역을 여행하면서 지은 기행시도 많이 남겼다.「평양(平壤)」·「기자릉(箕子陵)」·「송경회고(松京懷古)」와 같이 평양과 개성을 돌아보고 지은 시들도 있고,「내금강장안사(內金剛長安寺)」·「명경대(明鏡臺)」 등 금강산을 대상으로 한 시들은 거의 20여 수에 이른다. 이외에도「속리산기행(俗離山記行)」·「지리산(智異山)」·「한라산(漢拏山)」 등 산행을 하며 읊은 시,「유마사(維摩寺)」·「숙송광사(宿松廣寺)」·「청량사요서(淸凉寺澆暑)」 등과 같이 사찰에 머물면서 지은 작품들도 많이 있다.「영주십경(瀛洲十景)」은 제주도의 십경(十景)을 칠언절구 열 수로 지은 작품이다.

또한「문경술지변이작(聞庚戌之變而作)」은 경술국치의 소식을 듣고 느낀 비분강개함을 읊었고,「을유칠월칠일문복국지희(乙酉七月七日聞復國志喜)」는 광복의 기쁨을 맞아 송명회가 느낀 감회를 살펴볼 수 있다. 아울러 여성을 시적 화자로 삼아 여성의 정조를 시로 형상화한「춘규원(春閨怨)」·「노기(老妓)」 등의 작품, 더위를 파는 풍속을 읊은「매서요(賣暑謠)」나 귀밝이술을 소재로 한「유궤이명주(有饋耳明酒)」와 같은 풍속시들은 송명회의 시적 관심이 매우 폭넓었음을 잘 보여준다.

6. 참고문헌

김대현,「小波와 雪舟의 생애와 시문학 연구」,『고시가연구』17, 한국고시가문학회, 2006.
宋明會 著·宋泰炅 譯,『(國譯)小波詩文選稿』, 小波雪舟國譯遺稿集發刊推推進委員會, 2009.

〈호남-22〉 **설주유고** 雪舟遺稿

1. 형태서지

표제/권수제	설주유고(雪舟遺稿)
편저자	송운회(宋運會) 著
판사항	신연활자본
발행사항	寶城 : 氷湖書室, 1970
형태사항	총 3권 1책 四周雙邊 半廓 22.5×14.0㎝, 有界, 12行29字, 注雙行, 內向二葉花紋魚尾 ; 28.8× 19.3㎝
소장처	국립중앙도서관, 계명대, 전남대, 전북대, 한국학중앙연구원

2. 정의

『설주유고』는 3권으로 구성된 송운회(宋運會, 1874-1965)의 시문집이다.

3. 저자사항

송운회의 자는 세경(世卿), 호는 설주(雪舟)인데, 말년에는 빙설옹(氷雪翁)·노설(老雪)·설옹(雪翁) 등의 호를 자주 사용하였다. 본관은 여산(礪山)이다. 아버지는 지암(芝庵) 송수면(宋秀勉)이고 어머니는 남원(南原) 윤씨(尹氏)이다. 1874년(고종11) 7월 16일에 전라남도 보성군 율어면 금천리 강정에서 5남 1녀 중 차남으로 태어났다. 송운회는 7세 때부터 형 송명회(宋明會)와 함께 통정대부(通政大夫)를 지낸 조부 파수(波叟) 송후만(宋厚萬)에게 한학과 서예를 배웠는데 총명함이 뛰어났다고 한다.

19세 때 영재(甯齋) 이건창(李建昌)이 보성으로 유배를 오게 되자, 형 송명회와 함께 그의 문하에서 한문과 서예를 배웠다. 당시 두 형제는 침식을 잊은 채 경서(經書)를 읽고 서예를 익혔다고 한다. 이때 이건창은 송운회의 이름을 진회(震會)에서 운회(運會)로 고쳐주고 세경(世卿)이라는 자를 지어주었다. 그리고 서예에 재능이 있음을 발견하고 자신의 서법을 전수하였다. 이렇게 이건창의 문하에서 접한 학문과 서예는 송운회에게 커다란 자극을 주어 그의 삶과 서예관에 큰 영향을 미쳤다. 이후 보성에서의 귀양살이를 마치고 다시 벼슬길에 나갔던 스승 이건창이 고군산도로 세 번째 유배를 당하고, 급기야 1898년에 47세의 나이로 운명하자 송운회는 스승을 위해 심상(心喪) 3년을 지냈다. 이후 송운회는 상실감과 외로움을 달래지 못해 전국의 명산대천을 두루 순례하며 경향 각지의 명유(名儒)를 찾아 교유하며 지냈다.

송운회는 어려서부터 평생 동안 형인 소파 송명회와 죽곡정사(竹谷精舍)의 안규용과 거의 함께 생활하였다. 일제강점기에는 세상을 등지고 궁벽진 고향에서 작품 활동을 하면서 후학을 양성하는 데 집중했다. 1915년-1919년 즈음에는 전남 보성군 율어면 문양리 문양재(文陽齋)에서 친구인 안규용의 아들 안종선과 문태석·선종석·송태규·송의현 등 다수의 제자를 가르쳤다. 1920년-1934년 즈음에는 안규용이 본격적으로 문인을 양성하기 위해 세운 죽곡정사를 왕래하며 후학들을 가르쳤다. 그리고 1934년-1937년 즈음에는 남헌(南軒) 선정훈(宣政熏)이 교육만이 구국의 길이라 결심하고 일본의 식민교육에 맞서 전통 한학을 가르치면서 민족정신을 잇고자 충청북도 보은에 지은 관선재(觀善齋)에 초빙되어, 그곳에 거처하면서 작품 활동을 하고 서예를 가르치며 후학을 양성하였다.

60세 되던 1933년에는 회봉 안규용, 노석(老石) 임기현(任奇鉉), 계산(桂山) 심기순(沈琪淳)과 40여 일간의 일정으로 서울을 경유하여 개성과 금강산 유람을 하였다. 『금강첩(金剛帖)』과 「유금강기(遊金剛記)」가 이 당시 지은 작품이다. 송운회는 전국을 유람하며 작품 활동을 하였기 때문에 전국 각지에서 많은 제자를 배출하였다. 그가 오른 산으로는 천관산·무등산·지리산·두방산·오봉산 등이 있으며, 속리산 일대를 유람하며 남긴 시와 간찰도 있다. 송운회는 한 번도 관직에 나아가거나 이름을 얻기 위해 노력하지 않고 유랑하는 삶을 살았지만, 시문에 대한 열정은 팔순을 넘기고서도 지칠 줄을 몰랐다. "붓을 놓는 날이 내가 가는 날"이라는 말을 입버릇처럼 되뇌였으며, 주위 사람들이 "보성 강물이 온통 설주선생의 붓 행구는 먹물이다."라고 했다는 일화도 남아 있다. 그는 세상을 뜨기 하루 전 가족들 앞에서 화선지에 큰 붓으로 '일심(一心)'이라는 두 글자를 남기고 낙관을 새기지 못한 채 자리에 누웠다고 한다. 1965년 3월 27일 전남 보성군 겸백면 운림리 숙호마을 자택에서 92세의 일기로 운명하였다.

송운회는 시인보다는 서예가로 널리 알려져 있는데, 우리나라 명인(名人)들의 필법을 두루 섭렵하는 한편 명나라 문인 동기창(董其昌)의 필법에 심취했다. 이를 통해 그는 남도 특유의 독자적 서풍을 형성하여 그 맥을 이으면서 남도 서예의 발전을 주도적으로 이끌었다. 그의 예술 세계는 아들 근암(槿庵), 손자 설강(雪岡), 조카 설파(雪坡), 종손 소정(小汀)과 춘방(春舫)으로 이어지고 있다. 그가 남긴 저서로는 『설주유고(雪舟遺稿)』와 여러 종류의 법첩(法帖)이 있다. 대표적인 유묵집으로는 『빙설첩(氷雪帖)』, 『설인금강첩(雪人金剛帖)』, 『설주시고(雪舟詩稿)』, 『간독초결(簡牘草訣)』, 『호정간독(湖亭簡牘)』, 『상고첩(尙古帖)』, 『임고첩(臨古帖)』, 『설주진적(雪舟眞蹟)』, 『식재간(植齋柬)』, 『낙민시선집(洛閩詩選集)』, 『설주법첩(雪舟法帖)』, 『아양묵운(峨洋墨韻)』, 『아양묵(峨洋墨)』, 『조주한문공묘비문(潮州韓文公廟碑文)』, 『자양서독(紫陽書牘)』, 『설옹람간(雪翁濫竿)』, 『천자문(千字文)』, 『간찰첩(簡札帖)』 등이 있다.

이 밖에도 아직 미공개된 간찰이 상당수 남아 있다.

4. 구성 및 내용

『설주유고』는 형인 송명회(宋明會)가 동생의 손자들에게 흩어진 시문을 수집하게 하여 자신이 서문을 쓰고, 안규용과 송민현(宋紋顯) 등이 발문을 써서 1950년에 편찬했다. 권1에는 280제(題), 권2에는 184제의 시가 수록되어 있다. 권3에는 서(書) 38편, 잡저(雜著) 「유금강기(遊金剛記)」 1편, 발(跋) 「소파시문선고발(小波詩文選稿跋)」·「제덕산정사운첩후(題德山精舍韻帖後)」 2편, 제문(祭文) 「등회봉처사문(登晦峰處士文)」 1편이 수록되어 있다. 부록에는 안종선(安鍾宣)이 쓴 묘표(墓表) 1편, 안규용과 송민현이 지은 발문 2편, 연보(年報)가 수록되어 있다.

『설주유고』의 주 내용은 마음이 통하는 사람들과 어울려 함께 술을 마시거나 창수(唱酬)한 교유시, 농촌·어촌들의 풍경이나 생활상을 소재로 한 시, 전국의 사찰·서원·누각 등을 소재로 한 시, 한라산·무등산·속리산 등 명산대첩을 두루 유람하면서 지은 기행시 등이다. 그 가운데에는 당시의 차문화와 차를 마시는 생활상을 두루 살펴볼 수 있는 차시(茶詩)도 많이 남아 있다. 또한 죽곡정사에서 강회(講會)나 시회(詩會)가 열릴 때면 경향 각지의 선비들이 참여하여 다양한 학문 활동과 시창작 활동을 맺은 흔적들을 곳곳에서 발견할 수 있다.

송운회의 시작품 경향에 대해서 형 송명회는 「설주유고서」에서 일컫기를 '동생이 좋은 날이 되면 누대에 올라 시를 짓고 벗들과 만나고 헤어질 때도 시를 지었는데, 원고를 간직하지 않고 억지로 남기려고도 하지 않아 지금 작품이 많이 남아 있지 않다. 그러나 그 작품의 풍격은 청신(淸新)하고 고묘(高妙)하다.'고 평가했다. 안규용은 「설주시고발」에서 "송운회의 사람됨이 탈쇄(脫灑)하고 온아(溫雅)한 까닭에 그 시는 신골(神骨)이 서로 따르고 티끌이 없고 진부한 기운을 벗어났으며, 서법(書法)의 변화무쌍한 필획의 오묘함이 입신(入神)의 경지에 들어서 그 시도 용과 뱀이 움직이는 듯하고, 말과 음식을 삼가고 절제하는 까닭에 시에서도 종용(從容)하여 박절하지 않으며 평담(平淡)하여 씹어서 음미하는 맛이 있고, 기구한 세상의 격변을 겪으면서 더욱 굳건해진 까닭에 시에서 간혹 감개(感慨)하고 처절한 느낌이 있다."라고 평가했다.

5. 주요 작품 및 문집의 특징

송운회는 지재(芝齋) 김진호(金震浩), 몽희(夢羲) 조태승(曺兌承), 초헌(蕉軒) 이병기(李秉起), 성재(省齋) 송주의(宋柱義), 심재(心齋) 이정회(李正會), 정양(靜養) 안종남(安鍾南), 월

산(月山) 구교창(具敎昌), 석하(石下) 정재욱(鄭在昱) 등 수많은 문인들과의 교유시를 남겼다. 또한 「어부(漁父)」, 「전옹(田翁)」, 「이앙(移秧)」 등 농촌과 어촌의 생활상을 담은 작품도 남겼다. 그리고 고향에서 유유자적하거나 은거하는 정서를 담은 작품들도 남겼는데, 그 중의 한 작품을 예로 들면 다음과 같다.

「설주원운(雪舟原韻)」

漢江獨釣釣無綸	찬 강에 홀로 낚시 하니 낚시에는 줄이 없고
萬逕寥寥不見人	많은 길은 고요하고 사람은 보이지 않네
泛泛孤舟忘歲月	떠 흔들리는 외로운 배 세월을 잃어버리니
瓢瓢一笠出風塵	나풀거리는 한 삿갓 인간 세상에 나왔네
八旬渭水將誰待	팔십에 위수(渭水)에서 장차 누굴 기다리나
七里桐灘是我隣	칠리(七里)의 동탄(桐灘)은 나의 이웃이네
沈臥雲林何所樂	운림마을에 깊이 누워 무엇을 즐기는가
白鷗無恙也相親	흰 갈매기와 서로 친하니 몸은 탈이 없네

이 시는 팔순에 이른 송운회가 보성 고향에서 외롭게 여생을 보내는 가운데 자연과 벗하며 유유자적하는 삶의 모습을 보여준다. 이외에도 송운회는 「을유칠월칠일문복국(乙酉七月七日聞復國)」이라는 시에서 치욕에서 벗어나 해방을 맞은 기쁨과 솟구치는 울분의 감정을 표현했다. 아울러 「등서석산시(登瑞石山詩)」·「숙규봉암(宿圭峰庵)」과 같이 무등산을 올라갔다 온 감회를 읊은 시, 「속리도중(俗離途中)」·「법주사(法住寺)」·「문장대(文藏臺)」 등 속리산을 올라 지은 10여 편의 시, 「관선재여제반창수(觀善齋與諸伴唱酬)」 등 충청도에 가서 지은 시, 만동묘가 있는 선유동에 가서 읊은 「화양구곡(華陽九曲)」, 금강산에 가서 지은 「풍악(楓岳)」·「명경대(明鏡臺)」, 제주도를 가는 도중에 지은 「영주도중(瀛洲道中)」, 나그네 생활의 회포를 읊은 「려창술회(旅窓述懷)」 등 많은 기행시를 남겼다. 그리고 아내가 세상을 떠나자 지은 「도망실(悼亡室)」, 평생의 지기였던 안규용이 세상을 떠나지 지은 「회봉처사만(晦峰處士挽)」 9수는 송운회의 각별한 심경이 담긴 작품이라고 할 수 있다.

송운회의 산문 중에는 잡저에 실린 「유금강기」가 주목된다. 이 글은 1933년 가을 음력 7월 보름에 안규용·임기현·심기순과 함께 금강산의 만폭동·정양사·상상봉·금강문 등을 유람하며 경관의 아름다움을 묘사하고 자신의 소회를 서술했다. 특히 송운회는 이 글에서 서예가에게는 심정필정(心正筆正)의 자세가 중요하니 기교만 취하는 것을 경계하라는 가르침을 남겼다. 또한 "운필은 태산보다 무겁고 신신의 기를 필두(筆頭)에 싣고 획을 긋는데 심력(心力)으로 행하는 사이 굽은 젓가락으로 물건을 끌 듯, 썩은 대로 배를 밀 듯 삼가 하되 굳세고 오묘함을 지어 사람 눈에 아름다움을 구하지 말지니라."라고 하여, 운필의 요령을 구체적으로 언급하였다.

이처럼 『설주유고』는 19세기 말부터 20세기에 걸쳐 호남서단을 대표하는 서화가였던 송운회가 구한말과 일제강점기에 은둔 지사로서의 삶을 선택하며 활동한 정황과 그의 문학적·예술적 세계를 구체적으로 살펴볼 수 있다는 점에서 의미가 있다.

6. 참고문헌

김대현, 「小波와 雪舟의 생애와 시문학 연구」, 『고시가연구』 17, 한국고시가문학회, 2006.
宋運會 著·宋泰炅 譯, 『(國譯)雪舟遺稿』, 小波雪舟國譯遺稿集發刊推推進委員會, 2009.
노금선, 「雪舟 宋運會의 생애와 교육 활동」, 『서예학연구』 18, 한국서예학회, 2011.
노금선, 「雪舟 宋運會 書藝 研究」, 전남대학교 박사논문, 2011.

雪舟遺稿 全

雪舟遺稿序

吾仲弟世鄕號雪舟自幼癖於書終日竟夕揮灑不輟竟入神妙年已近耆
鉤摹益動求者踵門毫末嘗乾而少無倦色又能詩於好天氣佳景致及
朋舊逢迎之時未嘗無意會之作而任人神去不喜蓄稿每勤
之餘則□□此足爲火侯耳友川爲爲所以一生巾衍其零星矣是歲之秋余
與雪君養閒于文陽之楸閣刪定繁稿思得君所作而井歲于家得學書者
之所散珍藏者僅十之一而其淸新高妙多今古作者之旨四編爲累于卷俾
兒係珍藏爲雖其所衰不多亦何傷乎後有好事者刊爲問人必知君之長
非特揮灑而已也庚寅南至簡家兄明會書

當切實無容更許穎叔父性本謙讓不喜表襮敬其平生所作不自愛惜烏
沒雲散未嘗收拾晚因先府君刪定繁稿略此抄錄晦翁所跋是也嗚呼
叔父即世己六年矣不肖等恐其菁華瓊琚久而逢埋也乃以舊卷復蒐出
家所藏者合而登梓鄕甫或告之曰雪翁不惟詩筆妙絕文亦簡潔有味
盍亦井蒐而刊諸於是傍搜曲竟得數十篇合之而更題日遺稿因念叔父
與先君遺篋湛洽幷以文鳴先君遺稿叔父周旋早即印布于世其視紋
顯無間己出今當遺稿之刊不勝追慕技涕綴數語以明更題之由云庚戌
元月望日猶子紋顯謹識于卷末

雪舟遺稿卷一

　詩

風詠齋金艾齋　題吟二首

故人眉宇老瀹淸瑩雪多年學又成誰遣塵愁生髮白不綠仙術己身輕梅
花不負新春約杜宇何知遠客情可愛滿大風兩稗惟君全得讀書名
旅窓無睡耳煩明枕下泉聲兩未晴思歸民憂如己任嘉將心事向人鳴吟
詩苦不堪懷盡對酒欣同却老行夢覺爽疑新世界五更白月滿濂生

　由城懷古

廢壘荒凉賭舊塵存風鎖日我懷新境也復吟鴻好啼鳥飛花送幾人

　朴小峰魯鏡　見訪二首

相分晚落落夢悠悠懷緒如雲暗不流關塞如今多戰氣名山依舊有書樓海
門日晚烟和兩溪閒天晴月似秋不省白家今己老揷花强作少年頭

〈호남-23〉 **삼호재집** 三乎齋集

1. 형태서지

표제/권수제	삼호재집(三乎齋集)
편저자	송주헌(宋柱憲) 著
판사항	신연활자본
발행사항	高興 : 鶴鳴齋, 1974
형태사항	총 8권 2책 四周雙邊 半郭 21.0×14.4㎝, 有界, 11行24字, 上下向2葉花紋魚尾 ; 28.5×19.7㎝
소장처	국립중앙도서관, 경기대, 국회도서관, 원광대, 전남대, 전주대, 조선대, 한국학중앙연구원

2. 정의

『삼호재집(三乎齋集)』은 송주헌(宋柱憲, 1872-1950)의 시, 상소, 서(書), 잡저, 상량문, 혼서, 서(序), 고축, 제문, 행장, 묘표 등으로 구성된 8권 2책의 시문집이다.

3. 저자사항

송주헌의 자는 윤장(允章), 호는 삼호재(三乎齋), 본관 여산(礪山)이다. 부친은 학계(鶴溪) 송윤호(宋潤浩)이며, 모친은 유응호(柳應浩)의 따님이다. 1872년(고종9) 9월 10일에 고흥군(高興郡) 두원면(豆原面) 학곡리(鶴林里)에서 태어났다. 어려서부터 학문에 뜻을 두었고 약관에 입재(立齋) 송근수(宋近洙), 연재(淵齋) 송병선(宋秉璿), 심석(心石) 송병순(宋秉珣) 세 선생을 스승으로 섬겼다. 1912년에 부친상을 당했다. 1915년에 만동묘 제사가 금지당하자 이에 항의하고 따르지 않다가 괴산 경찰서에 구금되었다. 1919년에 독립을 위해 순종황제의 복위를 청하는 상소를 올리다 붙잡혀 서대문 감옥에 구금되어 옥고를 치렀다. 석방 후 조선 역사 연구를 위한 고사연구회(古史研究會)를 창설했다. 그해 12월에 일본 동경으로 건너가서 일본정부에 항의하고 조선독립을 주장했다. 1922년(임술년) 모친상을 당했다. 1950년 9월 10일(음력)에 서울에서 하세하여 망우리에 묻혔다. 첫째 부인은 안덕수(安德秀)의 따님이다. 슬하에 4남 2녀를 두었는데, 아들은 필섭(弼燮), 상섭(尚燮), 양섭(亮燮), 인섭(仁燮)이다. 큰딸은 이용섭(李容燮)에게 시집가고, 둘째 딸은 김춘길(金春吉)에게 시집갔다. 둘째 부인은 고덕환(高德煥)의 따님이다. 슬하에 2녀를 두었다. 저서에 『어제시집(御製詩集)』, 『포은연보(圃隱年譜)』, 『동학지(東鶴誌)』, 『삼호재집』 등이 있다.

송주헌은 벼슬은 하지 않았지만 구한말 일제강점기에 무너져가는 유교 예법의 바로잡고 조선의 독립을 위해 노력한 고흥 지역의 명망 높은 유학자이자 애국지사이다. 학문활동과 관련하여, 그는 송근수(宋近洙), 송병선(宋秉璿), 송병순(宋秉珣) 세 선생을 스승으로 섬기고 그 문하에서 수학했다. 면암(勉菴) 최익현(崔益鉉)과 간재(艮齋) 전우(田愚)와 종유하며 학문을 바로잡고, 이 외 신계전(申桂田), 윤해관(尹海觀), 김지산(金志山) 등 이름난 위인들을 방문하여 교류하고, 이창상(李滄上), 민단운(閔丹雲), 이소석(李小石) 등과 도의로 사귀었다. 하지만 송주헌은 을사늑약 체결 이후에는 무너져가는 유교 예법의 회복과 조선 국권의 회복을 위해 주로 활동했다.

송주헌은 화양동 만동묘와 동학사 숙모전을 대의가 깃든 곳으로 여겨 1912년 이후 해마다 춘추에 제사를 지냈다. 1915년에 조선 총독이 만동묘 제사를 금지시킬 때 장의(掌議) 신분으로 항의하며 따르지 않았고, 1916년에는 숙모전 훼손을 염려하여 유림들의 의견을 수렴하여 전각을 중수하고 누락된 현인들을 배향하는 한편, 삼은각(三隱閣)을 중건하며, 양현단(兩賢壇)을 건축했다. 1919년에 유준근(柳濬根), 백관정(白觀亭), 고석진(高碩鎭), 조재학(曺在學) 등과 함께 사림(士林) 수천명을 동원하여 조선 독립을 위해 순종황제의 복위를 청하는 상소를 올리다 구금되어 옥고를 치르고, 석방 후에는 조선 역사를 국내외에 반포하기 위한 고사 연구회를 설립하고, 현해탄을 건너 동경으로 가서 일본정부에 항의하고 조선독립을 주장했다. 1945년 일본 패망 후 대통령에게 편지를 보내어 나라를 다스리는 계책을 개진하기도 하였다. 이같은 애국지사로서 활동이 인정받아 1990년 대한민국 정부에 의해 건국훈장 애족장이 추서되고, 2017년에 그의 유해가 국립대전현충원 독립유공자 묘역에 안장되었다.

4. 구성 및 내용

『삼호재집』은 8권 2책이며, 신연활자본(新鉛活字本)이다. 제1책은 영가(永嘉) 권수명(權純命)의 서문, 『삼호재집』 총 목록, 그리고 권1-3으로 구성되어 있고, 제2책은 권4-8로 구성되어 있다. 권1은 시, 권2는 상소와 서(書), 권3은 잡저, 상량문, 혼서, 서(序), 기(記), 발(跋), 권4는 고축, 제문, 행장, 묘표, 권5는 부록으로 「삼호재서(三乎齋序)」, 「삼호재기(三乎齋記)」, 「삼호재명(三乎齋銘)」, 화상찬(畫像贊), 행장, 전, 묘지명, 묘갈명, 권6은 「육일수첩(六一壽帖)」, 권7은 「낙산일민시첩(駱山逸民詩帖)」, 권8은 「사우간독(師友簡牘)」 등으로 구성되어 있다. 『삼호재집』은 송주헌의 삼종질 송효섭(宋孝燮)이 1973년에 편집하여, 1974년 고흥(高興) 학명재(鶴鳴齋)에서 간행하였다. 국립중앙도서관, 한국학중앙연구원 도서관 등에 소장되어 있다.

권1에는 영동 옥계폭포에서 우암 송시열 선생이 지은 시의 운자에 맞춰 지은 「영동옥계폭

포근차우암선생운(永洞玉溪瀑沛謹次尤庵先生韻)」를 시작으로 90여제(餘題)가 수록되어 있다. 수록된 시의 주제는 다양하지만 대체로 「대덕재(大德齋)」, 「선죽교(善竹橋)」, 「등우산목미암(登牛山木美庵)」, 「울산태화루(蔚山太和樓)」, 「세한정(歲寒亭)」, 「후송당(後松堂)」 등과 같이 정자나 암자 혹은 특정 장소를 방문하여 일어난 감흥을 적은 시, 「하송진사(래석)수석(賀宋進士(來憲)壽席)」, 「축강승선(대식)장연(祝姜承宣(大湜)長筵)」, 「삼종제죽헌(계문)주갑(三從弟竹軒(桂汶)周甲)」 등과 같이 친지나 지인들의 수연(壽筵)과 회갑(回甲)을 축하하는 시, 그리고 「만입재선생(挽立齋先生)」, 「송노탄(규헌)만(宋老灘(奎憲)挽)」, 「송춘계(의섭)만(宋春溪(毅燮)挽)」 등과 같이 죽은 이를 애도하는 만시(挽詩) 등이 주를 이룬다. 이외 「경사억향원(京師憶鄕園)」, 「사가(思家)」, 「객중(客中)」 등과 같이 객지에서 고향을 그리워하는 심정을 담은 시도 보이며, 또 괴산에서 구금되었을 때 자신의 심정을 담은 「괴산구수(槐山拘囚)」, 만동묘 제사 폐지에 분개를 표출한 「만동묘폐향후불승분완념운술회(萬東廟廢享後不勝憤惋拈韻述懷)」, 숙모전 중건 후 감회를 담은 「숙모전중건후유감(肅慕殿重建後有感)」, 백범 김구를 애도한 「곡백범김공(구)(哭白凡金公(九))」 등의 시에서는 유학자이자 애국지사로서 저자의 면모를 살필 수 있다.

권2에는 상소 1편과 서간문 100여편이 수록되어 있다. 상소문은 1919년 2월 4일에 저자가 유준근(柳濬根), 백관정(白觀亭), 고석진(高碩鎭), 조재학(曺在學) 등과 같이 연명으로 올린 상소로서, 조선의 자주독립을 위해 순종 황제가 빨리 대위(大位)에 복귀할 것을 청하는 내용이다. 서간문은 부친에게 올리는 「상친정(上親庭)」과 입재와 연재 두 선생에게 올린 「상입재선생(上立齋先生)」, 「상연재선생(上淵齋先生)」을 필두로 자신과 교유관계를 지닌 인물들에게 보낸 서간이 수록되어 있다. 이는 면암(勉菴) 최익현(崔益鉉), 간재(艮齋) 전우(田愚) 등 당대의 저명한 인물들과 저자의 교유관계를 살필 수 있는 자료이다. 이외 친지에게 보낸 「상종숙경독재(기호)(上從叔耕讀齋(箕浩))」, 「답삼종질효섭(答三從姪孝燮)」 등의 서간, 아우에게 보낸 「여사제윤중주문(與舍弟允仲柱炆)」, 그리고 자식들에게 보낸 「기자필섭(寄子弼燮)」, 「기자상섭(寄子尙燮)」, 「기자양섭(寄子亮燮)」 등의 서간 역시 수록되어 있다.

권3에는 잡저 36편, 상량문 1편, 혼서 1편, 서(序) 4편, 기(記) 2편, 발(跋) 2편 등이 수록되어 있다. 잡저 초반부에는 삼종질 송효섭에게 당부하는 「시삼종질효섭(示三從姪孝燮)」, 자손들에게 당부하는 글인 「유결자손(遺訣子孫)」, 저자의 세 스승의 어록인 「삼선생어록(三先生語錄)」, 형이 죽으면 아우가 그 뒤를 계승하는 것에 대한 내용을 담은 「형망제급의안(兄亡弟及疑案)」 등 가족과 친지, 스승과 관련된 글이 수록되어 있다. 중반 이후에는 서대문 옥중에 구금되었을 때 저자의 의지를 서술한 「서옥체수시언지(西獄滯囚時言志)」, 조선 유림이 독립운동을 한 것에 대한 대략적인 역사를 담은 「조선유림독립운동사략(朝鮮儒林獨立運動史

略)」, 기미년 독립운동 뒤에 시행해야 할 행정의 7개 조항을 담은 「기미독립후의행정칠조(己未獨立後擬行政七條)」 등과 같이 애국지사로서의 면모를 보여주는 자료가 수록되어 있고, 말미에는 해방 이후 대통령에게 보낸 글도 수록되어 있다.

권4에는 고축 4편, 제문 7편, 행장 9편, 묘표 2편 등이 수록되어 있다. 고축문은 숙모전에 배향할 때 신주를 봉안하면서 고한 글, 양현단에 제사 지낼 때 고한 축문, 양현각에 항상 춘추로 제사 지낼 때 사용하는 축문 등이 수록되었고, 제문에는 입재 선생, 연재 선생, 최면암 선생, 송심석 선생 등에 대한 제문이 수록되었다. 행장에는 곽산군수(郭山郡守) 송흥운(宋興運), 종증조 유재(裕齋) 송세환(宋世煥), 학계(鶴溪) 박중언(朴重彦) 등의 행장을 수록하고 있고, 묘표에는 낙산에 근거할 때 스스로 지은 묘표와 아들 송양섭에 대한 묘표가 수록되어 있다.

권5는 부록으로 「삼호재서」, 「삼호재기」, 「삼호재명」, 화상찬 2편, 행장, 전(傳), 묘지명, 묘갈명 각 1편이 수록되었다. 저자의 호 '삼호재'에 대한 서(序), 기(記), 명(銘)은 각각 파징(波澄) 윤영구(尹甯求), 안동(安東) 권순명(權純命), 고흥(高興) 유영선(柳永善)이 썼다. 화상찬은 안동 김영한(金甯漢)과 무송(茂松) 유희태(庾熙泰)가 썼다. 행장은 안동 김윤동(金潤東), 전은 덕은(德殷) 송재직(宋在直), 묘지명은 고흥 유영선, 묘갈명은 영가(永嘉) 권순명(權純命)이 작성했다.

권6은 「육일수첩」으로 서(序), 원운시 1수, 차운시 50여수, 표 1편, 발 1편으로 구성되어 있다. 이는 61세 회갑을 축하하는 시첩으로, 여흥(驪興) 민병승(閔丙承)이 서문을, 기계(杞溪) 유진만(俞鎭晚)이 표문을, 달성(達城) 배성수(裵聖洙)가 발문을 썼다. 권7은 「낙산일민시첩(駱山逸民詩帖)」으로 서(序), 원운시 1수, 차운시 80여수, 표 1편, 발 1편으로 구성되어 있다. 이는 송주헌이 낙산에 지낼 때 그의 원운에 지인들이 화답한 시들을 당질 송효섭이 수집한 시첩이다. 월성(月城) 김종가(金種嘉)가 서문을, 춘헌(春軒) 신현태(申鉉台)가 표문을, 풍산(豊山) 홍석희(洪錫熹)가 발문을 썼다. 권8은 스승과 벗들이 보낸 편지를 모은 「사우간독(師友簡牘)」이다. 송근수 송병선 최익현 전우 윤용구(尹用求) 송철헌(宋哲憲) 송주형(宋柱衡) 등의 서신이 수록되었고, 말미에 화산(花山) 권용현(權龍鉉)이 쓴 「제삼호재사우간독후(題三乎齋師友簡牘後)」와 전의(全義) 이도형(李道衡)이 쓴 「제삼호재집후(題三乎齋集後)」가 실려 있다.

5. 주요 작품 및 문집의 특징

『삼호재집』은 성리학의 이기심성을 논하는 학자보다는 조선을 침탈하고 유교 전통을 억압한 일본에 항거하는 애국지사로서 송주헌의 당시 심경과 활동 상황 등을 살필 수 있는 작품이 다수 수록되어 있다.

저자는 화양동 만동묘와 동학사 숭모전을 대의가 깃든 곳으로 중시하여 1912년 이후 해마다 춘추에 제사를 지냈다. 1915년에 조선 총독에 의해 만동묘 제사가 금지당하자 장의(掌議)로서 이에 항의하고 따르지 않다가 괴산 경찰서에 구금되었는데, 권1의 「괴산구수」와 「만동묘폐향후불승분완념운술회」에는 당시 울분과 비분강개의 심경이 잘 담겨있다. 이듬해 1916년에 숭모전을 중수하고 당시 누락된 현인들을 배향했는데, 권1의 「숭모전중건후유감」의 「소서(小序)」와 시에는 당시 서울과 지방 유림의 여론을 수렴하여 훼손된 전각을 수리하고 배향한 과정과 전각 중수 이후 제사 시에 느낀 감회 등이 잘 드러나 있다.

권2에는 상소와 서간문이 수록되어 있다. 저자는 1919년에 유준근, 백관정, 고석진, 조재학 등과 연명하여 조선의 독립을 위해 순종 황제가 복위해야 한다는 상소를 올리다 붙잡혀 서대문 감옥에 구금되었다. 그리고 이해 9월 출옥하여 고사연구회를 만들고 정안립, 송원태 박하진 등과 함께 독립선언서를 가지고 일본으로 건너가 조선독립의 정당성을 선언하였다. 권2의 「청극복대위소」는 1919년 당시 올린 상소문으로서, 조선이 국운이 쇠하여 을사년 변고가 일어나고 난신적자가 나라를 넘기는 사태가 발생했는데, 순종 황제가 일본과 조약을 폐기하고 속히 잃어버린 대위를 되찾아 나라를 호령한 후 각국에 사절을 보내어 맹약을 신고하여 자주독립을 이루어야 한다는 내용이 잘 드러나 있다. 권2의 서간문은 다양한 편지들이 수록되어 있다. 그 중 송병선, 전우 등에게 보낸 서간에서는 제례(祭禮)와 상례복식(喪禮服式) 등의 예설에 관해 주고받은 내용이 있어 주목되며, 면암 최익현과 송사(松沙) 기우만(奇宇萬)과의 서신에는 당시 의병 활동과 관련한 내용이 있어서 주목된다.

권3 잡저에서는 저자의 1919년 활동 상황과 그 이후의 경위를 살필 수 있는 글 등이 수록되어 있다. 잡저의 「서옥체수시언지」는 서대문 옥중에 구금되었을 때 쓴 글로, 조선 독립의 정당성을 제시하는 동시에 일본에 굴하지 않겠다는 저자의 충의와 의지가 잘 드러나 있다. 더불어 「조선유림독립운동사략」은 유림들의 독립운동에 대한 대략적인 역사를 기술한 글로, 1919년 2월 2일 저자와 서울과 지방의 유림 대표 13인이 서울 도염동(都染洞) 최만식(崔萬植)의 집에 모여 독립운동선언서를 작성하여 상소하고, 일본 경찰에 붙들려 서대문 감옥에 구금당한 과정, 출옥 후 고사연구회를 만들고 독립선언서를 가지고 일본으로 건너가 조선독립의 정당성을 선언한 경위 등이 상세히 드러나 있다. 이 글에 이어지는 「기미독립후의행정칠조」에서는 기미독립운동이 성공했을 것을 가설하여 그 이후 시행해야 할 국가 운영의 7개 항목이 열거되어 있고, 「강호기략(江戸記略)」에서는 고사연구회 설립 이후 유림 대표로 일본 정부에 항의하고 이후 귀국하여 3월까지의 활동했던 상황이 기술되어 있다. 이밖에 잡저에는 「치대통령부통령서(致大統領副統領書)」, 「치대통령서(致大統領書)」 등 광복 이후 대통령에게 보낸 서간이 수록되어 있는데, 이를 통해 광복 이후에도 변함없는 저자의 애국충정의 모습을 살필 수 있다.

『삼호재집』에 수록된 시와 서간 그리고 잡저 외에도, 묘지, 묘갈, 행장 등의 내용을 통해 송주헌의 인적 사항과 학문 활동뿐 아니라, 독립운동가로서 활동 상황을 살피는 데 도움이 된다.

6. 참고문헌

김성환, 『삼호재집』, 『한국민족문화대백과사전』, 1995.

송수경 역주, 『(國譯) 三乎齋集』, 고흥권: 高興文化院, 2010.

三平齋集序
嘗聞華夷天下大防也君臣人倫大綱也夫人之功德有補斯
二者國之所發崇世之所觀法而傳諸後無疑矣三平齋宋公
也當萬東廟爲豐墓所撤廢也公倡嶺湖之士引義抗爭湟
於死而不屈東鶴端廟節臣招魂命閣之所自國變後
閣宇頹圮籩豆不楚公詢謀全國儒紳鳩財修補追配諸臣使
君臣之倫華夷之道賴而不墜及夫己未 因山又與諸同志
驪疏纜還獨立被倭拘禁累月逮獄是其冒險夷寧百死而
不悔也噫公一布衣士也付不食君之祿亦不識君之面而
於華夷君臣天經地義捨軀命而效忠炳炳丹衷凜乎其秋霜

位版必誓死還安旣已南北相開矢志未仲可謂千古結恨蓋
公一生丹心在斥邪扶正衛聖護賢而遽然下世世又多變惟
利是趨無所不爲至謂喪祭虛禮虛儒導以非禮而不遵者處
役徵金萬古天下此又何變安得起公於九原闢邪說而警頹
俗也久在床第力不能執筆強起書此以寄宋斯文孝燮附于
三平齋集卷末蓋志我景慕也癸丑仲春上澣全義李道衡謹
題

三平齋集卷之一
　詩
永洞玉溪濚沛諸次尤菴先生韻
晴空飛瀑散難收千尺銀河直下流尤老當年留杖屨應探活
水在源頭
拜尤菴先生遺像
壬辰春從立齋淵齋兩先生叅龍門講會
嵩岡瞻仰宍先生仗爰平生獨大明風雪貂裘遠路如何宿
志竟無成
莘賜洞懇棲齋陪立齋先生
小子承嘉誨倦倦孝與忠二者終身服曰知道不窮

〈호남-24〉 **회봉유고** 晦峯遺稿

1. 형태서지

표제/권수제	회봉유고(晦峰遺稿)
편저자	안규용(安圭容) 著
판사항	신연활자본
발행사항	– 본집 및 별집 : 寶城 : 竹谷精舍, 1963 – 부록 : 寶城 : [刊寫者未詳], 1974
형태사항	총 14권 7책 – 본집 10권 5책 및 별집 2권 1책 : 四周雙邊 半郭 20.5×14.3cm, 界線, 11行24字 註雙行, 內向黑魚尾 ; 28.6×18.7cm – 부록 2권 1책 : 四周雙邊 半郭 20.5×14.7cm, 界線, 11行24字 註雙行, 內向黑魚尾 ; 28.5×19.5cm
소장처	국립중앙도서관, 고려대, 영남대, 원광대, 전남대, 전북대

2. 정의

『회봉유고(晦峯遺稿)』는 조선후기에서 해방 이후를 살았던 유학자 안규용(安圭容, 1873-1959)의 시가와 산문을 엮은 시문집이다.

3. 저자사항

안규용의 초명은 규용(圭鏞), 자는 회중(會中), 호는 회봉(晦峰), 본관은 죽산(竹山)이다. 전남 보성(寶城) 옥평(玉坪)에서 태어났다. 부친은 안풍환(安豐煥)이고, 모친은 밀양 박씨(密陽朴氏)이다. 1895년(고종32) 전국적으로 단발령이 내렸을 때 안규용은 서사의 동지들에게 "화이의 분별이 엄연한데 차라리 머리 없는 귀신이 될지언정 머리털 없는 사람이 되겠는가." 라고 하며 단호하게 거부하였다. 1901년(고종38) 무렵 연재(淵齋) 송병선(宋秉璿), 심석재(心石齋) 송병순(宋秉珣)을 스승으로 모시고 학문을 연구하였다. 1921년 보성의 진봉(眞鳳)에 죽곡정사(竹谷精舍)를 짓고 강학을 시작하여 많은 후학을 양성했다. 이후에 『향례합편(鄕禮合編)』, 『주문지결(朱門旨訣)』, 『동몽수지(童蒙須知)』, 『주자학직(朱子學則)』 등을 목판으로 간행, 보급하였다. 1934년에 일제가 민족정기를 말살하기 위한 탄압의 일환으로 서당인가를 받을 것을 강요하자, 8월에 문인들을 해산하고 지리산에 들어가 초막을 짓고 은거하였다. 1936년 그의 나이 64세 때 문인 박규현(朴奎鉉)의 일기가 문제가 되어 아들 안종선(安鍾宣)과 함께 왜경(倭警)에 체포되어 구례(求禮)와 광주(光州) 등지에 3개월 동안 구금되었다.

조선 말기의 의병장 안계홍(安桂洪, 일명 安圭洪)과 그의 부장(副將)들에 대한 행적을 엮은 『담산실기(澹山實記)』 편찬에 참여하였다. 1959년 8월 19일 보성군 복내면 원봉에 있는 낙재(樂齋)에서 향년 87세로 생을 마감했다.

4. 구성 및 내용

『회봉유고』는 10권 5책의 본집과 2권 1책의 별집으로 구성되어 있으며, 연활자본(鉛活字本)이다. 1963년 죽곡정사에서 간행되었으며, 문집의 발문은 송재직(宋在直)이 썼다. 1974년에 간행된 문집의 발문은 안규용의 아들인 안종선(安鍾宣)이 지은 것이다. 문집은 국립중앙도서관에 소장되어 있다.

본집 권1은 시(詩) 189제, 부(賦) 1편이다. 시에는 일상의 감흥과 정취를 노래한 시, 영물시(詠物詩), 만시(挽詩), 차운시(次韻詩), 화운시(和韻詩), 우국시(憂國詩) 등 다양한 소재의 한시가 수록되어 있다. 「정산배면암최선생(定山拜勉庵崔先生)」은 1905년(고종42) 9월에 충남 청양으로 면암(勉庵) 최익현(崔益鉉)을 찾아가 을사늑약에 대한 통분의 심정을 토로한 시이다. 「죽곡정사성차백록동운(竹谷精舍成次白鹿洞韻)」은 죽곡정사(竹谷精舍)가 완성된 것에 대한 소감을 주자의 백록동(白鹿洞) 시에 차운하여 읊은 것이며, 이외에도 죽곡정사 강회에 대한 시가 다수 실려 있다. 「죽곡잡영(竹谷雜詠)」은 죽곡정사 주변의 9가지 경물을 노래한 것으로, 시적 대상은 소지(小池), 국(菊), 창이(蒼耳), 과(瓜), 파초(芭蕉), 송(松), 이식야매(移植野梅), 괴석(怪石), 세심담(洗心潭)이다. 「유금강산(遊金剛山)」은 1933년에 금강산을 유람하고 지은 시로, 장안사(長安寺), 명경대(明鏡臺), 정양사(正陽寺), 만폭동(萬瀑洞), 팔담(八潭), 유점사(楡岾寺), 해금강(海金剛)의 수려한 경치를 노래한 것이다. 「산동도중조발난기탈이귀박군공선부삼절시이시지고잉보기운(山東道中遭髮亂旣脫而歸朴君公善賦三絕詩以示志故仍步其韻)」은 산동으로 가는 도중에 단발령으로 머리를 깎일 뻔했다가 벗어나서 돌아온 박공선(朴公善)이 지은 절구시에 차운한 시이다. 「왜망(倭亡)」은 1945년 7월 포츠담 선언으로 일본의 패망 소식을 접한 뒤 지은 시이다.

권2는 서(書) 69편이다. 「상연재선생(上淵齋先生)」은 스승인 연재(淵齋) 송병선(宋秉璿)에게 부친 편지로, 앞서 가르침을 들은 것에 대한 감사와 돌보아주신 은택을 나타냈다. 또한 부친이 연로하고 외아들이어서 멀리 유학할 처지가 안 되니 가르침을 주시기를 기원하는 내용을 담았다. 「상심석재선생(上心石齋先生)」은 송병선의 아우인 심석재(心石齋) 송병순(宋秉珣)에게 부친 편지이다. 송병선의 죽음에 대해 애도의 뜻을 표현하고, 다행히 송병순을 모시게 되었으니 가르침을 바라는 내용이다. 「상면암최선생(上勉菴崔先生)」은 최익현에게 보낸 편지이다. 이전에 방문했을 때 갈 길이 몹시 바빠서 편안히 가르침을 받지 못하여 한이 된다고 하면서, 시국의 어지러움을 한탄하는 내용이 담겨 있다. 이외에 송병순(宋秉珣)의 아들인 후암(後菴) 송증헌(宋曾憲)과 주고받은 편지가 다수 실려 있는데, 그의 질문에 대한 답변, 『향례합편(鄕禮合編)』의 간행, 『사서석의(四書釋義)』를 부쳐준 것에 대해 감사를 표시한 내용 등이다.

권3은 서(書) 73편이다. 편지를 주고받은 대상은 정우원(鄭友源), 정기(鄭琦), 염재신(廉在愼), 임옥현(任玉鉉), 임주현(任周鉉), 안수인(安洙仁) 등 평소 저자와 친분이 있던 인물들이다. 국상(國喪)을 당한 심정을 나타낸 내용, 방장산에 은거하고 있는 자신을 방문해 준 것에 대한 감사를 표한 내용, 강회(講會)와 관련한 내용, 학문에 대한 내용, 금수와 같은 오랑캐가 마구 날뛰고 사문(斯文)은 땅에 떨어졌으나 끝없는 근심을 말하려고 해도 쉽지 않음을 토로한 내용 등이 담겨 있다.

권4는 서(書) 63편이다. 편지를 주고받은 대상은 고재순(高在紃), 고재덕(高在德), 임홍주(任洪柱), 박우숙(朴佑淑), 심상기(沈相基), 정의현(鄭毅鉉) 등이다. 천하가 오랑캐로 변해가는 세상에서 선비들의 분열과 유학의 도통이 사라질 것을 염려하는 내용, 학문과 절의에 대해 논한 내용, 서원 설치에 대해 논한 내용, 건강과 안부를 묻고 개인적인 심사를 토로한 내용 등이 실려 있다. 「답남강원유(答南康院儒)」는 남강서원의 유생들에게 답한 편지로, 남강사(南康祠)의 임원에 이름 올리는 것을 사양하지 않고 수락하는 내용이다. 「여돈암원유(與遯巖院儒)」는 강송을 위해 사계(沙溪) 김장생(金長生)의 전서(全書)를 부쳐달라는 내용이다.

권5는 잡저(雜著) 24편이다. 「죽곡정사강규(竹谷精舍講規)」는 죽곡정사에서 강론하는 책의 순서와 방법을 비롯하여 정사의 운영 방안과 지향에 대한 17조항을 기록한 것이다. 「사설(士說)」은 선비의 근본과 도리에 대해 밝힌 글이고, 「사천설(事天說)」은 하늘이 곧 이치(理)이므로 순응하여 살아야 함을 명시한 글이다. 「구용구사설(九容九思說)」은 군자의 아홉 가지 몸가짐인 구용(九容)과 군자가 가져야 할 아홉 가지 마음가짐인 구사(九思)에 대해 설명한 글이다. 「애일설(愛日說)」은 어버이를 섬기는 도리와 방법 등 효의 근본에 대해 설명한 글이다. 「독서잡지(讀書雜識)」는 저자가 『논어(論語)』를 비롯하여 평소 독서 중에 느끼거나 생각난 것을 기록한 것이다. 「기안의사규홍사적(記安義士圭洪事蹟)」은 1908년(순종2) 3월 보성 동소산(棟巢山) 아래에서 의병의 기치를 세웠던 의병장 안규홍의 의병활동에 대한 기록이다. 이외에 「산목설(山木說)」·「인수변(人獸辨)」·「조수동군설(鳥獸同群說)」 등이 있다.

권6은 서(序) 14편, 기(記) 24편이다. 서(序)에는 「미국계안서(薇菊契案序)」를 비롯하여 계안(契案)에 대한 서문과 밀양박씨족보에 대한 서문인 「밀양박씨족보서(밀양박씨족보서(密陽朴氏族譜序))」, 문집의 서문인 「과암유고서(果庵遺稿序)」·「우헌유고서(愚軒遺稿序)」 등이 있다. 「송이인백입속리산서(送李仁伯入俗離山序)」는 저자와 같은 고을에 살았던 이인백(李仁伯)이 처자를 거느리고 서책들을 싣고 속리산으로 떠나는 것을 전송하며 지은 송서이다. 기(記)에는 재사와 정사, 정자에 대한 기문 등이 실려 있다. 「기국천기(杞菊泉記)」는 죽곡정사 근처에 있는 샘을 기국천(杞菊泉)이라 이름 붙인 것에 대한 기록이고, 「괴석기(怪石記)」는 저마다의 괴석들이 지닌 천연의 오묘함으로 인하여 자신의 지기(知己)로 삼은 것에 대한 기록이다.

권7은 발(跋) 12편, 명(銘) 3편, 혼서(婚書) 4편, 상량문(上樑文) 3편, 축문(祝文) 8편, 제문(祭文) 21편, 비(碑) 6편이다. 「서석전이공창의록후(書石田李公倡義錄後)」는 석전(石田) 이병수(李炳壽)의 창의록에 대한 발문이고, 「송촌집발(松村集跋)」은 안음(安崟)의 8대손인 저자가 편집·간행한 『송촌집(松村集)』에 쓴 발문이다. 혼서는 둘째 아들 종선(鍾宣)과 셋째 아들 종후(鍾厚), 장손(長孫)의 혼서가 실려 있다. 상량문에는 「염수재중건상량문(念修齋重建上梁文)」, 「덕산정사상량문(德山精舍上梁文)」, 「용강재사상량문(龍岡齋舍上梁文)」이 있다. 제문에는 스승 송병선의 제문인 「제연재선생문(祭淵齋先生文)」, 송병순의 제문인 「제심석재선생문(祭心石齋先生文)」 등이 실려 있다.

권8은 묘갈명(墓碣銘) 15편, 묘지명(墓誌銘) 3편, 묘표(墓表) 15편이다. 「의사인봉고공묘갈명(義士麟峯高公墓碣銘)」은 대한제국기 을사조약 체결 이후에 고광순(高光洵) 의진에서 항일 운동을 전개한 의병인 고제량(高濟亮)의 묘갈명이다. 이외에 「선전관변공묘갈명(宣傳官邊公墓碣銘)」, 「묵암송공묘갈명(默庵宋公墓碣銘)」 등이 있다. 묘지명은 「오곡박공묘지명(梧谷朴公墓誌銘)」, 「음죽현감사취당최공묘지명(陰竹縣監沙趣堂崔公墓誌銘)」, 「내부주사회봉김공묘지명(內部主事晦峯金公墓誌銘)」이다. 묘표에는 「어모장군행용양위부사용유공묘표음기(禦侮將軍行龍驤衛副司勇柳公墓表陰記)」, 「양주목사증병조판서삼도임공묘표(楊州牧使贈兵曹判書三島任公墓表)」 등이 있다.

권9는 묘표(墓表) 30편이다. 운영정(雲影亭) 박찬선(朴燦璿)의 묘표인 「운영정박공묘표(雲影亭朴公墓表)」를 비롯하여 「무궁재김공묘표(無窮齋金公墓表)」, 「의군부참의죽천고공묘표(義軍府參議竹泉高公墓表)」, 「증조고묘표음기(曾祖考墓表陰記)」 등이 수록되어 있다.

권10은 행장(行狀) 19편이다. 완역당(玩易堂) 박형덕(朴馨德)의 행장인 「완역당박공행장(玩易堂朴公行狀)」을 비롯하여 「난곡정공행장(蘭谷鄭公行狀)」, 「동계박공행장(東溪朴公行狀)」, 「오위장백공행장(五衛將白公行狀)」 등이 있다.

부록(附錄) 권1에는 행장(行狀), 유사(遺事), 묘갈명(墓碣銘), 묘표(墓表)가 각 1편, 만사(挽詞) 75수, 제문(祭文) 28편이 실려 있다.

부록(附錄) 권2에는 언행척록차기제자록(言行撫錄劄記諸子錄) 1편, 기(記) 3편, 서(序) 1편이 수록되어 있다.

별집(別集) 권1은 시(詩) 113제이며, 별집(別集) 권2는 서(書) 150편, 잡저(雜著) 5편, 축문(祝文) 2편이다.

5. 주요 작품 및 문집의 특징

『회봉유고』에는 저자의 강학 공간인 죽곡정사에 대한 시문이 다수 수록되어 있다. 이를 통해 당대 죽곡정사와 관련한 상세한 기록을 확인할 수 있으며, 정사가 지닌 역사적 의의와 지역문화유산으로서의 가치를 살필 수 있다. 죽곡정사가 완성된 소감을 읊은 「죽곡정사성차백록동운(竹谷精舍成次白鹿洞韻)」, 정사 주변의 9가지 경물을 노래한 「죽곡잡영(竹谷雜詠)」, 「죽곡정사강규(竹谷精舍講規)」, 「죽곡정사약속(竹谷精舍約束)」 등의 시문이 여기에 해당된다.

저자의 시대 인식을 살필 수 있는 시로 「산동도중조발난기탈이귀박군공선부삼절시이시지고잉보기운(山東道中遭髮亂旣脫而歸朴君公善賦三絕詩以示志故仍步其韻)」이 있다. 이 시는 산동으로 가는 도중에 단발령으로 머리를 깎일 뻔했다가 벗어나서 돌아온 박공선(朴公善)이 지은 절구시에 차운한 것이다. 이 시에서 저자는 사람이 만물 중에 가장 귀한데 하물며 자신은 선비의 몸이니 오늘 같은 때는 문을 나서 한 걸음도 갈 곳이 없다고 한탄하였다. 길에서 머리 깎는 못된 젊은 놈을 만났다는 사실에 온 몸에 뜨거운 피가 끓어오르고 늙도록 글 읽은 선비 이름이 부끄럽다고 하여, 단발령에 대한 저항의 의지를 피력하였다. 또한1945년 7월 포츠담 선언으로 일본의 패망 소식을 접한 뒤 지은 「왜망(倭亡)」에서는 오늘까지 죽지 않고 살아서 두 눈으로 금수가 망하는 꼴을 본다고 하여 통쾌한 심정을 드러내는 한편 앞날에 대한 근심을 드러내기도 했다.

「사설(士說)」은 저자의 선비관을 엿볼 수 있는 글이다. 저자는 이 글에서 선비의 근본과 도리에 대해 밝히고, 자율적인 주체로서의 선비상을 재천명함으로써 도학이념을 계승할 수 있는 기반을 확인하고 있다. 「구용구사설(九容九思說)」은 『예기(禮記)』의 군자가 수신하고 처세할 때 취해야 할 아홉 가지 몸가짐인 구용(九容)과 『논어(論語)』의 군자가 가져야 할 아홉 가지 마음가짐인 구사(九思)에 대해 설명한 글이다. 「애일설(愛日說)」에서 '애일(愛日)'은 중국 한(漢)나라 때 양웅(揚雄)의 『법언(法言)』・「효지(孝至)」에 나오는 "오래 가질 수 없다는 것은 어버이를 모시는 시간을 말하니, 효자는 하루하루 날을 아낀다."는 구절에서 가져온 것이다. 저자는 이 글에서 어버이를 섬기는 도리와 방법 등 효의 근본에 대해 설명하였다.

「기안의사규홍사적(記安義士圭洪事蹟)」은 1908년 3월 보성 동소산(棟巢山) 아래에서 의병의 기치를 세웠던 의병장 안규홍의 의병활동에 대한 기록이다. 개항기부터 일제강점기까지 생존한 의병장 안규홍의 의병활동을 기록한 글을 모은 『담산실기(澹山實記)』에 저자인 안규용이 지은 순의사실(殉義事實)이 수록되어 있다. 『담산실기』는 2권 15편으로 구성된 실기로, 안규용이 지은 사실 이외에 안종련(安鍾連)이 지은 가장(家狀), 임석모(任奭模)가 지은 사행략(事行略), 안종남(安鍾南)이 지은 전(傳), 김문옥(金文鈺)이 지은 서전후(書傳後), 손제영(孫濟英)이 기록한 후서(後敍) 등이 실려 있다. 「기안의사규홍사적」에는 의병장 안규홍이 1908년 전라남도 보성 동소산 아래에서 의기(義旗)를 높이 들고 일어나 여러 곳에서 적군을 패퇴시킨 전적과 진산(眞山)에서 대첩을 거둔 일, 임창모(林昌模) 등 의병장 부자가 같이 순국한 실정 등이 기록되어 있다. 이 글은 당시 안규홍 의진을 비롯한 호남의진의 전체적인 활동사항을 살필 수 있는 주요한 자료이다.

6. 참고문헌

안규용(安圭容), 『회봉유고(晦峯遺稿)』

『회봉유고(晦峯遺稿)』, 『한국민족문화대백과사전』

안규용 저, 안동교·송영숙·문희숙·최형태·명평자 역, 『국역 회봉유고』 1, 보성문화원, 2017.

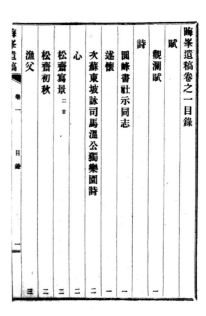

望之重也噫世其學問德行值有爲之時得其位而措諸事則
必將大有可觀而不幸適丁百六棲遑于竹谷方丈之間杜門
講學靖獻于先聖先王其身雖困其道愈亨然則以不見著爲
爲之慨惜者亦可謂淺知先生也耶先生雅不喜著述難有之
而亦不留草故門下諸彦遭山類之後恐不及時拾則歸於
散佚不傳袁編廖以成幾卷庸羹墻之思●任泳鎬安鍾
秀朴元在諸斯文訪余于蓉寓病室請正其謬誤又要置一語
于卷尾余於先生甞一再登門覿德景慕者深今不可以蔑學
終辭故謹受而讀之論讓正大文辭典重無非明義理而切身
心則眞有德之言而載道之器也凡具眼者就此而究之可知
先生之爲先生而亦當以余言爲非出於阿好也岊重光赤奮

晦峯遺稿卷之一
　賦
　　觀瀾賦
道浩浩而難下手兮久彷徨而望洋哀吾稟質之淸濁
愧於鑫淵之量況西江之狂浪兮旣懷襄而滔天羌出門而四
顧兮將誰憑而問津理吾舟而放乎洙泗之湄兮觀逝者之如
斯歟夫子之引而不發兮渾乎淵乎不可以汪洸回余棹而棄
乎孟氏之隣兮亦觀水之有術善養吾之浩然兮集夫義而勿
助撰斥告子之湍水兮功不在於禹于示學者之漸進兮若流
泉之盈科自下學而上達兮近取譬之莫斯若爲江爲河而歎
乎四海兮混混乎晝而夜而不息或深淵而濚回兮或急瀨而

〈호남-25〉 **희암유고** 希庵遺稿

1. 형태서지

표제/권수제	희암유고(希庵遺稿)
편저자	양재경(梁在慶) 著
판사항	석판본
발행사항	[刊寫地未詳] : [刊寫者未詳], 1955
형태사항	총 13권 3책 四周雙邊, 半廓 22.8×16.9㎝, 有界, 11行28字, 注雙行, 上 下向二葉花紋魚尾 ; 29.3×20.2㎝
소장처	국립중앙도서관, 계명대, 고려대, 전남대, 충남대

2. 정의

『희암유고(希庵遺稿)』는 조선후기에서 구한말에 살았던 유학자 양재경(梁在慶, 1859-1918)의 시부와 산문을 엮은 시문집이다.

3. 저자사항

양재경의 자는 여정(汝正), 호는 희암(希庵), 본관은 제주(濟州)이다. 조선 중종 때의 학자이자 서화가인 학포(學圃) 양팽손(梁彭孫)의 후손으로 조부는 양귀모(梁龜模)이다. 부친은 양준묵(梁俊默)이고, 모친은 하동 정씨(河東鄭氏) 정승렬(鄭承烈)의 따님이다.

양재경은 타고난 자질이 탁월하여 스승에게 나아가 수학할 때 요지를 해득하고 송독함에 있어서는 물이 흐르는 것처럼 막힘이 없었다. 1876년(고종13) 병자수호조약(丙子修好條約)이 이루어지자 당시의 통탄스런 마음을 시로 지어 나타냈다. 1880년(고종17) 1월, 노사(蘆沙) 기정진(奇正鎭)을 만나기 위해 광주까지 갔다가 그가 이미 세상을 떠났다는 소식을 듣고는 비통한 심정을 시로 지었다. 일찍이 부친의 명을 따라서 과거 공부를 하였으나 '완물상지(玩物喪志)'라는 깨우침을 내세워 과거 응시를 포기했다. 1895년(고종32) 왜병이 대궐을 침범하여 국모를 시해하고 고종이 러시아공사관으로 파천하는 일이 발생하자, 송사(松沙) 기우만(奇宇萬)이 의병을 모집하여 장성에서 창의하였는데 이때 자신은 상중(喪中)이어서 큰아들인 양회인(梁會寅)을 보내어 돕도록 하였다. 한편 애산(艾山) 정재규(鄭載圭), 일신재(日新齋) 정의림(鄭義林), 운재(雲齋) 최영조(崔永祚) 등과 함께 경전의 뜻을 강마하여 학문이 정수하였다. 1902년(고종39)에는 경남 산청에 있는 신안정사(新安精舍)에서 『노사집(蘆沙

集)』을 간행하는 일에 참여했다. 양재경은 천성이 효성스러워서 부모가 병이 났을 때 정성을 다해 모셨으며, 사후에는 유지에 비석을 세우고 선세(先世)의 유묵을 잘 간직하여 계승하였다. 그는 최익현에게 받은 글을 바탕으로 서원동과 학포당에 각각 '정암조선생서원유지추모비(靜菴趙先生書院遺址追慕碑)'와 '학포양선생학포당유지추모비(學圃梁先生學圃堂遺址追慕碑)'를 세웠으며, 빈터만 있던 죽수서원에 '정암조선생학포양선생죽수서원유지추모비(靜菴趙先生學圃梁先生竹樹書院遺址追慕碑)'를 세웠다. 또한 1914년 겨울에는 『학포집(學圃集)』의 시문(詩文)과 연보(年譜)를 증보(增補)하여 능주 쌍봉리에서 목판(木板)으로 삼간(三刊)하였다. 1905년(고종42)에 쌍봉리 쌍봉마을 뒷편에 한후정(寒後亭)을 세우고 후학을 양성하였다. 한후정은 1904년(고종41) 봄에 연못을 만들고 이듬해인 1905년에 건축한 정자이다. 『논어(論語)』·「자한(子罕)」의 "날씨가 추워진 다음에야 송백이 늦게 시듦을 알 수 있다[歲寒然後, 知松柏之後凋]"라는 구절에서 인용하여 한후정으로 편액하였다.

4. 구성 및 내용

『희암유고』는 13권 3책이며, 석판본(石版本)이다. 문집의 서문은 오준선(吳駿善)이 지었고, 발문은 족질(族姪)인 양회갑(梁會甲)이 지었다. 1955년에 간행되었으며, 국립중앙도서관에 소장되어 있다.

권1은 부(賦) 7편, 시(詩) 54제이다. 시에는 일상의 정회를 노래한 시, 영물시(詠物詩), 축수시(祝壽詩), 만시(輓詩), 차운시(次韻詩) 등 다양한 주제의 한시가 수록되어 있다. 「곡기송사영연(哭奇松沙靈筵)」은 한말 호남의 의병장인 송사(松沙) 기우만(奇宇萬)의 영연(靈筵)에 곡한 시이고, 「만중암김선생(輓重庵金先生)」은 이항로(李恒老)의 문인인 중암(重庵) 김평묵(金平黙)의 죽음을 추모한 시이다. 「경술칠월문국변(庚戌七月聞國變)」은 경술국치를 당해 해와 달도 빛을 잃고 오백년 종사와 삼천리 강산이 하루 아침에 망한 것을 통탄한 시이다. 「한후정팔경운(寒後亭八景韻)」은 저자가 축대한 정자인 한후정(寒後亭) 주위의 여덟 가지 경관에 대해 노래한 것이다. 팔경(八景)은 각각 '월산낙하(月山落霞)', '일봉반조(日峰返照)', '벽오명월(碧梧明月)', '총국한로(叢菊寒露)', '태계동백(苔階冬栢)', '석당추연(石塘秋蓮)', '십죽멱천(十竹覓泉)', '이송언개(二松偃盖)'이다. 「쌍봉십이곡운(雙鳳十二曲韻)」은 쌍봉천의 12곡에 대해 노래한 것이다. 12곡은 각각 '쌍봉사(雙峰寺)', '한풍정(寒風亭)', '금풍정(琴風汀)', '무이정(武夷亭)', '장자폭(長滋瀑)', '주정천(周程川)', '한후계(寒後溪)', '조양대(朝陽臺)', '삭은애(削銀涯)', '제공정(齊拱汀)', '감애암(感哀巖)', '모애천(慕愛川)'이다.

권2는 소(疏) 2편이다. 「의진시폐소(擬陳時弊疏)」는 당시의 폐해에 대해 10가지 조목으로 진술하여 올린 상소문이다. 「청소환최찬정의소(請召還崔贊政擬疏)」는 나라를 살리고 백성을 구하기 위해 의병을 일으켰으나 순창군수 이건용(李建鎔)과 전주관찰사 한진창(韓鎭昌)의 밀고로 왜병(倭兵)의 습격을 받아 체포된 최익현(崔益鉉)을 소환하여 그의 곧은 충정에 상을 내리고 절의를 격려해야 한다는 내용의 상소이다.

권3은 서(書) 51편이다. 서신을 주고받은 대상은 김병덕(金炳德), 신응조(申應朝), 송근수(宋近洙), 정범조(鄭範朝), 조종필(趙鍾弼), 이건창(李建昌) 등이다. 대체로 집안 대대로 이어진 세교를 언급하고 상대방의 안부를 묻는 내용, 시국에 대해 논한 내용, 학문을 논한 내용 등이다.

권4는 서(書) 77편이다. 서신을 주고받은 대상은 송병선(宋秉璿)과 송병순(宋秉珣), 성대영(成大永), 김평묵(金平黙), 최익현(崔益鉉), 양상형(梁相衡), 정재규(鄭載圭), 오준선(吳駿善), 기우만(奇宇萬) 등 당대 유력인사들이 포함되어 있다. 저자가 당시 이들과 주고받은 서신을 통해 당대 시사에 관련된 내용 및 호남지역의 의병 활동에 관한 사항 등을 살필 수 있다.

권5는 서(書) 3편이다. 선대의 문집 중간(重刊)과 신도비 중수(重竪)에 관해 종중에 보낸 「통유종중서(通諭宗中書)」를 비롯하여 「봉결순천종중서(奉訣順天宗中書)」, 「봉결사반서(奉訣士反書)」가 수록되어 있다.

권6은 잡저(雜著) 15편이다. 「군자소인설(君子小人說)」, 「위학설(爲學說)」, 「독사서차의(讀四書箚疑)」, 「가훈(家訓)」, 「유훈(遺訓)」, 「갑오벽사문(甲午闢邪文)」, 「을사서고동지문(乙巳誓告同志文)」, 「국맥문답(國脈問答)」 등 다양한 내용의 글이 실려 있다. 「갑오벽사문」에는 갑오년에 일어난 동학(東學)에 대해 사교(邪敎) 중에서 지극히 비루하고 미천한 것으로 규정하고 있어 동학운동에 대한 저자의 인식을 살필 수 있다.

권7은 국조기사(國朝記事)이다. 「임오기사(壬午記事)」, 「갑신기사(甲申記事)」, 「갑오기사(甲午記事)」, 「을미기사(乙未記事)」, 「경술기사(庚戌記事)」로 구성되어 있으며, 각 시기에 발생했던 국내의 주요 사건에 대한 내용을 기록한 것이다.

권8은 서(序) 8편, 기(記) 20편, 발(跋) 20편, 잠(箴) 2편, 명(銘) 5편, 찬(贊) 9편, 사(辭) 2편, 상량문(上樑文) 2편, 축문(祝文) 8편, 제문(祭文) 27편이다. 서(序)에는 「유묵서(遺墨序)」, 「양씨가승서(梁氏家乘序)」 등이 실려 있다. 기(記)에는 「정암선생서원유허입비기(靜庵先生書院遺墟立碑記)」, 「학포당유허입비기(學圃堂遺墟立碑記)」를 비롯하여 유기(遊記)인 「유봉서루기(遊鳳棲樓記)」, 「유서석산기(遊瑞石山記)」 등이 있다. 발(跋)에는 「양씨족보발(梁氏族譜跋)」, 「성재유고발(醒齋遺稿跋)」 등이 있고, 잠(箴)에는 「택교잠(擇交箴)」과 「작비잠(昨非箴)」이 있다. 명(銘)에는 「학습헌좌우명(學習軒座右銘)」, 「자명(自銘)」 등이 있고, 찬(贊)에는 「연재송선생화상찬(淵齋宋先生畫像贊)」, 「면암최선생화상찬(勉庵崔先生畫像贊)」, 「송사기선생화상찬(松沙奇先生畫像贊)」 등이 있다. 사(辭)에는 「자융사(自戎辭)」와 「차귀거래사(次歸去來辭)」가 있고, 상량문(上樑文)에는 「한후정상량문(寒後亭上樑文)」과 「학습헌상량문(學習軒上樑文)」이 있다. 축문(祝文)에는 「고성전문(告聖殿文)」, 「학포선생조묘매지축문(學圃先生祖墓埋誌祝文)」 등이 실려 있고, 제문(祭文)에는 「제영재이참판문(祭甯齋李叅判文)」, 「제송사기선생문(祭松沙奇先生文)」 등이 있다.

권9는 묘표(墓表) 1편, 묘지(墓誌) 2편, 행장(行狀) 11편이다. 묘표는 「봉남최공묘표(鳳南崔公墓表)」이고, 묘지는 「학포선생부군묘지(學圃先生府君墓誌)」와 「선부군묘지(先府君墓誌)」가 실려 있다. 행장에는 「건원릉참봉부군행장(健元陵叅奉府君行狀)」, 「족선조부사공행장(族先祖府使公行狀)」 등이 실려 있다.

권10은 행장(行狀) 7편, 유사(遺事) 3편, 전(傳) 1편이다. 행장에는 「열부양씨가장(烈婦梁氏家狀)」, 「봉구서공행장(鳳邱徐公行狀)」 등이 있고, 유사에는 「선조봉사부군유사(先祖奉事府君遺事)」, 「선조학생부군유사(先祖學生府君遺事)」, 「성암김공유사(性庵金公遺事)」가 있다. 전에는 자서전으로 「희암자전(希庵自傳)」이 실려 있다.

권11은 부록(附錄)으로 가장(家狀), 행장(行狀), 묘표(墓表), 묘비명(墓碑銘)이다.

권12는 부록(附錄)으로 만장(輓章), 추모시(追慕詩), 제문(祭文)이다.

권13은 부록(附錄)으로 연보(年譜), 발(跋)이 실려 있다.

5. 주요 작품 및 문집의 특징

「경술칠월문국변(庚戌七月聞國變)」은 일제에 나라를 빼앗긴 경술년의 국치를 당해 통분의 감정을 읊은 시이다. 한후정 주변의 여덟 가지 경관에 대해 노래한 「한후정팔경운(寒後亭八景韻)」과 쌍봉천의 12곡에 대해 노래한 「쌍봉십이곡운(雙鳳十二曲韻)」은 해당 지역의 대표적인 문인으로 추앙받는 인물로서의 면모를 보여주는 작품이다.

「국조기사(國朝記事)」는 「임오기사(壬午記事)」, 「갑신기사(甲申記事)」, 「갑오기사(甲午記事)」, 「을미기사(乙未記事)」, 「경술기사(庚戌記事)」로 구성되어 있다. 「임오기사(壬午記事)」는 1882년(고종19) 6월 발생한 임오군란(壬午軍亂)의 시말을 기록한 것이다. 「갑신기사(甲申記事)」는 1884년(고종21) 10월 김옥균(金玉均)·박영효(朴泳孝)·홍영식(洪英植)·서광범(徐光範)·서재필(徐載弼) 등의 개화파가 일으킨 갑신정변에 대해 기록한 것이다. 「갑오기사(甲午記事)」는 1894년(고종31) 4월 호남의 전봉준(全琫準) 등이 일으킨 갑오개혁에 대해 기록한 것이다. 「을미기사(乙未記事)」는 1895년(고종32) 8월 왕후 민씨(閔氏)가 왜적에 의해 피살된 을미사변에 대한 기록이다. 「경술기사(庚戌記事)」는 1910년(순종4) 7월 대한제국이 일본에 의해 강제로 병합된 한일병합에 대한 기록이다. 이상의 「국조기사」에 수록된 내용은 구한말 근대전환기에 발생했던 국내의 주요 사건에 대한 기록으로, 이를 통해 당시 각 사건에 대한 정황과 시세를 이해하고 이에 대한 저자의 인식을 살필 수 있는 주요한 자료이다.

「유서석산기(遊瑞石山記)」는 1912년에 서석산으로도 불리는 무등산(無等山)에 올라간 기행을 적은 유산기이다. 광석대로 올라 지장암을 거쳐 원효사, 증심사 등을 유람했던 노정이 간략하게 기술되어 있다.

6. 참고문헌

양재경(梁在慶), 『희암유고(希庵遺稿)』
『희암유고(希庵遺稿)』, 『한국민족문화대백과사전』
『희암유고(希庵遺稿)』, 호남기록문화유산

希庵遺稿 一

希庵遺稿序

爲文而不本於忠孝經術雖雕鏤以爲奇矜澤以爲餙澁箱篋而无稗字
亦何足貴世吾於梁希庵遺稿竊有取焉蓋其所著述學主於正亦而
辭主於達無一言一句不出於忠孝經術之外也何以知其然也運値百
六宗社危亡其前役擬疏雖不徹於徑纊而復賊討近之義澟然有春秋
誅亂賊之筆且如東漢五賢士紹興三義士諸爲武侯義綱巾先生貧諸
作處憤激烈有足以立儒夫而愧偷生者其忠義之炳炳有如此者固以
得其內行之美則親癠不衎不翔居憂哀毀盡禮於先祖學闡先生以下
諸公以至傍親之賢有德無不記其續而傳俊刊遺文而行世其追遠之
誠孝有如此者自少讀書不務上口必兌其旨趣迄于學成又扣質于域
中長德理氣之精禧道義之深奧往復審辨不明不措其經術之傳浴有

希庵遺稿卷之一

賦

蔡吉丁賦

浩浩天而賦物無細大之或遺人得金而最靈物受偏而肩知推本然之
一原無俟此之有殊保一一點之自明臉發見而燕差虎能仁而時義雖鴝
別而鷹遁雖大爲之微物戀厥主而不移惟濾兩之翺翔肩丁之奇禽
尊偃蹇之慧口能鸚鵡之巧音辨擧夷之大防守界限於其心竟醜夷之
可唾欲購買而漢而一日不入羨而百年寧居漢而飢死不入
英而翩翻傀走犬之有德恥下喬之蟲陳似拖囊而囧團團
遁高飛於竹氅伴東海之暬連或孤晩之倦飛棲陶菊之粲然聲三百而
庶顏幷有榮而仙態吾東之鰈魚爲島英之購等先澤山而無地金峯

希庵遺稿卷之十二

附錄

輓章

絳酒紅燈雨漏樓九秋一別遠千秋讀書梗手徒何見打地神仙不少留
有德如君宜得壽癡絶空山及狂把前骸記列丹
臣光嗟噂訊無思德萬鳥前兩泣兩一厄如君復何恨白雲磎荁護龍鞠
訃書一出忽驚聞野老街童重且奔賦曰福人眞善士祝傳肖子又賢孫
心齋李正會

紅旌剡剡兌山遠白雲霏霏落日今楷後承先低丁晃其餘篤萬事更何言
春塘安鍾鶴
寧齋奇在烋

〈호남-26〉 **정재집** 正齋集

1. 형태서지

표제/권수제	정재집(正齋集)
편저자	양회갑(梁會甲) 著
판사항	신연활자본
발행사항	和順 : 竹林精舍, 1965
형태사항	총 16권 7책 四周雙邊 半郭 21.8×14.8㎝, 有界, 12行26字 註雙行, 上下向2葉花紋魚尾 ; 28.3×18.6㎝
소장처	계명대, 고려대, 원광대, 전남대, 전북대, 전주대, 충남대

2. 정의

『정재집(正齋集)』은 개항기부터 해방 이후까지 생존한 유학자 양회갑(梁會甲, 1884-1961)의 시가와 산문을 엮은 시문집이다.

3. 저자사항

양회갑의 초명은 회을(會乙), 자는 원숙(元淑), 호는 정재(正齋), 본관은 제주(濟州)이다. 전남 화순군(和順郡) 이양면(梨陽面) 초방리(草坊里)에서 태어났다. 부친은 양재덕(梁在德)이고, 모친은 죽산 안씨(竹山安氏) 안평환(安平煥)의 따님이다. 6세 무렵부터 조부인 양호묵(梁虎黙)에게 글을 배웠으며 이때에 능히 천자문을 읽었다. 1903년(고종40)에 향시에 합격하고 제시(製試)에서 장원하였다. 1905년(고종42)에 송병선(宋秉璿)에게 나아가 수학하려 하였으나, 그가 세상을 떠나자 정일신(鄭日新), 정월파(鄭月坡) 등에게서 학문을 배웠다. 을사늑약이 체결되는 상황을 겪은 이후에는 벼슬길에 나아가는 것을 단념하고 학문에만 전념하였다. 기우만(奇宇萬)의 문집인『송사집(松沙集)』과 선조 양팽손(梁彭孫)의 문집인『학포집(學圃集)』 간행을 주관하였다. 1934년에 기우만을 기리기 위해 영당(影堂)을 세웠는데 당시 일제의 핍박으로 더 이상 스승을 기리지 못하다가 해방된 이후에 영당을 고강사(高岡祠)라 이름하고 제사지냈다. 양회갑은 후학들에게 이단(異端)이 횡행하는 오늘날 동심협력(同心協力)하여 의리(義理)를 천명하고 강상(綱常)을 부식(扶植)하여 일선의 양맥(陽脉)을 계승하는 것이 급선무임을 설파하고 격치(格致)·성경(誠敬) 공부에 힘쓰게 하였다. 1941년에는『학포집』의 중간(重刊)에 참여하였다.

4. 구성 및 내용

『정재집(正齋集)』은 16권 7책으로, 신연활자본(新鉛活字本)이다. 1965년 양회갑의 아들 양찬승(梁燦承)과 제자들이 편집·간행한 것으로, 서문은 여창현(呂昌鉉)이 썼고 발문은 김규태(金奎泰)가 썼다. 문집은 국립중앙도서관 등에 소장되어 있다.

권1은 시(詩) 300제이다. 일상의 감흥과 정취를 노래한 시, 축수시(祝壽詩), 송별시(送別詩), 증시(贈詩), 차운시(次韻詩), 만시(挽詩) 등 다양한 주제의 한시가 수록되어 있는데, 특히 만시가 많은 비중을 차지한다. 기우만에게 보낸 시와 안규용(安圭容)의 죽음을 애도한 만시「안회봉만사수(安晦峯挽四首)」가 실려 있다.「여계재독성학원류(與溪齋讀聖學源流)」는 유상철(柳相喆)이 저자를 방문하여 함께『성학원류(聖學源流)』를 읽고서 지은 시이다.

권2는 시(詩) 252제이다. 서석산(瑞石山), 월출산(月出山), 쌍계사(雙溪寺) 등 주위 승경을 유람하고 지은 시와 보성의 죽곡정사(竹谷精舍)와 덕산정사(德山精舍)를 방문하고 지은 시 등이 수록되어 있다.

권3-권5는 서(書) 254편이다. 편지를 주고받은 대상에는 기우만, 조종필(趙鍾弼), 오준선(吳駿善), 기동준(奇東準), 송태회(宋泰會), 이광수(李光秀) 등 당대 인사를 포함하여 친인척 인물이 다수 포함되어 있다. 기우만에게 보낸 편지에서는 을사년과 병오년에 자신의 나이가 20여세였는데 시사가 크게 변하여 나라 안의 유현(儒賢)이 충정에 목숨을 바치거나 의를 위해 화를 입었으므로 편안히 앉아 강학을 할 수 없었다고 하였다. 이후 여러 성인의 경전을 독학하였다고 하면서 최근에는 부형의 명으로 선조 문집의 일을 맡아서 하는 일상에 대해 말하였다.

권6은 잡저(雜著) 22편이다.「사상록(沙上錄)」,「사상잡록(沙上雜錄)」「소학제사강의(小學題辭講義)」,「대학차록(大學箚錄)」,「죽림정사학규(竹林精舍學規)」,「이자명자설(二子名字說)」,「혼서(昏書)」 등이 실려 있다.

권7은 서(序) 73편이다. 저자의 저술인『성학원류(聖學源流)』와『풍천록(風泉錄)』에 대한 서문인「성학원류서(聖學源流序)」,「풍천록서(風泉錄序)」를 비롯하여「양씨가승서(梁氏家乘序)」,「심재유고서(心齋遺稿序)」,「화은선생유집서(華隱先生遺集序)」 등이 실려 있다.

권8은 기(記) 69편이다.「모현당중건기(慕賢堂重建記)」,「죽림재중수기(竹林齋重修記)」,「연파기(蓮坡記)」를 비롯하여「서석산기(瑞石山記)」,「월출산기(月出山記)」,「유한성기(遊漢城記)」 등 여러 편의 유기(遊記)가 실려 있다.

권9는 발(跋) 24편이다.「순종황제서연설계풍천록발(純宗皇帝書筵說繫風泉錄跋)」,「희암유고발(希菴遺稿跋)」,「청계집발(淸溪集跋)」 등이 실려 있다.

권10은 잠(箴) 1편, 명(銘) 12편, 찬(贊) 13편, 사(辭) 5편, 상량문(上樑文) 13편, 축문(祝文)

25편이다. 잠에는 「옥루잠(屋漏箴)」이 있고, 명에는 「필명(筆名)」, 「선명(扇銘)」, 「한천명(寒泉銘)」 등이 있다. 찬에는 「명말제의사찬(明末諸義士贊)」, 「면암최선생화상찬(勉庵崔先生畫像贊)」, 「송사기선생화상찬(松沙奇先生畫像贊)」 등이 있고, 사에는 「양계열자사(梁啓烈字辭)」, 「이윤구애사(李潤九哀辭)」 등이 있다. 상량문에는 「능주향교동무중건상량문(綾州鄕校東廡重建上樑文)」, 「죽수서원중건상량문(竹樹書院重建上樑文)」, 「삼괴정상량문(三愧亭上樑文)」 등이 있고, 축문에는 「기우제축문(祈雨祭祝文)」, 「죽림서원정향축문(竹林書院丁享祝文)」 등이 있다.

권11은 제문(祭文) 23편, 비(碑) 21편, 묘지명(墓誌銘) 5편이다. 제문에는 기우만의 제문인 「제송사선생문(祭松沙先生文)」, 오준선의 기문인 「제후석오공문(祭後石吳公文)」 등이 있고, 비에는 「동지중추부사양공유허비(同知中樞府事梁公遺墟碑)」, 「유인영광정씨행적비(孺人靈光丁氏行蹟碑)」 등이 있고, 묘지명에는 「의사행사양공묘지명(義士杏史梁公墓誌銘)」, 「신묵재김공묘지명(愼默齋金公墓誌銘)」 등이 있다.

권12는 묘갈명(墓碣銘) 61편이다. 선조 양재경(梁在慶)의 묘갈명인 「희암양공묘갈명(希菴梁公墓碣銘)」을 비롯하여 「호은박공묘갈명(湖隱朴公墓碣銘)」, 「연당송공묘갈명(蓮塘宋公墓碣銘)」 등이 수록되어 있다.

권13은 묘표(墓表) 50편이다. 「해산김공묘표(海山金公墓表)」, 「통덕랑양공묘표(通德郎梁公墓表)」, 「죽산안공묘표(竹山安公墓表)」 등이 수록되어 있다.

권14는 행장(行狀) 22편이다. 「증승지수월헌부군행록(贈承旨睡月軒府君行錄)」, 「성균진사국포양공행장(成均進士菊圃梁公行狀)」 등이 수록되어 있다.

권15는 행장(行狀) 17편, 유사(遺事) 1편, 전(傳) 5편이다. 행장에는 「송사선생사장(松沙先生事狀)」, 「선부군가장(先府君家狀)」, 「덕암이공행장(德菴李公行狀)」 등이 실려 있다. 유사는 「석전유공유사(石田柳公遺事)」이고, 전에는 「염장군이세사충전(廉將軍二世四忠傳)」, 「무유자전(無有子傳)」 등이 실려 있다.

권16은 부록(附錄)이다. 가장(家狀)은 양찬승(梁燦承)이 지었고, 행장(行狀)은 기노장(奇老章)이 썼으며, 묘갈명(墓碣銘)은 홍석희(洪錫憙)가 지었다.

5. 주요 작품 및 문집의 특징

「근차송후암계산구곡운(謹次宋後菴雞山九曲韻)」은 송증헌(宋曾憲)이 계산정사(雞山精舍)를 새로 짓고서 주희(朱熹)의 「무이도가(武夷櫂歌)」를 모방하여 구곡시(九曲詩)를 짓고 화답을 청하자, 『대학(大學)』의 삼강팔조(三綱八條)를 들어 시를 지은 시이다. 구곡(九曲)에서 일곡(一曲)인 사명담(四明潭)은 명덕(明德), 이곡(二曲)인 칠리탄(七里灘)은 신민(新民), 삼곡(三曲)인 조선소(朝鮮沼)는 지지선(止至善), 사곡(四曲)인 와룡담(臥龍潭)은 본말(本末), 오곡(五曲)인 은귀암(隱龜巖)은 격치(格致), 육곡(六曲)의 만례오(滿禮塢)는 성의(誠意), 칠곡(七曲)인 백설뇌(白雪瀨)는 정수(正修), 팔곡(八曲)인 오도주(吾道洲)는 제치(齊治), 구곡(九曲)인 영귀대(詠歸臺)는 평천하(平天下)로 나타냈다.

「고소대봉심충무공대첩비(姑蘇臺奉審忠武公大捷碑)」는 전라도 여수의 고소대(姑蘇臺)에서 이순신 장군의 대첩비를 봉심(奉審)하고 지은 시이다. 「기산홍수죄매국적불허침자사(妓山紅數罪賣國賊不許寢自死)」는 기생 산홍(山紅)이 매국노들을 꾸짖어 잠자리를 거부하고 자결했던 기생 산홍(山紅)의 절개를 기린 시이다.

「상송사선생근사록문목(上松沙先生近思錄問目)」은 저자가 스승 기우만에게 『근사록(近思錄)』의 난해한 곳을 질문한 것이며, 그 밖의 문목·별지 등도 주로 경학과 예학에 대한 문답이다.

「대학차록(大學箚錄)」은 『대학(大學)』의 어려운 부분을 가려 뽑아 선현들의 말을 인용하여 해석하고, 저자의 의견을 더하여 설명한 것이다.

「죽림정사학규(竹林精舍學規)」는 강학 공간인 죽림정사(竹林精舍)에서 선비들을 교육하면서 그들이 지켜야 할 규범과 닦아야 할 학행, 익혀야 될 학문의 내용 등을 규정한 것이다. 「사상록(沙上錄)」과 「사상잡록(沙上雜錄)」은 저자가 평소 생활하면서 보고 듣고 느낀 점과 후학 교육에 필요하다고 생각한 것들을 기록한 것이다.

「서석산기(瑞石山記)」는 서석산을 유람한 내용을 기록한 유기(遊記)이다. 저자는 전남 화순 출신으로 남도 지방을 자주 유람하였으며, 유람한 곳에 대해 다수의 기록을 남겼다. 서석산(瑞石山)은 무등산(無等山)의 별칭이기도 하다. 저자는 1935년 5월에 벗 정율계(鄭栗溪) 등과 함께 서석산 유람을 다녀왔으며, 당시의 여정과 흥취에 대해 기록한 것이 「서석산기」이다. 이 글에서 '서석(瑞石)'이라는 이름은 산의 모습에서 얻게 된 것으로, 떨기로 서 있으며 바르고 곧은 길이가 조금의 차이도 없었는데 높이는 모두 수십 장에 이른다고 하였다.

「명말제의사찬(明末諸義士贊)」은 명나라 말기의 의사(義士) 10인의 절의를 찬양하여 지은 글이다. 의사 10인은 좌무제(左懋第)·유종주(劉宗周)·왕육시(王毓蓍)·서견(徐汧)·구덕의(瞿德毅)·왕지인(王之仁)·진함휘(陳函輝)·정위홍(鄭爲虹)·구식거(瞿式耜)·화망건선생(畫網巾先生)이다.

6. 참고문헌

양회갑(梁會甲), 『정재집(正齋集)』

『양회갑(梁會甲)』, 『한국민족문화대백과사전』

『정재집(正齋集)』, 『한국민족문화대백과사전』

正齋集序

理無處不在而行之者道有時不行而載之者文文不載道雖多
笑以哉世衰道微人不知有六經道德仁義可謂蓁塞而異言異行
譁然盈天下時則我先師松沙先生秉墨竪拂斥邪衛正屹立砥柱
回狂瀾於既頹南士彬彬見而知之者亦鮮惟正齋梁公以敏贍之
資發軔正道進而問疑不知日之將暮退焉記私不覺夜之將闌性
命仁義之蘊陰陽淑慝之辨大而天地細而微塵宇宙之遠而治亂
盛衰一身之近而存養省察以至形氣神理心性情意靡不講究而
詳証劄記盈箱不知不措先師許傳授有人件作對討甲兩端斯竭
追思余質魯年淺奉策周旋方務悅沙蹟而不知此等精微遺約之
爲何等語句也遽爾樑折斯文喪矣宗國亡矣喪葬儀節譜編纂
道集刊布建祠安享一則正齋二則正齋也余自治任後病世索居

正齋集卷之一

詩

竹林精舍偶吟二絕

日光爲永讀書樓矻矻眞工對案頭到得盈科知有本源源枕下水
長流

開門山納眼生靑玩物觀心不樹屛滿地根荄齊甲坼時風時雨各
流形

景福宮得五言一絕

俯地三山落仰天一日明志士無窮淚石間水咽鳴

光化門

春城二月冷如秋往蹟蒼茫水共流大字黃金金殿裏重重品石九
班留

詩

洪園書室藏本

〈호남-27〉 **난와유고** 難窩遺稿

1. 형태서지

표제/권수제	난와유고(難窩遺稿)
편저자	오계수(吳繼洙) 著
판사항	목활자본
발행사항	[刊寫地未詳] : [刊寫者未詳], 1916
형태사항	총 17권 8책 四周單邊 半郭 23.1×15.1㎝, 10行22字 註雙行, 內向三葉花紋-魚尾 ; 30.1×19.7㎝,
소장처	국립중앙도서관, 고려대, 성균관대, 연세대, 용인대, 원광대, 전남대, 전주대

2. 정의

『난와유고(難窩遺稿)』는 조선후기에서 일제강점기를 살았던 오계수(吳繼洙, 1843-1939)의 시가와 산문을 엮은 시문집이다.

3. 저자사항

오계수의 자는 중함(重涵), 호는 난와(難窩), 본관은 나주(羅州)이다. 부친은 오갑선(吳甲善)이고, 모친은 나주 정씨(羅州鄭氏)로 정시혁(鄭時爀)의 따님이다. 8세 무렵 종숙부(從叔父) 오태규(吳泰圭)에게서 글을 배웠다. 16세에 이붕선(李鵬善)의 문하에 나아가 공령문(功令文)을 배웠는데, 상사(上舍) 이최선(李最善)에게 칭찬을 받았다. 이후부터 더욱 학문에 분발하여 일찍이 그의 선조인 오효석이 은거했었던 대명동(大明洞)의 영사재(永思齋)에 들어가 침식도 잊은 채 학문에 몰두하였다. 오계수는 집안을 일으킬 계책으로 공령에 대한 공부를 계속 하였는데, 그것을 본 부친이 "학자는 마땅히 실지(實地)에 마음을 써야 하는데, 과업(科業)은 곧 껍데기일 뿐이다. 입양현친(立揚顯親)은 본래 그 도가 있으니, 반드시 사문장덕(斯文長德)에게 종사하여 나아갈 바를 헤매지 않은 뒤에야 성인이라 할 것이다"라고 훈계하였다. 오계수는 이러한 부친의 뜻을 받들어 더 이상 벼슬에 뜻을 두지 않고 학문에만 전념하였다. 26세 무렵에는 부친의 명을 받들어 노사(蘆沙) 기정진(奇正鎭) 선생을 알현하고 배움을 청했다. 기정진의 장려를 받고 돌아온 이후에 여러 차례 서신을 보내어 학문하는 방도에 대해 답변을 구했다. 기정진의 손자인 송사(松沙) 기우만(奇宇萬)이 오계수에게 '난와(難窩)'라는 편액을 써주고 그 기문(記文)을 지어 주었다. 이후에 면암(勉庵) 최익현(崔益鉉)과

덕암(德巖) 나도규(羅燾圭)도 기문을 지어주었다. 1894년(고종31) 동학란이 일어났을 때에 초토사(招討使)로 있던 민종렬(閔鍾烈)이 오계수에게 방략(方略)을 구했다. 이에 오계수는 지리(地理)와 인화지설(人和之說)로 조언하였으며 난이 평정된 뒤에는 거괴(巨魁)만 처단하고 나머지 무리는 귀화시키도록 조언하였다. 1895년(고종32)에는 용진산(聳珍山)의 서쪽 기슭에 작은 초옥을 지어 '서벽(棲碧)'이라는 편액을 걸고 기문과 시를 지어 은거의 뜻을 나타냈다. 이 해에 을미사변이 일어나고 전국에 단발령이 내려 기우만이 의병을 일으켜 나주에 이르자 오계수는 즉시 나주로 가서 의병진에 합류하였다. 1905년(고종42)에 을사조약이 체결되자 오계수는 기우만과 함께 의병을 모집하는 한편, 의병 김준(金準), 전수용(全垂鏞)을 도와 항일운동을 전개하였다. 그리고 「의소(擬疏)」를 지어 왜적을 물리치고 나라를 중흥할 것을 천명하였다. 1910년(순종4) 경술국치를 당해 나라가 망하자 비분강개하여 두문불출하며 은거하였다. 1911년에 장성의 헌병대에 끌려가서 십여 일 동안 옥에 갇혀있으면서 일제가 주는 하사금(下賜金)을 받을 것을 강요받았으나 끝까지 저항하며 거절하였다. 이후 영사재(永思齋)에 은거하면서 망국의 유민으로 비분 속에서 세월을 보내다가 1939년에 생을 마감했다. 사후에 광산(光山)의 도림사(道林祠)에 제향되었다.

4. 구성 및 내용

『난와유고』는 17권 8책으로, 목활자본(木活字本)이다. 1976년에 오준선(吳駿善)·오정선(吳禎善)·오재수(吳在洙) 등 오계수의 그의 문인들에 의해 편집, 간행되었다. 문집의 서문은 없고, 권말에 족제(族弟)인 오재수의 발문이 있다.

권1은 시(詩) 130제이다. 일상의 감흥을 노래한 시, 영물시(詠物詩), 차운시(次韻詩)가 대부분이다. 「삼난운(三難韻)」은 '난(難)'을 운자로 사용하여 세 가지 어려움에 대해 읊은 시이다. 오계수의 호인 난와(難窩)의 '난(難)'은 『논어(論語)』 「옹야(雍也)」의 "어진 사람은 어려운 일을 먼저 하고 얻는 것은 뒤에 한다[仁者先難而後獲]."는 구절에서 가져왔다. 즉 조심(操心), 극기(克己), 신언(愼言)을 잘해야 한다는 의미를 담아 이름한 것이다. 「삼난운(三難韻)」에서 세 가지 어려움으로 제시된 극기(克己), 천언(踐言), 입심(立心)도 이와 같은 것이다. 이 시 뒤에는 기정진(奇正鎭)의 차운시와 최익현(崔益鉉)의 차운시가 함께 수록되어 있다. 「차삼산구곡(次三山九曲)」과 「차삼산가훼십절(次三山嘉卉十絶)」은 기우만이 삼성산(三聖山) 골짜기에 삼산재(三山齋)를 짓고 거처할 때 지은 「삼산구곡(三山九曲)」과 「가훼악부(嘉卉樂府)」에 차운하여 지은 시이다.

권2는 시(詩) 95제이다. 저자의 교유관계의 일단을 살필 수 있는 차운시와 화운시(和韻詩)

가 다수 수록되어 있다. 특히 후반부에는 여러 인물에 대한 만시(挽詩)가 상당히 많이 실려 있다. 「노사선생만(蘆沙先生挽)」은 기정진을 추도하여 지은 만시이고, 「면암선생만(勉庵先生挽)」은 최익현을 추도한 만시이며, 「연재선생만(淵齋先生挽)」은 연재(淵齋) 송병선(宋秉璿)의 죽음을 애도하며 지은 만시이다. 「문민계정영환충혈화죽감제(聞閔桂庭泳煥忠血化竹感題)」는 을사조약 때 자결한 민영환의 피가 대나무로 변했다는 소식을 듣고 지은 시이다. 혈죽(血竹)에 대해서는 매천(梅泉) 황현(黃玹)을 비롯하여 혈죽(血竹)에 대해 뜻있는 여러 지사들이 이와 관련한 시를 남긴 바 있다. 「호가행(浩歌行)」은 동학난을 겪은 다음 해에 시국의 참담함을 읊은 시이고, 「광가행(狂歌行)」은 경술국치를 당하여 지은 시로 당시 저자의 비통한 심경을 살필 수 있다.

권3은 시(詩) 120제이다. 일상생활의 심사와 경물을 읊은 시가 수록되어 있으며, 특히 차운시와 화운시가 많은 분량을 차지한다. 기우만의 거처인 삼산재(三山齋)에서 읊은 시가 실려 있고, 그의 시에 차운한 시도 함께 수록되어 있다.

권4는 시(詩) 160제이다. 「상부음(孀婦吟)」은 나라가 망한 후 은사금을 강요하며 회유하는 왜놈들에게 맞서 저자 자신의 굳은 지절의 뜻을 밝힌 시이다. 「만고녹천(挽高鹿川)」, 「만기성재(挽奇省齋)」, 「애김준(哀金準)」은 을사조약 이후 의병을 일으켜서 왜적과 싸우다가 순국한 호남의병장 고광순(高光淳), 기삼연(奇參衍), 김준(金準)의 죽음을 애도하여 지은 시이다. 「차황매천현절필시(次黃梅泉玹絶筆詩)」 4수는 1910년 한일병합 소식을 듣고 「절명시(絶命詩)」 4수와 유서를 남기고 음독 자결한 황현의 시에 차운한 것이다.

권5는 소(疏) 2편, 서(書) 41편이다. 소(疏)는 「명곡공청시소(明谷公請諡疏)」와 「의소(擬疏)」이다. 「명곡공청시소」는 저자의 선조인 명곡(明谷) 오희도(吳希道)의 인조반정 모의와 문과 급제를 사유로 들어 시호를 청하는 소이다. 「의소」는 의거(義擧)했을 때 지은 것으로, 1905년 을사늑약을 당하여 오적을 처단하고 서양문물과 일본을 배척하며 군주의 일심을 바르게 하여 조정·백관·백성을 바르게 하면 만세태평의 기반이 될 것이라고 하였다. 편지를 주고받은 대상에는 스승인 노사 기정진을 비롯하여 면암 최익현, 입재 송근수, 연재 송병선, 심석 송병순, 송사 기우만, 관찰사 이병문(李秉文), 민종렬(閔鍾烈) 등이 있다. 특히 민종렬과는 여러 통의 편지 왕래를 통해 향약의 약상(約長)을 맡아 향야이 시행을 논의하기도 하고, 동학을 평정한 뒤 민종렬의 공을 기리거나 을미의병으로 붙잡혀간 그의 안부를 묻기도 하였다.

권6은 서(書) 74편이다. 편지를 주고받은 대상은 덕암(德巖) 나도규(羅燾圭), 국포(菊圃) 이승혁(李承爀), 백하(栢下) 양상형(梁相衡) 등이다. 권말에 수록된 「시장성헌병분대장(示長城憲兵分隊長)」과 「시삼거리헌병소장(示三巨里憲兵所長)」은 각각 일제 헌병대의 분대장과 소장에게 부친 글이다. 1910년 경술국치 이후 일제는 은사금(恩賜金)을 주어 회유하려고 했으나, 오계수는 이를 끝까지 거절했으며 그로 인해 1911년 5월에 왜병에 끌려가 갖은 폭행과 고초를 겪었다. 이 글에는 당시 저자가 일제에 저항하여 끝내 자신의 뜻을 굽히지 않았던 정황이 기록되어 있다.

권7은 서(序) 59편이다. 문집 목록에는 권8에 서(序)가 수록되어 있으나, 내제에는 권7로 기록되어 있다. 송서(送序)를 비롯하여 시회에 대한 서문, 지인의 문집에 대한 서문, 족보서(族譜序)와 보서(譜序) 등 다양한 내용의 서문이 수록되어 있다. 「상민후지담서(上閔侯芝潭序)」, 「금리시회서(錦里詩會序)」, 「나주오씨가첩서(羅州吳氏家牒序)」 등이 있다.

권8은 기(記) 79편이다. 문집 목록에는 권7에 기(記)가 수록되어 있으나, 내제에서는 권7과 권8에 기(記)가 수록되어 있다. 「알노사선생후추기(謁蘆沙先生後追記)」는 스승 기정진을 만난 감회와 당시 나누었던 대화 내용을 기록하여 스스로 경계로 삼으려는 목적으로 지은 글이다. 저자는 기정진을 배알한 사실과 함께 독서에 힘쓰고 마음을 바르게 하여 수신제가 하라는 가르침을 받은 것에 대해 기록했다. 「연당기(蓮塘記)」는 효자로 알려진 류송계(柳松溪)가 판 연못에 대한 기문이다. 「숭정통보기(崇禎通寶記)」는 명나라 숭정연간에 발행된 숭정통보(崇禎通寶)에 대한 기문이다.

권9는 발(跋) 22편이다. 유고(遺稿)와 문집(文集), 세보(世譜), 행장(行狀) 등에 대한 발문이 수록되어 있다. 기정진의 제자인 야은(野隱) 박정규(朴廷奎)의 문집에 대한 발문인 「야은유고발(野隱遺稿跋)」을 비롯하여 「근서국재선생유집후(謹書菊齋先生遺集後)」, 「석천김공유사발(石泉金公遺事跋)」, 「근서만송최공행록후(謹書晚松崔公行錄後)」 등이 실려 있다.

권10은 행장(行狀) 18편이다. 조부 오태규(吳泰圭)의 행장인 「조고임이재공가장(祖考臨履齋公家狀)」을 비롯하여 부친 오갑선(吳甲善)의 행장인 「선고지곡부군가장(先考止谷府君家狀)」, 사간원정언·이조정랑을 역임한 죽포(竹圃) 박기종(朴淇鍾)의 행장인 「사간죽포박공행장(司諫竹圃朴公行狀)」 등이 있다.

권11은 행장(行狀) 16편, 전(傳) 7편이다. 행장에 소백(小栢) 나영집(羅英集)의 행장인 「소백나공행장(小栢羅公行狀)」, 국포(菊圃) 유호석(柳浩錫)의 행장인 「국포유공행장(菊圃柳公行狀)」이 있다. 전에는 효우충신(孝友忠信)을 근본으로 삼았던 호산처사(湖山處士) 정경득(鄭慶得)을 입전한 「호산정공충효전(湖山鄭公忠孝傳)」을 비롯하여 「유인조씨전(孺人曺氏傳)」, 「효열부박씨전(孝烈婦朴氏傳)」 등이 실려 있다.

권12는 묘갈명(墓碣銘) 18편이다. 동학농민운동 때 나주목사 민종렬의 휘하에서 도통장(都統將)이 되어 방어한 공적으로 해남군수에 특채된 난파(蘭坡) 정석진(鄭錫珍)의 묘갈명인 「해남군수정공묘갈명(海南郡守鄭公墓碣銘)」을 비롯하여 「성당고공묘갈명(省堂高公墓碣銘)」, 「구정김공묘갈명(鷗亭金公墓碣銘)」 등이 있다.

권13은 묘지명(墓誌銘) 4편, 묘표(墓表) 27편이다. 묘지명으로 「감찰박공묘지명(監察朴公墓誌銘)」, 「학생이공묘지명(學生李公墓誌銘)」, 「호은송공묘지명(湖隱宋公墓誌銘)」, 「박효자묘지명(朴孝子墓誌銘)」이 실려 있다. 묘표에는 「북청부사오공묘표(北靑府使吳公墓表)」, 「질실재김공묘표(質實齋金公墓表)」, 「제주목사김공묘표(濟州牧使金公墓表)」 등이 실려 있다.

권14는 비명(碑銘) 17편이다. 1592년 임진왜란 당시 동래성 전투에서 전사한 모재(慕齋) 김사모(金嗣牟)와 1597년 정유재란 때 남원성 전투에서 전사한 그의 세 아들 김억명(金億命), 김억룡(金億龍), 김억호(金億虎)의 비명인 「김해김씨삼강비명(金海金氏三綱碑銘)」을 비롯하여 「유인류씨묘비명(孺人柳氏墓碑銘)」, 「죽재나공묘비명(竹齋羅公墓碑銘)」 등이 실려 있다.

권15는 잡저(雜著)로 논(論) 2편, 설(說) 7편, 잠(箴) 2편, 명(銘) 1편, 혼서(婚書) 3편, 표전(表箋) 1편, 제문(祭文) 9편, 축문(祝文) 7편이다. 논(論)에는 「정명분립기강론(正名分立紀綱論)」과 「제민어인수지역론(躋民於仁壽之域論)」이 있다. 「선난설(先難說)」은 저자의 자호인 난와(難窩)의 '난(難)'이 『논어(論語)』의 선난후획(先難後獲)에서 비롯된 것으로 조심(操心), 극기(克己), 신언(愼言)을 잘해야 함을 나타낸 글이다. 잠(箴)에는 「조심잠(操心箴)」과 「존성잠(存性箴)」이 있다. 명(銘)에는 저자의 호에 대한 내용인 「난와명(難窩銘)」이 실려 있다. 제문(祭文)에는 스승인 기정진을 비롯하여 최익현, 송병선 등 당대 절의를 지킨 유학자, 친인척 및 벗에 대한 제문이 실려 있고, 축문(祝文)에는 분황(焚黃), 사당, 기우 등에 대한 내용이 실려 있다.

권16은 상량문(上樑門) 23편, 려문(儷文) 3편이다. 상량문에는 저자의 집안을 비롯하여 다른 성씨의 현조나 효자, 기우만을 비롯한 유생의 서사나 정자에 대한 내용이 실려 있다. 변려문에는 향교를 중수하는 일, 족보 간행에 관한 일, 회갑연을 축하하는 내용이 실려 있다.

권17은 부록(附錄)으로 난와기(難窩記) 3편, 행장(行狀), 묘갈명(墓碣銘), 제문(祭文), 각금실기(却金實記), 발(跋)이 각 1편이다. 「난와기」는 최익현, 나도규, 기우만이 저술한 것이다. 행장은 오준선이 썼고, 묘갈명은 기우만이 지었다. 발문은 족제인 오재수가 지었다.

5. 주요 작품 및 문집의 특징

「시장성헌병분대장서(示長城憲兵分隊長書)」와 「시삼거리헌병소장(示三巨里憲兵所長)」 두 편의 글은 각각 헌병대 우두머리인 분대장과 소장에게 부친 편지이다. 저자는 1910년의 경술국치 이후 일본이 이른바 은사금(恩賜金)을 나누어줄 때에 이를 거절한 대가로 1911년 5월에 장성 헌병부대에 끌려가서 갖은 폭행과 고초를 겪으면서도 끝내 일제를 향한 저항의 뜻을 굽히지 않았다. 저자는 장성의 헌병분대장에게 자신의 이름에서 계수(繼洙)의 수(洙)는 수사(洙泗)의 수(洙)이며, 첩지(帖紙)에 기재된 계주(繼珠)의 주(珠)는 주옥(珠玉)의 주(珠)라고 하면서, 수(洙)와 주(珠)의 음이 같지 않고 뜻도 다른데 어찌 같은 이름이라 하느냐고 하였다. 이어서 망국의 백성으로 분수 밖의 은사금을 받고 싶지 않다고 거절하였다. 또한 삼거리 헌병대장에게도 자신은 사표(師表)가 될 수 없는데다가, 3가지 이유를 들어 거절 더욱이 선비를 기른 조선 왕조의 은혜를 잊을 수 없고 자신의 집안은 오랫동안 녹을 받아왔으며 자신은 4조를 섬긴 처지로 받을 수 없다는 세 가지 이유를 분명하게 밝혔다. 이 글에서는 당시 일제에 항거했던 저자의 굳센 의지와 저항 정신을 엿볼 수 있다.

「정명분립기강론(正名分立紀綱論)」은 나라를 다스리는 데에는 명분을 바로 하고 기강을 세우는 것이 그 근본이 됨을 전제하고, 이 근본이 바로 서게 되면 나라가 안정되고 그렇지 못하면 나라가 혼란해지니, 한 나라의 인군(人君)이 이 근본을 세움에 힘쓰지 않을 수 없음을 주장한 글이다. 곧 성인의 통치는 명분을 바로잡고 기강을 확립하는 것을 근본으로 삼으니 이를 위해서는 『춘추(春秋)』의 대일통(大一統)의 의리와 『중용(中庸)』의 구경(九經)의 법을 본받아야 한다는 내용이다.

「이기심성설(理氣心性說)」은 천지 사이에 가득한 것이 이기(理氣)인데 이(理)는 기(氣)의 주(主)가 되며, 사람 가슴 속에 간직된 것이 심성인데 심(心)은 기(氣)가 취합한 것으로 용(用)으로서 형이하자이고, 성(性)은 이(理)가 모인 것인데 그 체(體)로서 형이상자인 것이라고 하였다. 곧 이기론(理氣論)에 있어 이(理)는 본성(本性)이고 기(氣)는 기형(器形)으로, 둘이 분리된 것이 아니라 표리와 같이 불리부잡(不離不雜)하다는 일물론(一物論)을 주장하였다. 이는 전통적인 이이(李珥)의 학설을 따른 것으로 저자의 학통 연원을 살필 수 있다.

「심체답심자해설(心體答心字解說)」은 심(心)이라는 글자가 금목수화토(金木水火土)의 오행과 일신의 태극으로 미발지체(未發之體)와 이발지용(已發之用)을 갖추고 있으며, 심의 사단을 넓히면 칠정이 되는 것이므로 사단과 칠정이 실질은 똑같으나 명칭은 다른 것이라는 견해를 제시한 글이다.

6. 참고문헌

오계수(吳繼洙), 『난와유고(難窩遺稿)』

『난와유고(難窩遺稿)』, 『한국민족문화대백과』

『난와집(難窩集)』, 호남기록문화유산

難窩遺稿卷之一

詩

太極
兩儀未判處萬化本原時動靜無窮理須從這裏推

窮達
窮亦不須悲達亦不須喜窮達揔由天林泉安素髮

耕讀
力耕難勤讀勤讀難力耕夜讀朝耕業千秋有董生

咸物偶成
庭花自開落江月易盈虧浮世也如此悵然一賦詩

熙衍大旭大允大彥大憲仁同張華杓錦城羅龍郎
宗秀之子若婿也噫公賦性仁厚事行純篤若假之年
其所造詣不止共此而五旬海陬坎壈以終其亦命也
已

後之人有所取則焉

竹圃記
余嘗謂愛竹多知竹鮮愛有篤愛知有眞知昔夫子之
過淇園也聞綠簀之韻想武公之德欣然忘味三月不
御肉者可謂眞知子猷之在山陰也自香山記曰其本固固
以樹德其性直直以立身其心空空以體道其節貞貞
以立心若此可謂篤愛而知竹未也夫子之知遠夫今司諫
朴公以懇偉姿抱經濟才早擢高第登藝閣八栢府興
望隆洽莫不以遠大期之晩卜菟裘於綿之西高節里

〈호남-28〉 **후석유고** 後石遺稿

1. 형태서지

표제/권수제	후석유고(後石遺稿)
편저자	오준선(吳駿善) 著
판사항	목판본
발행사항	[刊寫地未詳] : [刊寫者未詳], 1934
형태사항	총 25권 13책 : 목록 1책, 본집 25권 12책 四周單邊 半郭 22.4×16.9㎝, 界線, 10行22字 註雙行, 內向三葉花紋魚尾 ; 31.9×21.0㎝
소장처	국립중앙도서관, 계명대, 동국대 경주캠퍼스, 성균관대 존경각, 안동대, 원광대, 전남대, 전주대

2. 정의

『후석유고(後石遺稿)』는 조선후기에서 일제강점기를 살았던 유학자인 오준선(吳駿善, 1851-1931)의 시와 산문이 수록된 시문집이다.

3. 저자사항

오준선의 자는 덕행(德行), 호는 후석(後石), 본관은 나주(羅州)이다. 1851년(철종2) 12월 6일 전남 나주(羅州) 도림리(道林里)에서 태어났다. 부친은 오하규(吳夏圭)이고, 모친은 상산 김씨(商山金氏)이다. 나중에 백부 오항규(吳恒圭)에게 양자로 갔다. 오준선은 어렸을 때부터 매우 총명하고 학문에 힘썼으며, 18세에 노사(蘆沙) 기정진(奇正鎭)의 문하에 들어가 수학했다. 24세 때에는 임헌회(任憲晦), 송근수(宋近洙), 송병선(宋秉璿) 등 당대의 노론학자들을 배알하기도 하였다. 1879년(고종34) 스승인 기정진이 세상을 떠나자 기정진의 손자인 기우만(奇宇萬)과 함께 강학활동을 자주 하였다. 1894년(고종31) 동학란이 발생하자 민종렬(閔鍾烈)과 함께 동학군을 맞아 싸웠다. 향약(鄕約)을 행하고 동학에 물들지 않게 하였으며, 동학교도를 토벌할 때에는 두목 이외의 사람들에게 관용을 베풀 것을 주장했다. 1905년(고종42) 을미사변이 발생하자 호남에서 일어난 의병에 참여하였고, 의병장이었던 기삼연(奇參衍), 고광순(高光洵), 김준(金準), 전수용(全垂鏞)의 전(傳)을 지어 그들의 행적을 기록했다. 1910년(순종4) 경술국치가 일어나자 일제가 하사하는 은사금을 거절하였고, 족질인 오계수(吳繼洙)와 함께 장성 등지의 헌병대에 붙잡혀서 20여 일 동안 구금되기도 했다. 1917년 용진산(聳珍山)에 정사(精舍)를 짓고 강학을 하자 사방에서 많은 제자들이 찾아왔다.

고종이 승하하자 1919년 인산(因山)때 상경하여 애도를 표하고 돌아왔다. 이후에는 용진정사에서 후학을 가르치는 일에 전념했다. 1931년 4월 병이 들어 집으로 돌아온 뒤 "내가 죽으면 명정(銘旌)에 조선유민(朝鮮遺民)이라 쓰라."라는 말을 남기고 6월에 세상을 떠났다. 이후에 문인들이 광산(光山) 삼도면(三道面)에 도림사(道林祠)를 건립하여 제향하였다.

4. 구성 및 내용

『후석유고』는 25권 13책의 방대한 분량으로, 목판본(木版本)이다. 1책에는 각 권별 목록이 순차대로 기록되어 있고, 2책부터 13책에 각 권별 내용이 수록되어 있다. 문집 전체는 시부와 산문, 부록으로 구성되어 있으며, 산문은 문체별로 편차되어 있다. 문집은 1934년 저자의 조카인 동술(東述)과 종손 근호(根浩) 등이 편집한 것이다.

권1은 부(賦) 1수, 시(詩) 126제(題)이다. 시는 저자의 스승인 기정진의 만시(挽詩)와 독립운동가 괴음(槐陰) 이규영(李奎永)의 만시를 비롯하여 다수의 만시와 차운시(次韻詩), 술회시(述懷詩), 경물시(景物詩) 등 다양한 주제의 한시가 시기별로 편집되어 있다.

권2는 시 217제(題)이다. 면암(勉庵) 최익현(崔益鉉), 연재(淵齋) 송병선(宋秉璿), 송사(松沙) 기우만(奇宇萬)의 만시를 비롯하여 차운시, 증별시(贈別詩)가 다수 수록되어 있어 저자의 교유관계를 살필 수 있다. 이외에 국화를 노래한 경물시가 있고, 여름에 금강산 일대를 방문하여 단발령(斷髮嶺), 마하연(摩訶衍), 총석정(叢石亭) 등을 제재로 삼아 지은 시가 실려 있다.

권3-권6은 서(書)이다. 각 권별 수록 편수는 권3에 72편, 권4에 82편, 권5에 96편, 권6에 51편이다. 편지를 주고받은 대상으로 기정진, 최익현, 송병선을 비롯하여 민종렬, 이도재(李道宰)와 오계수(吳繼洙), 기우만(奇宇萬), 정의림(鄭義林), 기재(奇宰), 기동준(奇東準) 등 기정진의 문인을 비롯한 다양한 인물들과 주고받은 편지가 수록되어 있어 저자의 폭넓은 교유관계를 파악할 수 있다. 편지의 내용은 학문과 의례에 대한 방법, 일상의 안부를 묻거나 선대의 묘지와 문집 서문을 부탁하는 것들이다.

권7은 잡저(雜著) 26편이다. 기정진, 최익현, 송병선을 배알한 기록, 사서(四書)의 구절을 풀이한 「경의문해(經義問解)」, 일제의 강제병합 이후 일왕(日王)이 내린 은사금을 거절한 편지와 전말을 기록한 글 등이 수록되어 있다.

권8-권9는 서(序)이다. 수록 편수는 권8이 36편, 권9가 33편이다. 김종서 장군의 북방 개척과 어린 단종에 대한 충의를 찬양한 김종서 장군의 실기서문, 향교의 춘추 향사를 위해 조직된 춘추계를 위해 의리를 잊지 말 것을 기록한 춘추계(春秋契)의 서문, 명나라에 대한 의리를 잊지 않기 위해 지은 「존주록서(尊周錄序)」, 문집과 족보의 서문, 사우와 작별하면서 지은 서문 등이 실려 있다.

권10-권12는 기(記)이다. 권10에 58편, 권11에 41편, 권12에 57편이 수록되어 있다. 금강산 유람과 황룡강(黃龍江) 뱃놀이를 한 뒤에 지은 유기(遊記)를 비롯하여 고경명의 신위를 모신 포충사(褒忠祠)의 중수에 관한 기록인 「포충사중수기(褒忠祠重修記)」, 나주향교에서 강학한 것을 기념하는 내용을 담은 「나주향교흥학기(羅州鄉校興學記)」, 기우만의 강학처인 삼산재(三山齋)에 대한 기문 등이 수록되어 있다.

권13은 발(跋) 42편이다. 충절과 효행을 기리거나 선현들의 유적지, 동문들의 강학처에 대한 내용 등이 실려 있다. 저자의 선조인 오희도(吳希道)의 문집에 쓴 「명곡집발(明谷集跋)」, 호남지역의 노론을 이끌었던 박치도의 문집에 쓴 「검암집발(黔巖集跋)」을 비롯하여 문집과 족보의 발문이 다수 있다.

권14는 명(銘) 3편, 잠(箴) 2편, 찬(贊) 2편, 사(辭) 5편, 혼서(婚書) 1편, 상량문(上樑文) 28편이다. 찬(贊) 1편은 기우만의 화상(畵像)에 대한 것이고, 혼서 1편은 손자 오근호(吳根浩)의 혼례 때 지은 것이다.

권15는 축문(祝文) 20편, 제문(祭文) 15편이다. 기우제(祈雨祭)를 비롯하여 사당에서 신주를 봉안하거나 이안할 때 지은 고유문과 용진정사(聳珍精舍) 개기(開基) 시에 지은 축문이 있다. 제문에는 기정진을 비롯하여 최익현, 송병선, 기우만에게 보낸 제문 등이 수록되어 있다.

권16은 비(碑) 30편이다. 고려 때 간의대부(諫議大夫)를 지낸 차원부(車原頫)의 신도비명(神道碑銘)을 비롯하여 최익현의 적려유허비(謫廬遺墟碑), 숙부인으로 추증된 열부 설씨(薛氏)의 순절비(殉節碑) 등이 있다.

권17-권19는 묘갈명(墓碣銘)이다. 수록 편수는 권17이 39편, 권18이 40편, 권19가 25편이다. 둔암(遯菴) 양산해(梁山海)의 묘갈명을 비롯하여 이규영(李奎永), 기우몽(奇宇蒙) 등 다양한 인물의 묘갈명이 수록되어 있다.

권20은 묘표(墓表) 37편이다. 사재령(司宰令) 김법생(金法生)의 묘표를 비롯하여 홍재연(洪在淵), 이진영(李鎭榮) 등 다수 인물의 묘표가 수록되어 있다.

권21은 묘표(墓表) 19편, 묘지명(墓誌銘) 8편이다. 기우만과 함께 의병활동을 펼쳤던 기동관(奇東觀)의 묘표를 비롯하여 저자의 아우인 오영선(吳泳善)의 묘표 등 다양한 인물에 대한 기록이 실려 있다.

권22-권23은 행장(行狀)이다. 권22에 23편, 권23에 26편이 수록되어 있다. 임진왜란 때 공을 세운 이광선(李光先)을 비롯하여 선친의 행록, 양재경(梁在慶) 등 다수 인물에 대한 행장이 실려 있다.

권24는 행장(行狀) 20편, 유사(遺事) 1편, 전(傳) 5편이다. 오계수를 비롯한 여러 인물의 행장이 수록되어 있으며, 유사는 선부군에 대한 기록이다. 특히 전에는 한말의 의병장인 기삼연(奇參衍), 고광순(高光洵)과 의사(義士) 김준(金準), 전수용(全垂鏞)에 대한 전기가 수록되어 있어 해당 인물에 대한 주요한 참고자료가 된다.

권25는 부록(附錄)이다. 가장(家狀), 행장(行狀), 묘갈명(墓碣銘), 묘지명(墓誌銘), 묘표(墓表), 문인들이 기록한 유사(遺事), 오준선의 임종부터 삼우제를 지낼 때까지의 일을 기록한 신미일기(辛未日記)가 실려 있다. 「가장」은 1931년에 조카 오동수(吳東洙)가 찬한 것이며, 「행장」은 1933년에 고광선(高光善)이 찬한 것이다. 「묘갈명」은 1934년 김영한(金寧漢)이 찬한 것이고, 「묘표」는 저자의 문인인 정기(鄭琦)가 찬한 것이다. 「유사」는 문인 양효묵(梁孝默)과 최윤로(崔潤魯)가 기록한 것이다. 「일기(日記)」는 문인 양상하(梁相賀)가 1931년 6월 20일부터 7월 16일까지 오준선의 임종 때부터 삼우제(三虞祭)를 지낼 때까지의 일들을 기록한 것이다.

5. 주요 작품 및 문집의 특징

「근차족조상사공고행가(謹次族祖上舍公古杏歌)」는 광해군 때 인효와 경세의 자질을 지녔던 저자의 족조(族祖) 오수(吳㸂)가 창평(昌平)에 은거하고 있었는데, 이때 인조(仁祖)가 세 번이나 찾아와 국사를 의논할 당시에 말을 매어두었던 고행(古杏)을 노래한 시에 차운한 작품이다.

「노사기선생만(蘆沙奇先生挽)」은 스승 기정진에 대한 만시로, 정주학에 연원을 둔 사실과 척양소를 지어 올린 내용을 기록했다.

「사상지알록(沙上贄謁錄)」은 저자가 18세에 족질 오계수와 함께 기정진을 찾아뵙고 당시 정황에 대해 기록한 것이다.

「서유록(西遊錄)」은 1900년에 족제와 함께 송병선과 최익현을 알현하고 선조의 글을 부탁한 내용을 기록한 것이다.

「경의문해(經義問解)」는 사서(四書)인 『대학(大學)』·『논어(論語)』·『맹자(孟子)』·『중용(中庸)』의 구절을 풀이하여 기록한 것이다.

「저본군수(抵本郡守)」, 「저삼거리헌병소(抵三巨里憲兵所)」, 「각금전말(卻金顚末)」은 일제의 강제병합 이후 회유책인 은사금을 거절한 내용을 담은 편지와 그 전말에 대해 기록한 것이다. 이를 통해 저자가 당시 일제에 항거했던 활동상과 저항 정신을 확인할 수 있다.

「의병장기삼연전(義兵將奇參衍傳)」, 「의병장고녹천전(義兵將高鹿泉傳)」, 「의사김준전수용

합전(義士金準全垂鏞合傳)」은 구한말 의병활동을 펼쳤던 의병장 기삼연(奇參衍), 고광순(高光洵)과 의사(義士) 김준(金準), 전수용(全垂鏞)에 대한 전기이다. 이상의 전기는 입전한 인물의 일대기를 파악하고, 나아가 구한말 의병활동을 파악하는 데 주요한 참고자료가 된다.

6. 참고문헌

오계선(吳駿善), 『후석유고(後石遺稿)』

『후석유고(後石遺稿)』, 『한국민족문화대백과』

『후석유고(後石遺稿)』, 호남기록문화유산

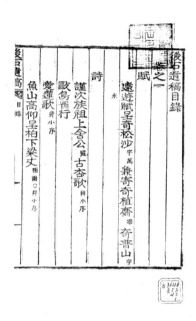

後石遺稿卷之一

賦

遠遊賦呈奇松沙_{字萬}兼寄奇植齋_字奇晋山_{字永}

後石遺稿卷之二十五

〈호남-29〉 **현곡집** 玄谷集

1. 형태서지

표제/권수제	현곡집(玄谷集)
편저자	유영선(柳永善) 著 / 류조석(柳浩錫), 류태석(柳泰錫) 編
판사항	신연활자본
발행사항	-본집 : 高敞 : 瓣荷堂, 1962 -별집 : [高敞] : [柳浩錫], 1978跋
형태사항	총 32권 16책 -본집 26권 13책 : 四周雙邊 半郭 21.3×15.1㎝, 有界, 半葉12行28字 註雙行, 上下向黑魚尾 ; 29.0×20.0㎝ -속집 6권 3책 : 四周雙邊 半郭 21.4×15.2㎝, 有界, 12行28字, 花口, 上下向2葉花紋魚尾 ; 28.2×19.6㎝
소장처	국립중앙도서관, 전남대, 충남대, 한국학중앙연구원

2. 정의

『현곡집(玄谷集)』은 일제강점기부터 해방 이후에 살았던 유학자 유영선(柳永善, 1893-1961)의 시가와 산문을 엮은 시문집이다.

3. 저자사항

유영선의 자는 희경(禧卿), 호는 현곡(玄谷), 본관은 고흥(高興)이다. 전북 고창(高敞)에서 출생했다. 부친은 고을에서 덕망이 높았던 유기춘(柳基春)이고, 모친은 광주 이씨(廣州李氏) 이병현(李秉賢)의 따님이다. 유영선은 간재(艮齋) 전우(田愚)의 문인으로, 1905년 을사늑약 이후 전우를 따라 서해 고군산군도의 외딴섬인 왕등도(旺嶝島)·계화도(繼華島) 등지에서 20여 년간 갖은 고초를 겪으며 유학에 전념하였다.

1924년에 고향으로 돌아와 현곡정사(玄谷精舍)를 건립하고 전통의 도학을 보전하기 위해 후진 교육에 전념하여 많은 인재를 배출하였다. 유영선의 학문은 한말의 심성론(心性論)에서 주리론(主理論)의 입장을 비판하고, '성(性)'은 스승이요 '심(心)'은 제자라는 '성사심제(性師心弟)', 즉 성존심비설(性尊心卑說)을 제창한 전우의 핵심적 학설을 강조하여 철저하게 계승하여 발전시켰다. 또한 성리설과 학문론을 체계적으로 분류 정리하여 『간재성리유선(艮齋性理類選)』을 편집하였다. 그는 예학에도 합리적인 절충을 수행하여 『예의관보(禮疑管補)』와 『사례제요(四禮提要)』를 편찬하였다.

유영선은 지조를 생명으로 삼아 조선시대 도학의 전통을 최후까지 보존하고 학문적 신념에 살았던 학자이다. 고창에 용암사(龍巖祠)를 건립하고 스승인 전우의 영정을 봉안하였는데, 사후에 자신도 용암사에 배향되었다. 편저로는 『담화연원록(潭華淵源錄)』·『구산풍아(臼山風雅)』·『오륜시편(五倫詩編)』·『규범요감(閨範要鑑)』 등이 있으며, 저서로는 『현곡집』 32권 16책이 있다.

4. 구성 및 내용

『현곡집』은 본집 26권 13책, 속집 6권 3책으로 이루어진 총 32권 16책의 방대한 분량으로, 신연활자본(新鉛活字本)이다. 권순명(權純命)의 교열을 거쳐 1962년 유영선의 아들 유호석(柳浩錫)·유태석(柳泰錫)과 문인들이 편집·간행하였다. 서문은 없고 속집 끝에 유호석이 지은 발문이 실려 있다. 본집은 1962년에 간행되었고, 속집은 1978년에 간행되었다. 국립중앙도서관과 충남대학교 도서관 등에 소장되어 있다.

본집 권1-권7은 서(書)이다. 각 권별 수록 편수는 권1에 82편, 권2는 96편, 권3은 102편, 권4는 78편, 권5는 85편, 권6은 106편, 권7은 76편이다. 편지를 주고받은 인물을 살펴보면, 스승인 전우를 비롯하여 석농(石農) 오진영(吳震泳), 회봉(晦峯) 안규용(安圭容), 덕천(悳泉) 성기운(成璣運), 고재(顧齋) 이병은(李炳殷), 유재(裕齋) 송기면(宋基冕) 등 간재학파로 분류되는 인물이 주류를 이룬다. 이들 가운데 전우, 오진영과 왕래한 편지가 가장 많은 분량을 차지하며, 내용은 학문에 대한 문답과 토론한 내용이 대부분이다. 다른 문집에 비해 수록된 편지의 분량이 매우 많은데, 이 방대한 분량의 편지는 당시 간재학파의 학문경향과 사상, 영향관계 등을 파악할 수 있는 주요한 자료이다.

본집 권8은 서(書) 106편, 잡저(雜著) 29편이다. 잡저에는 대체로 현곡정사의 문하생들과 자손들에게 주는 경계와 권면의 글이 수록되어 있다. 「주계시아손(酒戒示兒孫)」은 술을 경계하라는 가르침을 담아 자손들에게 전한 글이다.

본집 권9-권14는 잡저(雜著)이다. 각 권별 수록 편수는 권9에 49편, 권10은 21편, 권11은 2편, 권12는 3편, 권13은 1편, 권14는 3편이다. 권9의 「화도신종기사(華島愼終記事)」와 「장례의식(葬禮儀式)」은 세상을 떠난 전우의 장례를 준비하는 과정과 장례의 경과에 대해 기록한 것이다. 「심성설(心性說)」은 전우의 핵심 사상인 '성사심재설(性師心弟說)'을 바탕으로 성(性)과 심(心)의 개념을 제시한 글이다. 「심통성정설(心統性情說)」과 「성위심재설(性爲心宰說)」은 심성(心性)에 대한 당시 주리론자의 견해를 비판한 것이다. 권10의 「조선사기의(朝鮮史記疑)」는 『조선사(朝鮮史)』에서 의문이 드는 내용에 대해 자신의 견해를 덧붙여 설명한 글이다. 권12의 「해상기문(海上記聞)」은 전우가 평소 강학했던 내용을 기록한 글이고, 「송하쇄록(松下瑣錄)」은 이와 반대로 자신이 보고 들었던 것을 기록한 글이다. 권13에는 「예의관보(禮疑管補) 상(上)」이 실려 있고, 권14에는 「예의관보(禮疑管補) 하(下)」, 「상복소기의목(喪服小記疑目)」, 「예서통고차록(禮書通故劄錄)」이 실려 있다. 「예의관보」 상·하 두 편은 이응진(李應辰)이 편찬한 『예의속집(禮義續輯)』과 허전(許傳)이 편찬한 예서인 『사의(士儀)』를 절충·보완하여 엮은 것으로, 저자의 예학관을 살필 수 있는 자료이다. 「예의관보」는 2권1책의 단독 저서로 간행되기도 하였다.

본집 권15는 서(序) 71편이다. 다양한 인물의 문집과 유고, 족보 등에 대한 서문이 수록되어 있다. 「신임의리관유토역소서(辛壬義理館儒討逆疏序)」는 신임사화(辛壬士禍)와 관련하여 이선호(李璇鎬)와 유제윤(柳濟潤)등 당시 관유(館儒)들이 올린 토역소(討逆疏)를 모은 책의 서문이다.

본집 권16은 기(記) 81편이다. 재사(齋舍)와 정사(精舍), 정자에 대한 기문이 다수 수록되어 있다. 회산(晦山) 유면규(柳冕圭)가 1937년에 건립한 운곡정사에 대한 기문인 「운곡정사기(雲谷精舍記)」를 비롯하여 저자의 강학공간인 현곡정사에 대한 기문인 「현곡정사기(玄谷精舍記)」 등이 있다.

본집 권17은 제발(題跋) 54편이다. 전우의 연보에 붙인 「간재선생연보발(艮齋先生年譜跋)」, 저자가 편찬한 『간재성리유선(艮齋性理類選)』의 발문인 「간재선생성리유선발(艮齋先生性理類選跋)」, 전우가 사우와 문인들간에 주고받은 편지글을 모아 5권3책의 서간집으로 간행한 『간재선생척독(艮齋先生尺牘)』의 발문인 「간재선생척독발(艮齋先生尺牘跋)」 등이 있다.

본집 권18은 명(銘) 19편, 잠(箴) 5편, 찬(贊) 10편, 자사(字辭) 4편, 혼서(昏書) 7편, 고축(告祝) 32편, 제문(祭文) 31편, 애사(哀辭) 1편, 상량문(上梁文) 10편이다. 명에는 「현곡정사병명(玄谷精舍屛銘)」, 「오십일세사조명(五十一歲寫照銘)」 등이 있고, 찬에는 「청계양충장공찬(青溪梁忠壯公贊)」, 「충신증참판권공찬(忠臣贈參判權公贊)」 등이 있다. 혼서에는 아들의 혼서인 「호석혼서(浩錫婚書)」, 「태석혼서(泰錫婚書)」 등이 있다. 고축에는 「운곡사봉안주부자문(雲谷祠奉安朱夫子文)」, 「고하서선생문(告河西先生文)」 등이 있고, 제문에는 전우의 제문인 「제간재선생문(祭艮齋先生文)」을 비롯하여 먼저 세상을 떠난 아우를 애도한 「곡망제명선문(哭亡弟明善文)」 등이 있다. 애사(哀辭)에는 「유제송애사(柳濟松哀辭)」가 실려 있다.

본집 권19는 비(碑) 34편, 묘갈명(墓碣銘) 18편이다. 비에는 「간재전선생유허비(艮齋田先生遺墟碑)」, 「의사도곡이공유허비(義士桃谷李公遺墟碑)」 등이 실려 있다. 묘갈명에는 「간재전선생묘갈명(艮齋田先生墓碣銘)」, 「하동부사애일당양공묘갈명(河東府使愛日堂襄公墓碣銘)」 등 다양한 인물들의 묘갈명이 수록되어 있다.

본집 권20은 묘갈명(墓碣銘) 46편이다. 「만화당유공묘갈명(晩華堂柳公墓碣銘)」, 「신묵재임공묘갈명(愼默齋林公墓碣銘)」 등이 있다.

본집 권21은 묘갈명(墓碣銘) 32편, 묘지명(墓誌銘) 15편이다. 묘갈명에는 「덕봉처사김공묘갈명(悳峯處士金公墓碣銘)」, 「남파전공묘갈명(南坡田公墓碣銘)」 등이 있고, 묘지명에는 「우천선생이공묘지명(牛泉先生李公墓誌銘)」, 「농와권공묘지명(農窩權公墓誌銘)」 등이 있다.

본집 권22는 묘표(墓表) 52편이다. 「의사첨추유공묘표(義士僉樞柳公墓表)」, 「성균진사졸와유공묘표(成均進士拙窩柳公墓表)」 등이 있다.

본집 권23은 행장(行狀) 8편이다. 부친의 행장인 「선고영산부군가장(先考瀛山府君家狀)」, 모친의 행장인 「선비이씨가장(先妣李氏家狀)」, 전우의 행장인 「간재선생가장(艮齋先生家狀)」 등이 있다.

본집 권24는 행장(行狀) 34편, 유사(遺事) 1편, 전(傳) 10편이다. 행장에는 「성재신공행장(省齋辛公行狀)」, 「소당신공행장(小塘愼公行狀)」 등이 있고, 유사는 「선조판밀직공유사(先祖判密直公遺事)」이다. 전에는 「이나이충렬공전(李羅二忠烈公傳)」, 「황효자전(黃孝子傳)」 등이 있다.

본집 권25는 부(賦) 1편, 사(詞) 1편, 시(詩) 291제이다. 부는 「설매부(雪梅賦)」이고, 사는 「조굴저사(吊屈姐詞)」이다. 시에는 차운시(次韻詩)와 영물시(詠物詩), 유람시(遊覽詩) 등 다양한 소재의 한시가 수록되어 있다. 「문옥사지변종간옹통곡신치절협(聞屋社之變從艮翁痛哭臣癡絶峽)」, 「왕등도사석우성(旺嶝島師席偶成)」, 「계화재십승(繼華齋十勝)」 등의 시는 을사늑약 이후 왕등도(旺嶝島)·계화도(繼華島) 등지에서 지내던 때에 지은 것이다. 「현곡정사십경(玄谷精舍十景)」은 정사 주위의 10가지 경물을 노래한 것으로, 시적 대상은 방장추월(方丈秋月), 서산청풍(西山淸風), 한사모종(寒寺暮鍾), 인강귀범(仁江歸帆), 회암쇄운(晦菴鎖雲), 구황청람(九皇晴嵐), 구황청람(九皇晴嵐), 송천수조(松川垂釣), 암송설뇌(巖松雪籟), 태봉낙조(台峯落照)이다. 「풍악잡영(楓嶽雜詠)」은 덕산재(德山齋)를 출발하여 한성(漢城)을 거쳐 철원역(鐵原驛)을 지나 금강으로 들어간 뒤, 명경대(明鏡臺)와 명연담(鳴淵潭), 구룡연폭(九龍淵瀑) 등을 유람하고 금강에서 나오기까지의 여정을 41수로 읊은 것이다.

본집 권26은 시(詩) 302제이디. 화운시(和韻詩), 차운시(次韻詩), 영물시(詠物詩), 수창시(酬唱詩), 송별시(送別詩), 만시(輓詩) 등 다양한 주제의 시가 실려 있다. 「백운산장잡영(白雲山莊雜詠)」은 현곡정사, 백운산(白雲山), 황등산(黃登山), 와취대(臥醉臺) 등 26수로 구성된 연작시이다.

속집 권1은 서(書) 104편이다. 속집 권2는 서(書) 64편, 잡저(雜著) 15편이다. 속집 권3은 서(序) 18편, 기(記) 30편, 제발(題跋) 11편, 명(銘) 2편, 찬(贊) 1편, 고축(告祝) 4편, 제문

(祭文) 12편, 상량문(上梁文) 3편, 비(碑) 4편이다. 속집 권4는 묘갈명(墓碣銘) 46편, 묘지명(墓誌銘) 7편이다. 속집 권5는 묘표(墓表) 53편이다. 속집 권6은 행장(行狀) 24편, 유사(遺事) 1편, 전(傳) 11편, 시(詩) 4제이다.

5. 주요 작품 및 문집의 특징

『현곡집』에는 간재 전우의 문인으로 가장 가까이에서 스승을 모시며 학문을 전수받았던 저자의 학문체계와 사상적 입장, 교유관계 등의 내용이 방대한 분량에 담겨 있다. 특히 스승인 전우를 비롯하여 간재학파에 속하는 문인들과 주고받은 많은 분량의 서찰에는 그들의 학문과 사상이 고스란히 들어 있다. 또한 저자는 스승인 전우에 대해 행장을 비롯하여 다양한 내용의 기록을 남기고 있어, 전우와 관련된 연구를 할 때 필수적으로 참고해야 하는 자료이다.

「심성설(心性說)」은 전우의 학문적 핵심 사상인 '성사심제설(性師心弟說)'을 바탕으로 성(性)과 심(心)의 개념을 분석하여 심은 성에 절대적으로 기초하고 있다고 주장한 글이다. 「심통성정설(心統性情說)」은 장재(張載)의 심통성정설에서 '통(統)'이 통솔의 의미가 아니라 '포함(包)'의 의미라고 지적하고, 당시 주리론자가 '심(心)'을 '이(理)'로 보고 '성(性)'을 통솔한다고 한 주장을 비판한 글이다. 「성위심재설(性爲心宰說)」은 성이 심을 주재하고 있음을 전제한 것으로, 심이 성을 주재한다는 주리론자의 주장을 반박한 글이다. 주재에는 자연적 주재와 능연적 주재가 구별될 수 있다고 분석하고, 성이 심을 주재하는 것은 자연적 주재이고 심이 일신(一身)을 주재하는 것은 능연적 주재라고 해명하여 성위심재설을 강조하였다. 이상의 글에서는 전우의 학문을 계승하여 발전시킨 저자의 학문관을 살피는데 참고가 된다.

「전제설(田制說)」에서는 농지제도를 개혁하여 빈부의 격차를 줄이기 위해 정밀한 체계를 전개하고, 제도 개혁의 방안을 제시하였다. 「여사정인지무필론(麗史鄭麟趾誣筆論)」에서는 『고려사(高麗史)』 중 왜곡된 것이 있다고 지적하고, 앞으로 편사자의 시정을 촉구하였다.

「신서론(新書論)」은 양계초(梁啓超)의 『음빙실문집(飮氷室文集)』을 읽고 서구적 정치사상에 따른 변법론을 비판한 것이다. 실질적으로 서양세력을 배척하고 서양문화의 수용을 적극적으로 반대했던 간재학파 문인의 입장이 표명된 글이다.

「석육왕삼가소인지심변(釋陸王三家所認之心辨)」은 심존설(心尊說)을 비판한 글로, 『주자대전(朱子大全)』·『주자어류(朱子語類)』·『양명집(陽明集)』 중에서 불가(佛家)·육구연(陸九淵)·왕수인(王守仁) 등의 사상에 관한 문구를 발췌하여 조목별로 분석한 것이다. 이 글은 삼가(三家)의 심즉리(心卽理)·심즉도(心卽道)·양지(良知)의 의미가 핵심임에도 불구하고 도리어 이를 배척하는 이유에 대해 의문을 제기하면서 당시 심존설을 주장한 주리론을 반박한 변론이다.

「황매천야록약변(黃梅泉野錄略辨)」은 구한말 매천(梅泉) 황현(黃玹)이 저술한 『매천야록(梅泉野錄)』에서 임헌회(任憲晦)와 전우(田愚)의 사적에 대해 잘못 기록한 부분을 조목별로 열거하고 그 진상을 밝힌 글이다. 이 글은 『매천야록』을 상호 보완한다는 점에서 보다 정확한 근대사 접근에 도움이 된다.

「주자대전의목문답(朱子大全疑目問答)」과 「강목만필(綱目漫筆)」은 주자학의 정밀한 검토를 시도하기 위해 난해한 부분을 문답식으로 분석한 글이다.

「예의관보(禮疑管補)」는 상하 2편으로 구성되어 있으며, 이응진(李應辰)이 편집한 『예의속집(禮疑續輯)』과 허전(許傳)이 편수한 『사의(士儀)』를 절충·보완하여 편집한 것이다. 「예의관보」는 2권1책의 단독 저술로 간행되었으며, 근대 유학자의 예학관을 살필 수 있는 주요한 자료이다.

「화도신종기사(華島愼終記事)」와 「장례의식(葬禮儀式)」은 전우의 장례를 준비하는 과정과 장례의 경과에 대해 기록한 것이다. 「화도신종기사」는 1922년 7월 4일에 타계한 고인에게 5일에 수의를 입히는 소렴(小殮), 6일에 관에 모시는 대렴(大殮), 7일에 유가족 및 친지들이 상복으로 갈아입는 성복(成服) 및 호상소(護喪所)를 설치하여 조문객을 받을 때까지의 장례를 준비하는 과정인 초종(初終)을 치른 기록이다. '화도(華島)'는 전우가 은거했던 계화도(繼華島)를 가리킨다. 「장례의식(葬禮儀式)」은 발인(發靷)을 위해 9월 9일에 빈소를 열고, 10일에 발인(發靷)하여 11일에 익산군 삼기면(三箕面)에 도착하였으며, 12일 아침에 하관(下棺)하고, 18일에 장례와 삼우제(三虞祭)를 지낸 후 곡을 마치기 위한 제사인 졸곡(卒哭)을 지내기까지의 경과를 기록한 글이다. 전우의 장례 기간 동안 고인을 추모하기 위해 상복을 입은 문인(門人)이 2천명이나 되었고, 그 밖에 문상객들의 줄이 20리에 이어졌으며, 장례행차가 이리역(裡里驛)에 이르렀을 때에는 구경꾼들이 수만 명에 이르러 기차가 다니기 어려울 정도였다고 기록하였다. 이 글은 유학(儒學)의 정통성이 점차 약화되는 시기에 중요한 유교의례 중 하나였던 장례 과정에 대한 상세한 기록으로, 향후 예학 관련 연구에 활용될 수 있는 자료적 가치를 지닌다.

6. 참고문헌

유영선(柳永善), 『현곡집(玄谷集)』

「유영선(柳永善)」, 『한국민족문화대백과사전』

『현곡집(玄谷集)』, 『한국민족문화대백과사전』

『현곡집(玄谷集)』, 호남기록문화유산

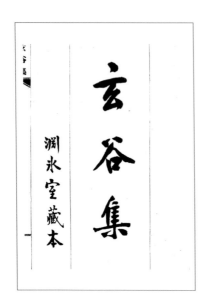

〈호남-30〉 **유당시집** 酉堂詩集

1. 형태서지

표제/권수제	유당시집(酉堂詩集)
편저자	윤종균(尹鍾均) 著 / 李建芳 選
판사항	석판본
발행사항	昇州 : 尹轍浩, 1968
형태사항	총 3권 1책 四周雙邊 半郭 19.7×14.9㎝, 有界, 11行24字 註雙行, 上下向黑魚尾 ; 28.3×19.0㎝
소장처	국립중앙도서관, 경기대, 원광대, 전남대, 한국학중앙연구원

2. 정의

『유당시집(酉堂詩集)』은 조선후기부터 일제강점기를 살았던 윤종균(尹鍾均, 1861-1941)의 시집이다.

3. 저자사항

윤종균의 자는 태경(泰卿), 호는 유당(酉堂), 본관은 해남(海南)이다. 전남 순천시(順天市) 서면(西面) 당천리(棠川里)에서 태어났다. 부친은 윤규오(尹奎五)이고, 모친은 옥천 조씨(玉川趙氏)이다. 윤종균은 6살이 되면서 서당에 나아가 학문을 익혔고, 12살 무렵에는 이미 경사(經史)를 두루 읽고 공령문(功令文)을 익혔다. 문장이 정묘하여 과거장에서 이름이 알려졌으나 유사(有司)에게 불이익을 당한 이후로는 과거를 포기하고 일생동안 시학(詩學)에 전념하였다. 1890년(고종27) 30세 되던 해에 구례 만수동에 우거하고 있던 매천(梅泉) 황현(黃玹)에게 나아가 시를 배웠다. 1894년(고종31)에는 보성에 유배된 영재(寧齋) 이건창(李建昌)을 찾아가서 그와 함께 시를 창수하기도 했다. 이후 백낙윤(白樂倫)이 남원 관찰사로 부임했을 때 주사(主事)를 지냈으나, 1년 만에 그만두고 고향으로 돌아왔다. 1899년(고종36)에는 스승인 황현을 모시고 이건창을 조문하기 위해 강화도를 다녀왔다. 이때 서울에 머무르는 동안 난곡(蘭谷) 이건방(李建芳), 무정(茂亭) 정만조(鄭萬朝) 등과 함께 시를 창수했다. 1913년에는 남파(南坡) 김효찬(金孝璨), 순천군수 이병휘(李秉輝)와 함께 순천의 연자루(燕子樓)에 난국사(蘭菊社)를 결성했다. 이후 광의면 지천리로 거처를 옮긴 뒤 수죽헌(水竹軒)이라는 편액을 걸고, 이후 병이 점차 악화되어 82세 되는 1941년에 수죽헌에서 생을 마감했다.

4. 구성 및 내용

『유당시집』은 3권 1책으로, 석판본(石版本)이다. 시집에 수록된 시는 이건방(李建芳)이 선(選)한 것이다. 권두에 최익한(崔益翰)과 정기(鄭琦)가 지은 서문이 있고, 권말에 창강(滄江) 김택영(金澤榮)과 석전(石田) 황원(黃瑗)이 쓴 발문이 있다. 윤종균은 평생 동안 1만여 편의 시를 지었던 것으로 알려져 있으나, 『유당시집』에는 600여제의 시만 수록되어 있다. 시는 모두 편년에 따라서 실려 있다. 주로 근체시가 많은 분량을 차지하며, 고시 또한 적지 않다. 특히 평생에서 대부분의 시간을 보낸 전남 구례지역의 곳곳을 사실적으로 형상화한 자연시가 다수 수록되어 있다. 이러한 시에서는 사경(寫景)이 매우 뛰어나 한 폭의 그림을 연상케 한다는 평가를 받는다.

권1은 임진고(壬辰稿, 1892), 계사고(癸巳稿, 1893), 갑오고(甲午稿, 1894), 을미고(乙未稿, 1895), 병신고(丙申稿, 1896), 정유고(丁酉稿, 1897), 무술고(戊戌稿, 1898), 기해고(己亥稿, 1899), 경자고(庚子稿, 1900), 신축고(辛丑稿, 1901), 임인고(壬寅稿, 1902), 계묘고(癸卯稿, 1903), 갑진고(甲辰稿, 1904), 을사고(乙巳稿, 1905), 병오고(丙午稿, 1906), 정미고(丁未稿, 1907), 경술고(庚戌稿, 1910), 신해고(辛亥稿, 1911), 임자고(壬子稿, 1912), 계축고(癸丑稿, 1913), 갑인고(甲寅稿, 1914), 을묘고(乙卯稿, 1915)이다. 모두 243제의 시가 수록되어 있다. 일상의 감흥과 정취를 노래한 시, 영물시(詠物詩), 만시(輓詩), 수창시(酬唱詩) 등 다양한 소재의 한시가 있다. 스승인 황현을 방문하고 시문을 주고 받은 일을 비롯하여 황현과 관련된 다수의 시가 실려 있다. 「여관희매천견방(旅館喜梅泉見訪)」은 황현이 여관에 머물고 있는 시인을 찾아온 기쁨을 나타낸 시이다. 「곡이학사영재건창(哭李學士寧齋建昌)」은 이건창의 죽음을 애도한 시이고, 「기해사월지사곡추억영재선생수이경재건승이난곡건방(己亥四月至沙谷追憶寧齋先生酬李畊齋建昇李蘭谷建芳)」은 1899년(고종36) 4월 스승 황현과 함께 강화도로 이건창의 조문을 갔던 일과 그곳에서 경재(畊齋) 이건승(李建昇), 난곡(蘭谷) 이건방(李建芳)과 함께 시를 수창했던 일을 읊은 것이다. 「문김창강택영초연입연유감이작(聞金滄江澤榮超然入燕有感而作)」은 1905년(고종42) 김택영이 중국으로 망명을 떠났다는 소식을 듣고서 지은 시이다. 「문최면암선생졸우대마도창연유작(聞崔勉菴先生卒于對馬島悵然有作)」은 1907년(고종44) 일제에 항거하다 대마도에 유배된 면암(勉庵) 최익현(崔益鉉)의 순국 소식을 듣고 슬픈 감회를 나타낸 시이다. 「곡매천 오수(哭梅泉 五首)」는 1910년 경술국치를 당하여 통분을 이기지 못하고 「절명시(絕命詩)」와 유서를 써놓고 자결한 황현의 죽음을 통곡하여 지은 시이다. 나라를 잃은 처지에 스승까지 떠나보낸 시인의 통분과 깊은 슬픔이 형상화된 시이다. 「제충무공영당(題忠武公影堂)」은 충무사를 찾아 임진왜란 때 왜적과 맞서 싸

우던 이순신 장군을 상기하고 일제에 나라를 빼앗긴 상황에 처한 답답한 심사를 읊은 시이다. 성에는 옛 자취만 희미하고, 옛날 장군과 함께 위엄을 떨치던 거북선은 사라지고 대신 일본인 이 세워놓은 전깃불만 길게 드리워져 있어 시인의 심사를 더욱 어지럽게 한다는 내용이다.

권2는 을묘고(乙卯稿, 1915), 병진고(丙辰稿, 1916), 정사고(丁巳稿, 1917), 무오고(戊午稿, 1918), 기미고(己未稿, 1919), 경신고(庚申稿, 1920)이다. 모두 200제의 시가 수록되어 있다. 「빙조고의장광순(憑弔高義將光洵)」은 을미사변 이후 기우만(奇宇萬)과 함께 의병을 일으켜 좌도의병대장으로 활약한 의병장인 고광순(高光洵)의 죽음을 애도한 시이다. 「세모회인 오십오절(歲暮懷人 五十五絶)」은 세밑에 사람을 그리워하며 지은 회인시(懷人詩)로, 시의 대상은 김택영, 백락윤, 이건승, 이건방, 황원, 송태회 등 55인이다. 「추화이석정정직십죽도 (追和李石亭定稷十竹圖)」는 석정(石亭) 이정직(李定稷)이 그린 십죽도(十竹圖)에 뒤늦게 화답한 시이다. 「봉도태상황(奉悼太上皇)」은 고종(高宗)의 서거를 애도한 시이다. 「벌촌묵시(筏村墨柿)」는 구례군 남쪽 오산 아래에는 집집마다 감나무가 4-5그루가 있는데, 그 맛이 다른 곳의 감보다 달아서 그 값이 잔수의 배치와 비슷하다는 내용을 읊은 시이다. 「문강은어(文江銀魚)」는 1급수에서만 산다는 은어(銀魚)를 시적 소재로 삼아 노래한 시이다. 문강(文江)은 섬진강의 별칭이다. 옛날에는 은어를 진상하였는데 민폐가 되자 진상을 폐하게 되었다. 「추동남초(楸洞南草)」는 다른 지역의 담배보다 품질이 뛰어난 지리산 피아골 입구의 추동(楸洞)의 담배를 읊은 시이다. 담배의 유래와 재배, 수확과 판매에 이르는 과정을 자세하게 묘사하였다. 시의 마지막에서 담배를 피우면 방안에 향기가 가득하다고 하여 시인이 담배를 즐겼던 정황을 엿볼 수 있다.

권3은 경신고(庚申稿, 1920), 신유고(辛酉稿, 1921), 임술고(壬戌稿, 1922), 계해고(癸亥稿, 1923), 갑자고(甲子稿, 1924), 을축고(乙丑稿, 1925), 병인고(丙寅稿, 1926)이다. 모두 139제의 시가 실려 있다. 「잠부원(蠶婦怨)」은 일제 치하에서 가난 속에 각종 세금에 시달리는 여인의 고달픈 삶을 형상화한 시로, 당시 백성들의 괴로움과 고난을 나타낸 시이다. (柳濟陽)의 죽음을 통곡하여 지은 시이다. 「곡왕시강성순(哭王侍講性淳)」은 1923년 홍문관 시상을 지냈던 왕성순(王性淳)의 죽음을 통곡한 시이고, 「곡이경재건승(哭李畊齋建昇)」은 세상을 떠난 이건승을 애도한 시이다. 「회갑자소(回甲自笑)」는 회갑을 맞이하여 시인의 자조(自嘲)를 나타낸 시이다.

5. 주요 작품 및 문집의 특징

윤종균은 매천시파(梅泉詩派)의 대표적 시인이다. 그의 시집에는 스승인 황현을 비롯하여 매천시파에 속하는 인물들과 관련된 시가 다수 수록되어 있어, 당시 교유관계 및 학문 동향을 살피는데 도움이 된다. 또한 구한말 일제강점기에 발생했던 주요한 시사(時事)에 관한 시가 다수 수록되어 있어, 당시 시대적 상황과 아울러 시인의 역사의식도 함께 살필 수 있다.

「문최면암선생졸우대마도창연유작(聞崔勉菴先生卒于對馬島悵然有作)」은 1907년(고종44) 일제에 항거하다 대마도에 유배된 면암(勉庵) 최익현(崔益鉉)의 순국 소식을 듣고 지은 시이다. 시인은 최익현에 대해 삭풍이 눈을 몰아쳐 태양이 어둡더니 홀로 웅어(熊魚)를 판별하여 모두에게 존경받았다고 하였다. 또한 대궐에 올린 3번의 상소로 세상 일을 논하였고 호남에서 의병을 일으켜 임금의 은혜에 보답했다고 하여, 당시 최익현이 일제에 저항했던 사실에 대해 압축적으로 표현했다. 시에서 말한 상소는 1905(고종42) 을사조약이 체결되자 즉시 조약의 무효를 국내외에 선포할 것과 을사오적의 처단을 주장한 청토정적소(請討正賊疏)와 1906년(고종43)에 의병항쟁의 의사를 피력한 창의토적소(倡義討賊疏)를 가리킨다. 최익현은 순창에서 의병을 이끌고 일본군과 전투를 벌이다가 대마도로 유배되었다. 그러나 그는 대마도에서 일제가 주는 음식은 먹을 수 없다고 거부하며 단식투쟁을 벌이다가 순국했다. 당시 최익현의 관이 부산 동래항에 이르렀을 때에는 온 고을의 백성들이 거리로 나와 그의 죽음을 애도했으며 곡소리가 먼 곳까지 울렸던 것으로 전한다.

「빙조고의장광순(憑弔高義將光洵)」은 을미사변 이후 기우만(奇宇萬)과 함께 의병을 일으켜 좌도의병대장으로 활약한 의병장인 고광순(高光洵)의 죽음을 애도한 시로, 3편의 연작시이다. 고광순은 1907년(고종44) 9월 지리산 피아골 연곡사 싸움에서 일제에 패하여 순절했다. 시인은 고광순과 그 의병들이 왜병과 접전을 펼치다가 전멸하니, 이로 인해 산천도 눈물 짓고 부처님도 슬퍼했다고 하였다. 이어서 당당하게 왜병과 맞서 나라를 지키고자 했던 의병들의 의로운 북소리는 민족사에 영원히 남을 것이라고 하여 그들의 애국정신을 추모했다. 이러한 시는 시인이 당시 시사(時事)에 대한 관심을 견지한 채, 구한말 일제에 저항했던 인물들의 우국충정을 시로 형상화한 것이다.

「섬진강(蟾津江)」은 전남 구례에 소재한 섬진강 일대의 아름다운 자연을 노래한 시이다. 시인은 인생의 대부분을 보낸 구례의 지리나 산물과 관련된 시를 다수 창작하였는데, 이는 구례의 지역문화로서의 가치를 지닌다. 시인은 섬진강의 근원을 상고하여 강물이 여러 굽이를 내려오는 곳의 특징과 아름다움에 대해 생생하게 표현했다. 시의 마지막에서 다섯 굽이 동쪽으로 흘러 두치(斗峙)를 비끼고, 두추(蚪鰌)가 한번 변해 섬강(蟾江)의 이름이 되었다고 하여 섬진강 명칭의 유래에 대해 나타냈다.

「세모회인 오십오절(歲暮懷人 五十五絶)」은 1915년인 시인이 55세 되던 해에 세모를 맞아 교유했던 인물을 그리워하며 지은 회인시(懷人詩)이다. 시의 대상은 모두 55명인데, 이를 통해 당시 시인이 교유하던 인물의 일단과 광범위한 교유 관계를 살필 수 있다. 회인의 대상은 김택영(金澤榮), 백락윤(白樂倫), 이성열(李聖烈), 이건승(李建昇), 이건방(李建芳), 윤명선(尹明善), 이용민(李容民), 홍병관(洪炳觀), 김병훈(金炳勳), 최홍극(崔紅展), 백향설(白香雪), 이병욱(李炳勗), 김청사(金晴蓑), 이승우(李承宇), 이병휘(李炳輝), 송익면(宋益勉), 송태회(宋泰會), 나채덕(羅采德), 이강제(李康濟), 윤석용(尹錫龍), 윤주찬(尹柱瓚), 유제양(柳濟陽), 황준모(黃俊模), 정경석(鄭卿錫), 유동수(柳東琇), 허주(許注), 김옥천(金玉川), 송명회(宋明會), 송운회(宋運會), 이병호(李炳浩), 정찬사(鄭贊賜), 이상면(李相勉), 이석귀(李錫龜), 허규(許奎), 왕경환(王京煥), 김효찬(金孝燦), 고용주(高墉柱), 윤행덕(尹行悳), 황원(黃瑗), 김상국(金祥國), 이준규(李駿圭), 조탁모(趙鐸模), 조동호(趙東浩), 송하섭(宋夏燮), 조창선(趙昌璿), 최병익(崔炳翊), 정기혁(鄭淇赫), 양현용(梁顯龍), 김성규(金性圭), 남환두(南桓斗), 이응우(李應宇), 정영하(丁永夏), 김만평(金萬坪), 최석주(崔錫柱), 김중우(金仲祐)이다.

6. 참고문헌

윤종균(尹鍾均), 『유당시집(酉堂詩集)』

『유당시집(酉堂詩集)』, 한국향토문화전자대전

김정환, 『매천시파 연구』, 경인문화사, 2007.

西堂詩集
卷一二三 全

序　　　　　　　　　　　滄海崔益翰

湖南之詩自白玉峯崔孤竹林白湖諸公之後沈衰無聲餘二
百年及夫近世川社王錫輔崛起於前而梅泉黃玹夭鳴于後
則湖南之詩復聞於域中而其囊征交遊之盛也有海鶴李沂
小川王師瓚西堂尹鍾均之輩追隨和應各馳其譽此數君子
或生或居于求禮故求禮尤以詩鄉得拇湖南海鶴以豪放
小川以精鍊梅而西堂則贍富穠麗又殿諸儒數十年之久故
湖南之人推西堂亞於梅泉梅泉詩曰我友多詩人個個麟出
角中歲又得君喜添一鶚鴷其屬意於公者已非尋常也公
少菩功令文博識強記詞流不審渴生平所作詩無慮數萬首
蘭谷李建芳嘗愛其老而多作爲之精選可傳者幾百篇及公

西堂子生長順天頗有聰明賴其兄敬民之誠從師四方多作
科詩旋以時吳事變渡灞而歸三十從吾先兄學律詩每見稱
譽實白無山樂倫籌府有基撤之喜晚寓求禮教授諸生者
父而未罹銀海之疾不能視物至四年有詩曰在卿手竟
以八十一終于迁川里之水竹軒生平所作詩零首觀零在相
其門生金海金鍾裒而取其選而將刊于世人皆義而歎之音
美今金君芝傾橐而刊其師詩於籌簿位忽之餘豈非戰美於
瞿氏者歐江湖病友石田黃瑗間而喜之題一言于卷末焉
賀西堂子之不死焉

長水黃瑗謹書

西堂集卷一

詩

壬辰稿

黃上舍梅泉 瑗 建一笠 孝萬壽山中分韻海內此亭古
濟南名士多得內字

海南　尹鍾均酉堂著
完山　李建芳蘭谷選

故人卧自雲結社已十戴揭來勞鶲恭自愧謬相愛金石鏗落
筆宮商動嚼菜洞深僻不孤英髦承清誨來磨月斧辦放
瓊琚我本倦遊者遠罕相對盟深泉石潔誼重書史貪偶得
泉明疾開戶月三晡相思不相見恨望寸心海凌兢衝晚暑汗

〈호남-31〉 **옥산집** 玉山集

1. 형태서지

표제/권수제	옥산집(玉山集)
편저자	이광수(李光秀) 著
판사항	신연활자본
발행사항	[昌平] : [刊寫者未詳], 1962
형태사항	총 7권 2책 四周雙邊 半郭 20.8×12.7cm, 有界, 半葉10行22字 註雙行, 上內向2葉花紋魚尾 ; 27.6 ×18.1cm
소장처	국립중앙도서관, 고려대, 동국대, 성균관대 존경각, 원광대, 전남대, 전북대, 충남대

2. 정의

『옥산집(玉山集)』은 조선후기부터 해방 이후까지 생존한 유학자 이광수(李光秀, 1873-1953)의 시가와 산문을 엮은 시문집이다.

3. 저자사항

이광수의 자는 미중(美中), 호는 옥산(玉山), 본관은 전주(全州)이다. 조선 왕족의 후손으로 양녕대군(讓寧大君)의 17대손이며, 추성수(秋城守) 이서(李緖)의 14대손이다. 증조부는 일와(一窩) 이규형(李奎亨)이고, 조부는 석전(石田) 이최선(李最善)이다. 이최선은 철종 연간에 진사(進士)가 되어 병인양난(丙寅洋難) 때에 의병을 일으켰던 인물로, 노사(蘆沙) 기정진(奇正鎭)의 제자이며 고산사(高山祠)에 배향되었다. 부친은 청고(靑皐) 이승학(李承鶴)이고, 모친은 반남 박씨(潘南朴氏) 관수(寬壽)의 따님이다. 부인은 죽산 안씨(竹山安氏) 봉환(琫煥)의 따님이고, 아들은 혁(烆)이다. 부실(副室) 표씨(表氏)와의 사이에서 아들 인(麟)을 두었다.

이광수는 13세가 될 무렵에 이미 경서(經書)를 두루 읽었다. 그는 송사(松沙) 기우만(奇宇萬)을 스승으로 모셨는데, 기우만은 일찍이 乙의 재주를 알아보고 장래에 학문에 깊은 지식과 이해가 깊을 것을 기대하였다. 1900년(고종37)에 과거에 합격하여 성균관박사(成均館博士)에 제수되고, 고종(高宗)과 순종(純宗)의 인산(因山) 때에는 차비관(差備官)을 지냈다. 가자(加資)를 받아 당하관 정3품 통훈대부(堂下官正三品通訓大夫)에 올랐다. 기정진의 시장(諡狀)을 올려서 문간(文簡)이라는 시호를 받게 하였고, 1902년(고종39)에 『노사집(蘆沙集)』을 간행할 때 생긴 변사(變事)를 맡아 해결하여 문집 간행에 공을 세웠다. 영재(寧齋) 이건창

(李建昌)이 전라남도 보성(寶城)에 귀양을 왔을 때 찾아가서 그에게 시문을 배웠는데, 이때 이건창이 부친인 이승학에게 편지를 보내어 이 같은 훌륭한 아들을 두어서 백에 한 가지도 걱정이 없겠다고 치하를 하니 모든 사람이 부러워하였다.

1905년(고종42) 을사늑약이 체결되자 이광수는 나인영(羅寅永), 오기호(吳基鎬), 김인식 (金寅植), 이기(李沂), 민형식(閔衡植), 윤주찬(尹柱讚) 등 여러 명의 지사(志士)와 같이 피를 뽑고 울음을 삼키며 매국노(賣國奴)와는 같은 하늘 밑에서 살 수 없음을 맹세했다. 그리고 총을 잘 쏘는 사람 수십 명을 모집하여 을사오적(乙巳五賊)의 집 앞에 배치해놓고, 그들이 대궐에 들어가는 것을 기다렸다가 일시에 요격(邀擊)하려고 하였다. 그런데 을사오적 중에서 먼저 권중현(權重顯)을 저격하려다가 놓쳐버리자, 다른 네 명이 두려움에 밖으로 나오지를 않게 되어 도모했던 거사가 실패로 돌아갔다. 이 사건으로 일제에 붙잡혀 진도(珍島)로 유배를 갔다가 1년이 안 되어 풀려났다. 1919년 봄에 전국적으로 독립만세(獨立萬歲)를 불렀을 때 양한묵(梁漢默)과 함께 대중을 책동하였는데, 양한묵은 감옥에서 세상을 떠나고 이광수는 풀려났다. 이광수가 진도에서 돌아왔을 때 이도재(李道宰)가 전라도 관찰사에 제수되도록 주선하겠다고 하자, 도둑놈들과 함께 조정에 설 수 없다고 하며 단호하게 거절하였다.

1928년 부친이 세상을 떠났을 때 상중(喪中)에 있으면서 예절을 다하였고, 그 후로는 문을 닫아걸고 독서와 학문에 전념했다.

4. 구성 및 내용

『옥산집』은 7권 2책이며, 신연활자본(新鉛活字本)이다. 1962년에 이혁(李烺)이 부친의 유문(遺文)을 수습하여 편집, 간행하였다. 권두에 김문옥(金文鈺)의 서문이 있고, 권말에 기노장(奇老章)의 발문이 있다.

권1은 시(詩) 91제, 소(疏) 1편이다. 시는 대체로 일상생활에서 일어나는 일을 소재로 삼아 지은 것이다. 「정미유월십사일도진도적소(丁未六月十四日到珍島謫所)」는 1907년(고종44)에 유배지인 진도에 도착하여 소회를 읊은 것이다. 이외에도 동 시기에 진도에 유배되어 있던 무정(茂亭) 정만조(鄭萬朝)의 적소지를 방문하고 지은 시와 정만조의 시회에 대해 읊은 시가 실려 있다. 「만이해학기(挽李海鶴沂)」는 해학 이기의 죽음을 통곡하여 지은 만시(挽詩)이고, 「만조복재용숙(挽趙復齋鏞肅)」은 송병선(宋秉璿)·기우만(奇宇萬)·김평묵(金平默)을 사사한 복재(復齋) 조용숙(趙鏞肅)을 애도한 만시이다. 이외에 금강산 유람을 가는 여정에 지은 시들이 있다. 소에 수록된 「정미의소(丁未擬疏)」는 1907년(고종44)에 왜적을 토벌하고 을사오적의 주륙(誅戮)을 계획하여 성사시키면 상소하기 위해 작성한 것이다.

권2는 서(書) 36편이다. 서(書)에는 기우만(奇宇萬)·신기선(申箕善)·이용직(李容稙)·이종문(李種文)·이도재(李道宰)·정만조(鄭萬朝)·윤용구(尹用求)·이항선(李恒善)·민형식(閔衡植)·윤희구(尹喜求) 등 당대의 명사들과 주고받은 편지가 수록되어 있다. 학문에 대해 문답하고 나랏일에 대해 논의한 내용이 대부분이다.

권3은 서(序) 16편이다. 서(序)에는 기우만이 삼산(三山)에서 지은 급문록(及門錄)의 서문인 「삼산채약록서(三山採藥錄序)」를 비롯하여 「별숭양여사훈서(別崧陽呂士薰序)」 등이 실려 있다.

권4는 기(記) 44편이다. 기(記)에는 조부인 이최선(李最善)이 훈학(訓學)하던 명농대(明農臺)의 기문인 「명농대기(明農臺記)」를 비롯하여 「초현당기(招賢堂記)」·「면앙정중수기(俛仰亭重修記)」·「유금강기(遊金剛記)」·「도남재기(道南齋記)」 등이 실려 있다.

권5는 잡저(雜著)로 설(說) 9편, 통문(通文) 5편, 발(跋) 10편이 수록되어 있다. 설에는 「삼호설(三乎說)」·「회산설(晦山說)」·「회봉설(晦峯說)」·「내와설(耐窩說)」 등 호설(號說)과 「문여자설(聞汝字說)」·「반신농산저의설(反申農山沮義說)」 등이 있다. 통문에는 을미사변 때 왜적을 토벌하기 위해 의병을 일으킨 기우만(奇宇萬)·기삼연(奇參衍) 두 공을 비롯하여 호남지역의 의병투쟁 인물에 대한 사행을 기록한 호남정의록(湖南正義錄) 발간에 대해 기록한 「호남정의록발간통문(湖南正義錄發刊通文)」과 대종교(大倧敎)를 포고하기 위해 지은 「대종교포고문(大倧敎布告文)」 등이 있다.

권6은 제문(祭文) 11편과 전(傳) 4편이다. 제문에는 기우만의 제문인 「제송사기선생문(祭松沙奇先生文)」, 이건창에 대한 제문인 「제영재이시랑건창문(祭寧齋李侍郎建昌文)」, 1940년에 세상을 떠난 부인 숙인(叔人) 안씨(安氏)에 대한 제문인 「제고실숙인안씨문(祭故室叔人安氏文)」 등이 있다. 전에는 담양(潭陽)의 사족(士族)인 송범진(宋範鎭)을 입전한 「송효자전(宋孝子傳)」, 창녕(昌寧)사람인 조규현(曺奎鉉)을 입전한 「조의사전(曺義士傳)」 등이 실려 있다.

권7은 행장(行狀) 3편, 묘갈명(墓碣銘) 4편, 묘표(墓表) 8편이다. 행장에는 「호상기군원용행장(湖上奇君元用行狀)」, 「백재허군회언행장(白齋許君晦彦行狀)」, 「참봉이공행장(參奉李公行狀)」이 있고, 묘갈명에는 「송사기선생묘갈명(松沙奇先生墓碣銘)」, 「석천홍공묘갈명(石川洪公墓碣銘)」 등이 있다. 묘표에는 「간송김공묘표(澗松金公墓表)」, 「송고이공묘표(松皐李公墓表)」 등이 실려 있다.

문집 말미에 부록(附錄)으로 「선고통훈대부성균관박사옥산부군가장(先考通訓大夫成均館博士玉山府君家狀)」과 「옥산선생이공묘갈명(玉山先生李公墓碣銘)」, 「발문(跋文)」이 있다.

5. 주요 작품 및 문집의 특징

「정미유월십사일도진도적소(丁未六月十四日到珍島謫所)」는 1907년(고종44)에 유배지인 진도에 도착하여 소회를 읊은 것이다. 저자는 당시 진도에 유배되어 있던 무정(茂亭) 정만조(鄭萬朝)의 적소지를 방문했으며, 이후 진도에서 지내면서 정만조와 교유한 내용과 정만조의 시회에 대해 읊은 시가 다수 실려 있다.

「정미의소(丁未擬疏)」는 1907년(고종44) 왜적을 토벌하고 을사오적의 주륙(誅戮)을 계획한 뒤 일이 성사되면 상소하기 위해 작성한 것이다. 그러나 거사를 꾀하던 도중 사태가 그릇되어 일제에 체포되자 집안 사람이 겁을 내어 정본(正本)을 불태워버렸다. 문집에 수록된 것은 초본(草本)으로 신경식(申耕植)이 가져간 것을 신채호(申采浩)가 외워서 기록했던 것이다.

「대종교포고문(大倧敎布告文)」은 저자와 함께 호남학회(湖南學會) 회원이었던 나인영(羅寅永)이 주축이 되어 이기(李沂)·오기호(吳基鎬) 등과 함께 조직한 대종교(大倧敎)를 포고하는 글이다. 호남학회 회원 이전에 저자는 나인영·이기·윤주찬 등과 함께 1907년(고종44)에 조직한 자신회(自新會)의 일원이었다. 이들은 을사오적에 대한 응징을 통해 '보호조약'의 무효화를 꾀하였다. 이후 호남학회에 참여한 이들은 1909년(순종3) 자신회 회원들을 비롯하여 뜻을 같이 하는 이들과 함께 단군교(檀君敎)를 중광하고 이후 명칭을 대종교(大倧敎)로 바꾸었다. 저자는 이 글에서 단군을 삼왕오제(三王五帝)에 비유하면서 그 덕(德)을 칭송하였다. 또한 대종교의 경전인 『삼일신고(三一神誥)』의 「진리훈(眞理訓)」에서 사람과 물건이 다른 것은 성(性)·명(命)·정(精)을 온전히 받았는가 아니면 일부만 받았는가의 차이에서 말미암은 것이며 사람도 선악(善惡)·청탁(淸濁)·후박(厚薄)이 섞여 있는 심(心)·기(氣)·신(身)을 가지고 있다고 하는 것을 제시하면서, 이는 유교(儒敎)의 사단칠정론(四端七情論)·인물성동이론(人物性同異論)과 서로 표리를 이루는 것이라고 주장했다. 이에 따라 단군은 실로 동방이학(東方理學)의 비조라고 칭하기도 했다.

6. 참고문헌

이광수(李光秀), 『옥산집(玉山集)』
『옥산집(玉山集)』, 『한국민족문화대백과사전』

玉山集序
故韓成均博士玉山李公當乙巳脅約之成痛賊臣賣國
國命危於綴旒與諸同志陰養死士伺五賊動息候其齊
出時擊之謀中一車賊逸事敗公及諸義士皆擬極刑己
而竄海島得不死野史氏爲書其事由是公及諸義士之
名聞於國中李氏代有名人大父石田公倡義國難父靑
泉公亦有重望公幼服庭敎又嘗受學於松沙奇先生獲
聞義理之詮以經義擢泮試爲宰臣有文學者所知屢被
薦引而見時象日棘無以進取顧自以籍係宗姓而位列
鵷班不忍遽潔身而退也依遲 耋轂觀勢推移欲一得

玉山集卷之一
詩
丁未六月十四日到珍島謫所
黃海南來別有天凄然我思更悠然十年經濟終無補此
日居停亦可憐入戶參差圍古郭稻田蒼滿起香烟安心
正是安身法己判榕窓坐送年
鄭大夫茂亭 與家嚴四十年舊交以事先我謫
此相對慰懷因又呼韻敢賦以呈
大名從識寧齋書況我家聲契不疎一代文章經國手十
年潦倒謫荒居浩州髟髮知如昔宣室諮詢歎久虛那得

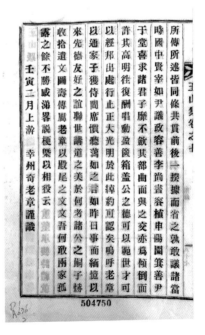

所傳所述皆同條共貫前後十揆據而省之孰敢議當
時國中賢宰如尹議政容善李尚書容植申暘圭箕善尹
于堂喜求諸君子靡不歛其部曲而與之交亦爲傾倒而
許其高明往復酬唱動盈箱篋蓋公之德可以範世才可
以經邦出處行止正大光明於此綽約可認矣嗚呼老章
以通家子獲侍間席慣聽薆如之言如昨日事而緬憶以
來先德友好之誼聯世講道之美於何考諸公之嗣子赫
收拾遺文屬老章以殿尾之文文吾何敢兩家孤
露之餘不勝感涕屬梗槩以相役云
萬曆 玉寅二月上澣 幸州奇老章謹識
504750

※ 고려대 소장

〈호남-32〉 **이해학유서** 李海鶴遺書

1. 형태서지

표제/권수제	이해학유서(李海鶴遺書)
편저자	이기(李沂) 著
판사항	필사본
발행사항	서울 : 國史編纂委員會, 1955
형태사항	총 12권 3책 / 21.0㎝
소장처	경상대, 전주대

2. 정의

『이해학유서(李海鶴遺書)』는 조선후기에서 구한말을 살았던 독립운동가 이기(李沂, 1848-1909)의 시가와 산문을 엮은 시문집이다.

3. 저자사항

이기의 자는 백증(伯曾), 호는 해학(海鶴)·재곡(梓谷)·질재(質齋)·효산자(曉山子)·남악거사(南嶽居士), 본관은 고성(固城)이다. 전북 김제에서 출생했으며, 이후 전남 구례로 거처를 옮겼다. 이기는 어려서부터 자질이 뛰어났으며, 집안형편이 어려워 독학으로 공부했다. 15세에 응시한 향시(鄕試)에서 재명이 알려졌다. 한미한 집안 출신으로 출사하기 어렵다는 것을 깨닫고는 과거공부에 회의를 느끼게 되었다. 이후 실학의 비조인 반계(磻溪) 유형원(柳馨遠)의 『반계수록(磻溪隨錄)』과 다산(茶山) 정약용(丁若鏞)의 『방례초본(邦禮草本)』 등 실학(實學)에 관심을 갖고 공부했으며 특히 전제(田制) 연구에 몰두했다. 이기는 정통 성리학보다 실학에 관심이 많았으며, 이러한 학문 경향은 훗날 전제 개혁을 주장하고 갑오개혁(甲午改革)과 을미사변(乙未事變) 등의 사건을 목도하면서 이를 극복할 시무책(時務策)을 제시하는 방향으로 나타났다. 1892년(고종29) 가정 형편이 어려워지자 구례로 거처를 옮기고, 매천(梅泉) 황현(黃玹), 소천(小川) 왕사찬(王師瓚) 등과 교유하며 시문을 논했다. 또한 패주(貝州)에 유배된 영재(寧齋) 이건창(李建昌)을 찾아가기도 하고, 창강(滄江) 김택영(金澤榮)과도 교유를 맺었다. 이기는 생전에 자신의 시문을 정리하여 『귀독오서집(歸讀吾書集)』으로 이름하고, 1892년(고종29)에 스스로 서문(序文)을 쓰고 이정직에게 「해학시문집서(海鶴詩文集序)」를 받았다. 1894년(고종31) 동학농민운동이 일어나자 이기는 전봉준(全琫準)을 찾아가 서울로 가서 간악배들을 없애고 나라를 바로잡을 것으로 설득했다. 얼마 후 동학군이 구례로 들어와서 약탈을 하자 이기는 군민을 규합하여 물리쳤다. 1895년(고종32) 을미사변이 일어나자 이기는 나라가 위급함을 느끼고 서울로 올라갔다. 1896년(고종33) 이기는 영남 의병(義兵)에 대한 진압 임무를 맡은 안동부(安東府) 관찰사(觀察使) 수당(修堂) 이남규(李南珪)의 초청으로 그의 막료가 되어 부좌(府佐)로 임명되었으나 곧 그만두었다. 1900년(고종37) 러시아 공사와 일본 공사가 우리 국토의 분할을 논의했다는 소식을 듣고, 당시 중추원 의장인 신기선(申箕善)에게 편지를 보내어 나라의 위기를 경고하고 대책을 요구하기도 했다. 1905년(고종42) 포츠머스 조약 체결 반대를 위해 미국으로 건너가려고 했으나 일본 공사의 방해로 가지 못하고, 홍필주(洪弼周), 나인영(羅寅永), 오기호(吳基鎬) 등과 함께 일본에 건너가 조선 침략을 규탄하는 서면 항의를 하였다. 그러나 11월에 을사조약이 체결되자, 대한자강회(大韓自強會)를 조직하여 계몽 운동과 항일 운동에 더욱 힘을 쏟았다. 1907년(순종1) 3월, 을사오적을 암살하기 위해 나인영, 오기호 등과 자신회(自新會)를 조직하였으나, 거사가 실패로 돌아가자 평리원(平理院)에 자수하여 7년형을 선고받고 진도에 유배되었다. 그해 겨울 고종의 특사로 석방된 뒤 상경하여 호남학회(湖南學會)를 조직하고 『호남학보(湖南學報)』를 창간했다. 1909년(순종3) 나인영과 함께 계동(桂洞)의 취운정(翠雲亭)에서 단군교(檀君敎) 창립 발기에 참여했다. 그해 5월 25일, 국권 상실을 비관하며 서울 객사(客舍)에서 생을 마감했다. 1968년 독립장이 추서되었다.

4. 구성 및 내용

『이해학유서』는 12권 3책으로, 필사본이다. 권두에 정인보(鄭寅普)와 이정직(李定稷)이 지은 서문이 있고, 이건창(李建昌)이 쓴 「질재기(質齋記)」, 황현(黃玹)이 지은 제문(祭文), 황현과 김택영(金澤榮)이 지은 애도시, 정인보가 쓴 묘지명이 실려 있다. 문집은 저자의 장자인 이낙조(李樂祖)가 편집하고, 강동희(姜東曦)·정인보(鄭寅普)가 교열하여 1942년에 간행되었다. 1956년 국사편찬위원회에서 『한국사료총서』(제3권)로서 활자본으로 간행하였다.

권1은 전제망언(田制妄言)이다. 척량설(尺量說)이 부기(附記)되어 있다. 전제망언은 우리나라 토지제도의 문제점에 대한 개혁방안이다. 그 방안은 첫째로 두승(斗升)의 규정을 정할 것, 둘째로 공사(公私)의 세금을 정할 것, 셋째로 공매(公買)의 길을 열어둘 것, 넷째로 사전(賜田)을 엄금할 것을 제시하였다.

권2는 급무팔제의(急務八制議)이다. 시급하게 개혁해야 할 8가지 조항을 담은 것으로, 수록 내용은 국제제일(國制第一), 관제제이(官制第二), 전선제제삼(銓選制第三), 지방제제사

(地方制第四), 전제제오(田制第五), 호역제제육(戶役制第六), 잡세제칠(雜稅第七), 학제제팔 (學制第八)로 구성되어 있다.

권3은 문록(文錄) 일(一), 논변(論辨) 8편이다. 「일패론(日覇論)」은 일본인이 동양의 패권을 차지할 수 있느냐는 질문에 대해, 일본은 천하의 인심을 잃었기 때문에 될 수 없다고 주장한 글이다. 「삼만론(三滿論)」은 만주(滿洲)를 삼등분하여 동쪽은 일본, 서쪽은 청나라, 남쪽은 조선에 귀속시켜야 한다는 논의로서, 당시 국제 정세에 대한 저자의 안목을 엿볼 수 있는 글이다. 「호남학보논설(湖南學報論說)」은 1908년(순종2) 『호남학보(湖南學報)』에 실은 논설로 '향교득실(鄕校得失)', '대학신민해(大學新民解)', '학비학문(學非學文)', '교육종지(教育宗旨)', '일부벽파론(一斧劈破論)'으로 구성되어 있다. '일부벽파론'은 구학문(舊學問)의 폐단으로 사대주의(事大主義), 한문습관(漢文習慣), 문호구별(門戶區別)을 제시하고 이에 대한 타개책을 제시한 글이다.

권4는 문록(文錄) 이(二), 소주(疏奏) 4편이다. 「논일인소구진황지소(論日人所求陳荒地疏)」는 4차례에 걸쳐 일제의 이른바 황무지개척권 강요의 부당성을 주장하고 그에 대한 대책을 진언하는 동시에 외부대신(外部大臣) 이하영(李夏榮)의 처벌을 강력하게 요청한 상소이다. 당시 고종에게 올린 상소를 통해 일제에 대한 저항 의지를 살필 수 있다. 「청육이소(請六移疏)」는 고종에게 여섯 가지 잘못된 마음을 고칠 것을 청하는 내용의 상소이다.

권5는 문록(文錄) 삼(三), 서독(書牘) 15편이다. 서독의 대상은 국내인으로 어윤중(魚允中), 신기선(申箕善), 조병직(趙秉稷), 박제순(朴齊純), 남궁억(南宮檍), 김가진(金嘉鎭), 윤용선(尹容善), 이도재(李道宰), 이용태(李容泰), 민영기(閔泳綺)가 있고 일본인으로 오쿠마 시게노부(大隈重信), 이토 히로부미(伊藤博文), 모치즈키 료타로(望月龍太郎) 등이 있다. 어윤중에게 보낸 편지는 전제(田制)의 개혁을 요청하는 내용이며, 김가진에게 보낸 편지는 일본인들이 이민법(移民法)을 개정하여 우리나라를 자유롭게 드나드는 문제점을 지적한 내용이다. 일본 백작 오쿠마 시게노부(大隈重信)와 일본 대사 이토 히로부미(伊藤博文) 등에게 보낸 편지는 한국과 일본이 순망치한(脣亡齒寒)의 관계이므로 조선이 망하면 일본도 망하게 된다는 점을 강조하여 조선에 대한 침탈을 중지할 것을 요구한 내용이다.

권6은 문록(文錄) 삼(四), 서독(書牘) 12편이다. 서독의 대상 인물은 황현(黃玹), 박재춘(朴載春), 양규(梁珪), 이강제(李康濟), 정인기(鄭寅驥), 이정직(李定稷), 이건창(李建昌), 최보열(崔輔烈)이다. 저자는 산림에서 글을 읽고 시를 지으면서 사는 황현에게 선비의 처세는 의리(義理)로 논해야 한다고 하면서 지금보다 적극적인 행동을 요청하였다.

권7은 문록(文錄) 오(五), 서(序) 10편, 발(跋) 4편, 증서(贈序) 4편이다. 서에는 자강회월보의 서문인 「자강회월보서(自強會月報序)」를 비롯하여 호남학회월보의 서문인 「호남학회월보서(湖南學會月報序)」, 저자의 문집에 대한 자서인 「귀독오서집자서(歸讀吾書集自叙)」, 김택영의 문집『소호당고(韶濩堂稿)』의 서문인 「소호당고서(韶濩堂稿序)」 등이 있다. 발에는 장지연(張志淵)의 『대한강역고(大韓疆域考)』에 대한 발문인 「제대한강역고후(題大韓疆域考後)」와 최상의(崔相宜)의 『기우록(杞憂錄)』에 써준 「기우록인(杞憂錄引)」 등이 있다. 증서에는 유배에서 풀려나 귀경하는 이건창을 전송하는 글인 「송이승지해적환경서(送李承旨解謫還京序)」가 실려 있다.

권8은 문록(文錄) 육(六), 기(記) 8편이다. 전주 단암사(丹巖寺)의 미혈(米穴)에 대해 기록한 「단암사미혈기(丹巖寺米穴記)」, 만덕산(萬德山)을 유람하고 지은 「유만덕산기(游萬德山記)」·「중유만덕산기(重游萬德山記)」 등이 실려 있다.

권9는 문록(文錄) 칠(七), 전(傳) 5편, 잡저(雜著) 8편이다. 전에는 을사조약 이후 자결한 김봉학(金奉學)에 대해 기록한 「김봉학전(金奉學傳)」, 대마도에서 일제에 항거하여 단식하다 순절한 최익현(崔益鉉)을 입전한 「최익현전(崔益鉉傳)」 등이 있다. 잡저에는 메기가 먹이를 탐내다가 낚시꾼에게 잡혀서 죽는 것처럼 벼슬아치는 봉록(俸祿)을 탐내다가 화를 당해 죽게 된다는 내용을 담은 「조어자설(釣魚者說)」, 1905년 동지들과 함께 일본 정부에 항의하러 갔을 때 단발하고 양복 입은 자신의 사진을 보고 지은 「자진찬(自眞贊)」 등이 실려 있다.

권10은 문록(文錄) 팔(八), 부(賦) 3편이다. 「상춘부(傷春賦)」, 「누선부(漏船賦)」, 「척서부(斥鼠賦)」가 수록되어 있다.

권11은 문록(文錄) 구(九), 시(詩) 85제이다. 시는 연대순으로 편차되어 있고, 일상의 정취를 읊은 시와 영물시(詠物詩), 유람시(遊覽詩), 증시(贈詩), 도망시(悼亡詩) 등이 수록되어 있다. 여러 명의 동지들과 함께 실상사(實相寺), 채석강(采石江), 내소사(來蘇寺) 등지를 유람하고 지은 시가 다수 수록되어 있다. 「생일유감(生日有感)」은 저자가 30세 생일을 맞아 자신의 회포에 대해 읊은 시이다.

권12는 문록(文錄) 십(十), 시(詩) 82제이다. 「동예일본박마관(東詣日本泊馬關)」은 1905년(고종42) 일본으로 가기 위해 마관에 정박하여 지은 시이다. 「곡이단농(哭李丹農)」은 서울의 여사(旅舍)에서 세상을 떠난 단농(丹農) 이건초(李建初)의 죽음을 애도한 시이다. 「애민참정(哀閔參政)」은 을사조약이 체결되자 비분강개하여 자결한 민영환(閔泳煥)을 애도한 시이고, 「애조의정(哀趙議政)」은 조병세(趙秉世)를 애도한 시이다. 「정미유월십삼일출옥압향인천(丁未六月十三日出獄押向仁川)」은 1907년(순조1) 을사오적을 처단하려는 거사가 실패한 뒤 일제에 체포되어 6월 13일 유배지인 진도로 가기 위해 감옥에서 나와 인천을 향해 가면서 지은 시이다. 「십오일저진도(十五日抵珍島)」는 6월 15일 유배지인 진도에 도착한 소회를 읊은 시이다.

5. 주요 작품 및 문집의 특징

『이해학유서』에는 이기가 추구했던 제도 개혁안을 비롯하여 일제에 대한 항거와 을사오적 처단 시도, 대한자강회와 호남학회 창설 등 시사(時事)에 관한 주요한 정보가 담겨 있다. 일반적인 문집의 내용과는 달리 애국계몽적 성격을 띤 글이 다수 수록되어 있어, 구한말의 정치·경제·사상·문화를 연구하는 데 반드시 참고해야 할 내용이 적지 않다.

「전제망언(田制妄言)」은 우리나라 토지제도의 문제점에 대한 개혁방안이다. 첫째로 두승(斗升)의 규정을 정할 것, 둘째로 공사(公私)의 세금을 정할 것, 셋째로 공매(公買)의 길을 열어 둘 것, 넷째로 사전(賜田)을 엄금할 것을 제시하였다. 일찍이 과거를 포기하고 실학 관련 서적을 섭렵하며 체득한 저자의 토지 개혁방안이 담겨 있다.

「급무팔제의(急務八制議)」는 시급하게 개혁해야 할 8가지 조항을 기록한 것이다. 국제제일(國制第一), 관제제이(官制第二), 전선제제삼(銓選制第三), 지방제제사(地方制第四), 전제제오(田制第五), 호역제제육(戶役制第六), 잡세제칠(雜稅第七), 학제제팔(學制第八)로 구성되어 있다. 국제(國制)는 공화주의(共和主義), 입헌주의(立憲主義), 전제주의(專制主義) 등 여러 정치 체제에 대한 논의이다. 관제(官制)는 1894년 갑오개혁 중에서 관제 부분의 미진한 것에 대한 논의이다. 전선제(銓選制)는 인재 전형의 잘못에 대한 논의이다. 지방제(地方制)는 8도를 13도로 개혁한 것과 관련하여 잘못된 부분에 대한 논의이다. 전제(田制)는 권1의 전제망언을 간략하게 열거한 것이다. 호역제(戶役制)는 원구등(原九等)에 별상(別上)과 별하(別下) 각 3등을 더하여 15등급으로 호역을 부과할 것에 대한 논의이다. 잡세(雜稅)는 정세(正稅)인 전세(田稅)와 호세(戶稅)를 제외한 나머지 세금을 가리키며, 나라의 경용(經用)에 도움이 되고 백성의 생업을 방해하지 않도록 신중하게 잡세를 부과할 것에 대한 논의이다. 학제(學制)에는 우리나라의 교육 제도를 서양처럼 소학교(小學校), 중학교(中學校), 대학교(大學校)로 나누고 수업 연한을 각각 5년, 4년, 4년으로 할 것을 주장한 논의이다. 이상의 내용을 통해 당시 저자의 국내외 정세에 대한 해박한 지식과 견해를 살필 수 있다.

「삼만론(三滿論)」은 만주(滿洲)를 삼등분하여 동쪽은 일본, 서쪽은 청나라, 남쪽은 조선에 귀속시켜야 한다는 논의로서, 당시 국제 정세에 대한 저자의 안목을 엿볼 수 있는 글이다. 「호남학보논설(湖南學報論說)」의 '일부벽파론(一斧劈破論)'은 구학문(舊學問)의 폐단으로 사대주의(事大主義), 한문습관(漢文習慣), 문호구별(門戶區別)을 들고, 이에 대한 타개책을 제시한 글이다. 도끼로 찍어내듯 폐단을 없애야 한다는 제목과 같이 저자의 진취적인 사상과 개혁안을 살필 수 있다. 저자는 이 글에서 독립으로 사대주의의 폐단을 타파하고, 국문(國文)으로 한문 습관의 폐단을 타파하며, 평등으로 문호 구별의 폐단을 타파할 것을 주장했다. 그리고 학문은 체육(體育), 덕육(德育), 지육(智育)의 삼육(三育)으로 시작해야 하며, 그 효과가 쉽게 나타나므로 구학(舊學)이 그 효과를 따를 수 없다고 주장했다. 자신 또한 한학자이면서 국문(國文)의 사용을 적극 주장한 것은 국문 사용이 국민생활에 편익이 되는 시대적 추세를 긍정한 것으로서, 저자의 자주독립 정신과 지식보급의 의식이 강하게 작용된 것이다. 단지 문자를 배우는 것은 학문이 아니며, 학교에서 쉬운 국문으로 지식을 배워야 한다고 주장하여 국문을 통한 교육을 주장하였다. 이기는 교육 목표를 국권회복에 두었는데, 이는 일제의 침략에 대비해야 했던 시대적 상황에서 비롯된 교육관이었다.

6. 참고문헌

이기(李沂), 『이해학유서(李海鶴遺書)』

「이기(李沂)」, 『한국민족문화대백과사전』

『해학유서(海鶴遺書)』, 『한국민족문화대백과사전』

『李海鶴遺書』 해제, 『한국문집총간』 347, 한국고전번역원.

李海鶴遺書卷一
固城李沂伯曾著

田制妄言
附尺量說
井田之制由來自堯舜千有餘年西至周公始大成
自周公七百有餘年西至商鞅乃大壞夫惟壞人之
成者亦能成人之壞故今如求復井田則非有周公
之政必有商鞅之法而後乃可議也當時周公固不

男　樂祖　編
後學　鄭寅普　同校
　　　姜東曦

李海鶴遺書序
此故海鶴李公遺書也公少有長才屬筆無不達之
意濟之駕馭有慶兗氣掩映而殊不自屑獨好講求
前輩政治經濟之說居常慨然於生民碧依與其所
以振敘之得失思以已身一試故同時諸公流多推
為俊傑公亦自視欿欿先是國家自更玉丙之難有
識折鶴淅變尚押賢考古今若柳磻溪醫遠金溜谷
墳李星湖漢鄭叢垣李星湖漢鄭叢金溜谷
丁茶山若鏞洪退軒大容尤後起言政雖其處顧
象差詳略異聲而惚之闇懷若心之阡聲鬱佳如
不可行而猶拿於萬一公祖述柳丁久及閱歷四方

武俗止邪得待中興當年恨不刺蓬檀他日如多迷
李陵家國經營俱失敗相看遲復悵孤燈
翠密亭小酌如中
林下鬖鬖帶華微吟觴盡日不知野山河古已小玄
海風俗个猶愛白衣地件野花多自發人間溪鳥為
誰飛此中來石殊非遠卑馬如何得到携

李海鶴遺書卷三
固城李沂伯曾著

文錄一　論辨
養氣論丁卯
性者盛也氣者器也性之盛於氣猶水之盛於器江
海洲澤溪淵溝渠皆器也夫江海之與洲澤溪淵之
溝渠其盰盛之水未嘗有異也若郫性善一世江
海洲澤溪淵溝渠之大之小之器之寶之參差不等

男　樂祖　編
後學　鄭寅普　同校
　　　姜東曦

〈호남-33〉 **겸산유고** 謙山遺稿

1. 형태서지

표제/권수제	겸산유고(謙山遺稿)
편저자	이병수(李炳壽) 著
판사항	석판본
발행사항	[刊寫地未詳] : 松山精舍, 1946
형태사항	총 20권 10책 四周雙邊 半郭 22.2×16.7cm, 有界, 12行25字 注雙行, 內向2葉花紋魚尾 ; 28.7×19.6cm
소장처	국립중앙도서관, 계명대, 나주문화원, 영남대

2. 정의

『겸산유고(謙山遺稿)』는 조선후기에서 일제강점기에 생존했던 유학자인 이병수(李炳壽, 1855-1941)의 시문집이다.

3. 저자사항

이병수의 자는 석전(石田), 호는 겸산(謙山), 본관은 양성(陽城)이다. 그는 타고난 재질이 뛰어나 사승(師承) 없이 독학으로 학문을 이루어 호남의 사림들로부터 존숭을 받았다. 동학 농민군이 궐기를 하자 나주의 수성(守城)을 위해 나주목사(羅州牧使) 지담(芝潭) 민종렬(閔鍾烈)에게 도약소(都約所) 직월(直月)의 직임을 가지고 적극 협조하였고, 그 후 송사(松沙) 기우만(奇宇萬)이 을미사변과 단발령을 계기로 창의했을 때에도 교임(校任)으로서 이에 호응하여 나주 지방의 유생창의에서 활약했다. 나주목사 민종렬, 진사(進士) 나동륜(羅東綸)과 함께 남전여씨 향약(藍田呂氏鄕約)을 모방하여 금성향약(錦城鄕約)을 조직하고 미풍양속을 장려하였다. 구한말에 차례로 일어난 일련의 사건을 겪으면서 나라의 존망이 위기에 처해 있음을 한탄하고, 1894년(고종31) 동학혁명으로부터 10여 년간 호남지역에서 일어났던 기우만을 위시한 의병활동의 실태를 파악하여 「금성정의록(錦城正義錄)」을 편찬하기도 했다. 1918년 함평으로 이거하여 후진을 양성하다가 다시 1931년에 나주로 돌아와 송산정사(松山精舍)를 짓고 한학을 전수하여 많은 제자를 양성했다.

4. 구성 및 내용

『겸산유고』는 20권 10책으로, 석판본(石版本)이다. 1946년에 문인 이민선(李敏璿), 김기우(金基禹), 정우석(鄭遇錫), 김기석(金基碩) 등이 편집, 간행하였다. 권말에 이민선의 발문이 있다.

권1은 시(詩) 185제이다. 일상의 흥취를 노래한 시, 영물시(詠物詩), 유람시(遊覽詩), 증별시(贈別詩), 차운시(次韻詩), 만시(挽詩) 등 다양한 소재의 한시가 수록되어 있다. 석문시회(石門詩會), 불환정시회(不換亭詩會), 동정시회(東亭詩會) 등 시회(詩會)를 소재로 한 시가 다수 실려 있어 저자의 활발한 시회 참여를 살필 수 있다. 「차서성루지희운(次西城樓志喜韻)」은 나주목사 민종렬이 갑오년 7월 5일 서성문에서 동학비도(東學匪徒)를 격퇴한 지 1년 뒤에 지은 시에 차운해서 지은 것이다. 1894년(고종31)에 동학군이 나주 서성문으로 쳐들어오자 민종렬과 도통장 정석진이 힘을 모아 격퇴하였다. 「만기송사(挽奇松沙)」는 유생을 이끌고 만인소(萬人疏)를 조정에 올려 호남의 소수(疏首)로 불렸던 송사(松沙) 기우만(奇宇萬)의 죽음을 애도하며 지은 만시이다. 「만오후석덕행(輓吳後石德行)」은 1931년에 세상을 떠난 후석(後石) 오준선(吳駿善)을 애도하며 지은 만시이다. 「여수군건묘십주년기념시(麗水郡建廟十周年紀念詩)」는 1926년 여수군에 삼황묘(三皇廟)를 건립하고 석전제를 지내기 시작한 이후 10주년을 기념하여 지은 시이다. 「제매천황현시집(題梅泉黃玹詩集)」은 매천(梅泉) 황현(黃玹)의 시집을 읽고 난 뒤 지은 시이다. 저자는 여기에서 황현을 직접 만나본 적은 없지만 시를 통해서 보니 재주가 호방하고 기가 강한 것이 타고난 자질임을 알겠다고 하였다. 또한 자신과 나이가 같은 황현은 경술국치를 맞아 순절하였는데, 자신은 오래 견디면서 살고 있으니 도리어 부끄럽다고 토로했다. 「만오난와처사계수(挽吳難窩處士繼洙)」는 1939년 세상을 떠난 난와(難窩) 오계수(吳繼洙)의 죽음을 통곡하며 지은 만시이다. 「문계정민보국영환순절음(聞桂庭閔輔國泳煥殉節吟)」은 1905년(고종42) 죽음으로 일제에 항거하여 대광보국숭록대부 의정대신(大匡輔國崇祿大夫議政大臣)에 추증된 민영환(閔泳煥)의 순절 소식을 듣고 지은 시이다.

권2는 서(書) 29편이다. 편지를 주고받은 대상은 나주목사 민종렬, 송사 기우만, 노사의 문인인 난와 오계수, 후석 오준선 등이다. 「상곽면우도서(上郭俛宇鋾書)」는 1년 전 저자가 면우(俛宇) 곽도(郭鋾)에게 가르침을 받기 위해 방문하였으나 얻어듣지 못한 것을 한스럽게 여겼는데, 보내준 편지를 받고서 마음이 흔쾌해졌다고 하며 답장으로 쓴 것이다. 「여기송사(與寄松沙)」는 기우만의 안부를 묻는 편지로, 오계수가 세상을 떠나고 오준선은 은둔하느라 홀로 떨어져서 쓸쓸하게 지내는 근심에 대해 말하였다.

권3은 서(序) 51편이다. 대체로 유고(遺稿)와 문집(文集), 족보에 대한 서문이 많은 분량을 차지한다. 「향북당유고서(向北堂遺稿序)」는 임진왜란 때 의병장으로 활동한 정준일(鄭遵一)의 향북당유고(向北堂遺稿)에 붙인 서문이고, 「후곡유고서(後谷遺稿序)」는 이희진(李熙眞)의 후곡유고(後谷遺稿)에 대한 서문이다. 이외에 「양성이씨족보서(陽城李氏族譜序)」, 「낭암거사김공실기서(浪庵居士金公實記序)」, 「해남시사계첩서(海南詩社契帖序)」 등이 있다.

권4는 기(記) 74편이다. 당시 인물과 정자, 건물에 대한 기문이 대부분이다. 「미천강당중건기(眉泉講堂重建記)」, 「송산정사기(松山精舍記)」, 「영사재기(永思齋記)」, 「심곡재중건기(心谷齋重建記)」, 「함평이씨효자각기(咸平李氏孝子閣記)」 등이 실려 있다.

권5는 기(記) 82편이다. 「영모재기(永慕齋記)」, 「정씨제각중건기(鄭氏祭閣重建記)」, 「효자증동몽교관송재성공정려기(孝子贈童蒙敎官松齋成公旌閭記)」, 「룡강정사기(龍岡精舍記)」, 「삼선생단향기(三先生壇享記)」 등이 실려 있다.

권6은 상량문(上樑文) 30편이다. 향교 중건, 사당 건립, 사당 중건, 재각, 삼강문, 정사, 정자에 대한 상량문이다. 함평향교(咸平鄕校)을 중건할 때 지은 상량문인 「함평향교중건상량문(咸平鄕校重建上樑文)」을 비롯하여 「가락삼왕묘상량문(駕洛三王廟上樑文)」, 「금성사상량문(錦城祠上樑文)」, 「월호정상량문(月湖亭上樑文)」 등이 실려 있다.

권7은 상량문(上樑文) 18편, 축문(祝文) 7편, 제문(祭文) 9편, 봉안문(奉安文) 5편, 기우문(祈雨文) 6편, 비(碑) 39편이다. 축문에는 「제금성산신문(祭錦城山神文)」, 「금호사상향축문(錦湖祠常享祝文)」, 「제황충축문(除蝗蟲祝文)」 등이 실려 있다. 제문에는 기우만에 대한 제문인 「제기송사우만문(祭奇松沙宇萬文)」을 비롯하여 「제곽면우문(祭郭俛宇文)」, 「제오후석덕행문(祭吳後石德行文)」 등이 실려 있다. 봉안문에는 「무열사중건봉안문(武烈祠重建奉安文)」, 「달성군상향문(達城君常享文)」 등이 있고, 기우문에는 「금성산기우문(錦城山祈雨文)」, 「용진산기우문(聳珍山祈雨文)」 등이 있다. 비에는 「선교랑이공묘비음기(宣敎郞李公墓碑陰記)」, 「송암사유허비실기(松巖祠遺墟碑實記)」, 「정부인김씨비(貞夫人金氏碑)」 등이 실려 있다.

권8-권11은 묘갈명(墓碣銘)이다. 권별 수록 편수는 권8은 26편, 권9는 43편, 권10은 55편, 권11은 37편이다. 「만호곽공묘갈명(萬戶郭公墓碣銘)」은 1592년 임진왜란 때에 김천일(金千鎰) 의병장 휘하에 있었던 곽현(郭玄)에 대한 묘갈명이다. 그는 호남에서 의병이 일어난 사실을 의주 행재소에 가서 선소 임금에게 알렸던 인물이다. 이 글을 통해 대상인물에 대해 출신 및 다양한 정보를 제공한다. 「증병조판서시충숙난파정공묘갈명(贈兵曹判書諡忠肅蘭坡鄭公墓碣銘)」은 1894년(고종31) 동학란 때에 나주읍성을 중심으로 6전6승을 거두어 성을 지켜낸 공으로 해남군수로 승진 발령된 정석진(鄭錫珍)에 대한 묘갈명이다. 이외에 「선조애일당묘갈명(先祖愛日堂墓碣銘)」, 「백당김공묘갈명(柏堂金公墓碣銘)」, 「오재이공묘갈명(梧齋李公墓碣銘)」, 「양심재이공묘갈명(養心齋李公墓碣銘)」, 「남계처사류공묘갈명(南溪處士柳公墓碣

銘)」, 「광지자명(壙誌自銘)」 등이 수록되어 있다.

권12는 묘표(墓表) 75편이다. 다양한 인물의 묘표가 수록되어 있으며, 「겸와서공묘표(謙窩徐公墓表)」, 「제암최공묘표(霽菴崔公墓表)」, 「죽포양공묘표(竹圃梁公墓表)」, 「정부인백씨묘표(貞夫人白氏墓表)」 등이 실려 있다.

권13-권14는 행장(行狀)이다. 권13에 33편, 권14에 32편의 행장이 수록되어 있다. 『하촌유고(荷村遺稿)』의 저자인 나동륜(羅東綸)의 행장인 「성균생원하촌나공행장(成均生員荷村羅公行狀)」을 비롯하여 「간의대부이공행장(諫議大夫李公行狀)」, 「금교정공행장(錦嶠鄭公行狀)」, 「오괴당이공행장(五槐堂李公行狀)」, 「청전이공행장(青田李公行狀)」, 「백운처사나공행장(白雲處士羅公行狀)」, 「호은김공행장(湖隱金公行狀)」 등이 수록되어 있다.

권15는 행록(行錄) 31편이다. 「금애공행록(錦崖公行錄)」, 「월담김공행록(月潭金公行錄)」, 「오씨삼강행록(吳氏三綱行錄)」, 「농와처사이군행록(聾窩處士李君行錄)」, 「유인이씨열행록(孺人李氏烈行錄)」 등이 실려 있다.

권16은 발(跋) 48편, 전(傳) 14편이다. 발에는 「미천원지발(眉泉院誌跋)」, 「장암나충렬공유집발(壯巖羅忠烈公遺集跋)」, 「경주김씨세고발(慶州金氏世稿跋)」, 「김군금강산행일기후(金君金剛山行日記後)」 등이 있다. 전은 「유인백씨전(孺人白氏傳)」, 「절부여주이씨전(節婦驪州李氏傳)」, 「효열부오씨전(孝烈婦吳氏傳)」 등 열부(烈婦)와 절부(節婦), 유인(孺人)을 입전 대상으로 하여 지은 것이다.

권17은 잡저(雜著) 21편이다. 잡저에는 통문(通文), 설(說), 사실(事實), 문대(問對), 가(歌), 행(行), 일기(日記), 논(論)과 앞의 권3에서 누락된 듯한 서문(序文) 일부가 추가되어 있다. 「여호남학회회관서(與湖南學會會館書)」는 호남학회회관(湖南學會會館)에 보낸 서찰이다. 「교남일기(嶠南日記)」는 1917년 3월 23일부터 4월 14일까지 23일 동안 도보로 면우(俛宇) 곽종석(郭鍾錫) 등 교남(嶠南) 지역의 유학자를 방문하는 과정을 기록한 일기이다.

권18은 잡저(雜著) 33편이다. 「마원계형자론(馬援戒兄子論)」, 「백이불부문왕소양론(伯夷不負文王所養論)」, 「일식론(日食論)」, 「기설(碁說)」 등 다양한 주제의 논설문을 비롯하여 증서(贈序), 송서(送序) 등의 글이 수록되어 있다.

부록(附錄)으로 「겸산선생임종일기(謙山先生臨終日記)」와 「겸산선생유고발간서사(謙山先生遺稿發刊敍事)」가 수록되어 있다. 「겸산선생임종일기」는 신사년 7월 문생(門生) 나주 정우석(鄭遇錫)이 쓴 것이고, 「겸산선생유고발간서사」는 병술년 중양월(重陽月) 문생(門生) 이민선(李敏璿)이 쓴 것이다.

권19-권20은 「금성정의록(錦城正義錄)」이다. 「금성정의록」은 나주를 비롯한 전남 일대 유생들의 창의(倡義) 사실을 기록한 것이다. 1894년(고종31) 동학농민운동 이후 3년간의 사적이 기록되어 있으며, 갑편(甲編)·을편(乙編)·병편(丙編)으로 구성되어 있다. 갑편은 갑오년(1894), 을편은 을미년(1895), 병편은 병신년(1896)에 해당된다.

5. 주요 작품 및 문집의 특징

「문계정민보국영환순절음(聞桂庭閔輔國泳煥殉節吟)」은 1905년(고종42) 죽음으로 일제에 항거하여 대광보국숭록대부 의정대신(大匡輔國崇祿大夫議政大臣)에 추증된 민영환(閔泳煥)의 순절 소식을 듣고 지은 시이다. 민영환은 나라의 운이 이미 다했음을 깨닫고 죽음으로 항거해 국민을 각성시킬 목적으로 그해 11월 30일 오전 6시경 이천만 동포와 고종, 주한 외국 사절에게 보내는 3통의 유서를 남기고 자결했다.

「여호남학회회관서(與湖南學會會館書)」는 호남학회회관(湖南學會會館)에 보낸 서찰이다. 저자는 이 글에서 한문 폐지와 한글 전용에 대해 동음이자(同音異字)의 경우를 예로 제시하며 반대의 입장을 표명하였다.

「교남일기(嶠南日記)」는 저자가 제자 정우홍(鄭遇洪)과 이운연(李雲衍)을 데리고 1917년 3월 23일부터 4월 14일까지 23일 동안 도보로 면우(俛宇) 곽종석(郭鍾錫) 등 교남(嶠南) 지역의 유학자를 방문하는 과정을 기록한 일기이다. 교남 지역의 여러 인물을 만난 정황과 그곳의 승경을 구경하면서 느낀 소회에 대해 기록하였다. 저자는 이때의 여정에 대해 1천 3백 리 길을 두루 돌아다녔다고 말하였다.

「금성정의록」은 전남지역 동학군의 움직임을 이해하는데 중요한 정보가 수록되어 있다. 나주목사 민종렬의 향약 실시, 나주 관군이 동학군의 침입을 막기 위해 성을 지키는 상황, 나주 지역의 동학 접주 오권선과 최경선 등의 활동상, 장흥 지역의 동학군 활동상 등이 기록되어 있다.

「금성정의록」 갑편은 1893년(고종30) 12월 민종렬이 나주목사로 부임하는 것부터 서술이 시작된다. 민종렬은 향약으로 나주 백성을 다스리기 위해 마을과 읍면, 나주목에 향약의 기구를 설치했다. 중앙에는 도약소(都約所)를 두고, 이병수에게 도약소 직월을 담당하게 하였다. 1894년(고종31) 동학농민운동이 점차 전국으로 퍼져나가, 동학군이 나주읍성을 쳐들어오자 민종렬은 정식진(鄭錫珍)을 도통장(都統將)으로 삼아 동학군을 물리치도록 하여 나주읍성을 수성했다. 이때 이병수는 나주향교의 부교(副校)를 맡고 있었는데, 민종렬은 그를 초빙하여 곁에 두고 주로 통문과 상소를 짓는 역할을 맡겼다.

「금성정의록」 을편은 1895년(고종32) 나주지역의 격동기에 대한 기록이다. 이 해에 나주목은 관찰부로 변경되었다. 나주목사인 민종렬이 자리를 비우지도 않았는데 후임으로 부사

(府使)인 채규상(蔡圭常)이 부임하였으며, 참서관으로 안종수(安宗洙)가 부임해오자 민종렬은 향사당(鄕社堂)으로 물러났다. 그리고 1895년 단발령(斷髮令)과 양력(陽曆) 시행이 선포되자 혼란기가 전개되었다.

「금성정의록」 병편은 1895년부터 1896년까지 나주지역에서 발생한 일련의 사건들에 대한 기록이다. 참서관으로 있던 안종수는 공을 세우기 위해 가위를 들고 직접 강제로 선비들의 상투를 자르는 단발을 행하였다. 이에 백성들이 극렬하게 반발하였고, 마침내 안종수의 열 가지 죄목을 들어 그를 처단해야 한다는 사태로 치달았다. 이즈음에 도통장 정석진은 해남군수로 승진 발령을 받아 부임하였다. 그가 발령을 받아 떠나는 날에 환송객으로 참가한 도총장의 부하들이었던 통장(統將)들이 되돌아와서, 나주 관아에 들어가 안종수 등 개화파 일당을 죽이는 사건이 발생하기도 했다.

6. 참고문헌

이병수(李炳壽), 『겸산유고(謙山遺稿)』

『겸산유고(謙山遺稿)』, 『한국민족문화대백과사전』

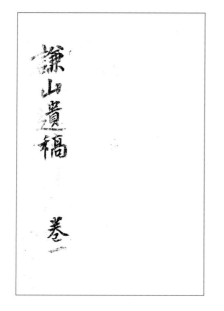

聞者莫不驚悼嘗同時前拓討使閔公往潭陽任時亦逮北行亭
注書悲懍自歎曰阿瞞挾天澤莍難復誠檜用事岳飛死忠嘻
痛我其復十年有長城奇參衍昌平高九詢攀義之書

二十五

謙山遺稿卷之一
詩
石田吟
有田多白石磽确不堪耕如到爲山地一拳可積嵐
次西城樓志喜韻 并小序
芝潭先生閔公種烈出牧羅州當甲午東匪亂兩湖奔潰
先生以一孤城扶得陽秋大義於七月初五日始破賊兵
于西城樓次第剿珍南雜獲安越明年七月同日設破陣
樂于故處仍拈志喜韻三疊蓋搏麞呈
使君大義獨存城坐鎮西樓破賊邑里自今經亂後年年此日
可傳名
椽僚協義捷西城何似彈翠退賊兵賴我賢侯指揮定蕭曹籌策

一

〈호남-34〉 **고재집** 顧齋集

1. 형태서지

표제/권수제	고재집(顧齋集)
편저자	이병은(李炳殷) 著
판사항	신연활자본
발행사항	全州 : 南安齋, 1963
형태사항	총 12권 6책 四周雙邊 半郭 20.5×14.6㎝, 界線, 11行24字 註雙行, 內向2葉花紋魚尾 ; 28.7×18.8㎝
소장처	국립중앙도서관, 계명대, 국회도서관, 성균관대 존경각, 영남대, 원광대, 전남대, 전북대, 전주대, 충남대

2. 정의

『고재집(顧齋集)』은 조선 후기에서 해방 이후까지 생존한 유학자 이병은(李炳殷, 1877-1960)의 시가와 산문을 엮은 시문집이다.

3. 저자사항

이병은의 자는 자승(子乘), 호는 고재(顧齋), 본관은 전의(全義)이다. 전북 완주(完州) 출생이다. 조부는 이명진(李命鎭)이며, 부친은 1867년(고종4)에 식년 문과에 급제하고 홍문관교리를 지낸 이봉덕(李鳳德)이다. 모친은 밀양 박씨(密陽朴氏)이다. 부인은 남양 홍씨(南陽洪氏)이고, 아들은 이도형(李道衡)이다.

9세 무렵부터 맏형인 이병하(李炳夏)에게 정자(程子)의 글을 배웠는데, 처음 접한 글도 익숙히 알고 있는 듯 설명할 정도로 매우 총명했다. 그는 학문을 할 때 책이 없으면 거리의 원근을 불문하고 책을 빌려보았는데, 이 때문에 마을 사람들이 '지학지사(志學之士)'라고 일컬었다. 1892년(고종29) 초시에 합격하였고, 1894년(고종31) 갑오개혁 때 과거제도가 폐지되자 잠시 실의에 빠져 지내기도 하였다. 1900년(고종37)에 간재(艮齋) 전우(田愚)와 사제(師弟)의 연을 맺으면서 다시 학문에 정진하였다. 1901년(고종38) 옥구(玉溝)에 있는 송병선(宋秉璿)의 강당(講堂)에서 중용(中庸)을 강의하였다. 1902년(고종39) 도백(道伯) 이성열(李聖烈)의 천거로 재랑(齋郞)에 천거되었으나 나아가지 않았으며, 1904년(고종41)에는 전우를 모시고 순창의 훈몽재(訓蒙齋)에서 강독하기도 하였다. 이후 일제의 조선 침략이 본격화되던 1907년(고종44)부터는 고향에 돌아와 남안재(南安齋)를 짓고 스스로 농사를 지으며 학문과 강학에 힘썼다. 낮에는 논밭에 나가 일을 하고 밤에는 의관(衣冠)을 바로하고 독서에 정진하는 생활을 했다. 1910년 경술국치 소식을 들었을 때 전우를 따라 섬으로 은둔하려 하였으나, 모친이 병환 중이어서 실행하지 못하였다. 1922년에 존경하던 스승 전우가 세상을 떠나자 호상(護喪)을 맡아 상례를 주관했다. 1949년 심산(心山) 김창숙(金昌淑)이 유교 개혁의 일환으로 향교 문묘에 배향된 사성(四聖)과 공문십철(孔門十哲)을 제외한 위패(位牌)를 매안(埋安)하려고 하자, 선비로서 선현을 위해 죽음으로 절의를 삼겠다는 결의를 표명하고 정부에 강력하게 탄원하여 전주향교의 위패를 지켰다. 또한 조희제(趙熙濟)가 1895년(고종32) 을미사변 이후부터 1918년까지 애국 투사들의 행적을 모아 엮은 『염재야록(念齋野錄)』에 발문을 써주었는데, 1938년 11월 갑자기 그 일이 발각되어 조희제와 함께 임실경찰서에 구속되었다가 풀려났다. 그리고 일제가 공포한 단발령에 반발하여 상투 자르기를 끝까지 거부하였다. 1956년 고향에 지었던 남안재(南安齋)를 전주향교 뒤편으로 이건(移建)한 뒤 독파만권(讀破萬卷)이라는 편액을 걸고 강학 활동에 전념하여 많은 후학을 양성했다. 이병은은 유재(裕齋) 송기면(宋基冕), 흠재(欽齋) 최병심(崔秉心)과 함께 '전주의 3재(齋)'로 일컬어지며, 전주의 남양사(南陽祠)에 봉향되었다.

4. 구성 및 내용

『고재집』은 12권 6책으로, 신연활자본(新鉛活字本)이다. 저자의 아들인 이도형(李道衡)과 문인들이 함께 1963년에 편집·간행하였다. 문집에는 별도의 서문과 발문은 없고, 권말에 간기가 있다.

권1은 시(詩) 158제, 명(銘) 3편, 상량문(上樑文) 20편, 혼서(婚書) 1편, 자사(字辭) 7편이다. 시에는 영물시(詠物詩), 차운시(次韻詩), 만시(輓詩), 증시(贈詩), 제발시(題跋詩), 우국시(憂國詩) 등 다양한 소재의 한시가 수록되어 있다. 장편시 「상전부(傷田夫)」와 「민전가(悶田家)」는 당시 과중한 노동과 조세, 기아에 시달리는 농가의 궁핍한 현실과 참담한 실상에 대해 고발한 시이다. 「탄세(歎世)」는 서양 의복을 금수(錦繡)와 같이 여기고 야만인의 언어인 영어를 현가(絃歌)와 같이 들으면서 서양 문화의 독(毒)에 침염되어 죽어가는 세상에 대한 비분을 니디낸 시이다. 「탕자가(蕩子歌)」는 당시 유행처럼 번져가는 서양 문화 속에서 구학(舊學)으로 치부된 채 점점 유학의 문화와 가치 체계가 무너져가는 현실에 대해 개탄한 시이다. 「신학(新學)」은 서양의 사교(邪敎)를 물리치는 데는 우리 유학의 도를 밝히는 것이 최선의 방책임을 나타낸 시이다. 이외에 저자의 서학(西學)에 대한 인식을 살필 수 있는 시로 「야소(耶蘇)」, 「시천교(侍天敎)」 등이 있다. 명은 「춘호당명(春湖堂名)」, 「회당명(悔堂銘)」, 「무첨

당명(無忝堂銘)」이고, 상량문은 누정과 재사(齋舍), 서원(書院)의 상량문이 대부분으로 「금산대월정상량문(金山待月亭上樑文)」, 「사곡첨성재상량문(沙谷瞻省齋上樑文)」, 「전주황강서원상량문(全州黃岡書院上樑文)」 등이 있다. 혼서는 아들 도형(道衡)의 혼서이다. 자사에는 「최규만덕수자사(崔圭萬德壽字辭)」, 「전태춘여인자사(全泰春汝仁字辭)」 등이 실려 있다.

권2는 제문(祭文) 24편, 봉안문(奉安文) 6편, 축문(祝文) 8편, 고유문(告由文) 6편, 서(序) 57편이다. 제문에는 스승 전우의 제문인 「제간재선생문(祭艮齋先生文)」, 부인 남양홍씨에 대한 제문인 「제망실홍유인문(祭亡室洪孺人文)」, 송기면의 제문인 「제송유재문(祭宋裕齋文)」 등이 실려 있다. 봉안문에는 「나주영강원봉안오선생문(羅州榮江院奉安五先生文)」, 「광주서원봉안삼선생문(光州書院奉安三先生文)」 등이 있고, 고유문에는 「고진사부군묘문(告進士府君墓文)」, 「고간재선생묘문(告艮齋先生墓文)」 등이 있다. 서에는 재사(齋舍)와 문집, 유고, 족보에 대한 서문, 증서(贈序), 송서(送序) 등이 있다. 『소학(小學)』을 우리말로 풀이한 『언문소학(諺文小學)』의 서문인 「언문소학서(諺文小學序)」, 1959년 호남유회(湖南儒會)에서 만든 역대 호남유림들의 인명록인 『호남유림안』의 서문인 「호남유림안서(湖南儒林案序)」가 실려 있다. 「호남유림안서」에서 저자는 인륜의 강상(綱常)이 보존되면 사람이 보존되고 이것이 망하면 사람도 망한다고 하면서 그 중요성에 대해 설파하고 이것을 지키기 위해 유림의 참다운 역할을 중시하였다.

권3은 기(記) 70편이다. 향교와 서원, 누정, 재사에 대한 기문이 대부분이다. 「명륜당기(明倫堂記)」, 「금구향교중수기(金溝鄉校重修記)」, 「황강서원중수기(黃岡書院重修記)」, 「별산정기(鱉山亭記)」 등이 있다.

권4는 제발(題跋) 41편, 논(論) 7편, 설(說) 7편이다. 제발에서 「제염재야록후(題念齋野錄後)」는 조희제(趙熙濟)의 『염재야록』에 대한 발문이다. 「제인봉고의사행장후(題麟峰高義士行狀後)」는 구한말에 전남 창평 저산 등지에서 고광순과 함께 의병을 일으켰던 고제량(高濟亮)의 행장에 붙인 제발이다. 「성인여세추이론(聖人與世推移論)」은 성인은 세상의 변천에 따라 흔들리지 않음을 강조한 글이고, 「여제생독자치통감수사거론(與諸生讀資治通鑑隨事擧論)」은 저자가 『자치통감(資治通鑑)』을 읽으면서 일에 따라 의리를 거론한 것으로, 22가지 항목의 역사적 사실을 도학적 역사인식으로 해석한 논설문이다. 설에서 「양포설(養匏說)」, 「양국설(養菊說)」, 「농설(農說)」, 「어독설(御犢說)」은 저자가 직접 경작하는 가운데 체험한 것을 토대로 의리를 밝힌 글들이다.

권5는 잡저(雜著) 16편이다. 「일리함만수(一理涵萬殊)」는 우주의 천태만상이 결국은 한 이치로 돌아감을 전제하여 태극(太極)의 본체가 하나이듯 인성(人性)의 본체도 하나이며 모든 것이 성(性)에서 근본된 것임을 강조한 글이다. 「심기(心氣)」는 심종설(心宗說)에 반박하여 심(心)과 기(氣), 심의 직분과 기의 직분이 구분되어 있음을 밝힌 글이다.

권6은 행장(行狀) 36편이다. 부친의 행장인 「선고홍문관교리부군가장초(先考弘文館校理府君家狀草)」, 송기면의 행장인 「유재송처사행장(裕齋宋處士行狀)」을 비롯하여 「눌은유공행장(訥隱柳公行狀)」, 「청재거사유공행장(淸齋居士柳公行狀)」 등이 실려 있다.

권7은 비(碑) 44편이다. 다양한 인물의 신도비명(神道碑銘)과 사단비(祀壇碑), 유허비(遺墟碑), 사적을 기록한 기적비(紀蹟碑) 등이 실려 있다. 「고려병부낭중둔암양공신도비명(高麗兵部郎中遯菴梁公神道碑銘)」, 「청수헌김공유허비(廳水軒金公遺墟碑)」, 「지행당박공기적비(趾行堂朴公紀蹟碑)」 등이 있다.

권8은 묘갈(墓碣) 42편이다. 저자의 선대를 비롯하여 다양한 인물에 대한 묘갈명이 수록되어 있다. 「십육대조고증병조참판행형조정랑묘갈문(十六代祖考贈兵曹參判行刑曹正郎墓碣文)」, 「운암처사허공묘갈명(雲巖處士許公墓碣銘)」, 「증숙부인남원양씨묘갈명(贈淑夫人南原楊氏墓碣銘)」, 「절암고공묘갈명(節巖高公墓碣銘)」 등이 있다.

권9는 묘갈(墓碣) 71편이다. 다양한 인물에 대한 묘갈명이 수록되어 있으며, 「호은처사정공묘갈명(湖隱處士丁公墓碣銘)」, 「창석최공묘갈명(滄石崔公墓碣銘)」, 「가선대부광양현감이공묘갈명(嘉善大夫光陽縣監李公墓碣銘)」, 「초은한공묘갈명(樵隱韓公墓碣銘)」 등이 있다.

권10은 묘갈명(墓碣銘) 23편, 묘표(墓表) 34편, 묘지(墓誌) 7편이다. 선대를 비롯하여 다양한 인물에 대한 묘도문자가 수록되어 있어 저자의 교유관계를 짐작할 수 있다. 묘갈명에는 「심석처사신공묘갈명(心石處士申公墓碣銘)」, 「월호당문공묘갈명(月湖堂文公墓碣銘)」, 「남평문공묘갈명(南平文公墓碣銘)」 등이 있고, 묘표에는 「팔세조고진사부군묘표(八世祖考進士府君墓表)」, 「증조부군묘표(曾祖府君墓表)」, 「우석최공묘표(愚石崔公墓表)」 등이 있다. 묘지에는 「도곡처사이공묘지명(桃谷處士李公墓誌銘)」, 「몽은김공묘지명(蒙隱金公墓誌銘)」, 「만오이공묘지명(晚悟李公墓誌銘)」 등이 있다.

권11-권12는 서(書)이다. 각 권별 수록 편수는 권11이 57편, 권12가 62편이다. 편지를 주고받은 대상에는 스승인 전우를 비롯하여 맏형, 최병심(崔秉心), 성기운(成璣運), 고제규(高濟奎), 송기면(宋基冕), 소진기(蘇鎭璣), 유영선(柳永善) 등이다. 「여소진기(與蘇鎭璣)」는 독서와 경삭(耕作)을 겸행(兼行)해야 하는 이유에 대해 말한 것이다. 저자는 독서를 하는 선비가 벼슬에 나가지 못한 경우 실생활을 위해 경작을 해야 한다고 주장했다. 그러나 선비는 경작을 전업으로 삼지 않으므로 오래 하면 피곤하고 힘들어 독서하기가 어려우므로, 하루에 세 끼니의 밥상을 대하듯 조금씩 학문에 임해야 한다고 하였다. 「답황형중(答黃亨中)」은 저자가 자신의 기론(氣論)에 대해 설명한 것으로, 기(氣)의 근원은 하나이므로 지극히 청명하여 혼탁함이 없고 지극히 순수하여 잡박함이 없는 것이 그 본체라고 하였다. 「여대통령(與大

統領)」과 「여부통령(與副統領)」은 전주향교를 지키기 위해 당시 대통령과 부통령에게 탄원하는 내용의 편지이다.

5. 주요 작품 및 문집의 특징

전통 유학자의 입장에서 당시 민중의 현실과 부정한 사회상을 조명하고, 서학(西學)에 대한 관점과 인식을 표출한 시가 다수 수록되어 있다. 장편시 「상전부(傷田夫)」와 「민전가(悶田家)」는 당시 과중한 노동과 조세, 기아에 시달리는 농가의 궁핍한 현실과 참담한 실상에 대해 고발한 시이다. 「탄세(歎世)」는 서양 의복을 금수(錦繡)와 같이 여기고 야만인의 언어인 영어를 현가(絃歌)와 같이 들으면서 서양 문화의 독(毒)에 침염되어 죽어가는 세상에 대한 비분을 나타낸 시이다. 「탕자가(蕩子歌)」는 서구 문화에 물든 젊은이를 방탕아(放蕩兒)로 설정하여 유행처럼 번져가는 서양 문화 속에서 구학(舊學)으로 치부된 채 점점 유학의 문화와 가치 체계가 무너져가는 현실에 대해 개탄한 내용이다. 「신학(新學)」은 서양의 사교(邪敎)를 물리치는 데는 우리 유학의 도를 밝히는 것이 최선의 방책임을 나타낸 시이다. 이외에 저자의 서학(西學)에 대한 인식을 살필 수 있는 시로 「야소(耶蘇)」, 「시천교(侍天敎)」 등이 있다. 이러한 시에서는 전통 유학자의 입장에서 당시 점점 번져가는 서학에 대한 관점과 인식이 드러난다.

「제염재야록후(題念齋野錄後)」는 조희제(趙熙濟)의 『염재야록』에 지어준 발문이다. 『염재야록』에는 1895년 을미사변 이후부터 1918년까지 활동했던 애국 투사들의 행적이 실려 있다. 이때 저자는 발문을 써준 것이 빌미가 되어 1938년 11월 임실경찰서에 구속되었다가 풀려나기도 했다. 저자는 발문에서 『염재야록』에 대해 한편으로는 천고의 충성스런 넋을 달래고 한편으로는 여러 역적의 간담을 서늘케 했다고 하면서, 뒷날 나라를 다스릴 사람으로 하여금 의리를 바르게 하고 잇속을 챙기지 않으며 어진 이를 등용하고 못난 자를 물리쳐 잘못된 전철을 다시 밟지 않도록 했다고 하면서 높이 평가했다. 이를 통해 저자의 구국(救國)에 대한 의지와 일제에 대한 저항 정신을 살필 수 있다.

「일리함만수(一理涵萬殊)」는 하나의 이치가 만수를 함축하듯 우주의 천태만상이 결국은 한 이치로 돌아간다고 전제하고, 태극(太極)의 본체가 하나인 것처럼 인성(人性)의 본체도 한 이치가 여러 가지 이치를 함축하고 있음을 밝혀 이일분수(理一分殊)를 설명한 글이다. 「심기(心氣)」는 심(心)과 기(氣)를 설명한 것으로, 심을 이(理)로 보는 입장에 반대하고 스승인 전우의 학설에 따라 심성(心性)·이기(理氣)의 분대(分對)에 관해 절충적인 입장을 보인 것이다. 심을 기로 보는 것은 이(理)와 비교해 볼 때 그렇다는 것이며, "주재(主宰)와 지각이 있고, 도모(圖謀)·사려(思慮)·상량(商量)할 수 있는 것은 심이고, 주재나 상량이 없으면서 다만 발동(發動)·운용(運用)하는 것은 기이다."라고 하여 심과 기, 심의 직분과 기의 직분이 구분되어 있음을 밝혔다. 「성존심비(性尊心卑)」는 심종설(心宗說)을 반박한 것으로, 성은 형이상이요 심은 형이하로서 상하의 구분이 뚜렷함을 전제로 성을 심의 본체이자 근원으로 파악하였다. 이상의 글에서는 간재학파의 문인인 저자의 학문적 견해와 관점을 확인할 수 있다.

6. 참고문헌

이병은(李炳殷), 『고재집(顧齋集)』

「이병은(李炳殷)」, 『한국민족문화대백과사전』

『고재집(顧齋集)』, 『한국민족문화대백과사전』

이형성, 「顧齋 李炳殷의 學問과 思想」, 『유교사상문화연구』 36, 한국유교학회, 2009.

장병한, 「顧齋 李炳殷의 漢詩 文學論-20세기 西學(新學)에 대한 儒學(舊學)의 對應과 恢復의 관점에서」, 『간재학논총』 15, 간재학회, 2013.

顧語
心涵明命徹表徹裏無時無
變盡皆顧諟事君是非非惟
思明則党書公私精察專
于用志不分乃凝于神故尊

顧齋集卷之一
詩
傷田夫 五言長篇
孤燈桑下屋農談夜支離此世將何度力窮歲且飢麥糧買難
繼稻穟熟何遑官吏來相督已過納稅期上通知牒積之又
積之應稅無餘日此生何以支傍人群起語試更聽吾辭去年
耕穫畝一粒未曾炊賭租三分二一分地稅爲夏來麥穀熟償
主盡遮持暫時不動渾眷正堪悲歎之何所益空費百千思
強起中庭步月落斗星移遙望蒼天在未知知不知
又 七言長篇
熱日燒空土欲焦野無草色況禾苗地不可蕪宜雜穀方求種

顧齋集卷之十二終

斷之以先見祖舅姑鄙家亦行之噫近俗貿貿不知有此禮而
君有問於我實爲之欲歎

〈호남-35〉 **석정집** 石亭集

1. 형태서지

표제/권수제	석정집(石亭集)
편저자	이정직(李定稷) 著
판사항	연활자본
발행사항	金提 : 李愈勉, 1923
형태사항	총 7권 3책 四周雙邊 半郭 23.4×15.6cm, 有界, 11行24字 註雙行, 上下向黑魚尾 ; 30.5×19.0cm
소장처	국립중앙도서관, 계명대, 고려대, 부안교육문화회관, 연세대, 전남대, 한국국학진흥원

2. 정의

『석정집(石亭集)』은 조선후기에서 구한말까지 생존한 실학자 이정직(李定稷, 1841-1910)의 시와 산문을 엮은 시문집이다.

3. 저자사항

이정직의 자는 형오(馨五), 호는 석정(石亭)·석정산인(石亭山人)·연석(燕石), 본관은 신평(新平)이다. 조선조에 이조판서를 지낸 이상원(李上垣)의 후손이다. 부친은 선략장군(宣略將軍)을 지낸 이계환(李啓煥)이고, 모친은 경주 이씨(慶州李氏)이다. 전북 김제에서 태어났다. 이정직은 어릴 때부터 총명하여 4세 무렵에 『천자문(千字文)』을 완전히 익혔다. 9세 때 서당에 입학하여, 입학한 해에 『자치통감(自治通鑑)』 15권을 읽었고, 10세에는 『맹자(孟子)』 7권을 읽었으며, 이듬해에는 『논어(論語)』를 읽을 때 그 말의 뜻을 생각하면서 읽자 주위 사람들이 모두 놀랐다. 12세에 역학(易學)의 대가로 이름을 떨치던 강회민(姜會民)의 제자로 들어가 역학의 기초 이론을 터득하였고, 이듬해에는 금구(金溝)에 사는 안정봉(安廷鳳)을 스승으로 섬기고 본격적으로 학문을 닦았다. 『대학(大學)』·『중용(中庸)』을 비롯하여 산학(算學), 예학(禮學)에 이르는 여러 학문을 두루 섭렵했으며, 실학사상에 점차 눈뜨기 시작했다. 20세 무렵이 되자 이정직의 학문은 이미 높은 단계에 이르렀고, 빼어난 문장력과 재주가 많은 사람들에게 널리 알려졌다. 1868년(고종5) 연행사(燕行使)인 어영대장(御營大將) 이봉구(李鳳九)의 수행원으로 중국에 가서 1년 동안 머무르면서 동서양의 많은 책을 접하고 유상(劉庠), 탁경렴(卓景廉)과 교유했다. 귀국한 뒤에는 지리산에서 살기도 했으며, 한약방을 경영하면서 박시제중(博施濟衆)의 이상을 실현하기도 했다. 해학(海鶴) 이기(李沂), 매천(梅泉) 황현(黃玹)과 교유했으며, 이들과 함께 호남 3절로 불렸다. 1894년(고종31)에 일어난 동학운동 때 전주의 집이 불에 타서 저술이 거의 소실되었다. 이후 전주를 떠나 김제로 돌아가 그곳에서 만년을 보냈으며, 연석산중에 산방을 짓고 연석산방(燕石山房)이라 하였다. 글씨와 그림에 뛰어난 재능이 있었으며, 『연석산방미정문고(燕石山房未定文藁)』·『연석산방미정시고(燕石山房未定詩藁)』를 비롯하여 다양한 분야에 걸쳐 많은 저술을 남겼다. 또한 최초로 서양 철학자인 베이컨과 칸트를 국내에 소개하였고, 서화 예술 분야에서도 탁월한 업적을 남겼다.

4. 구성 및 내용

『석정집』은 7권 3책으로, 연활자본(鉛活字本)이다. 이정직의 손자 이유면(李愈勉)이 편집하고, 문인 송기면(宋基勉) 등이 1923년에 간행하였다. 권두의 서문은 김녕한(金寗漢), 이건방(李建芳), 황현(黃玹)이 썼고, 권말의 발문은 최보열(崔輔烈)이 썼다.

권1은 부(賦) 1편, 시(詩) 97제이다. 부는 「앵노부(鶯鷺賦)」이다. 시에는 일상의 정취를 읊은 시와 영물시(詠物詩), 차운시(次韻詩), 제화시(題畫詩), 수창시(酬唱詩), 증시(贈詩), 회인시(懷人詩) 등 다양한 소재의 한시가 수록되어 있다. 초·중년에 지은 시는 동학운동 때에 불타버렸기 때문에 만년의 시만 실려 있다. 「구례만수동방황매천(求禮萬壽洞訪黃梅泉)」은 구례의 만수동으로 거처를 옮긴 매천 황현을 방문한 내용의 시이다. 두 사람은 서로의 거처를 방문하고 시문에 대해 토론하는 등 평생 지기로 가깝게 지냈다. 「상하절구(賞荷絕句)」는 연꽃을 시적 소재로 삼아 읊은 것으로, 모두 11수의 연작시이다. 각 수(首)는 초개(初開)·반개(半開)·함로(含露)·임풍(臨風)·우후(雨後)·월하(月下)·영수(映水)·의엽(倚葉)·하향(荷香)·하병(荷柄)·하자(荷子)이며, 연꽃에 대한 세밀한 묘사가 돋보이는 시이다.

권2-권3은 시(詩)이다. 권별 수록을 살펴보면, 권2는 69제, 권3은 114제의 시가 수록되어 있다. 일상의 감흥과 정취를 노래한 시, 영물시(詠物詩), 차운시(次韻詩), 제화시(題畫詩), 만시(輓詩) 등이 있으며, 특히 제화시가 많은 분량을 차지한다. 「제화노천수병십폭(題畫盧天壽屛十幅)」과 「제화이십이절구(題畫二十二絕句)」는 그 대표작이라고 할 수 있다. 「제서결상론오고(題書訣詳論五古)」는 시의 형식을 빌어 글씨를 논의하는 논서시(論書詩)의 일종으로, 모두 8수로 구성되어 있다. 중국의 역대 서화가 11인의 글씨에 대해 각각 특징을 논하고 비평적 관점에서 평가하였다. 「아동문자여언어부동공시문자왕왕실어견사유종신미이불오자개연유부이수(我東文字與言語不同工詩文者往往失於遣辭有終身迷而不悟者慨然有賦二首)」는 언어와 문자가 동일하지 않아 발생하는 곤란한 상황에 대해 읊은 시이다.

권4는 서(書) 6편, 서(序) 9편, 기(記) 15편, 제발(題跋) 1편, 명(銘) 2편, 잠(箴) 1편, 제(祭) 1편이다. 서에 수록된 편지 가운데 황현에게 답한 2편의 글은 모두 문장에 관해 의론한 내용이다. 기의 「황매천서실기(黃梅泉書室記)」는 황현의 서실에 대해 지은 기문으로, 문사가 우아하고 서로의 우의가 두터웠음을 나타냈다. 「시학증해서(詩學證解序)」는 저자의 저술인 『시학증해(詩學證解)』에 붙인 서문으로, 저자의 시론이 담겨 있는 글이다. 이외에 「황매천오십수서(黃梅泉五十壽序)」, 「양휴계시고서(梁休溪詩藁序)」 등이 있다. 「일당기(逸堂記)」는 이성심(李聖心)에게 써준 글로, 세상에 쓰이지 않음을 걱정하지 말고 가슴 속에 있는 것을 글로 써서 후세에 오래 전해져야 한다는 내용이다. 이외에 서실에 대한 기문인 「만권당기(萬卷堂記)」, 「신남사서실기(申南沙書室記)」, 「황매천서실기(黃梅泉書室記)」와 「유도성암기(遊道成庵記)」, 「지석기(智石記)」, 「종죽기(種竹記)」 등이 있다. 제발은 「제장오원십폭사의경색화후(題張吾園十幅寫意輕色畫後)」이고, 명은 「김씨장보석명(金氏藏譜石銘)」, 「양려재명(養麗齋銘)」이다. 잠은 「식본잠(識本箴)」이고, 제문은 김제 지역의 문인인 학산(鶴山) 정우칭(鄭于稱)의 제문인 「제정우칭문(祭鄭于稱文)」이다.

권5는 논(論) 27편이다. 「논왕양명(論王陽明)」은 양명학의 치양지설(致良知說)·지행합일설(知行合一說)·격물치지설(格物致知說) 등 13개 절목을 열거하고, 각각의 절목에 대해 변론한 장편의 논설이다. 「문학지어윤신론(文學止於潤身論)」은 문학에 대해 덕행(德行), 정사(政事), 언어(言語)를 모두 거론한 것이라고 하며, 문학을 단지 자신을 윤택하게 하는 문사만으로 여기는 세태에 대해 비판한 글이다. 이외에 「오자서론(伍子胥論)」, 「여세추이론(與世推移論)」, 「엄고불가애역불가론(嚴固不可愛亦不可論)」 등이 있다.

권6은 설(說) 32편이다. 설에는 궁리(窮理)·이상(理象)·태극동정(太極動靜)·이유동정(理有動靜)·체용(體用)·이일분수(理一分殊) 등에 관한 글이 실려 있다. 「이기설(理氣說)」은 모두 4편으로 주리(主理)의 요지에 대해 상세하게 천명한 글이다. 「여택설(麗澤說)」은 인간의 도리를 표출하는 것이 문(文)이고, 이를 실천하는 것이 행(行)이라고 하여 인도(人道)에 대해 문과 행으로 설명한 글이다. 「관관저구재하지주설(關關雎鳩在河之洲說)」은 『시경(詩經)』에 대한 저자의 논점을 밝힌 글이다.

권7은 잡저(雜著) 25편이다. 「방망계문(方望溪文)」, 「구양육일문(歐陽六一文)」, 「소동파문(蘇東坡文)」은 각각 방포(方苞)·구양수(歐陽修)·소식(蘇軾)의 글을 읽고 변론한 내용이다. 「독한창려문(讀韓昌黎文)」은 고문의 대가인 한유(韓愈)의 경지에 도달하는 방법에 대해 자문자답하는 형식으로 지은 글이다. 저자는 이 글에서 식견(識見)이 최상이고, 기력이 다음이고, 재주가 또 다음이라고 하여 식견을 가장 우위에 두었다. 자연스러움을 따라서 종용하게 표현하여 처음부터 끝까지 순일함을 넘어서지 않고 바르다면 곧 표준이라 할 수 있다고 주장했다. 「문변(文辨)」은 재주와 지금의 기교만을 추구하지 않는 법고의 문장이 온전한 문장이라고 하여 문장에 대한 인식을 피력한 글이다. 「제화(題畫)」는 매(梅)·죽(竹)·난(蘭)·석(石)·국(菊)·오동(梧桐)·목단(牧丹)·파초(芭蕉)·연(蓮)·송(松)의 그림을 그리고 각각의 그림에 대해 화제(畫題)를 지은 것이다. 시문과 글씨, 그림에 모두 재능이 있었던 저자의 면모를 살필 수 있다.

부록(附錄)은 행장(行狀), 본전(本傳), 묘갈명(墓碣銘), 제사(題辭), 발(跋)이다.

5. 주요 작품 및 문집의 특징

저자의 문장론과 시경론, 시론 및 서화 예술 이론에 대한 글이 다수 수록되어 있어, 동 시기의 문학과 서화 관련 연구에 반드시 참고해야 되는 내용이 적지 않다. 또한 저자가 『사기(史記)』·『한서(漢書)』·『후한서(後漢書)』의 삼사(三史)에 몰두했던 것으로 알려진 것과 같이, 역사적 인물과 작품을 소재로 삼은 시문이 다수 수록되어 있다.

「제서결상론오고(題書訣詳論五古)」는 시의 형식을 빌어 글씨를 논의하는 논서시(論書詩)의 일종으로, 모두 8수로 구성되어 있다. 중국의 역대 서화가 11인의 글씨에 대해 각각 특징을 논하고 비평적 관점에서 평가하였다. 비평 대상으로 삼은 11인은 동진(東晉)의 왕희지(王羲之), 당나라의 구양순(歐陽詢)·저수량(褚遂良)·안진경(顏眞卿), 송나라의 미불(米芾), 원나라의 조맹부(趙孟頫), 명나라의 동기창(董其昌), 청나라의 옹방강(翁方剛)·유용(劉墉)·영성(永瑆)·하소기(何紹基)이다.

「시학증해서(詩學證解序)」는 『시학증해(詩學證解)』에 붙인 서문으로, 저자의 시론을 살피는데 참고자료가 된다. 자구(字句)와 문장(文章)은 시의 형체이며 문장의 기운과 의미의 흥기는 시의 정신이므로, 형체와 정신이 충족되면 시가 닦여진 것이라고 하였다. 여기에서 정신의 충족함은 하늘로 말미암고 형체의 충족함은 학문에 있는데도, 지금 시를 짓는 사람들이 형체를 구하지 않고 급하게 정신을 구하는 형태를 비판하였다.

「문학지어윤신론(文學止於潤身論)」은 문학에 대해 덕행(德行), 정사(政事), 언어(言語)를 모두 거론한 것이라고 하며, 문학을 단지 자신을 윤택하게 하는 문사만으로 여기는 세태에 대해 비판한 글이다.

「관관저구재하지주설(關關雎鳩在河之洲說)」은 『시경(詩經)』에 대한 저자의 논점이 담겨있는 글이다. 저자는 다양한 전(傳)과 주소(注疏)을 활용하여 자신의 관점을 나타냈는데, 고왕지래(告往知來)의 정신에 대해 설명하고 아울러 부(賦)·비(比)·흥(興), 단장취의(斷章取義)와 제작 시기 문제에 대해서도 견해를 밝혔다.

6. 참고문헌

이정직(李定稷), 『석정집(石亭集)』

「이정직(李定稷)」, 한국향토문화전자대전

『석정집(石亭集)』, 『한국민족문화대백과사전』

『석정선생문집(石亭先生文集)』, 호남기록문화유산

〈호남-36〉 **둔헌유고** 遯軒遺稿

1. 형태서지

표제/권수제	둔헌유고(遯軒遺稿)
편저자	임병찬(林炳瓚) 著 / 문규선(文奎先) 編
판사항	석판본
발행사항	[刊寫地未詳] : [刊寫者未詳], 1957
형태사항	총 8권 1책 四周雙邊, 半郭 23.3×17.2㎝, 有界, 17行40字, 注雙行, 內向二葉花紋魚尾 ; 28.3× 20.5㎝
소장처	국립중앙도서관, 경상대, 계명대, 고려대, 성균관대 존경각, 전북대, 전주대, 한국학중 앙연구원

2. 정의

『둔헌유고(遯軒遺稿)』는 1899년 낙안군수(樂安郡守)를 역임하고, 1906년 최익현(崔益鉉) 의 의병에 참여하였으며, 1912년 대한독립의군부를 조직하여 항일운동을 했던 임병찬(林炳 瓚, 1851-1916)의 문집이다.

3. 저자사항

임병찬의 자는 중옥(中玉), 호는 둔헌(遯軒)이며, 1851년(철종2) 전라북도 옥구군(沃溝郡) 상평리(上坪里, 현 군산시)에서 출생하였다. 본관은 평택(平澤)이고 증조할아버지는 임경손 (林慶孫), 할아버지는 임민규(林玟圭), 아버지는 임용래(林溶來)이며, 어머니는 송악왕씨(松 岳王氏)이다. 15세 되던 1865년(고종2)에 임천조씨(林川趙氏) 조준극(趙俊極)의 따님과 결 혼했으나 곧 부인이 사망하여 이듬해 여산송씨(礪山宋氏) 송상희(宋祥喜)의 따님과 재혼하 였다. 아들 임응철(林應喆)이 있으며, 손자 이름은 임진(林鎭)이다.

임병찬은 어려서부터 지력이 출중하고 재주가 뛰어날뿐더러, 도량이 넓고 담력이 컸다고 한다. 1867년(고종4) 17세가 되어 옥구현의 형방(刑房)으로 들어갔다. 1886년(고종23) 전라 도의 대동미(大同米)를 관장하는 아전직인 대동리(大同吏)로 있었는데, 거문도 설진(設陣) 공사 감독관으로 노력한 공을 인정 받아 1889년(고종26) 절충장군 첨지중추부사 겸 오위장 (折衝將軍僉知中樞府事兼五衛將)을 제수받고, 그해 7월 낙안군수 겸 순천진관 병마동첨절제 사(樂安郡守兼順天鎭管兵馬同僉節制使)에 제수되었다. 이때 1884년(고종21) 이래로 체납된 세금 6만 7000냥과 쌀 1,800여 석을 모두 추징하는 업적을 쌓기도 하였다. 1890년(고종27) 임기가 끝나고 집에 돌아온 임병찬은, 1893년(고종30) 순창군 접경의 회문산 아래 산내면 종송리(種松里)로 이사를 와서 흥학재(興學齋)라는 학당을 지어 제자들을 가르쳤다. 1894년(고종31) 동학 농민군 지도자 중의 하나였던 김개남(金開南)을 고발함으로써 김개남이 처형되게 만들었다. 그 공으로 무남영좌령관(武南營左領官)을 제수받았으나 사양하였고, 다시 임실군수(任實郡守)를 제수받았으나 역시 사양하였다.

1905년(광무9) 을사늑약 이후 면암(勉庵) 최익현(崔益鉉, 1833-1906)과 서신을 통해 교류하면서 의병에 관해 논의하였다. 1906년(광무10) 태인(泰仁)의 무성서원(武城書院)에서 거병한 최익현의 호남의병진(湖南義兵陣)에 참여하여, 초모(招募)·군량(軍糧)·연병(鍊兵)의 책임을 맡아 홍주의병장 민종식(閔宗植, 1861-1917)과 연락하면서 태인·정읍·순창·곡성 등을 쳐서 군량을 확보하고, 진용을 정비하였다. 같은 해 6월 순창전투에서 패하여 최익현과 함께 압송되어 대마도(對馬島)로 유배되었다가 1907년(융희1) 1월 석방되어 귀국하였다.

석방 이후에도 지속적인 항일 투쟁을 전개하다가 두 차례 헌병대에 구속되기도 하였으며, 한일합방 이후에는 일왕이 보내온 은사금을 거절하기도 하였다. 1912년 독립의군부(獨立義軍府) 전라남북도순무대장(全羅南北道巡撫大將)으로 임명한다는 고종의 밀명을 받았다. 마침내 1914년 전국적인 대한독립의군부를 결성하여 대규모 의병 전쟁을 준비하였다. 임병찬, 민정식(閔正植), 이명상(李明翔) 등 13명을 총 대표로 하여 각 도 대표 14명, 각 군 대표 302명을 합쳐 총 329명에 이르렀다. 임병찬은 총사령 자격으로 일본의 내각총리대신과 조선총독 이하 대소 관리들에게 국권반환요구서를 보냈다. 그러나 동지였던 김창식(金昌植)이 왜경에 체포되어 독립의군부 조직과 계획이 탄로되면서 임병찬 등 관련자들도 대거 체포되었다. 1916년 5월 유배지였던 거문도에서 순국하였다.

4. 구성 및 내용

『둔헌유고』는 식민지시기였던 1925년 임병찬의 아들 임응철(林應喆)에 의해 편집되었고, 해방 뒤 1957년 손자 임진(林鎭)·임경(林鏡)과 문규선(文奎先) 등에 의해 석판본 8권 1책으로 간행되었다. 국립중앙도서관과 전북대학교 도서관 등에 소장되어 있다.

권두에 신언구(申彦球)·채규철(蔡奎哲)의 서문과 권말에 조형하(趙衡夏)의 발문과 손자 임진·임경의 추발(追跋)이 있다. 권1에는 시(詩) 254수가 실려 있고, 권2에는 서(序) 2편, 문(文) 12편, 소(疏) 3편, 서(書) 21편, 논(論) 13편, 찬(贊) 1편, 기(記) 1편이 실려 있으며, 권3에 문답기(問答記) 8편, 권4에 관견(管見) 11편, 권5에「심경문답(心經問答)」1편이 수록되어 있다. 권6에 일기(日記) 5편과 부록으로 「초종일기(初終日記)」, 「편호규례(編戶規例)」, 「성책식문패식여성단식이동(成冊式門牌式與成丹式異同)」이 수록되어 있다. 권6의 부록으로 실려 있는 「초종일기」 이하의 이 세 편은 임병찬이 유배지에서 갑자기 운명하자 유족과 문인들이 그를 운구해서 고향에서 장례를 치른 절차를 적어놓은 글이다. 권7에는 부록으로 연보가 작성되어 수록되었고, 권8에는 제문(祭文) 21편, 만장(輓章) 81편 등이 수록되어 있다. 권1에서 권6까지가 임병찬의 시문을 수록한 부분이고, 권6의 부록부터 권8까지는 유족과 문인들이 작성한 부록이다.

5. 주요 작품 및 문집의 특징

임병찬의 의병 활동은 권3에서 권6에 치밀하게 기록되어 있다. 권3의 문답기는 1906년(광무10) 호남의병진에 참여하여 전투를 치르다 순창에서 붙잡혀 일본 헌병과 문답한 내용을 임병찬의 입장에서 기록한 것이다. 일제의 제국주의적 침략을 성토하고 의병의 정당성을 논파한 것도 주목할 만하지만, 구체적 의병 전쟁 전황을 기록하여 을미의병의 활동을 정확하게 파악하는 데에도 중요한 사료가 된다. 의병 수가 900명이었지만 총검은 300정밖에 없었음과, 전주소대장이 군인 50명을 거느리고 진주하자 의병이 14명만 남게 된 정황을 치밀하고 착잡하게 기록하였다.

권4의 「관견」은 잡저류(雜著類)에 속하는 글인데, 천하의 대세로부터 조선이 처한 시국에 대한 판단에서부터 일본과 서양에 대한 정세를 분석하고 우리 자신의 역량 등을 평가하고, 나아가 적당한 기회를 타서 대한독립의군부를 본격 가동하여 독립전쟁을 기획하는 데까지 이르고 있다. 한일합방 이후 1914년 체포되기 직전까지 임병찬이 구상했던 독립전쟁 계획서라고 할 수 있다. 향약(鄕約)을 중요한 수단으로 강조한 것에서 향촌의 계급을 초월한 민간기구를 활용하겠다는 의지가 엿보이며, 더욱 특이한 점은 이 글만 국한문혼용체로 작성되어 있는 것이다. 대한독립의군부를 기반으로 함께 전쟁을 치를 동지들이 한문에 익숙한 사람만으로 구성되지 않을 것을 염두에 둔 저술이 아닐까 짐작해볼 수 있다.

권6의 일기는 모두 다섯 편이다. 「창의일기(倡義日記)」는 1904년(광무8) 1월 1일부터 1906년 윤 4월29일까지의 기록으로, 태인에서 봉기한 최익현의 호남의병진의 전 과정을 상세하게 파악할 수 있는 자료이다. 「대마도일기(對馬島日記)」는 1906년(광무10) 6월 26일부터 1907년(융희1) 1월 17일까지의 기록으로 최익현과 함께 대마도에 유배되었을 때의 기록이다. 최익현이 단식으로 저항했던 사실과 합병증으로 최익현이 서거한 사실을 알 수 있게 해준다. 「환국일기(還國日記)」는 대마도에서 특별사면령으로 귀국하게 되는 장면이 묘사되어 있다. 「거의일기(擧義日記)』는 1912년 9월 28일부터 1914년 6월 12일까지 고종의 밀명으로 대한독립의군부를 조직하였다가 발각되어 실패하는 과정을 담고 있다. 체포되었을 때 임병찬이 자결을 기도하는 장면도 기록되어 있다. 「거문도일기(巨文島日記)」는 1914년 6월 13일부터 1916년 5월 22일까지의 기록으로, 대한독립의군부 사건으로 거문도에 유배되었을 때의 정황을 담고 있다. 송병선(宋秉璿)과 최익현(崔益鉉)에 대한 흠모의 정서를 표현하고, 처세가 달랐던 곽종석(郭鍾錫)과 전우(田愚)에 대해 차분히 설명하는 부분이 주목된다. 마지막 기록은 5월 22일 병세가 더욱 악화되고 있다는 대목으로 끝난다.

이밖에도 「심경문답(心經問答)」과 「심성(心性)」·「역리(易理)」·「신의(信義)」·「이기(理氣)」·「지리(地理)」 등의 문답편에는 학문에 대한 깊이와 생활신조를 알 수 있다.

6. 참고문헌

신규수, 「둔헌(遯軒) 임병찬(林炳瓚)의 구국운동」, 『역사와사회』 34, 국제문화학회, 2005.

김종수, 「돈헌 임병찬의 생이와 복벽운동」, 『전북사학』 44, 전북사학회, 2014.

김창호, 「둔헌(遯軒) 임병찬(林炳瓚)의 불굴(不屈)의 의기(義氣)와 낙관(樂觀)의 시세계(詩世界)」, 『한문학논집』 55, 근역한문학회, 2020.

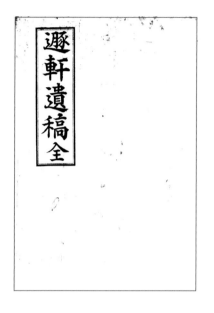

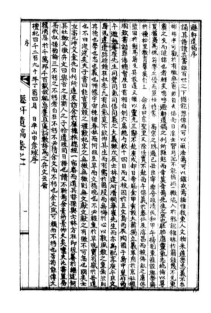

〈호남-37〉 **간재집** 艮齋集

1. 형태서지

표제/권수제	간재집(艮齋集)
편저자	전우(田愚) 著 / [김정호(金楨鎬)] 編
판사항	연활자본
발행사항	泗川 : 龍山亭, 1926
형태사항	총 60권 31책 : 간재사고 목록 1책, 본집 43권 21책, 속편 16권 8책, 정오표 1책 四周雙邊 半郭 22.6×15.1㎝, 有界, 13行30字, 上下向黑魚尾 ; 29.2×19.0㎝
소장처	국립중앙도서관, 경상대, 경희대, 계명대, 고려대, 국민대, 단국대 퇴계기념도서관, 동국대, 동아대, 성균관대 존경각, 연세대, 영남대, 원광대, 전주대, 조선대, 충남대, 한국학중앙연구원

2. 정의

『간재집(艮齋集)』은 근대 기호학계의 대표적 성리학자 전우(田愚, 1841-1922)가 생전에 『사고(私稿)』라는 명칭을 붙여 제자들과 함께 정리한 서간과 시문 등을 저본으로 하여 간행한 문집이다.

3. 저자사항

전우의 자는 자명(子明)이고, 호는 구산(臼山)·추담(秋潭)·간재(艮齋)·외암(畏菴)·고옹(蠱翁) 등이며, 초명은 경륜(慶倫) 혹은 경길(慶佶)이고, 본관은 담양(潭陽)이다. 부친은 전재성(田在聖)이고 모친은 남원양씨(南原梁氏)이며, 전라북도 전주(全州)에서 출생하고 성장하였다. 13세에 이미 육경(六經)을 독파하였다고 하며, 14세에 부친을 따라 서울 북촌 일대에 거주하기도 하였다. 21세에 아산(牙山)에 살던 고산(鼓山) 임헌회(任憲晦, 1811-1876)를 찾아가 정식으로 사제의 의를 맺었다. 이로부터 이이(李珥)에서 송시열(宋時烈)을 거쳐 홍직필(洪直弼)과 임헌회로 이어지는 학통이 전우에게 전수된 것이다. 인성(人性)과 물성(物性)이 같다는 낙론(洛論)의 학통을 이어받아, 인성과 물성이 다르다는 호론(湖論)과 날카로운 대립각을 세웠으며, 조광조(趙光祖)·이황(李滉)·이이(李珥)·김장생(金長生)·송시열(宋時烈)의 문집에서 발췌 편집한 『오현수언(五賢粹言)』 편찬에도 참여하며, 특히 송시열의 사상을 계승하는 데에 힘썼다.

전우의 명성이 알려지자 1882년(고종19) 선공감가감역·선공감감역·전설사별제·강원도

도사 등을 제수 받고, 1894년(고종31) 사헌부장령, 1895년(고종32) 순흥부사·중추원찬의를 제수 받았으나 모두 거절하였다. 개화의 혼돈기에 자신의 처신을 굳게 지켜 성리학적 전통을 수호하는 임무를 자임하려던 것이었다. 전우의 뜻과 달리 일제의 통감부가 설치되고 식민화를 전제로 한 근대화가 급격히 전개되자, 1908년(융희2) 국권은 잃더라도 도학(道學)은 수호해야 한다는 결심을 실천하기 위해, 부안·군산 등의 도서지역을 전전하며 학문에 전념하였다. 국망 이후 1912년 계화도(界火島)를 중화를 계승한다는 뜻의 계화도(繼華島)라 개명하고 그곳에 정착하여, 이후 서거할 때까지 제자들을 양성하며 저술에 힘썼다. 그의 묘소는 익산(益山) 현동(玄洞)에 있고, 계화도의 계양사(繼陽祠) 및 의령의 의산사(宜山祠) 등에 제향되었다.

전우는 선배 학자들의 주장이라도 이견이 있으면 기탄없이 자기의 주장으로 반론을 전개하였다. 그의 학통상 적지 않은 영향을 받은 김창협(金昌協)의 학설을 반박하는 『농암사칠의의(農巖四七疑義)』를 지었고, 기정진(奇正鎭)의 「외필(猥筆)」에 이견을 제기하는 「외필변(猥筆辨)」을 썼다. 이항로(李恒老)의 학설을 반박하는 「화서아언의의(華西雅言疑義)」와 이진상(李震相)의 학설에 반대하는 「이씨심설조변(李氏心說條辨)」도 지었다.

개화에 반대하며 전통 성리학 안에서 거침없이 자신의 날카로운 논리를 수립하는 전우의 학문적 성격은 개화파 관료들에게 미움을 사는 계기가 됐을뿐더러, 전통 학문의 동료들에게도 비난의 근거가 되기도 하였다. 1895년(고종32) 당시 개화파였던 박영효(朴泳孝, 1861-1939) 등이 전우를 수구(守舊) 학자의 우두머리로 지목하고 개화 반대 세력을 제압하기 위해 처형할 것을 건의했으나 고종이 승낙하지 않았던 일이 있었다. 이항로의 문인이었던 김평묵(金平默, 1819-1891)은 "간재는 죽기가 무서워 의병을 일으키지 못했고, 화가 미칠까 두려워 외세를 배척하지 못하였다."고 비판하기도 하였다. 전우는 파리장서(巴里長書) 운동 참여 요청을 거절한 바 있었는데, 그러나 오히려 파리장서를 통해 기미독립선언의 유림 불참을 만회하였던 영남 남인 계열의 곽종석(郭鍾錫, 1846-1919)은 "간옹이야말로 나의 의혹된 바를 풀어줄 수 있는 분"이라고 추켜세웠다.

선우의 제자들이 전우의 문집을 간행하면서, 일제의 총독부 치하에서 검열을 통과할 수 없는 문자들을 따로 모아놓은 것이 『추담별집(秋潭別集)』인데, 여기에 "국권을 회복한다고 하면서 외세와 손잡게 되면 이는 나라를 회복하기 이전에 내 몸이 먼저 이적이 되는 것이니 이는 절대로 할 수 없는 일이다.", "500년 종사도 중요하지만 3,000년의 도통(道統)을 잇는 것이 더 소중하다."는 견해가 제시되어 있다.

오진영(吳震泳)·최병심(崔秉心)·이병은(李炳殷)·송기면(宋基冕)·권순명(權純命)·유영선(柳永善)·김병준(金炳駿)·김택술(金澤述) 등을 비롯하여 3,000여 명이 전우의 문인으로 이름을 올리고 있다.

4. 구성 및 내용

전우의 문집은『간재사고(艮齋私稿)』라는 명칭이 붙은 필사본과『간재사고(艮齋私稿)』라는 동일한 명칭이 붙은 연활자본 및『간재선생문집(艮齋先生文集)』이라는 명칭이 붙은 목판본이 있는데, 모두 분권 방식만 약간 달리하며 내용과 편차는 거의 일치한다.

『사고』는 전우 자신이 60세를 전후하여 직접 자신의 원고를 정리하기 시작면서 초고(草稿)로서 남에게 내보일 수 있는 글이 아니라는 의미에서 붙인 명칭이다. 1912년까지 제자들에게 수습하게 한 초고를 손수 25권으로 산정(刪定)하여 '전고(前稿)'라고 하였고, 이후 제자들이 수습한 초고를 1921년에 산정하여 '후고(後稿)'라고 하였다. 전후고를 합하여 50여 책이 되었다. 1922년 전우가 서거한 뒤 추가로 수습한 초고를 제자들이 '재후고(再後稿)'라고 하였는데, 전후고와 재후고를 합쳐 모두 60여 책으로 완결되었다.

문인 김택술과 최병심 등이 이 원고를 필사하여 1924년 완성하였는데 이것이 필사본『간재사고』이다. 1926년에는 문인 오진영과 유영선 등이 이 원고를 재편집하여 연활자로 진주에서 간행하였으니 이것이 연활자본『간재사고』이며 '진주본(晉州本)'이라고도 불린다. 이와 별도로 1927년 전우의 손서(孫壻)인 이인구(李仁榘)와 장손 전일효(田鎰孝)가 논산 용동에서 목판으로 문집을 간행하였으니, 이것이 목판본『간재선생문집』이며 '용동본(龍洞本)' 혹은 '신도본(新都本)'이라고도 불린다. 또 이와 별도로 1929년 오진영이 앞서 연활자본『간재사고』편집 과정에서 빼놓은 일제의 검열에 저촉될 만한 저술들인 별고를 보완하여 은밀히 상하이에서 연활자로 간행한 뒤에 국내로 반입하여 유포하였으니 이것은『추담별집(秋潭別集)』이다.

필사본『간재사고』는 전고 13책(전편 20권, 전편속 6권), 후고 12책(후편 24권), 재후고 3책(재후편 6권), 별고 1책(별편 2권) 전체 29책이며, 1984년 아세아문화사에서『전우전집』으로 영인 출간하였다. 연활자본『간재사고』는 목록 1책, 원집 43권 21책, 속편 16권 8책합 30책이며, 국립중앙도서관·고려대 중앙도서관·성균관대 존경각 등에 소장되어 있다. 목판본『간재선생문집』은 전편 17권, 전편속 6권, 후편 22권, 후편속 7권, 별편, 사차(私箚) 합 52책이며, 국립중앙도서관·연세대 중앙도서관 등에 소장되어 있고 2005년 한국고전번역원에서 영인 출간할 때 대본으로 사용하였다.『추담별집』은 15권 4책으로 국립중앙도서관 등에 소장되어 있다.

연활자본『간재사고』를 기준으로 살펴보면, 원집의 권1-26에 서(書) 2,890편, 권27-37에 잡저 310편, 권38·39에 서(序) 36편, 기 23편, 제발(題跋) 49편, 명 39편, 잠 1편, 찬 8편, 자사(字辭) 1편, 고축(告祝) 4편, 제문 32편, 상량문 1편, 권40에 신도비명 3편, 비(碑) 3편, 묘표 4편, 묘지 4편, 행장 6편, 전(傳) 1편, 시 125수, 「대학기의(大學記疑)」, 「중용기의(中庸記疑)」, 권42·43에 「주자대전표의(朱子大全標疑)」, 속편의 권1-8에 서(書) 1,202편, 권9-13에 잡저 220편, 서(序) 51편, 기 36편, 제발 133편, 명 25편, 송(頌) 1편, 잠 3편, 찬 9편, 자사 5편, 혼서(婚書) 4편, 고축 2편, 제문 18편, 권14에 신도비명 1편, 묘갈명 16편, 묘지명 8편, 묘표 8편, 권15에 시장(諡狀) 1편, 행장 10편, 행록 4편, 전 15편, 권16에 어록 4편, 시 97수, 『추담별집』의 권1·2에 소 3편, 서(書) 132편, 권3·4에 잡저 44편, 서(序) 3편, 기 4편, 발 12편, 명 1편, 찬 2편, 고축 8편, 제문 6편, 시 16수, 예설(禮說) 6권, 척독(尺牘) 5권, 부록으로 연보·가장·행장·묘갈명·관선록(觀善錄)·유묵 등으로 구성되어 있다.

서(書)는 주로 사문(師門)·지구(知舊)·동문(同門)·문인들과 왕복한 것으로, 그의 스승 임헌회(任憲晦)를 비롯하여 조병덕(趙秉德)·신응조(申應朝)·최익현(崔益鉉)·유중교(柳重敎)·김평묵(金平默) 등과 주고받은 총 4,224편의 방대한 글이 수록되어 있다.

별지(別紙)에는 주로 성리학설·경전·예학설·강상론(綱常論)·의리론 등에 대한 논술이 많다. 조선시대 학자들의 학문적 연구 성과는 일반적으로 서한문을 통해 발표되는 것이 상례이므로, 별지는 학문적 의미에서 매우 큰 비중을 가지고 있으며, 학자로서의 학구적 태도는 물론이고 교육자로서도 성실한 일면을 보여주는 자료이다.

잡저 총 574편은 주로 성리학적 과제에 대해 독자적인 연구와 비판을 제기하고, 성리학의 체계를 구성하는 논제들을 담고 있다는 점에서 학술사적·사상사적 의미를 지닌다. 한말의 심성이기설(心性理氣說)에 있어서 그는 성품을 이(理)라 하고, 마음을 기(氣)라 규정한 기호학파의 전통적 해석을 고수하며 당대의 여러 학자들과 왕성한 논변을 전개하였다.

5. 주요 작품 및 문집의 특징

전우의 당대의 정치 현실에서의 대응을 살펴보기 위해서는 문집의 별편인 『추담별집』에 실린 글들을 주목해야 한다. 1905년(광무9)에 작성된 「인변란소(因變亂疏)」와 「재소(再疏)」는 을사늑약의 소식을 듣고 오적을 벨 것을 청하는 상소이고, 서(書) 중에 1882년(고종19)에 이상수(李象秀, 1820-1882)에게 보낸 편지에서는 당시 사림의 여론을 반영하여 외세에 대비할 방책과 왜인들이 조선의 내정을 염탐하지 못하도록 방지할 것을 제안하고 있다. 1906년(광무10)에 최익현(崔益鉉, 1834-1906)에게 보낸 편지에서는 의병을 일으켰다는 소식을 듣고 격려는 내용이다. 잡저(雜著) 가운데 1903년(광무7)에 지은 「화이감(華夷鑑)」은 예(禮)를 기반으로 중화주의를 재구축할 것을 논하는 글이고, 「시의(時義)」는 예의 전통을 말살하는 오랑캐들을 피해 은거하며 중화의 문명을 지키려는 자기 처신의 대의를 밝힌 글이며, 「시의명(時義銘)」은 자손과 문인들에게 오랑캐의 복제와 단발을 절대 따르지 말고 와신상담(臥薪嘗膽)하여 왜적을 무리칠 것을 당부하는 글이다. 「국변진소고가묘문(國變進疏告家廟文)」은 을사늑약 후에 지은 「인변란소」를 올리고 나서 가묘(家廟)에 고하는 글이다. 합방 전후 순절한 분들의 소식을 듣고 기리는 시들을 모아 '해상기문(海上記聞)'이라고 구성하였다.

1901년(광무5)에 지은 「자서조동변(自西徂東辨)」은 독일 선교사 화지안(花之安, Ernst Faber, 1839-1899)이 중국에 기독교를 전파할 목적으로 지은 책인 「자서조동(自西徂東)」을 읽고 기독교의 교리를 논파하려는 글이고, 「양집제설변(梁集諸說辨)」 근대계몽기 조선에 큰 영향을 준 중국인 량치차오(梁啓超)의 『음빙실문집(飲氷室文集)』을 읽고 그 안에 담긴 서구화 주장에 반박하는 글인데, 유가 위정척사론자로서 전우의 서구 종교와 근대화에 대한 저항 의지를 읽을 수 있다.

6. 참고문헌

김용걸, 『간재집』, 『한국민족문화대백과사전』, 1955.

이상호, 「간재의 척사위정사상」, 『간재학논총』 7, 간재학회, 2007.

이천승, 「간재 전우의 자존의식과 강학활동」, 『유교사상문화연구』 63, 한국유교학회, 2016.

〈호남-38〉 **송포유고** 松浦遺稿

1. 형태서지

표제/권수제	송포유고(松浦遺稿)
편저자	정노수(丁魯壽) 著
판사항	연활자본
발행사항	長興 : 李永勳, 1972
형태사항	총 4권 2책 四周雙邊. 半郭 22.2×16.0cm. 有界. 13行28字. 注雙行. 內向二葉花紋魚尾 ; 28.7×19.8cm
소장처	국립중앙도서관, 고려대, 전북대, 전주대

2. 정의

『송포유고(松浦遺稿)』는 전라남도 장흥에서 활동하며 청빈하며 근면한 삶을 살며 후학을 양성한 유학자 정노수(丁魯壽, 1877-1965)의 문집이다.

3. 저자사항

정노수의 자는 경열(敬悅)이고, 호는 송포(松浦)이다. 본관은 영광(靈光)으로, 1877년(고종14) 음력 11월 20일, 장흥 관산읍 죽교리 학교(鶴橋)에서 정병답(丁炳沓)과 담양전씨(潭陽田氏)의 4남 중 장남으로 출생했다. 그의 부친이 천관산(天冠山)에 가서 잠을 자다가 노인이 아이를 안겨주는 꿈을 꾸고 얻은 자식이라 하여, 어려서 아명을 관수(冠壽)라고 하였다.

어려서부터 영리하고 재질이 뛰어나 모든 유서(儒書)와 문장을 두루 탐독하여 학식과 문필이 뛰어났다고 한다. 장흥과 보성에서 두 차례에 걸쳐 향시에 응시하여 제일 좋은 성적을 거두었기에 주위에 차차 정노수의 이름이 알려지게 되었다. 과거에 급제하여 세상에 뜻을 펼 것을 희망하여, 공령문(功令文)을 열심히 익히며 학문에 정진하였으나, 그의 나이 18세 되던 1894년(고종31) 갑오개혁으로 과거제도가 폐지되었다. 어려서부터 포부를 키우며 열심히 공부를 한 것이 아무 쓸 데가 없게 되었다. 1894년 동학농민운동이 벌어졌을 때 다른 사람들이 모두 죽음을 두려워하여 농민군을 피해 도망쳤던 것에 비해, 정노수는 장가도 들기 전의 소년이었지만 태연하게 있었다고 한다.

1898년(광무2) 봄에 연재(淵齋) 송병선(宋秉璿, 1836-1905)이 남쪽으로 유람을 다니며 강진에서부터 영광의 천관산에까지 이르렀는데, 정노수가 가서 인사를 올리고 따라갔다. 학교(鶴橋)의 화수정(花樹亭)에 이르렀을 때, 송병선이 수십명의 제자들 사이에서 특히 정노수의 재주와 행실이 기특한 점을 알아차리고 "우리 도(道)를 맡겨도 될 만하다."고 하였고, 정노수도 "우리나라 도의 근원이 선생에게 있다."고 하였다.

1905년(광무9) 을사늑약이 체결되자 「전유금(田有禽)」을 지어 비판했는데, 그 내용을 들은 일본 헌병들이 당시 정노수가 의병들과 내통한다고 의심하여 정노수는 잠시 몸을 피하기도 하였다. 실제 의병 부대에 참여할 것을 종용하는 인사도 있었지만, 정노수는 몸이 약하다는 점을 들어 거절하였다. 합방 이후 총독부에서 창씨개명(創氏改名)을 압박하자 차라리 나를 죽이라면서 거절하였다.

대체로 이 무렵부터 두문불출(杜門不出)하면서 집안사람이 싫은 소리를 하면 밭에 물을 주거나 방석을 짜기도 하였으며, 간혹 배우러 오는 후학들에게 성현의 말씀을 전해주기도 하였고, 풍경을 바라보며 기분을 전환하기도 하였다. 그의 행록(行錄)과 행장(行狀)에는 정노수가 박학(博學)하여 경학을 비롯 선진제자로부터 한당송명청(漢唐宋明淸)의 학술은 물론이요 우리 국조의 고사(故事)와 심지어 천문·지리·복서에 이르기까지 통하지 않는 것이 없어서 누가 물으면 바로 대답해주었다고 한다. 동네에서는 모두 그를 스승으로 여겼다. 만년인 81세 때 1957년 고향인 학교(鶴橋)와 옥동(玉洞) 사이에 옥교신장(玉橋新庄)을 짓고 살았다. 88세에는 「미수유감(米壽有感)」을 지었는데 원근에서 많이들 화답하였다고 한다. 1965년 음력 2월 2일 서거하였고, 묘는 증암(甑岩) 고개에 있다.

4. 구성 및 내용

『송포유고』는 연활자본으로 4권 2책이다. 정노수의 서거 후 이영훈(李永勳)을 중심으로 한 그의 제자들이 원고를 수습하였고, 문도(門徒)와 유림(儒林)의 협찬을 받아 1972년 장흥 용산면 접정리에서 출간되었다.

권1의 권수에는 윤정진(尹丁鎭)의 「서문」이 있고, 권4의 부록에는 정훈문(丁壎抆)의 「행록(行錄)과 위석한(魏錫漢)의 「행장(行狀)」 및 이영훈의 「발문(跋文)」이 있다. 추가로 제일 뒷장에 16명의 강습계회원(講習契會員) 명단과 7명의 임원록(任員錄) 명단이 부기되어 있다.

문집은 대개 문체별로 편차를 정차하여 수록하였다. 권1에는 시(詩)가 268수가 게재되어 있는데, 그중 88세에제 지은 「미수유감(米壽有感)」은 특히 원근에서 많이들 화답하였다고 한다.

문집 권2에는 서(書) 45편과 잡저(雜著) 22편이 있다. 그중에 「상연재선생(上淵齋宋先生)」을 통해 정노수가 송병선의 문인임을 확인할 수 있는데, 나머지는 대개 주변 인물들과 주고받은 편지로 보인다. 특이한 점은 족손(族孫)의 혼서(婚書)까지 서에 포함하여 수록한 것이다. 또한 잡저에 포함된 「전유금(田有禽)」은 을사늑약에 대한 저항의 의미로 저술된 것이라 하여 당시 일본 헌병의 의심을 받고 몇 달 피신하는 계기가 되었던 저술이며, 「시론지(時論識)」는 과거를 버리고 새것을 좇아 급변하는 풍조를 대단히 애통해하는 글이다.

권3에는 서(序), 기(記), 발(跋)이 수록되어 있는데, 서는 모두 19편인데, 족보의 서문과 문집의 서문 그리고 계안(契案)의 서와 송서(送序) 등이 있다. 기 45편은 대개 당호(堂號)에 대한 기이며, 발 11편은 대개 문집(文集)과 시축(詩軸)에 대한 발이다.

권4에는 상량문(上樑文), 제문(祭文), 통문(通文), 비문(碑文), 묘표(墓表), 묘갈명(墓碣銘), 축문(祝文), 전(傳), 행장(行狀)으로 구성되어 있다. 상량문은 모두 5편이 수록되어 있고, 제문은 8편이 수록되어 있으며, 통문은 5편인데 축사(祝辭)도 한 편 포함되어 있다. 비문 2편, 묘표 11편, 묘갈명 18편, 축문 3편이며, 전 3편이다. 전 중에는 「공방전(孔方傳)」이라는 가전소설(假傳小說)도 한편 있다. 행장은 7편이다.

5. 주요 작품 및 문집의 특징

시 중에 정노수가 88세에 지어 원근에서 제일 많이 화답하였다는 「미수유감(米壽有感)」은 권1에 실려 있다. 88세의 한자가 '팔십팔(八十八)'인데 합하면 미(米)가 되어, 88세의 생일을 미수라고 부른다고 제목의 원주에 달아놓았다. 내용은 제목과 원주에서 짐작할 수 있듯이 쌀에 대한 상상력을 기반으로 하고 있다. "서툴고 어리석은 이 몸이 팔십팔년을 살았으니, 쌀미(米)자의 모든 획이 완전하게 되었구나. 이것을 창고에 천억만큼 채울 수 있다면, 한 세상 같이 사는 우리 가난한 백성들에게 쌀밥을 먹일텐데.[惷拙身當八八年 使成米字劃完全 若爲貯得倉千億 粒我窮民共一天]"라 하였다. 청빈한 학자의 소박한 상상력으로 이해할 수 있을 것이다.

편지 중에 송병선에게 보내는 「상연재송선생(上淵齋宋先生)」은 1898년(광무2) 송병선이 남도 유람 중에 장흥을 방문하였을 때 자신을 격려해주어 감사하다는 인사를 담고 있다. 편지의 말미에 더욱 가르침을 주시길 청하고 있는데, 송병선이 답신을 보내 별도의 학문적 교시를 주었는지는 알 수 없다.

권2 잡저에 있는 「전유금(田有禽)」은 『주역(周易)』 사괘(師卦)의 계사(繫辭)에 "밭에 짐승이 있으면 대의명분을 받들어 토벌함이 이롭다"는 말을 해설한 것이다. 내용은 밭에 있는 새가 도망가지 않고 익은 곡식을 먹는다면 백성들의 적이 될 뿐이며, 새들이 얼른 도망가지 않는다면 백성들이 그물로 다 잡아서 죽일 것이라는 말이다. 주역을 고스란히 풀어낸 것으로 내용은 별게 없을 듯하지만, 을사늑약 직후에 지었다는 점이 심상치 않다. 침략해온 일본 헌병들을 밭에 있는 짐승으로 비유하여 얼른 물러나지 않으면 다 잡아서 죽이겠다는 말로 마무리한 것으로 보이니, 이 내용을 파악하였다면 일본 헌병들이 과연 이게 의병들을 선동하고 있는 것이 아닌가 하는 의심을 품을 만도 하다.

　잡저에 있는 「시론지(時論識)」는 오백년을 지켜온 학문과 의복을 훼손하여 버리고 야만과 금수의 상태가 되어버리는 세태를 애통해하는 글이다. "오늘날 갓을 찢고 몸을 훼손하는 참화가 우리나라에 들이닥쳤다."로 시작하는데, 전통 의관을 버리고 단발을 하는 풍조를 참화로 표현한 것이다. 전통 의관을 버리고 단발을 하는 것이 당시의 풍조를 따르는 일이어서 어쩔 수 없다는 것은, 당시의 도적에게 아부하며 나만 아껴달라고 하는 것과 같으니, 우리 백성들을 모두 죽이고 희생시키고야 말 것이라 하였다. 오백년을 이어온 의관과 문물을 버리지 않는 것을 그 해결책으로 제시하고 있어서, 논리가 다소 거칠기는 하지만, 정노수는 식민지 백성들에게 고통을 주는 범인을 근대적 침략주의에서 찾았고, 자신은 근대적 풍조의 반대에서 백성들과 한 편에 서 있음을 분명히 선언하고 있는 것이다.

6. 참고문헌

정노수(丁魯壽), 『송포유고(松浦遺稿)』

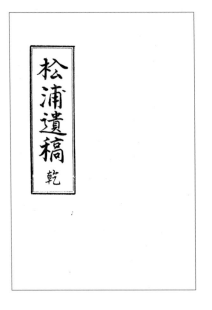

松浦遺稿 乾

松浦遺集序

松浦遺集序

古之名作家者其法無以過此此可以觀公造詣有人所不及也往時公
大廈云云非公苦心熟慮百鍛千鍊翁然有得乎筆舌之外安能有此雖
稜鉤遷而通泰塞之人烟其語助之點綴如斜柱虛樓攴吾而成千間之
千斤之弩遷其作句之有法如巧媍裁雲錦之幅其章法之互轉如天梯石
實蓋有德者之言也目與其門徒論爲文法曰其下字之不輕如逢門彎
息一筆能爲千萬言而卽境寫景隨事論理寧欲質而不章不欲華而不
儕輩皆畏之莫敢上下其議論出而爲文辭沛然如山下之泉滾々流不
或以書問其所疑質其所得退以欲迄益自剖者得有獨造孤詣之妙雖
有志于遠大之業於宋灉齋崔勉菴松沙李謙山諸長德之門或以躬
過目輒記四子六經無不索其奧旁及于屑數卜筮等書乃
皆有所承襲入孝出悌以盡弟子之職且以餘力從事學問才
多文學之士而近世猶彬彬爲松浦丁公諱魯壽卽其一也公
陽之氣可推也己憶先生文字誰有金玉之重而藏諸巾衍門恐有散逸
之患故從兄永勳氏惟是之懼謂金言吾等出入門下久矣而厚蒙眷愛
恩義兼盡豈可恝然越視裒余應曰唯唯遂與次胤鍾蕊及講習諸員
同心協力以至沐梨幸孰甚焉然本草六卷刪爲二号甚矣財也此可歎
也己二羽之鳳一羽之鼎何貴乎多哉感嘆之餘略迷蕪辭以叙專情之
萬一云爾

歲壬子清和節

門下生 邵城 李永淑謹識

松浦遺稿卷之一

詩

金陵途中

行過秋野上袖裏驚毫斯配誠何事古來無此饑

詠雁

遙夜月生初高秋霜降餘一聲江上到遠客欲傳書

石佛

千載一頑物蹊跌坐碧山逢令天下士迷路不知還

失題

有子如無子無家似有家相望二千里閉縮兩般蝸

憶從叔父雲窩先生

夜冷月娟々草堂人未眠吁嗟講劘地無復舊圖筵

弊床

〈호남-39〉 **월파집** 月波集

1. 형태서지

표제/권수제	월파집(月波集)
편저자	정시림(鄭時林) 著
판사항	목활자본/석판본(속집)
발행사항	– 원집 : [刊寫地未詳] : [刊寫者未詳], 1913 – 속집 : 寶城 : 寶城印刷株式會社, 1940
형태사항	총 18권 7책 – 원집 15권 5책 : 四周單邊 半郭 23.8×16.9㎝, 界線, 10行22字 註雙行, 上3葉花紋下 黑魚尾 ; 30.0×19.8㎝ – 속집 2권 및 부록(문답편)1권 合 2책 : 四周雙邊 半郭 20.2×14.9㎝, 有界, 12行24 字, 上下向黑魚尾 ; 24.8 ×18.2㎝
소장처	국립중앙도서관, 경기대, 계명대, 국회도서관, 용인대, 전남대, 전북대, 전주대, 한국 학중앙연구원

2. 정의

구한말에서 일제강점기를 살았던 월파(月波) 정시림(鄭時林, 1839–1912)의 문집이다. 원
집(原集) 5책과 속집(續集) 2책으로 구성되어 있다.

3. 저자사항

저자는 1839년(헌종6) 12월 21일 보성군 옥암면(玉巖面) 노산리(蘆山里)에서 출생했다. 본
관은 광주정씨(光州鄭氏)이다. 부친은 정한채(鄭漢彩)이고, 어머니는 파주염씨(坡州廉氏)사
이에서 태어났다. 저자의 12대조 정인관(鄭仁寬)은 고봉 기대승과 도의로 교유했고, 문호가
번창했다고 한다. 저자와 가까운 선조는 관직으로 나가지 못했고, 뚜렷한 행적이 보이지 않
는다.

저자는 살던 집에 달이 떨어지는 모친의 태몽을 얻고 태어났다고 한다. 어려서 겨우 말을
배우기 시작할 때부터 천품이 총명하고 차분하였다. 8세에 천연두를 앓아 왼쪽 눈을 못 보
게 되었고, 10여세 때는 빈곤하여 고모에게 맡겨져 양육되었다. 월파는 땔감을 마련하여 자
신을 보살펴 준 고모를 도왔고, 그 여가에 당시 이웃마을에서 강학하던 매국당(梅菊堂) 염상
용(廉相龍)에게 글을 배웠다. 여러 아이들과 장난을 하지 않고 시간을 아껴 글 읽기를 그치
지 않았다고 한다. 너무 가난하여 책을 구해볼 수 없었는데, 이를 안타까이 여긴 부친이 마

을사람들과 계(契)를 맺어 경사(經史)와 제자서(諸子書)를 사서 두고 순서에 따라 공부할 수 있도록 했다.

글방 스승의 가르침을 통해 학문의 기초를 닦았던 저자는 극빈한 생활 속에서도 학문탐구에 독실하여 사서육경은 물론, 천문, 율력, 산수, 역사 등 다방면에 능통했다. 그러던 월파에게 새로운 세계가 열린 것은 노사 기정진과의 만남이다. 그의 나이 30세 되던 해에 월파는 장성에서 노사와 사제관계를 맺고 노사로부터 성리학의 핵심과 학문의 큰 방향을 배웠다. 스승인 노사에게 '무실(務實)'이란 두 글자를 받았다. 이후 공경하고 이치를 궁구하면서 이를 기초로 학문에 매진하였고, 많은 선비들이 배움을 구하였다.

저자는 조선이 망하고 일제강점기가 되었어도 그 뜻을 굽히지 않았다. 월파는 경술국치(庚戌國恥)를 당해 일본이 주는 은사금을 물리치기 위해 고흥로 거처를 옮겼다. 은사금을 계속 거절한 죄로 다음해 가을 일본헌병대로 압송되어 곤욕을 치르게 된다. 월파가 이에 계속 항거, 불복하고 마침내 음약자결(飲藥自決)하려 하니 일본헌병대는 어쩔 수 없이 방면했다고 한다. 저자가 74세 되던 해에 다시 돈이 나오자, 저자는 이를 굳게 거절하며 "본국(本國)의 죽지 못한 신하로써 일본이 주는 돈을 받는다면 어찌 정명(正名)이라 할 수 있는가? 번거롭게 이 돈을 주지 말고, 이 한오라기 같은 목숨을 끊어가라"하였다. 이후 분을 이기지 못해 그해 병이 들어 숨을 거두었다.

월파가 교유한 인물로는 면암 최익현, 중암 김평묵, 송사 기우만, 일신 정의림, 노백헌 정재규, 후윤 정예산 등 많은 문인 선비들이 있으며 그 문하(門下)에는 이교천, 염재업, 송기만, 김인규, 염재진 등 수많은 후학들이 그를 따랐다.

송사 기우만은 저자의 묘지명에서 "사도(師道)를 밝히고 어지러운 세상의 기둥이 되었다."고 하였고, 제자 이교천은 "경학(經學)을 강의하고 예(禮)를 익혀 사풍(士風)이 크게 변화했으며, 우리 고을의 학자가 성리설(性理說)을 얻어들을 수 있었던 것은 실로 공(公)의 힘이다"라고 회고한 바 있다.

4. 구성 및 내용

『월파집(月波集)』은 원집(原集) 5책과 속집(續集) 2책으로 구성되어 있다. 원집은 저자가 타계한 다음 해인 1913년 염재업(廉在業), 송기만(宋祺萬), 김인규(金仁圭)등의 제자들에 의해 강습재(講習齋)에서 간행되었다. 서문은 기우만(奇宇萬)이 썼고, 발문은 따로 없다.

문집의 전체구성은 권1 시(詩), 권2-3 서(書), 권4-6 잡저(雜著), 권7 서(序), 권8 기(記), 권9 발(跋), 권10 사(辭), 상량문(上樑文), 제문(祭文), 명(銘), 권11 묘갈명(墓碣銘), 묘지명

(墓誌銘), 권12 묘표(墓表), 권13-14 행장(行狀), 권15 사실(事實) , 전(傳)이다.

권1에는 시(詩) 106수가 실려 있다. 저자와 시를 주고 받은 인물로는 조성가(趙性家), 기우만(奇宇萬)과 같은 노사학맥의 학자는 물론 최익현(崔益鉉), 최영조(崔永祚)와 같은 화서학맥의 인물도 보인다. 주변의 정자와 서재에 가서 지은 시도 눈에 뜨인다. 「강습재(講習齋)」는 저자가 제자를 가르치던 곳을 읊은 시이다. 이 시에서 저자는 예악시서(禮樂詩書)의 가르침과 군신부자(君臣父子)의 윤리를 익히겠다고 천명하였다. 이는 전통 유학사상을 배우고 가르치겠다는 의미인데, 저자의 학문적 지향을 엿볼 수 있다.

권2-3은 162편의 서(書)가 실려 있다. 수신자는 노사(蘆沙) 기정진(奇正鎭)을 비롯한 노사학맥의 학자와 그의 제자들과 문답한 것이 가장 많다. 이외에 최익현, 최영조, 유중교(柳重敎), 심동신(沈東臣), 이건창(李建昌)에게 보낸 편지도 주목된다. 대부분의 편지는 안부를 묻고 전하는 내용이다. 저자의 편지 중에는 경(敬)에 대한 내용이 적지 않다. 「여박덕내태준(與朴德乃泰俊)」에서는 경(敬)의 방법으로 정자(程子)의 주일무적(主一無適), 사상채(謝上蔡)의 상성성(常惺惺), 윤화정(尹和靖)의 '수렴심신불용일물(收斂心神不容一物)', 주자(朱子)의 '외(畏)'에서 찾고 있다. 「답김윤명(答金允明)」에서 경(敬)은 반드시 지켜야할 덕목으로 강조하고 있다. 또한 공부방법을 제시한 편지도 눈에 띤다. 「답배사원(答裵士遠)」에서는 "평소에 경장함양(敬莊涵養)하는 공부를 실천하여 인욕(人欲)의 사심(私心)으로 마음이 어지럽지 않게되면, 발동하기 이전에 명경지수(明鏡止水)의 상태를 유지하고, 이미 움직여서도 절도(節度)에 맞지 않음이 없다."라고 강조하면서 인욕의 사심을 절제하고 미발과 이발의 중화를 얻을 수 있다고 하였다. 「답김성집(答金聖集)」에서는 욕심을 적게 하는 것이 도(道)로 들어가는 지름길이라고 강조하였다.

권4-6에는 잡저(雜著)인데, 34편의 글이 수록되어 있다. 권4에는 「법화문답(法化問答)」과 「사문질의(師門質疑)」가 수록되어 있다. 「법화문답(法化問答)」은 성리학적 담론을 정리하였다. 저자는 이(理)는 기(氣)를 초월한 단독자의 모습으로 존재하는 것이 아니라, 현상계의 모든 사물 속에 내재하여 조직하고 질서를 만드는 주재자의 모습으로 현현하는 것이었다. 그리고 리(理)는 비록 형태나 작용하는 힘이 없지만, 기(氣)를 통해 일정한 존재 형상을 이룰 수 있게 하는 원리가 되기 때문이다. 「사문질의(師門質疑)」는 노사 기정진과의 문답을 그대로 정리한 것이다. 모두 성리학에 관련한 사항이다.

권5에는 「대학차록(大學箚錄)」과 「중용차록(中庸箚錄)」이 수록되어 있다. 여기서 저자는 『대학』과 『중용』에 대한 내용을 기록하면서, 자신의 관점을 피력하였다.

권6에는 잡저(雜著)라는 이름으로 30편의 작품이 수록되어 있다. 「만록(漫錄)」, 「한설(閒說)」, 「주리주기설(主理主氣說)」등 성리학에 관련한 내용이 많다. 이 밖에 제자들에게 자(字)

나 호(號)를 지어주면서 지은 글도 적지 않다.

「주리주기설(主理主氣說)」에서 저자는 이와 기의 결합으로 우주가 이루어졌다고 하였다. 리가 모든 사물을 존재하게 하는 방식이라고 하였다. 그리고 구체적으로 형상화 되는 것은 기(氣)가 있기 때문이라고 하였다. 저자는 사물이 도(道)를 얻어 이(理)에 합당하다는 것은 사물 가운데에 기(氣)가 없지는 않지만, 본연(本然)의 이(理)에 합당하다는 관점에서 이(理)를 중심으로 삼을 수 있다고 하였다. 또 사물이 도를 잃어 이(理)에 어긋난 것은 사물 가운데에 이(理)가 없지는 않지만, 본연(本然)의 이(理)에 어긋났다는 관점에서 기(氣)를 중심으로 삼을 수 있다. 이는 기(氣)가 본연의 이(理)에 합당한가 어긋났는가의 관점에 따라 주리(主理)와 주기(主氣)를 구별한 것이다. 이어 저자는 기(氣)의 본연의 모습은 또한 순선(純善)한데도 사물의 불선(不善)한 것을 기(氣)에만 죄를 돌린다면 너무 치우치지 않는가? 기(氣)는 순선(純善)이요, 또한 이(理)의 순선(純善)이 아닌가. 모든 발용(發用)하는 곳에서 이(理)가 기(氣)에 의해 가리워져 그 본연을 잃으니, 기(氣)에 죄를 돌리는 것 또한 마땅하지 않은가라고 하였다. 이는 기(氣)는 이(理)의 본선(本善)에 따라 합당하게 구현된 순수한 상태로, 기(氣)의 현상들이 이(理)에 의해 조직되고 질서가 이루어진다는 한정적인 의미로 사용하고 있다. 이 역시 사물 본연의 이(理)에 합당한가하는 가치적인 입장에서 바라본 것으로, 그의 성리학적 본령이 주리론(主理論)으로 인식하고 있다는 것을 확인할 수 있다.

「한설(閒說)」에서도 "이(理)라는 명칭은 하나 뿐이지만, 본원으로 말하기도 하고 유행(流行)으로 말하기도 한다. 본원의 체는 하나이지만, 유행의 용(用)은 만 가지로 다르다. 이(理)의 본원은 눈으로 볼 수도 손으로 만질 수도 없다. 하지만 기(氣)가 유행하는 곳에는 이(理)가 기(氣)를 타고 유행한다."라고 하였는데, 이(理) 중심의 철학을 읽을 수 있다.

「만록(漫錄)」에서는 경(敬)에 대한 관점을 다시금 읽을 수 있다. "경(敬)과 마음의 긴밀한 관계는 고기에서 물, 나무에게 흙이 이어야 하는 것과 같다. 고기에게 물이 없으면 죽고 나무에게 흙이 없으면 마르니, 마음에 경(敬)이 없다면 말라 죽는 것과 다름이 없게 된다. 경(敬)을 유지하면 마음이 살아나고 경(敬)을 잃으면 마음이 죽으니, 경(敬)은 마음의 목숨이다."라고 하면서 수양론의 입장에서 경(敬)을 강조하였다.

「각지설증박대규(覺知說贈朴大奎)」에서는 "감정이 아직 드러나지 않았을 때 본성을 기르는 것은 오직 마음이 항상 깨어있는가에 달려있을 뿐이다. 그렇지 않으면 어둡고 어리석어 다만 마른나무에 꺼진 재에 불과할 뿐이다. 움직이는 상태에서 관찰한다는 것은 무엇을 의미하는가? 그것은 본성이 이미 드러났을 때, 감정을 추스르는 것은 오로지 마음이 항상 멈출 곳에 있는가에 달려있을 뿐이다."라고 하면서 미발의 순수한 상태를 유지하면서 감정을 다스리는 수양론을 제시하기도 하였다.

「양진설증오인화(養眞說贈吳仁華)」에서는 "지(眞)은 이(理)의 본래 모습이며, 하늘에서 얻어인의예지(仁義禮智)의 본성으로 삼은 것이다."라고 하면서 모든 행동이 인의예지에서 나온 것으로 파악하고, 물욕에 가려지면 그 진(眞)을 해치는 경우가 많다고 경계하였다.

권7에는 서(序) 22편이 수록되어 있다. 족보에 관련한 서문과 송서(送序)가 대사수를 차지하고 있다. 노사의 친필에 대한 「노옹수묵서(蘆翁手墨序)」가 주목된다.

권8에는 기(記) 66편이 수록되어 있다. 기문의 대부분은 정자와 서당에 대한 기문이 많다. 이는 주변의 누정문화와 교육에 관해 주목해야할 부분이다. 이밖에 호(號)에 대한 설명을 하면서 기록하는 글들이 많다. 이는 저자 주변의 교유관계와 학맥관계에 있어 매우 중요한 역할을 한다.

권9에는 발(跋) 32편이 수록되어 있다. 발문은 실기(實記), 행장(行狀), 가장(家狀)에 쓴 경우가 가장 많다. 이밖에 「정오봉문집(鄭五峰文集)」, 「태고정집(太古亭集)」, 「우재집(愚齋集)」에 대한 문집 발문이 확인된다.

권10에는 사(辭) 4편이 수록되어 있는데, 모두 자(字)를 지어주면서 지은 글이다. 상량문(上樑文)은 6편, 제문(祭文)은 7편, 명(銘)은 5편이 확인된다. 제문에는 노사 기정진과 면암 최익현에 대한 글이 주목된다.

권11에는 묘갈명(墓碣銘) 8편과 묘지명(墓誌銘) 7편이 확인된다. 권12에는 묘표(墓表) 12편이 수록되어 있다. 묘도문자는 대부분 저자의 지인들의 부탁으로 지어졌다.

권13과 권14에는 행장(行狀)이 8편, 22편이 수록되어 있다. 권15에는 사실(事實) 9편과 전(傳) 3편이 수록되어 있다. 사실(事實)은 효열(孝烈)에 관련한 사항이 대부분이며, 전(傳)은 배윤덕(裵允德), 유인박씨(孺人朴氏), 배경생(裵慶生)에 대한 글이며, 모두 유교이념을 담고 있다.

『월파속집(月波續集)』은 원집에서 빠진 글과 원집의 글을 발췌한 것이며, 2권과 부록으로 구성되어 있다. 정기(鄭琦)의 서문을 시작으로, 권1에는 시(詩) 16편, 서(書) 36편, 서(序) 12편, 기(記) 27편, 행장(行狀) 1편, 묘갈명(墓碣銘) 1편, 유사(遺事) 1편, 발(跋) 6편, 설(說) 4편이 수록되어 있다. 이 글 중에서 「외필상질설(猥筆相質說)」은 「외필(猥筆)」에 대한 논란에 대해 객(客)을 등장시켜 대화체로 글을 이끌어 나가고 있다. 권1을 마무리하면서 문인 김교헌(金教獻), 박용진(朴容鎭)의 발문이 있다.

권2에는 서(書) 9편, 설(說) 6편, 기(記) 5편, 발(跋) 4편이 수록되어 있고, 이어서 「답문편(答問編)」이 실려 있다. 「답문편(答問編)」은 노사의 「문답류편(問答類編)」을 본받아, 저자와 문인들간의 이루어진 문답내용을 분류하여 이렇게 이름한 것이다. 이어 『소학(小學)』, 『대학(大學)』, 『중용(中庸)』에 관련해서 문답한 내용을 실었다. 권3에는 『논어(論語)』, 『맹자(孟

子)」, 『시전(詩傳)』, 『서전(書傳)』, 『주역(周易)』, 『예기(禮記)』, 『심경(心經)』, 「태극(太極)」, 「서명(西銘)」, 「논도체(論道體)」, 「논학(論學)」, 「논사(論史)」, 「상례(喪禮)」의 항목을 정리하고 이와 관련한 토론을 실었다. 마지막에 안극(安極), 이교천(李敎川), 안경호(安暻鎬)의 발문으로 마무리 하고 있다.

「부록(附錄)」에는 「정월파선생사실(鄭月波先生事實)」, 「경모계안후서(景慕契案後敍)」, 「정월파선생강학비문(鄭月波先生講學碑文)」이 수록되어 있고, 이를 통해 저자의 자세한 생평 등을 확인할 수 있다.

5. 주요 작품 및 문집의 특징

저자의 문집은 깊이 있는 성리학적 논의를 담고 있는 작품이 많다. 저자의 철학적인 기반은 노사 기정진이고, 저자 역시 이를 계승하고 있다.

「법화문답(法化問答)」은 항목별로 문답의 형태로 되어 있다. 내용을 살펴보면 오성(五性), 인물성동이(人物性同異), 본연지성(本然之性)과 기질지성(氣質之性)에 관한 논의, 짐승에도 오상(五常)이 있는가? 정(情)에 대한 논의, 태극(太極)에 관한 논의, 음양(陰陽)과 오행(五行)에 관한 논의, 율곡과 우계의 논의 등이 보이며, 기타 주역에 관련한 사항도 확인된다. 「사문질의(師門質疑)」의 내용은 노사 기정진에게 학습한 성리학적 내용을 정리하고 있다.

이 밖에도 「주리주기설(主理主氣說)」, 「한설(閒說)」, 「외필상질설(猥筆相質說)」 등에서도 그의 철학적 깊이를 느낄 수 있다.

6. 참고문헌

정시림(鄭時林), 『월파선생문집(月波先生文集)』

국역 『월파집(月波集)』, 보성향교(寶城鄕校), 1998.

김귀석, 「월파 정시림의 생애와 시문학 연구」, 『한국시가문화연구』 25, 한국고시가문학회, 2010.

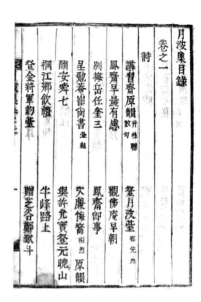

〈호남-40〉 **일신재집** 日新齋集

1. 형태서지

표제/권수제	일신재집(日新齋集)
편저자	정의림(鄭義林) 著
판사항	목활자본
발행사항	[刊寫地未詳] : [刊寫者未詳], 1927
형태사항	총 21권 12책 :목록 1책, 본집 21권 11책 四周雙行 半郭 22.4×14.6㎝, 有界, 10行22字 註單行, 內向3葉花紋魚尾 ; 29.9×19.4㎝
소장처	국립중앙도서관, 계명대, 동아대한림도서관, 성균관대 존경각, 연세대, 영남대, 원광대, 전남대

2. 정의

『일신재집(日新齋集)』은 노사 기정진의 제자인 정의림(鄭義林, 1845-1910)의 문집이다. 목활자본이며 21권의 분량이다.

3. 저자사항

저자의 본관은 광산(光山), 자는 계방(季方), 호는 일신재(日新齋)이다. 고려시대 찬성(贊成)을 지낸 정신호(鄭臣扈)의 후손이다. 인진(麟晉)이 조선에서 벼슬을 하다가 찬(纘)때에 나주에 살기 시작했다. 증조는 정채(鄭埰)이며 영암으로 이주했고, 조부는 정가석(鄭加錫)으로 금릉(金陵, 지금의 김천지역)으로 옮겨 살았다. 아버지는 정제현(鄭濟玄)이다. 어머니는 진원박씨(珍原朴氏) 박치성(朴致聖)의 따님이다. 달이 품속으로 들어오는 꿈을 꾸고 저자를 낳았다고 한다.

저자는 태어날 때부터 총명했다고 한다. 어릴 때에 어른들이 같은 사람인데 어떻게 화이(華夷)를 구분할 수 있느냐며 논쟁이 있었는데, 저자는 사람에게 화이(華夷)에 있으니 아름다운 이는 화(華)가 되고, 나쁜 이는 이(夷)가 된다고 설파하여 주변 사람들이 깜짝 놀랐다고 한다.

비가 왔을 때에 다른 아이들이 급하게 뛰어갔지만, 저자는 천천히 가면서 "내 마음은 하늘과 땅을 같이하고, 내 성품은 성현(聖賢)을 같이하는데, 어떻게 가볍게 움직일 것인가?"라고 했다고 한다. 모두 어려서부터 진중했던 저자의 마음가짐을 말하는 것이다. 부친도 이런 저자를 알아보고 다른 일로 공부가 방해되지 않도록 하였다.

24세 때에 노사(蘆沙) 기정진(奇正鎭)을 뵈었다. 이때 노사는 저자를 한 번 보고서 크게 칭찬했다고 한다. 저자 역시 충만한 마음으로 돌아오면서 "세상에 도(道)로 자임했던 사람들이 한편 말만을 듣다가 어긋나지만, 노사선생은 주자를 바로 계승하시고, 대체(大體)를 세운 분이시다. 말마다 본원(本源)에서 물이 흘러나오지 않는 것이 없다."라고 하였다.

또 저자는 "예로부터 뜻이 있던 허다한 사람들이 가르침을 받았지만, 활연관통(豁然貫通)하지 못했던 것은 멈추었기 때문이다"라고 하면서 "날마다 새롭고 또 새로워지는 것이 이에 대한 처방전이다"라고 하면서 "일신(日新)" 두 글자를 좌우명으로 하고 힘을 쏟았다고 한다.

저자는 대곡(大谷) 김석귀(金錫龜), 애산(艾山) 정재규(鄭載圭)와 가장 막역하게 지냈다. 정재규와는 멀리 떨어져 살았지만, 약속하지 않아도 만난 것이 한 두 번이 아니어서, 노사가 "두 사람은 같은 성(姓)이고, 같은 뜻을 두고 있고, 사는 마을의 이름도 같다"고 하면서 이들을 기억하였다.

하루는 노사가 「양의(凉議)」와 「외필(猥筆)」로 김석귀, 정재규, 정의림 세 사람에게 보여주어 자신의 뜻을 밝혔다. 나중에 영남사람인 권봉희(權鳳熙), 최동민(崔東敏)등이 이를 비난하였다. 이에 대해 저자는 노사가 율곡에 대해서 늘 존경하는 것은 문집을 살펴보면 잘 알수 있다고 하면서, 한 구절이 맞지 않는다고 하여 비난할 수 없다고 하였다. 이후에도 이에 대해 비난하는 말이 있으면 그때마다 변론하였다. 이와 관련해서는 「변전우소저노사선생납량사의기의(辨田愚所著蘆沙先生納凉私議記疑)」와 「변전우소저노사선생외필변(辨田愚所著蘆沙先生猥筆辨)」이 참조되며, 저자의 저술에 있어서도 매우 중요한 위치를 차지한다.

강화도 조약이후에 외세가 침입해왔을 때, 저자는 늘 세상걱정을 하면서 장남헌(張南軒)의 "평생 비바람 치는 저녁에 매번 명예와 절개 지키기 어렵구나[平生風雨夕 每念名節難]"라는 구절을 읊으면서 슬프게 눈물을 흘렸다고 한다.

을미년 황후가 시해당하고 단발령이 내려졌을 때에 분연히 "온전한 기와가 되느니, 옥처럼 깨지리라[瓦而全 不若玉而碎]"하면서 일어섰다. 당시에 송사 기우만이 나주에 있었고, 저자는 홀로 찾아와서 같이 방법을 의논하였다. 돌아와서도 기우만을 편지로 격려하였다.

을사늑약이 강요되었을 때, 분노하며 상소를 초안하여 매국노를 처단할 것을 주장하며 올렸지만, 받아들여지지 않았고, 이에 원고는 불태워 버렸다. 이윽고 최익현과 정재규가 만나 의병을 논한다고 하니 이에 참여하려했지만, 막히는 바람에 책상을 치며 탄식하고 만다. 만년에는『주서(朱書)』를 마음에 두고 읽었다고 한다.

저자는 노사의 3대 제자 중 1인으로 알려져 있고, 또한 후에 고산서원에 배향되었다. 저자는 1893년에 화순군 춘양면 칠송리 칠송 마을에 영귀정(詠歸亭)을 축조하고 9성(聖)의 진영을 봉안하고 후학을 가르쳤다. 저자의 문인 수는『일신재집』의 문인록에는 265명으로 수록되어 있고, 『노사 선생 연원록』에는 재전제자까지 합쳐 879명에 달하는 것으로 확인된다. 화순지역에 근대 많은 인물을 배출할 수 있었던 것은 저자의 역할이 매우 크다.

저자의 사후에는 영귀정 옆에 칠송사(七松祠)를 세우고, 정의림과 그의 제자인 홍승환(洪承渙), 김윤형(金潤亨), 민병춘(閔丙春), 문제술(文濟述), 배현기(裵玄基), 임태주(任泰柱), 홍찬희(洪纘熹), 이승복(李承福) 등을 배향하였다. 저작으로 『일신재집(日新齋集)』이 있다.

4. 구성 및 내용

권1에는 시(詩) 176수가 시체에 관계없이 실려 있다. 「관불암배노사기선생(觀佛菴拜蘆沙奇先生)」로 시작하고 있다. 구체적으로 연대는 따로 적지 않았지만, 대체로 시간순인 것으로 보인다. 시에는 사람들의 이름을 정확하게 기록하고 있어 저자의 교유관계를 정확하게 확인할 수 있다.

권2 서(書) 35편이 수록되어 있다. 스승인 노사 기정진에게 올리는 「상노사선생(上蘆沙先生)」 6편을 비롯하여, 조성가(曺性家), 김평묵(金平黙), 최익현(崔益鉉), 유중교(柳重敎), 임헌회(任憲晦)에게 보낸 편지가 확인된다. 대체로 선배 학자들에게 보낸 편지가 많다. 노사 기정진에게는 성리학적인 내용으로 토론하고 있고, 노사의 답장까지 수록하였다.

권3-10까지는 동료와 제자그룹과의 편지를 수록하였다. 권3에는 「여기회일(與奇會一)」 6편, 「답정후윤재규(答鄭厚允載圭)」 8편, 「여김경범석귀(與金景範錫龜)」을 비롯한 42편의 편지를 수록하였다. 권4에는 59명 68편의 편지가 있다. 권5에는 28명 50편의 편지가 있는데, 「답이광빈기백(答李光彬琪白)」이 7편이다. 권6에는 8명에게 보낸 56편의 편지가 있는데, 「여양처중회락(與梁處中會洛)」 11편, 「여박경립준기(與朴景立準 基)」 12편, 「답오여주창호(答吳汝周昌鎬)」 6편이 있다. 권7에는 45명에게 보낸 56편의 편지가 있다. 권8에는 3명에게 보낸 26편의 편지가 있고, 「답황경함철원(答黃景涵澈源)」 18편, 「답정사규순진(答鄭士圭淳珍)」 5편이 있다. 권9에는 44명에게 보낸 57편의 편지가 있고, 권10에는 32명에게 보낸 43편의 편지가 있다.

권11에는 잡저(雜著) 2편이 실려 있는데, 「변전우소저노사선생납량사의기의(辨田愚所著蘆沙先生納涼私議記疑)」과 「변전우소저노사선생외필변(辨田愚所著蘆沙先生猥筆辨)」이다. 저자는 이 두 작품을 통해 스승인 노사 기정진의 학문이 율곡 이이의 학문을 보완했을 뿐이며, 잘못을 지적하거나 비판한 것은 아니라고 변론하였다. 이는 영남지역 일부 학자들의 비난에 대한 저자의 입장임은 물론 노사학파 전체의 관점이라고 할 수 있다.

권12-13에는 잡저(雜著) 54편과 서(序) 34편이 수록되어 있다. 이중 「서시제동지(書示諸

同志)」,「통고영남열읍장보문(通告嶺南列邑章甫文)」,「통고호남열읍장보문(通告湖南列邑章甫文)」,「답통장성회소문(答通長城會所文)」은 영남사람인 최봉희(崔鳳熙)와 최동민(崔東敏)가「납량사의」,「외필」등의 저작을 비판하자 정의림이 이에 대해 성토하는 내용의 글이다. 스승인 노사 기정진의 학설이 성현의 뜻에 어긋나지 않고, 짧은 식견으로 비난할 수 없음을 밝히고 있다.「일지록(日誌錄)」배우면서 공부했던 것을 한 단락씩 정리해놓은 기록이다. 잡저의 대부분은 자설(字說)인데, 모두 제자에게 지어준 글이다.

서(序) 34편에는「양건당집서(兩蹇堂集序)」,「정씨세고서(鄭氏世稿序)」와 같은 문집 서문,「풍양조씨파보서(豐壤趙氏派譜序)」,「경주김씨가승서(慶州金氏家乘序)」와 같은 족보서문,「송양순집왕한북서(送梁順集往漢北序)」,「송김군성유귀관서서(送金君聖惟歸關西序)」와 같은 송서류,「흥학회안서(興學會案序)」,「자학회안서(資學會案序)」과 같이 모임에 관련한 서문이 보인다.

권14 기(記) 80편은 각종 건물에 대한 중수기(重修記), 충효렬에 관련한 다수의 정려기(旌閭記) 및「영귀정기(永歸亭記)」와 같이 정자에 관련한 기문이 있다. 가장 많은 양을 차지하는 기문은「농헌기(農軒記)」,「성재기(省齋記)」와 같이 제자들의 자와 호에 대한 기문이다. 후세 육성에 많은 힘을 쏟았던 저자의 모습이 느껴지는 부분이다.

권15에는 발(跋) 2편, 후(後) 12편, 명(銘) 14편, 사(辭) 2편, 찬(贊)3편, 상량문(上樑文) 3편, 축문(祝文) 4편이 수록되어 있다. 발(跋) 3편은「노사선생답문류편발(蘆沙先生答問類編跋)」,「둔재집발(遯齋集跋)」이다. 이중「노사선생답문류편발(蘆沙先生答問類編跋)」은 기정진이 지인들과 서찰로 나눈 학문적 내용을 분류해 엮은 문답서인『답문류편(答問類編)』에 대한 발문이다. 후(後) 12편에는「서하동정씨쌍효정려기후(書河東鄭氏雙孝旌閭記後)」,「제조효자사실후(題曹孝子事實後)」와 같은 효렬에 관한 것과 문중의 가장(家狀)에 관계된 것 등이 있다. 명(銘) 14편은 제자들의 자(字)를 지어주면서 경계할 사항을 적어주었다. 사(辭) 2편은 자식의 자(字)를 지어주면서 쓴 글과 백군자(白君子)가 떠날 때 지어준 글이다. 찬(贊) 3편 중에는「진상자찬(眞像自贊)」이 있는데, 이는 저자가 65세 때에 지은 자찬문(自贊文)이다.

권16에는 제문(祭文) 40편, 비(碑)1편, 묘갈명(墓碣銘)11편이 수록되어 있다. 제문 40편 중에는「제노사선생문(祭蘆沙先生文)」,「제중암김장문(祭重庵金丈文)」,「제면암최장문(祭勉庵崔丈文)」이 주목된다. 이 제문들은 노사학맥은 물론 화서학맥의 인물과도 깊은 교유를 나누었음을 보여준다. 비(碑)1편은「가선대부예조참판김공시의추모불망비(嘉善大夫禮曹參判金公施義追慕不忘碑)」이다. 묘갈명(墓碣銘)은「충의위연정이공묘갈명(忠義衛蓮汀李公墓碣銘)」,「증호조참판경신암오공묘갈명(贈戶曹參判敬愼庵吳公墓碣銘)」등 11편이 확인된다.

권17에는「좌승지상덕재선생최공묘지명(左承旨尙德齋先生崔公墓誌銘)」,「모정형공묘지명

(茅汀邢公墓誌銘)」등의 묘지명(墓誌銘) 35편과 「정헌대부대호군만은백공묘표(正憲大夫大護軍晚隱白公墓表)」, 「증통정대부승정원좌승지고공묘표(贈通政大夫承政院左承旨高公墓表)」 등의 묘표(墓表) 12편이 수록되어 있다. 묘갈명, 묘지명, 묘표 등의 묘도문자는 모두 저자의 문인과 지인의 부탁으로 작성된 경우가 대부분이다.

권18-19에는 행장(行狀) 40편과 전(傳)12편이 수록되어 있다. 행장의 초반에는 조부(祖父), 백부(伯父), 선고(先考), 선비(先妣)에 대한 집안 행장이 실려있다. 이외에 문빈(文彬)을 대상으로 한 「사재선생문공행장(思齋先生文公行狀)」, 오지상(吳志祥)에 대한 「농은오공행장(農隱吳公行狀)」, 기동규(奇東奎)에 대한 「인재기공행장(忍齋奇公行狀)」등이 있는데, 대부분 노사학맥과 직간접적인 인연이 있는 인물이다.

전(傳) 12편에도 문중과 학맥에 대한 작품이 주목된다. 김석귀(金錫龜)에 대한 「대곡처사김공경범전(大谷處士金公景範傳)」, 문영찬(文永瓚)에 대한 「경묵재문공전(敬黙齋文公傳)」, 취곡(翠谷) 조여흠(曹汝欽)에 대한 「취곡조공전(翠谷曹公傳)」은 모두 노사학맥의 인물의 행적을 문학적으로 표현한 것이다. 이 밖에 충효열에 관련된 「하동정씨십충전(河東鄭氏十忠傳)」, 「열부양씨전(烈婦梁氏傳)」, 「김효자전(金孝子傳)」, 「열부설씨전(烈婦薛氏傳)」이 확인된다.

권20-21에는 박성우(朴成祐)에 대한 「증가선대부호조참의매죽헌박공유사장(贈嘉善大夫戶曹參議梅竹軒朴公遺事狀)」, 오치상(吳致祥)에 대한 「계은오공유사장(溪隱吳公遺事狀)」 등 유사(遺事) 50편이 수록되어 있다. 대부분 주변 문인들의 부탁으로 썼다.

부록(附錄)에는 양회락(梁會洛)이 지은 「일신재신종록서(日新齋信從錄序)」, 기우만(奇宇萬)이 지은 「행장(行狀)」, 박준기(朴準基)의 「일신재선생언행록(日新齋先生言行錄)」, 「일신재신종록(日新齋信從錄)」, 오준선(吳駿善)의 「발(跋)」으로 구성되어 있다. 「일신재신종록」은 다시 「종유편(從遊編)」, 「문인편(門人編) 병사숙(幷私淑)」로 세분되어 있다.

「종유편(從遊編)」에는 김평묵(金平默), 최익현(崔益鉉), 조성가(趙性家)를 비롯한 170명의 인물이 기록되어 있다. 모두 저자와 교유했던 인물이다. 이름 아래에 자(字), 호(號), 본관(本貫), 생년(生年)이 함께 부기되어 있다. 노사학맥의 학자와 화서학맥의 학자들이 많이 확인된다.

「문인편(門人編)」에는 이승우(李承愚), 이현규(李現圭), 양회락(梁會洛)을 비롯한 254명의 제자가 기록되어 있다. 이름 아래에 자, 호, 본관, 생년이 함께 부기되어 있다.

5. 주요 작품 및 문집의 특징

저자는 면암 최익현이나 송사 기우만의 의병 활동에 가담하였고, 깊고 넓은 학문으로 화순

일대에서 수많은 제자들을 키워내었다. 따라서 후대 그의 영향력은 매우 컸다고 할 수 있다.

「변전우소저노사선생납량사의기의(辨田愚所著蘆沙先生納凉私議記疑)」와 「변전우소저노사선생외필변(辨田愚所著蘆沙先生猥筆辨)」는 노사 기정진의 「납량사의」, 「외필」에 대한 당시의 논쟁을 정리한 작품이다. 이 두 편의 저작에 대해 저자는 김석귀, 정재규와 함께 그 정수를 받았다. 따라서 저자의 위의 작품은 기호학맥으로 이어지는 노사의 사상을 지키고, 후세에 전하기 위해서였다. 「서시제동지(書示諸同志)」, 「통고영남열읍장보문(通告嶺南列邑章甫文)」, 「통고호남열읍장보문(通告湖南列邑章甫文)」, 「답통장성회소문(答通長城會所文)」와 같은 글 역시 「납량사의」, 「외필」에 대한 저자의 행동이라는 점에서 그 의미가 남다르다.

『부록』이지만, 「일신재신종록」 역시 매우 중요하다. 저자의 교유와 제자 그룹을 정리한 책인데, 이는 노사학맥의 계승과 확장이라는 측면에서 매우 중요하다. 이들과의 교유관계는 저자의 편지에서 다시 확인되고 있다. 이는 앞으로의 다음 세대의 연구를 위해서라도 꼼꼼한 자료정리 등이 요구된다.

6. 참고문헌

정의림(鄭義林), 『일신재집(日新齋集)』

박학래, 「일신재 정의림의 성리설 연구」, 『범한 철학』 41, 범한 철학회, 2006.

조우진, 「일신재 정의림의 역할과 위상:한말 기호학파의 논쟁을 중심으로」, 『호남문화연구』 67, 전남대학교 호남학연구원, 2020.

권수용, 「1900년 전후 화순 유학의 흥성과 정의림의 역할」, 『지방사와 지방문화』 17, 역사문화학회, 2014.

鄭新齋文集

日新齋集卷之一
詩
觀佛庵拜蘆沙奇先生
天涯眼下近人境霧中迷僂遞轉到夜秋月上襟懷
言語
不妄心惟靜思忠意自責是知洙泗老斈此告爲仁
酬從父弟敬方 昌林
工程難遝日人事易成秋徒讀心念塞篤行意乃休
省王母李氏墓
再拜階前立家蓼花滿山徘徊不忍去如對泉臺顏

賞以爲是夫婦孝子以甲辰六月十五日終葵舟陽
面泉谷石麓防築洞子坐原有一男一女男卽謂文者
女適南平文彥浩余老且病有難把手放人家文字而
觀藏有素有不忍牢辭云爾

〈호남-41〉 **일재유고** 逸齋遺稿

1. 형태서지

표제/권수제	일재유고(逸齋遺稿)
편저자	정홍채(鄭泓采) 著
판사항	신연활자본
발행사항	高敞：逸齋先生遺稿刊行所, 1984
형태사항	총 3권 3책 四周雙邊 半郭 22.0×14.0㎝, 有界, 半葉12行29字, 上下向2葉花紋魚尾 ; 27.5×18.0㎝
소장처	충남대

2. 정의

『일재유고(逸齋遺稿)』는 20세기에 태어나 전북 고창(高敞)에서 활동한 유학자 정홍채(鄭泓采, 1901-1982)의 문집이다.

3. 저자사항

정홍채의 자는 용부(容夫), 호는 일재(逸齋)이고, 본관은 하동(河東)이다. 전라남도 장성(長城) 광암리(廣巖里)에서 부친 정순영(鄭淳榮)과 모친 창녕조씨(昌寧曺氏) 조석휴(曺錫休)의 따님 사이에서 1901년(광무5)에 태어났다. 성품이 온화하면서도 강직하였고, 어려서 장난도 좋아하지 않아서 다른 아이들과 앉아 있으면 마치 어른과 같았다고 한다. 조부 난파(蘭坡) 정효현(鄭孝鉉)이 특히 손자 정홍채를 아껴서 천자문과 두시(杜詩) 등을 직접 가르쳤다. 외가가 있는 고창의 석정리(石汀里)로 이사하여 외숙인 흠재(欽齋) 조덕승(曺悳承) 문하(門下)에서 수학했다. 조덕승은 노사(蘆沙) 기정진(奇正鎭1798-1879)과 송사(松沙) 기우만(奇宇萬, 1846-1916)의 학맥을 잇고 있었다. 외숙에게 크게 감화를 받으며 학문에 깊이 빠져들어 15세가 되기 전에 이미 경사자집(經史子集)을 모두 섭렵하였다. 이후 국내의 석학들을 방문하여 교유를 넓혔고, 세상이 날로 어지러워지자 산림에 숨어 두문불출하며 거문고와 책을 벗삼아 소박한 삶을 영위하였다. 빈궁한 속에서도 분수 밖의 영화를 꿈꾸지 않았고 의관을 정제한 채 종일 꼿꼿이 앉아 자기 자신을 위한 공부에 주력하였다. 배우려고 찾아오는 제자들이 있으면 인의예지와 삼강오륜의 도(道)로 공자·맹자·정자·주자의 학문에 근거를 두고 가르쳤다고 한다.

1982년 2월 14일 노환으로 향년 82세에 죽었다. 고창의 성두(星斗) 이당산(尼堂山)에 묘가 있다. 문인으로 유용상(柳龍翔), 강천수(姜天秀) 등이 있다.

4. 구성 및 내용

『일재유고(逸齋遺稿)』 3권 3책이 1984년 신연활자본으로 간행(刊行)되었다. 정홍채는 죽기 1년 전에 동료 유학자 김영표(金永杓)에게 시문(詩文)을 맡기며 문집 간행을 부탁했는데, 김영표도 이미 75세의 고령이어서 사양하려고 하였으나 정홍채의 문인들 중에는 이 일을 감당할 만한 사람이 없다고 여기고 피하지 못하고 문집을 내는 일에 나섰다고 한다. 문집 발행 비용은 제자들이 갹출했다. 충남대 도서관에 소장되어 있다.

『일제유고』의 권1에는 별도의 서문이 붙어 있지 않고, 권3에 부록으로 김영표가 지은 「일재선생정공행장(逸齋先生鄭公行狀)」과 청구학원장(靑丘學院長) 유용상이 지은 「일재정선생묘도비명(逸齋鄭先生墓道碑銘)」이 있고, 김영표가 지은 「일재유고발(逸齋遺稿跋)」과 유용상이 지은 「발(跋)」이 있다. 동료 김영표와 문인 유용상이 두 편씩을 맡은 것이다.

본문의 편차는 일반적 문집의 체제를 따르고 있긴 하지만, 다양한 산문들을 권2하책의 잡저(雜著)에 몰아넣은 것이 특이하다. 권1에는 시(詩) 96수가 있다. 권2는 두 책으로 나뉘어 있는데, 상책에는 서(書) 109편이 있고, 「경의강설(經義講說)」 1편과 잡저(雜著) 6편이 수록되어 있다. 권2의 하책에는 잡저(雜著) 43편이 있고, 서(序) 24편과 기(記) 59편 및 묘갈명(墓碣銘) 22편이 수록되어 있다. 권3에 다시 묘갈명(墓碣銘) 26편과 묘표(墓表) 42편 및 행장(行狀) 8편, 비(碑) 26편, 전(傳) 3편, 제문(祭文) 11편, 발(跋) 2편이 있다.

5. 주요 작품 및 문집의 특징

권2의 「경의강설(經義講說)」은 사서(四書)와 오경(五經)에서 짤막하게 추출하고 자신의 생각을 덧붙인 것으로, 제자들에게 가르침을 주기 위해 작성한 것으로 보인다. 권2의 상책과 하책에 걸쳐 있는 잡저에는 『주자대전(朱子大全)』, 『율곡전서(栗谷全書)』, 『황극경세서(皇極經世書)』 및 정자(程子)의 책, 그리고 전우(田愚)의 성사심제설(性師心弟說)과 이기심성론(理氣心性論) 등을 바탕으로 자신의 견해를 길고 짧게 덧붙인 글들과 설(說)·축문(祝文)·고유문(告由文)·송서(送序) 등이 합쳐져 있다.

잡저에 포함된 글들 중에서 특히 며느리에 대한 평가를 담은 「자부이씨설(子婦李氏說)」은 유학자 시아버지의 며느리에 대한 마음이 담겨 있어서 주목할 만하다. 시집 온 뒤에 일찍 일어나지 않은 적이 없고, 특히 자신이 81세가 되어 음식을 흘리고 대소변으로 옷을 더럽혀도 전혀 탓하지 않는 것은 며느리의 천성의 훌륭함이 없다면 불가능하리라고 하고 있다. 자신의 집안에 시집올 사람이 모두 이 며느리만 같다면 대대로 집안이 창대해지리라고 기대하는 말을 덧붙였다. 고생하는 며느리에게 미안한 마음 뒤에 집안의 발전을 기대하는 표현을 덧붙인 점에서, 20세기 유학자의 사고 방식 일단을 엿보게 해준다.

권2에 외숙 및 동료와 문인 및 자제들에게 보낸 편지가 109편이나 수록되어, 편지를 통해 정홍채의 활동을 상세히 살펴볼 수 있는 자료가 된다. 또 비지문(碑誌文)의 범주에 속하는 글들이 모두 116편이나 수록되어 있는 점도 주목할 부분이다. 이 시기 한문으로 비지문을 지을 수 있는 사람이 많지 않았기에, 한문으로 비지문을 쓰려는 경우에 부탁할 사람도 많지 않았을 것이다. 정홍채는 한문으로 능숙하게 글을 지을 수 있었기에, 이처럼 비지문을 많이 부탁받았을 것이다.

6. 참고문헌

정홍채(鄭泓采), 『일재유고(逸齋遺稿)』

逸齋遺稿卷之一

詩

三才吟

我聞天與地大德一於生人受之中出百年胡不誠

冬至日偶成

今日云南至一陽從此生幾多寒氣暗然後暖候明

兩程吟次明道偶成韻

伯叔弟兄學出天何如喬嶽大河川竟尋孟後無傳緒永閟宋家日月年

四時吟

春原青草藹夏岫綠林長秋野西成悅冬倉百穀藏

樂軒宗斯文追悼詞

嗚呼斯文不幸吾樂軒宗斯文忽棄斯世泓寀郵承實音尚不能徃吊而

專依道溪金丈永杓之賢勞印出董役都在翁婿辜君昌秀之盡瘁余爲名

契實而烏在京師大小事慶莫供牛臂之力自愧無釋矣時人不知斯役之

觀體而說或徒勞吾齻則不然遊於先生之門者扶厭先生之儒則大追之

見明必奚豈不勉腑也裁以此稿欲貢於斯文碩學之考覽而或有所取焉

則幸矣

孔夫子誕降二千五百三十三年壬戌十月 日

前成均館典學 同大學校 教授

門下生 高興 柳龍翔 謹跋

〈호남-42〉 **국사유고** 菊史遺稿

1. 형태서지

표제/권수제	국사유고(菊史遺稿)
편저자	정희면(鄭熙冕) 著
판사항	연활자본/석판본(속집)
발행사항	- 원집 : [刊寫地未詳] : [刊寫者未詳], 1964 - 속집 : [刊寫地未詳] : [刊寫者未詳], 1979

형태사항	총 5권 3책
	- 원집 4권 2책 : 四周雙邊, 半郭 21.3×15.7㎝. 界線, 12行28字 註雙行, 內向黑魚尾 ;
	  28.8×19.3㎝
	- 속집 1책 : 四周雙邊 半郭 20.5×14.5 ㎝, 有界, 12行26字, 上2葉花紋魚尾 ; 27.5 ×
	  19.2 ㎝

소장처	국립중앙도서관, 경기대, 전주대, 조선대, 충남대, 한국학중앙연구원

2. 정의

『국사유고(菊史遺稿)』는 구한말 일심회를 조직하고 정미의병 당시 호남창의회맹소에서 활동했던 정희면(鄭熙冕, 1867-1944)의 시문을 모아, 해방 후 1964년 간행한 문집이다.

3. 저자사항

정희면의 자는 태현(泰賢)이고, 호는 국사(菊史)이며 본관은 진주(晉州)이다. 생부는 정덕식(鄭德植)이고 생모는 전주이씨(全州李氏) 이득용(李得溶)의 따님으로 1867년(고종6)년 8월 15일 함평(咸平) 월악리(月岳里)에서 태어났다. 출계하여 정영식(丁永植)의 아들로 들어가며 외가가 있는 영광(靈光) 수촌(水村)으로 이주하였다. 성품이 단정하고 정직하였고 어려서부터 백절불굴의 기상이 있었다고 한다. 몸소 나무하고 낚시하여 모친을 봉양하면서도 독서를 중단하지 않았다. 밤을 잊고 과업(課業)에 힘썼고 수십 권의 책을 손으로 직접 베껴 써서 쌓아 두고 쪽지를 적어가며 공부를 하였다. 동네에 떠들썩한 잔치가 있어 풍악이 요란한데도 부심하게 글을 읽어서 서낭의 훈장이 기득하게 여긴 일도 있었다. 성장한 뒤에 갑오개혁으로 과거 시험이 폐지되자 과거공부를 포기하고 성리학에 집중하였다. 송사(松沙) 기우만(奇宇萬, 1846-1916)의 문인이 되어 더욱 독실히 성리(性理)의 학문을 탐구하였다.

1907년(융희1) 외적을 토벌하려는 의병전쟁이 전국적으로 벌어졌을 때, 정희면은 김용구(金容球)·기삼연(奇參衍)의 의병부대 호남창의회맹소(湖南倡義會盟所)에 참여하였다. 이에 앞서 스승으로 모신 기우만은 을미의병에 의병장으로 활약하기도 하였으니, 기우만의 정신을 이어받은 정희면은 1906년(광무10) 김용구와 함께 국권회복 운동 차원에서 일심계(一心契)를 조직하고 은밀히 동지를 규합하며 거사를 준비하고 있었다. 정희면은 김형식(金炯植)·박용근(朴溶根)·오태윤(吳泰允)·이영화(李永華)·이종택(李鍾宅) 등과 함께 의병을 모집하는 한편 일군과 치열한 전투를 벌였다. 같은 해 10월 일본 헌병 부대에 의해 체포되어 광주(光州)로 이송되고, 1908년(융희2) 봄 유형(流刑) 6개월을 언도받았다. 그는 모진 심문에도 의연하였으며 늠름한 지사(志士)의 모습을 보였다. 이때 옥중에서의 고된 투쟁의 과정을 『남관일기(南冠日記)』로 남겨두었다.

집안이 가난하여 함평(咸平)·영광(靈光)·무장(茂長) 등을 전전하다가 만년에는 육창(六昌)의 율리(栗里)에 들어가 도연명(陶淵明)처럼 국화(菊花)를 심고 시를 지으며 울적한 마음을 달래었다. 말년에 평생 지은 시문 몇 권을 동료 유학자 정대수(丁大秀)에게 맡겨 교정을 보게 하였는데, 교정이 끝나기 전에 1944년 11월 4일 향년 78세로 서거하였다. 묘는 영광 우곡(牛谷)에 있다.

4. 구성 및 내용

『국사유고(菊史遺稿)』는 연활자본 4권 2책으로 구성되었으며 1964년 그의 문인들에 의해 간행되었다. 『국사유고속(菊史遺稿續)』은 문집 발행 15년 뒤인 1979년 그의 문생들에 의해 『국사유고』에 실리지 않은 그의 자세한 행적을 모아서 석판본 1책으로 발간하였다. 국립중앙도서관과 전주대학교 중앙도서관 및 충남대학교 도서관 등에 소장되어 있다.

『국사유고』 권1의 앞에 기노장(奇老章)의 서(序)가 있고, 권4의 뒤에 부록으로 정대수(丁大秀)의 행장(行狀), 묘갈명(墓碑銘), 기우만의 「국사소기(菊史小記)」, 정병직(鄭炳直)의 발(跋)이 있다. 『국사유고속』에는 『국사유고』에 실리지 않은 정희면의 편지 두 통이 실려 있고, 나머지는 모두 정희면과 관계된 인물들의 글들이다.

『국사유고』 본문 편차는 보통의 문집과 흡사하다. 권1에 시, 권2에 서·잡저·문·설·명, 권3에 서·기·발·전·행장, 권4에 제문·논·별록(일기)·부록으로 되어 있다. 시 360여 수는 자연을 읊은 시와 교유시가 대부분이다. 서에는 스승인 송사(松沙)에게 보내는 글을 비롯하여 당시의 문인(文人)·지사(志士)들과의 서신이 들어 있다. 논(論)에는 「실비저론(失匕箸論)」, 「참안량론(斬顔良論)」 등 28편을 써서 그의 사상을 알 수 있다. 특히 그가 감옥에 갇혀 있으면서 기록한 「남관일기(南冠日記)」는 당시의 의병활동과 일제의 잔혹함, 민중의 뜻 등을 알 수 있는 귀중한 자료이다. 기노장(奇老章)의 서와 정병직(丁炳直)의 발을 붙여 1964년 간행했다.

『국사유고속』은 정희면과 관련된 인물들의 글들이 실려있는데, 내용은 행장·추모비·가장·묘표·소기·유고서·발·선생답서·문생계서(門生契序)·회갑운록(回甲韻錄)·제문록(祭文錄)·설시(說詩)·추모운고(追慕韻稿)·죽하회갑운소서(竹下回甲韻小序)·만학사업찬운소서(晩學事業贊韻小序)·답최방현(答崔芳鉉)·논산수승이서(論山水勝耳序)·저보략(邸報略)·문생안(門生案)으로 되어 있다. 그 가운데「국사거의실기(菊史擧義實記)」는 정미년(1907)의 의거(義擧)에 참여한 문생(門生)에 의해 정희면(鄭熙冕)의 자세한 행적을 싣고 있는데, 국한문 혼용체로 되어 있다. 이는 정희면(鄭熙冕)이 직접 쓴「남관일기(南冠日記)」와 비교하여 당시의 거사(擧事)를 자세히 살펴볼 수 있는 자료이다. 「문생안(門生案)」에는 105명의 문생(門生)들을 본관·생년·모후(某后)·거주지 순으로 자세히 기록하여 당시 그 지역의 문인들을 파악할 수 있는 좋은 자료이다. 문생(門生) 김인경(金仁鏡)의 서와 오만근(吳萬根)·이병춘(李秉春)의 발을 붙여 1979년 영광(靈光)에서 간행하였다.

5. 주요 작품 및 문집의 특징

「남관일기(南冠日記)」는 1907년 8월 12일부터 12월 15일까지의 기록으로 경술 국치 로 인해 구속되어 재판을 받은 일들을 기록하였다. 이 일기를 통해 기삼연과 김용구 등이 의병을 모으고 의병활동을 시작한 일 등과 김용구를 도통으로 추대한 일을 알 수 있고, 경술국치에 대한 의병들의 인식을 살펴 볼 수 있다. 일기의 내용은 의병의 점거를 통해 경무소에 투옥되어 문초를 받은 일 등을 중심으로 전개되어 있다. 주요내용을 보면, 8월 12일에 김용구가 거병한 일로 인해 주변에서 거병할 것을 촉구하고 통문을 썼다. 14일에 일병이 광주에서 와서 본부에 불을 질렀고, 쫓기는 신세가 되었다. 15일 60여명과 함께 붙잡혀 경무소에서 문초를 받았고 '본읍 담판략'을 남겼다. 17일에 나주로 이송되었으며 '나주 담판략'을 남겼다. 25일 광주로 이송되었고 역시'광주 담판략'을 남겼다. 10월 24일 경중을 범한 일에 대해 누구를 원망하겠는가라는 내용으로 김홍택에게 편지를 썼고, 정석천과 편지를 주고 받았으며, 재종질 및 여러 지인들과 편지를 주고받았다. 12월 8일에 방면되었고, 15일에 집으로 돌아오는 것으로 일기는 끝난다.

6. 참고문헌

정희면(鄭熙冕),『국사유고(菊史遺稿)』

〈호남-43〉 **위당집** 韋堂集

1. 형태서지

표제/권수제	위당집(韋堂集)
편저자	조장섭(趙章燮) 著
판사항	석판본
발행사항	[刊寫地未詳] : 趙東麟, 1971
형태사항	총 8권 4책 四周雙邊, 半郭 22.0×16.0㎝. 界線, 11行28字 註雙行, 上下向二葉花紋魚尾 ; 28.1×19.5㎝
소장처	국립중앙도서관, 고려대도서관, 모덕사, 전북대

2. 정의

『위당집(韋堂集)』은 연재(淵齋) 송병선(宋秉璿)의 문인으로 전라남도 곡성을 중심으로 강학하던 조장섭(曺章燮, 1857-1934)의 문집이다.

3. 저자사항

조장섭은 자가 성여(成汝), 호가 위당(韋堂)이며 본관은 옥천(玉川)이다. 처음에는 자를 택중(擇中)으로 쓰다가 성여로 바꾸었으며, 일제 통치에 대한 저항의 의미로 지리산에 은거하던 말년에는 잠계(潛溪)라는 호를 쓰기도 하였다. 1857년(철종8) 음력 2월 4일에 조창관(趙昌灌)과 해주오씨(海州吳氏) 사이에서 출생하였다. 옥천(玉川, 지금의 순창) 시례(詩禮)에서 태어나 성장하였다. 어려서 효심이 깊었고 제사를 지낼 때에는 지극 정성을 다했다고 한다.

장성하여서는 연재 송병선(1836-1905)의 문하에 들어가 『대학(大學)』과 성명의리(性命義理)의 학문을 배웠다. 학문이 어느 정도 완성된 뒤에는 인근의 동료 유학자들이 매우 드문 기품을 지녔다고 칭송하였다고 한다. 조장섭은 곡성에서 위당서실(韋堂書室)을 짓고 유유자적하며 문인들과 강학을 하였다. 의리(義理)를 수호하는 것을 매우 중시하여, 세태가 날로 잘못되어 가자 깊은 산림에 들어가 두문자정(杜門自靖)하였다. 깊은 물에서 낚시를 하며 깊은 생각에 잠기는 것을 좋아하였다고 하며, 동료 유림들도 조장섭의 덕을 잘 이해했지만, 아녀자들도 모두 조장섭의 사람됨을 잘 알고 있었다고 한다.

조장섭은 연재학파의 일원으로서 간재학파와 날카롭게 대립하기도 하였다. 간재(艮齋) 전우(田愚, 1841-1922)의 '성사심제(性師心弟)' 즉 성(性)이 스승이 되고 심(心)이 제자가 된다는 논리에 대해 「성사심제변(性師心弟辨)」을 지어 반박한 바가 있다. 조장섭의 글을 전우가 직접 「성사심제변변(性師心弟辨辨)」을 지어 조목조목 재반박하였고, 전우의 문인 금재(欽齋) 최병심(崔秉心, 1874-1957)도 「성사심제변변(性師心弟辨辨)」과 「성사심제재변이(性師心弟再辨二)」를 지어 조장섭의 견해를 비판하였다. 조장섭도 간재학파의 반박을 다시 재반박하는 글을 지으면서 논쟁을 심화시켰다.

조장섭은 1934년 음력 3월 17일 죽었다. 순천 쌍암면에 무덤이 있다.

조장섭이 서거한 해로부터 40년에 가까운 시간이 지난 1971년에 문집이 간행되었다. 그의 문인들이 장례 직후 시문을 모아 20여권을 만들고 출판을 의논하였는데 당시 일제 치하에서 출판 허가를 받는 데에 저촉될 만한 표현들이 적지 않았기에 미루어 두었고, 해방 뒤에 또 6·25를 겪게 되는 동안 문인들도 많이 흩어져서 문집에 관한 일은 묻혀버렸다고 한다. 조장섭의 맏아들 조민식(趙敏植)이 죽은 뒤에 조민식의 5촌조카 조동린(趙東麟)과 7촌조카 조동선(趙東璿)과 조동찬(趙東璨)이 당시의 사림들과 의논하여 드디어 간행될 수 있었다고 한다. 현재 조장섭의 삶에 대한 구체적 정보를 얻기 어려운데, 이 해제의 정보는 대개 문집의 「발(跋)」에 적힌 내용과 「옥천조씨족보」를 토대로 한 것이다. 『위당집』의 「발」은 홍란(洪瀾)이 지은 것인데, 홍란은 조장섭의 가장 어린 제자였던 분의 후손이라고 한다.

4. 구성 및 내용

『위당집(韋堂集)』은 8권 4책으로 1971년 출간되었다. 석판본(石板本)이며 국립중앙도서관과 고려대학교 도서관 등에 소장되어 있다. 권1 앞에 별다른 서문은 없고, 권8 뒤에 붙은 「속편(續篇)」 마지막에 수록된 홍란이 지은 「위당집발(韋堂集跋)」이 유일한 부록이다. 본문은 일반적인 문집 체제로 문체별로 구성되어 있다.

권1과 권2에는 시(詩) 472수가 실려 있다. 1879년(고종16)에 지은 첫 작품 「경신음(庚申吟)」부터 마지막의 「입지리산(入智異山)」까지 대략 시기순으로 정리되어 있는 듯하다. 권3과 권4에는 사우(師友) 및 친척들과 주고받은 서(書) 120편이 있다. 연재 송병선에게 보낸 편지와 면암(勉菴) 최익현(崔益鉉, 1833-1906)에게 보낸 편지를 제일 앞에 실었고, 한나라 때의 장량(張良)이 상산사호(商山四皓)와 주고받은 편지라는 형식으로 문학적 허구로 창작한 「의장량초사호서(擬張良招四皓書)」와 「사호답서(四皓答書)」를 맨 마지막에 수록하였다.

권5는 잡저(雜著)로 구성되어 있는데, 「성사심제변(性師心弟辨)」 등 조장섭의 성리학적 견해를 파악할 수 있는 자료들을 포함하여 통문(通文)·논(論)·설(說) 등 여러 문체가 포괄되어 있다. 권6에는 서(序) 22편, 기(記) 42편이 수록되어 있다. 권7에는 발(跋) 11편과 명(銘)

3편, 잠(箴) 2편과 찬(贊) 8편, 사(辭) 2편, 상량문(上樑文) 9편, 축문(祝文) 5편, 제문(祭文) 15편이 수록되어 있다. 권8에는 비(碑) 6편, 묘갈명(墓碣銘) 7편, 묘지명(墓誌銘) 2편, 묘표(墓表) 30편, 행장 27편, 전(傳) 3편이 수록되어 있다.

「속편」에는 설(說) 1편, 서(序) 2편, 기(記) 6편, 시(詩) 2수가 수습되어 수록되어 있는데, 『위당집』의 편집이 완성된 뒤에 추가로 발견된 시문들을 「속편」으로 구성하여 출간한 듯하다.

5. 주요 작품 및 문집의 특징

권3의 두 번째로 실려 있는 1897년(광무1)에 스승 송병선에게 보낸 「상연재송선생(上淵齋宋先生)」은 서세동점과 일제 침탈 가시화의 위기 상황에서 과연 의리(義理)를 어떻게 보존하고 살아야 할지에 대해 묻고 있는 글이며, 면암 최익현에게 보낸 「상면암최선생(上勉菴崔先生)」 두 통은 각기 1905년(광무9)과 1906년(광무10)에 작성된 것인데, 망국의 조짐이 더욱 가시화되어가는 마당에 어찌 살아야 할지 묻고 있는 글로서, 조장섭과 같은 향촌 유림의 고뇌를 살펴볼 수 있는 글이다. 특히 1906년(광무10)의 편지는 송병선이 순국한 뒤라서 더욱 최익현에게 절실하게 자기 감정을 토로하고 있음을 읽을 수 있다.

권5의 「성사심제변」과 「재변(再辨)」, 「재변후(再辨後)」, 「신설변(新說辨)」은 전우 및 그의 제자 최병심과 조장섭 사이에서 벌어진 성리학 논변을 파악할 수 있는 글이다. 이기(理氣)는 두 가지로 볼 수 있지만 심성(心性)은 하나인데, 전우는 어찌 심이 제자가 되고 성이 스승이 된다고 논리를 펼 수 있느냐는 것이 최초 조장섭의 의견이었다. 여기에 스승과 제자의 비유, 말을 타는 존재의 비유, 관직과 업무에 대한 비유 등등이 종횡으로 펼쳐지고 있고, 주자(朱子)·퇴계(退溪)·율곡(栗谷)의 견해들에 대한 인용이 봇물처럼 쏟아지고 있다. 최종적으로 양측이 합의할 수 있는 논리가 생산되지 않아 끝까지 서로의 주장을 꺾지는 않았지만, 언어와 개념의 첨예한 부분까지 다루며 도덕의 기초를 세우려고 한 조선 성리학 논쟁의 마지막 장면으로 주목할 만하다.

6. 참고문헌

조장섭(趙章燮), 『위당집(韋堂集)』

옥천조씨대종회 홈페이지 (www.cho.or.kr)

이상호, 「금재 최병심의 학문과 사상」, 『동양철학연구』 61, 동양철학연구회, 2010.

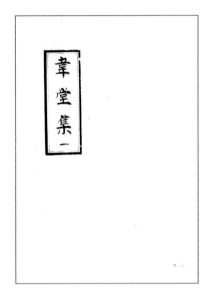

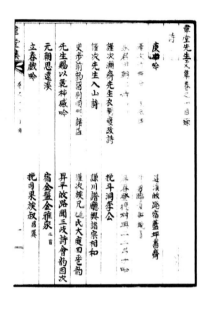

〈호남-44〉 **금재집** 欽齋集

1. 형태서지

표제/권수제	금재집(欽齋集)
편저자	최병심(崔秉心) 著
판사항	석판본
발행사항	新都 : 以文社, 1961
형태사항	총 30권 14책 : 목록 1책, 전편 21권 9책, 후편 7권 3책, 부록 1책 四周雙邊 半郭 21.8×15.6㎝, 有界, 12行25字 註雙行, 內向2葉花紋魚尾 ; 28.3×19.4㎝
소장처	국립중앙도서관, 국회도서관, 원광대, 전남대, 전북대, 전주대, 충남대

2. 정의

『금재집(欽齋集)』은 최제학(崔濟學)·조영선(趙泳善)등과 독립밀맹단(獨立密盟團)을 조직하여 활동한 간재학파(艮齋學派) 최병심(崔秉心, 1874-1957)의 문집이다.

3. 저자사항

최병심의 자는 경존(敬存), 호는 금재(欽齋)이며, 본관은 전주(全州)이다. 1874년(고종11) 전주(全州) 교동(校洞)에서 최우홍(崔宇洪)과 이천서씨(利川徐氏) 사이에서 출생했다. 그의 호는 흠재라고 읽히지만 최병심은 문인들에게 흠(欽)을 고음(古音)인 '금'으로 읽을 것을 교시하며 자부심의 표상으로 삼았다.

어려서부터 성품이 남달리 뛰어났고 장중(壯重)하였다고 한다. 부친에게 한학을 배우다가 16세가 되던 1889년(고종26) 청하(靑下) 이병우(李炳宇, ?-?) 문하에 들어가 수학하였다. 23세가 되던 1896년(건양1)에 연재(淵齋) 송병선(宋秉璿, 1836-1905)을 방문하였는데, 최병심을 기특히 여기고『근사속록(近思續綠)』을 공부하게 하였다. 이듬해인 1897년(건양2) 겨울에는 간재(艮齋) 전우(田愚, 1841-1922)를 태안(泰安)의 연천서당(蓮泉書堂)으로 찾아가 스승으로 모셨는데, 전우는 우리 유학을 계승 발전시킬 재목은 바로 이 사람이라 칭찬하고 『서경(書經)』의 "금명문사(欽明文思)"에서 글자를 취하여 '금재'라는 호를 지어주었다. 태안에서 다시 전주로 돌아온 뒤에 옥류정사(玉流精舍)라는 이름으로 서당을 열고 후학을 양성하였다. 서당의 당호를 염수재(念修齋)라고도 하였다.

31세 되던 1904년(광무8)에 명릉참봉(明陵參奉)에 제수되었지만 부임하지 않았다. 자신의 도량을 치국안민(治國安民)에 충분히 발휘할 수 있는 시기가 아니라 판단한 것이었다. 최병심은 국운이 비극을 만난 시대에는 유학을 배운 선비들이 살신성인(殺身成人)으로 국운을 바로잡는 일에 나서는 것이, 유학에서 말하는 천리(天理)요 인도(人道)라고 하며 문인들에게 충의(忠義)를 강조하였다. 옥류정사에는 많은 제자들이 모여들어 최병심의 문하에서 많은 고사(高士)들이 배출되었다. 32세가 되던 1905년(광무9)에 을사늑약이 체결되자 전국 각처의 지사(志士)들에게 오적(五賊)을 먼저 처단하자고 격문을 돌리다가 임실경찰서에 투옥되기도 하였다.

37세가 되던 1910년 한일합방이 되자 매일 주야로 발산(鉢山)에 올라가 통곡하며, 외부 출입을 삼갔다. 39세 되던 1912년 겨울에는 독립밀맹단(獨立密盟團)의 전주 책임자로 활동하였다. 의병장 이석용(李錫庸, 1878-1914)에게 군자금을 지원하기 위한 조직이었는데, 이석용이 1914년 일제에 체포되어 사형을 받으면서 활동이 무산되었다. 1917년에는 일제가 옥류정사 일대에 잠업소(蠶業所)를 설치한다며 토지를 수용하려고 하였는데, 최병심은 대대로 전수받은 땅을 일제에 내어줄 수 없다고 단호히 거절하였다. 선비들이 모여 반일정신을 배양하는 옥류정사를 눈엣가시로 여긴 일제가 강제수용령을 발동하여 가옥을 소각하며 사람들을 내쫓자 최병심은 불길에 뛰어들어 왜경의 간담을 서늘하게 하고 억지로 구해진 뒤에 결사적인 단식투쟁으로 대결하였지만, 끝내 토지는 뺏기고 말았다. 1918년에는 만동묘(萬東廟)를 일제가 철폐하자 이를 탄핵하는 통문을 돌리다가 괴산경찰서에 구금된 바도 있었다.

1939년에는 일제에 저항하던 애국 투사들의 열전인 조희제(趙熙濟, 1873-1938)의 『염재야록(念齋野錄)』에 서문을 작성한 혐의로 임실경찰서에 구금되기도 하였다. 만년까지 꺾이지 않는 절의를 품고 최병심은 염수당에서 후학을 양성하였다. 최병심은 사람이 음양·흑백을 분별할 줄 모르면 소인·난적이 되기 쉽다고 전제하고, 같은 계열의 학파라도 학문의 진리에 어긋나는 논설은 가차 없이 엄격하게 분석 비판하여, 태극(太極)·심성(心性)·이기(理氣)·의리론(義理論) 등 많은 잡저를 저술하였다. 그의 높은 절의는 전국적으로 알려져 있어서, 해방 뒤인 1948년 성균관부관장으로 추대되었으나 부임하지 않고 염수당에서 후학을 양성하다가, 84세가 되던 1957년 음력 9월 10일에 졸(卒)하였다. 유재(裕齋) 송기면(宋基冕, 1882-1966), 고재(顧齋) 이병은(李炳殷, 1877-1960) 등과 함께 전북 유학의 삼재(三齋)로 꼽히는 인물로 추앙받고 있다. 묘는 전주시 교동 옥류동에 있으며 옥동사(玉洞祠)에 배향되었다.

4. 구성 및 내용

『금재집(欽齋集)』은 석판본 전편 21권 9책, 후편 7권 3책, 목록 1책, 부록 1책, 도합 30권 14책으로 구성되어 있다. 이 문집은 1961년 손자 최규만(崔圭萬)과 그의 문인들이 간행하였다. 서문과 발문은 없고 전편과 후편으로 나뉘었으며, 부록에는 김종연(金鍾淵)의 서문과 금재의 손자 최규만(崔圭萬)의 발문이 있다. 이 문집은 국립중앙도서관과 전북대 도서관 등에 소장되어 있다. 이를 대본으로 하여 1988년 여강출판사에서 영인본 1책으로 간행하였다. 문집에서 누락된 시문 등을 문인 엄명섭(嚴命涉)의 필사로 정리하여 엄명섭·배성수(裵聖洙) 등에 의해 『금재선생문집습유(欽齋先生文集拾遺)』가 1978년 4권 1책으로 간행되었다. 여기에는 엄명섭의 서문과 이상녕(李湘寧)의 발문이 있다.

전편의 권1은 시 280수, 권2-권13은 서(書) 823편, 권14는 잡저(雜著) 36편이 실려 있다. 권15는 서(序) 52편, 권16은 기(記) 65편, 제발(題跋) 11편, 명(銘) 6편, 잠(箴) 1편, 찬(贊) 4편, 자사(字辭) 2편, 혼서(婚書) 2편, 상량문(上樑文) 5편, 고축(告祝) 7편, 제문(祭文) 8편, 애사(哀辭) 1편이 실려 있다. 권17-19는 신도비명(神道碑銘) 2편, 비문(碑文) 20편, 묘갈명(墓碣銘) 136편, 권20은 묘지명(墓誌銘) 13편, 묘표(墓表) 25편, 권21은 행장(行狀) 21편, 행록(行錄) 2편, 유사(遺事) 1편, 전(傳) 3편이 실려 있다. 후편의 권1-3은 시(詩) 18수, 서(書) 339편, 권4는 서(序) 41편, 기(記) 46편, 제발(題跋) 8편, 명(銘) 7편, 자사(字辭) 1편, 상량문(上樑文) 4편, 고축(告祝) 9편, 제문(祭文) 3편이 실려 있다. 권5·6은 신도비명(神道碑銘) 3편, 비문(碑文) 22편, 묘갈명(墓碣銘) 91편, 묘지명(墓誌銘) 3편, 묘표(墓表) 28편, 행장(行狀) 12편, 행록(行錄) 1편, 전(傳) 2편이 실려 있다. 부록은 제문(祭文) 50편, 만사(輓詞) 160수, 「한전사실추록(韓田事實追錄)」·「제한전사실추록후(題韓田事實追錄後)」·행장(行狀)·묘갈명(墓碣銘)·옥산연원록(玉山淵源錄) 등으로 구성되어 있다.

전편 권1에 수록된 시는 모두 280수인데 시체별로 수록되어 있다. 7언 율시가 가장 많고 그 다음이 7언 절구가 많아서 7언시를 즐겨 썼음을 알 수 있다. 설리(說理), 영사(詠史), 기행(紀行), 화운(和韻), 증별(贈別), 회고(懷古), 만시(輓詩) 등을 읊고 있다. 권2-13은 서 823편으로 사문(師門), 지구(知舊), 동문(同門), 문인(門人), 유림(儒林), 가정(家庭) 등과의 왕복 서신이다. 유형별로 정리되어 있는데 스승 전우에게 올린 서신이 57편으로 가장 많다. 안부 이외에 경학, 예학, 성리학 등에 관해 질문하고 자신의 의견을 피력하고 있다. 서(書)의 별지(別紙)에는 주로 경전(經傳)·성리(性理)·심기(心氣)·의리(義理)·예설(禮說)·역리(易理) 등에 내한 논술이 많은데, 사문(師門)인 전우(田愚)·이병우(李炳宇)·송병선(宋秉璿)을 위시해 지구(知舊)·동문인(同門人)·문인·유림 등 당시의 석학 1천여 명과 주고받은 서한이다. 권14의 잡저는 모두 36편으로 문집의 백미이다. 잡저 중에서 「화서답김감역서변(華西答金監役書辨)」은 이항로(李恒老)의 「심주리설(心主理說)」을 논변한 것이다. 「성사심제변변(性師心弟辨辨)」은 조장섭(趙章燮)이 이기이물설(理氣二物說)과 심성일물설(心性一物說)을 제시해 성사심제설을 비판해오자, 이것을 조목별로 다시 반박한 것이다. 「고팔역사우(告八域

士友)는 1919년 고종이 죽었을 때 멸망한 국가의 임금에게 복제가 있을 수 없다고 조긍섭 (曺兢燮)이 주창하자, 변론문을 지어 전국 선비들에게 널리 알리면서 동요하지 말고 3년복을 입자는 내용이다. 「염수당강규(念修堂講規)」는 후진을 교육하는 강규 18조를 작성하고 학규(學規)를 도식으로 만들어 배우는 차례와 날로 몸과 마음을 살피는 절목을 알기 쉽게 열거하였다. 「경의문대(經義問對)」는 경학에 관해 문인들의 질문에 대답한 것이고 「자민(自憫)」은 심(心)에 대한 원리를 문답식으로 피력한 논술이다. 「만록(漫錄)」에서는 경세지책(經世之策)과 처세지도(處世之道)를 역설해 자신의 이념을 천명하였다. 권15의 서(序)는 모두 52편으로 「운곡시문유사서(耘谷詩文遺史序)」 등의 서책의 서문, 「오산김공소서(鰲山金公小敍)」 등의 인물에 대한 서문, 「이덕순준명수서(李悳淳俊明壽序)」 등의 수서(壽序), 「송최관운서(送崔管雲序)」 등의 송서(送序) 순으로 되어있다.

후편의 권1은 시 18수를 고시, 절구, 율시 순으로 배열하였다. 권4의 「염재야록서(念齋野錄序)」는 한말 독립투사들의 비사(祕史)를 엮은 조희제(趙熙濟)의 『염재야록(念齋野錄)』에 쓴 서문이다. 부록에 있는 「한전사실추록(韓田事實追錄)」과 「제한전사실추록후(題韓田事實追錄後)」은 1917년 왜정이 전주에 잠업소를 설치한다면서 토지 수용령을 발동하고 가옥을 소각하자 단식을 하며 투쟁했던 일을 기록한 것이다. 옥산연원록(玉山淵源錄)은 그의 서재인 염수재에서 수학한 문인록이다.

5. 주요 작품 및 문집의 특징

권4에 수록된 「염재야록서」에서는 최병심의 불굴의 저항정신이 갖는 구조와 깊이를 짐작해볼 수 있다. 간재학맥을 잇는 학자로서 최병심은 조선중화주의에 기반한 자부심과 화이관에 기반한 저항정신을 보여주었던 것이다. 우리나라가 단군(檀君)으로부터 시작되어 기자(箕子)를 통해 홍범구주(洪範九疇)를 받아들였기 때문에 예악과 문물이 중화와 같으며, 주(周)나라에서 노(魯)나라, 한(漢)나라로 이어지는 정통에 조선도 포함된다고 볼 수 있다고 하였는데, 이러한 나라가 오랑캐가 춤추는 야만의 땅이 된 것에 분개하고 있다. 죽지 않는 사람 없고 망하지 않는 나라 없지만, 중화라는 문명과 왕도정치의 이상이 붕괴된다면 세상 모든 인류가 멸종될 것이라고 주장하며, 『염재야록』과 같은 기록을 통해 기개와 절개를 배워야 한다고 주장한 것이다. 그것이 유학자의 임무라고 하였다. 일제 치하에서 최병심 자신의 행동 강령을 선포한 것이라 볼 수도 있다.

권1에 수록된 「갑술원조우제(甲戌元朝偶題)」라는 작품은 최병심이 환갑이 되던 해에 지은 오언율시로서, 날카로운 저항 속에서도 학문적 성찰을 놓지 않는 자세를 엿볼 수 있다. 시의 두련과 함련에서는 세모에 마신 술기운 속에 한 해가 바뀌는 것을 맞이한 자신의 한가한 삶과, 그것을 둘러싸고 있는 물 흐르는 계곡과 고요한 산도 묵은 해를 보내고 새해를 맞이하는 장면을 묘사하고 있다. 경련과 미련에서는 다시 외물에서 인간의 마음으로 돌아오는 성찰의 과정을 잘 보여주고 있다. 경련에서 "하늘의 운행은 언제나 그치지 않고 땅의 덕은 두터움이 한이 없구나[天行常不息, 地德厚無疆]"라고 하여 자연의 운행에서 인간이 본받아야 할 것이 무엇인지를 지시하고 있다. 아무리 어려워도 그침이 없어야 하고, 아무리 급박해도 한이 없어야 한다는 것이라고 할 수 있다. 미련에서는 "반드시 천지의 성(性)을 체득하여 남을 용서하고 나를 이겨내는 일을 굳건히 하리라[須體乾坤性, 恕人克己剛]"고 하였다. 최병심의 행동 강령에 내재된 학문적 맥락을 정확히 파악할 수 있는 시라고 할 수 있다.

6. 참고문헌

이상호, 「금재 최병심의 학문과 사상」, 『동양철학연구』 61, 동양철학연구회, 2010.
이의강, 「금재 최병심의 한시에 투영된 성찰의 삶」, 『간재학논총』 15, 간재학회, 2013.
이형성, 「금재 최병심의 성리사상」, 『간재학논총』 13, 간재학회, 2015.

欽齋先生文集

玉流精舍

欽齋先生文集前編卷之一

詩 五言古詩

靜中感物

萬樹春生際一天月上辰風綻花心穩露凝蔘氣新遠開活盡意物物同斯仁玄妙妙實理誰能觀眼前如有得還覺窒而湮難非擾索亦皆備一身形色同天性默觀運化輪欲語且難象神機祗自因靜夜悠然坐乾坤此夜眞

吊南宋

堂堂大宋國文物章章事功著五伯道德去三王皇意內盡紬致令外邪張鬼蜮過浪入宮墻不知萬世趾尙求一朝康誰倡新開化自壞故常仰扶護澤甘受奴隸謗往歲檀民産前年奉圖綱壹淡時加酷民着日益忘興凶從古有氣節耶全義

欽齋先生文集後編卷之七終

孝烈爲

贊曰夫忠孝烈三綱乃天地之棟樑生民之質榦也國而無是則國不可以爲國人而無是則中華化爲夷狄禽獸矣可不愼旦重歟方成氏被迫之日適有高過免汙身之稠雖不致心無所愧而必爲絶食刃頸至三者蓋其下從之義已決於崩城之時而專爲奉葬之孤不死於不可死之日逈死於當死之日豈非烈烈乎抑若使臣之事君皆能以是心爲心則亦不爲忠臣乎哉

〈호남-45〉 **화운유고** 華雲遺稿

1. 형태서지

표제/권수제	화운유고(華雲遺稿)
편저자	홍경하(洪景夏) 著
판사항	석판본
발행사항	[刊寫地未詳] : [刊寫者未詳], 1969
형태사항	총 5권 2책 四周雙邊 半郭 21.7×14.4㎝, 有界, 12行26字 註雙行, 上下向2葉花紋魚尾 ; 28.5×19.2㎝
소장처	국립중앙도서관, 원광대, 전북대, 전주대, 한국학중앙연구원

2. 정의

『화운유고(華雲遺稿)』는 전라북도 완주군 출신의 문인으로 전우(田愚)·송병선(宋秉璿)·최익현(崔益鉉)·기우만(奇宇萬)의 문하에 두루 출입하며 학문을 닦은 홍경하(洪景夏, 1888-1949)의 문집이다.

3. 저자사항

홍경하의 자는 경행(敬行)이고 호는 화운(華雲)이다. 본관은 남양(南陽)으로 부친 홍순학(洪淳學)과 모친 전주이씨(全州李氏) 이용선(李容善)의 따님 사이에서 1888년(고종25)에 전라남도 완주군(完州郡) 소양면(昭陽面) 대승동(大勝洞)에서 출생하였다. 주로 완주군 조촌면(助村面) 동산리(東山里)에서 거주하였다. 최익현(1833-1907)·송병선(1836-1905)·송병순(宋秉珣, 1839-1912)·전우(1841-1922)·곽종석(郭鍾錫, 1846-1919)·기우만(1846-1916) 등을 두루 찾아 그들의 문하를 출입하며 학문과 식견을 넓혔고, 그들의 문하인들과도 두루 교유하였다. 일제에 저항하던 애국 투사들의 열전인 조희제(趙熙濟, 1873-1938)의 『염재야록(念齋野錄)』에 서문을 작성한 혐의로 임실경찰서에 구금되기도 하였던 금재(欽齋) 최병심(崔秉心, 1874-1957)과도 각별한 교유를 이어갔다. 문명(文名)도 높았지만, 한일합방 이후 유학의 순수함을 고수하며 폭넓은 교유를 하여 명성이 더욱 높았다.

선대의 유적들을 두루 찾아다니고 역사서를 일일이 탐색하여 가문의 전통을 복원하는 데에 힘썼고 집안 자제들의 도덕 교육에도 정성을 다했으며, 동생들을 우애로 거느리고, 아들과 조카들을 도량으로 가르쳐서, 적지 않은 식구들 사이에서도 큰 소리가 나는 일이 없었다고 한다. 이웃에서 관혼상제(冠婚喪祭)에 비용으로 어려움을 겪는다는 소식을 들으면 힘껏 도와주었다. 둘째 셋째 동생들이 오랜 병을 앓다가 한 해에 죽었을 때에도 위로 부모님을 위로하고 아래도 조카들을 쓰다듬으며 한 집안의 중심을 잡느라, 자신의 애통함은 차마 드러내지도 않았다. 이단종교인이 마을에 머물며 포교활동을 하여 마을 주민 중 일부가 처음에는 이단종교를 믿기도 하였으나 홍경하의 가르침을 받아 아무도 그 종교를 따르는 자가 없게 되는 일도 있었다고 한다. 한 집안을 다스리고 이웃들의 모범이 되는 향촌의 군자로서 충실히 자기 역할을 다한 것이었다.

1910년 한일합방의 소식을 듣고는 비통을 참지 못하여 북쪽으로 서울을 바라보며 통곡하고, 송병선·최익현·송병순 등의 순국한 절의를 기리는 시를 지었다. 이봉창(李奉昌, 1900-1932)이 일본국왕 히로히토에게 수류탄을 던져 복수하려 한 의거를 듣고 또 이봉창을 기리는 시를 지었다. 홍경하는 식민지시기 일제의 단발과 창씨개명 강요를 거절하며 응하지 않았는데, 홍경하의 영향으로 그의 집안은 물론 한 마을 안에서 단 한 사람도 창씨개명을 하지 않았다. 1933년에는 관동을 유람하고, 1938년에는 서울을 다녀오고, 1941년에는 제주도에 다녀오면서 기록을 남겨두었다. 1945년 음력 7월 7일(양력 8월 14일) 친일부역을 하던 자가 찾아와 홍경하에게 다행히 큰 화를 면하게 되었다고 하며, 원래 배일불온(排日不穩)의 혐의로 처벌하려 했는데 실행하기 전에 이렇게 되었다고 하였다고 한다.

홍경하는 1948년 대한민국 정부가 정식으로 수립되자 시무십조(時務十條)를 대통령에게 보냈다. 당시 대통령이 홍선생(洪先生)이라 칭하며 상당한 예를 표했다고 한다. 홍경하의 건의문은 전근대적 문체로 전근대적 도덕에 기반하여 작성된 것이었지만, 홍경하는 민주주의 시대에 채용이 되든 안 되든 누구나 건의할 수 있다고 하여 대단히 근대적 사유를 하고 있었던 점을 볼 수 있다. 1949년 음력 2월 23일에 서거하였고, 묘는 옥구(沃溝)의 선영 아래에 있다.

4. 구성 및 내용

『화운유고』는 석판본 5권 2책이다. 본디 1949년 홍경하가 서거한 뒤 유족들과 문인들이 정리하기 시작하여 1952년 문집의 원고가 정리되었는데, 6·25전쟁 중이라 출간되지 못하다가, 아들 홍두현(洪斗鉉) 등의 노력으로 1969년 간행되었다. 국립중앙도서관과 전북대학교 도서관 및 전주대학교 도서관 등에 소장되어 있다.

권1에 이병은(李炳殷)의 서문이 있는데 1952년 작성된 것이다. 권5는 모두 부록인데, 홍경하에게 지내는 제문(祭文) 11편, 만사(輓詞) 51편, 홍경하에게 보낸 시(詩) 4수, 편지 11편이 있는데, 1948년 홍경하가 대통령에게 보낸 시무10조에 대해 대통령 비서실의 이일해(李一海)가 보낸 답신도 수록되어 있는 점이 특이하다. 그 다음은 전주기녕회(全州耆寧會)에서 시상한 포창문(褒彰文)이 한 편 있다. 아들 홍두현이 기록한 「사행록(事行錄)」, 이병은이 작성한 「묘지명(墓誌銘)」, 송재성(宋在晟)이 작성한 「묘갈명(墓碣銘)」이 있고, 1969년 발간에 즈음하여 작성된 전태연(全泰然)의 「발문(跋文)」이 있다.

『화운유고』의 본문은 일반적 문집의 편차에 따라 문체별로 배치되어 있다. 권1에는 시(詩) 409편이 있는데, 오언배율고시(五言排律古詩), 오언절구(五言絶句), 오언사운(五言四韻), 칠언절구(七言絶句), 칠언사운(七言四韻)의 순서로 수록하며 시체(詩體)가 바뀔 때마다 시체명을 분류하여 적어주었다. 권2에는 서(書) 35편이 있는데, 대통령에게 보내는 장편의 편지도 여기 수록되어 있다. 권3은 잡저(雜著)인데, 집안의 자질들에게 보여주기 위한 「거가요훈(居家要訓)」이 여기 포함되어 있고, 관동과 서울을 유람한 일기체 기행문 「관동일기(關行日記)」와 「낙행일기(洛行日記)」 및 제주도 기행문 「영행견문록(瀛行見問錄)」도 여기 포함되어 있다. 권4에는 찬(贊) 1편, 사(辭) 2편, 가(歌) 1편, 표(表) 1편, 제발(題跋) 1편, 기(記) 7편, 상량문(上梁文) 2편, 축문(祝文) 3편, 제문(祭文) 20편, 서(序) 3편, 발(跋) 1편, 묘갈명(墓碣銘) 2편, 묘갈음기(墓碣陰記) 3편, 묘표(墓表) 5편, 묘지명(墓誌銘) 1편, 행장(行狀) 4편이 수록되어 있다.

5. 주요 작품 및 문집의 특징

홍경하가 주고받은 편지들을 통해 전우·송병선·곽종석 및 그의 문하들과 학문적 의논과 일상적 문안을 주고받는 사이였음을 확인할 수 있다.

1933년에는 관동을 유람하고, 1938년에는 서울을 다녀오면서 일기체 방식의 기행문을 남겼고, 1941년에는 제주도에 다녀오면서 들르는 일정마다 항목을 설정하여 기록하였다. 각기 「관동일기」, 「낙행일기」, 「영행견문록」인데, 1930년대의 문물에 대한 견문을 한문으로 기록한 하나의 독특한 유산으로 볼 수 있다.

가장 특이한 것은 당시 대통령 이승만(李承晚, 1875-1965)에게 보낸 한문 편지이다. 물론 이 편지에 대한 답장은 대통령 비서실에서 작성하여 보냈지만, 유주들은 거기에 적힌 홍선생(洪先生)이라는 표현에 매우 깊은 인상을 받은 정황이 아들 홍두현이 기록한 「사행록」에 드러나 있다. 홍경하가 제시한 열 가지를 요약해보면, 1.예의염치(禮義廉恥)라는 도덕률의 국가 통치의 요체로 삼을 것, 2.붕당(朋黨)의 화를 막을 것, 3.이단사교(異端邪敎)를 금할 것, 4.숭문상무(崇文常武)를 중시할 것, 5.농업과 공업을 일으킬 것, 6.산림자원을 경영하고 조선업을 일으킬 것, 7.인재를 잘 등용할 것, 8.토지개혁에 반대하는 것은 아니지만 문중 토지는 보호해줄 것, 9.정부는 국회와 힘을 합칠 것, 10.적폐를 청산할 것. 해방 후 20세기 근대 국가를 수립하는 과정에서 행정부 수반이 대통령에게 유림으로서의 입장을 전달한 의의가 있다고 하겠다.

6. 참고문헌

홍경하(洪景夏), 『화운유고(華雲遺稿)』

華雲遺稿序

華雲洪公南州高士也爲人也敏明果斷勇於爲先又能練達事理
試使見用後知其有爲也方其養親也無以爲資極力營辦足以供
甘旨置祭田設壇享使其遠祖華翁令潔高卸盍顧於後世捍奴之
猖獗也戴高髻整衣冠橫行劍戟間未嘗奮志新政之改制也條陳
時弊以救民療鳴呼時適不辰未能展布其蘊不勝惜哉至若詩與
文其餘事也何足言但志氣磊落不群喜遊八域於其高山巨海橋
以奇絶者無處不到又出入當世先生長者名卿達士之門大其胸
懷廣其見閱其遊觀者歟其弟景漢亦孝弟忠厚人也爲其伯兄見
已未嘗有巧飾態亦足可觀文句之間往往有奇偉壯麗之氣見於
外抑亦得其助於遊觀者歟
收其散稿合爲二号將欲刊行屬余正其闕誤仍序之于首余辭以

華雲遺稿卷之一

五言排律古詩

海印寺

海印大伽藍伽倻山下在瓊林異鳥啼仙扃閒琉呋經鐘起玄雲塔
龕上翠螢鼍花寶界飛法鼓玉坮擁百年僧見性四壁佛成繪緗懷
崔子遊芳躅已千載今此洪崖來欲攀不可造悄然岩角依物色空
音怳如鳴玉珮綾步下玉流層閣閉玉碎永道闢琉璃樹梢挂珢琚
十里迁林間日光晝暧不見龍山亭悵懷空切復三復絶唱唱徒
然益復愛住爲武陵橋旋嘆難可再世人誰得眞天實許吾輩
檀神定鼎地靈異河兩先生韻
西都雜咏次河兩正無窮筆聖來東復尙存敎化風莫言奸衛滿邦

華雲遺稿卷之三

雜著

居家要訓

爲人之道備盡聖賢書吾何別有言語爲父必道烏可無一
語之切戒嗟次小子匯我言盍敬受聽焉

居家

身心本也事物末也本正則應正本不正則影隨形貸救
用私於其間也求正身心有道切以忠厚謹飭爲質而祛其浮華故
浪之態恒存臨淵履氷之懼毋或因循怠墮

持身

家庭之內嚴厲過度則傷恩和易無常則近昵治家之道宜不難哉
以敬以正覺易得宜使家人視我如賓立紀有度卽次整飭少長

〈호남-46〉 **매천집** 梅泉集

1. 형태서지

표제/권수제	매천집(梅泉集)
편저자	황현(黃玹) 著 / 김택영(金澤榮) 編
판사항	연활자본
발행사항	- 원집 : 上海 : 翰墨林書局, 1911 - 속집 : 上海 : 翰墨林書局, 1913

형태사항	총 11권 5책
	- 원집 7권 3책 : 四周雙邊 半郭 18.2×12.0㎝, 有界, 10行24字 註雙行, 上下向黑魚尾
	  ; 25.0×14.9㎝
	- 속집 4권 2책 : 四周雙邊 半郭 18.4×12.0㎝, 有界, 半葉 10行24字, 上黑魚尾 ; 25.0
	  ×14.9㎝

소장처	국립중앙도서관, 경상대, 고려대, 국회도서관, 남평문씨인수문고, 연세대, 전남대, 한국학중앙연구원

2. 정의

『매천집(梅泉集)』은 일제 강제 병탄에 항의하며 자결하면서 지은 절명시(絶命詩)로 널리 알려진 황현(黃玹, 1855-1910)의 시문을 엮은 문집으로, 1911년 원집이 출간되고 1913년 『매천속집(梅泉續集)』이 출간되었다.

3. 저자사항

황현의 자는 운경(雲卿), 호는 매천(梅泉)·양재(養齋)·서강(西江) 등이다. 본관은 장수(長水)이며 부친은 황시묵(黃時默), 모친은 풍천노씨(豊川盧氏)이다. 1855년(철종6) 전라남도 광양(光陽)에서 태어났다. 천사(川士) 왕석보(王錫輔, 1816-1868) 아래에서 공부했으며 어려서부터 신동(神童)으로 소문이 났다. 11세에 "기러기 소리가 처음 노는 이의 연석에 들려온다.[雁聲初落遊人席]"라는 시구를 지어, 마을 어른들을 놀라게 하였다고 한다. 1871년(고종8) 황현 17세에 해주오씨(海州吳氏) 오현주(吳顯冑)의 딸과 결혼했다.

황현은 1876년(고종13)에 남파(南坡) 성혜영(成蕙永, 1844-?)의 방문을 받았다. 성혜영은 하동(河東) 출신으로 서울에서 소론(少論) 및 남인(南人) 중심의 한시 결사였던 '남촌시사(南村詩社)'와 중인 및 서리층 중심의 한시 결사였던 '육교시사(六橋詩社)'를 중심으로 활동하던 시인이었다. 성혜영이 황현의 명성을 듣고 찾아온 것이며, 황현은 성혜영을 통해 서울의 명망가들에 대해 듣고 그들을 만나볼 것을 기대하게 된다. 2년이 지나 1878년(고종15) 황현은 드디어 서울을 방문하여 위당(威堂) 신헌(申櫶, 1810-1884), 향농(香農) 신정희(申正熙 1833-1895) 부자(父子) 등 명문들과 교분을 쌓게 되었으며, 성혜영을 따라 시사(詩社)에도 참여하게 되는데, 이때 대시인으로 명망이 높았던 추금(秋琴) 강위(姜瑋, 1820-1884)를 만나게 된다. 강위를 알게 되면서 영재(寧齋) 이건창(李建昌, 1852-1898), 창강(滄江) 김택영(金澤榮, 1850-1927)까지 교유가 확대되는데, 강위·김택영·이건창·황현 네 사람의 문학적 지향과 정치적 판단은 각기 달랐지만, 높은 수준의 작품들을 창작하고 정서적으로 깊이 교유하면서 전국적 명망을 얻었기에, 흔히 한말사대가(韓末四大家)로 묶여 지칭된다.

1883년(고종20) 과거시험에 응시하였는데, 초시(初試)에서 시관(試官)이 그의 훌륭한 문장을 보고 장원으로 뽑았다가 그의 출신이 한미함을 보고 2등으로 바꾸었고, 이후 회시(會試)에서 낙방시켰다. 황현은 부패한 조정에서 인재의 능력보다 출신만 따지는 현실을 감지하고, 관직에 대한 뜻을 접고 낙향하였다. 1888년(고종25) 부친의 간곡한 요청으로 다시 과거에 응시하여 장원으로 급제하였다. 이때 시관이 정만조(鄭萬朝, 1858-1936)의 친척 형님인 정범조(鄭範朝,1833-1898)였는데, 강위·이건창 등과 친분이 깊었던 정만조가 황현의 재주로 장원이 안 되면 공정성이 의심될 수밖에 없다고 강력하게 항의한 덕분이었다고 한다. 그러나 황현은 서울에서 더욱 부정부패가 만연한 현실을 목도하고 다시 관직의 꿈을 접고 귀향한다. 이때 신기선(申箕善, 1851-1909), 이도재(李道宰, 1848-1909) 등 명문 대관들이 황현을 만나고 싶어 하기도 했으나, 응하지 않았다.

황현이 출세를 완전히 단념한 이 무렵부터 조선은 더욱 급박한 정세에 휘말리게 되는데, 이 급박한 정세 속에서도 무능과 탐욕으로 일관하는 세도정권의 행태와 자신의 견문을 날카로운 비판적 필치에 담아 기록한다. 『동비기략(東匪紀略)』·『매천야록(梅泉野錄)』·『오하기문(梧下記聞)』 등이 그 결정체로서, 개항과 동학농민전쟁, 청일전쟁과 갑오개혁, 을미사변 등 이 시기의 굵직한 사건들이 황현의 관점으로 기록되어 있다. 황현의 필치 아래 온전한 사람이 없다는 평가가 있을 정도로, 그의 거침없는 비판의 칼날은 고관대작과 세도정권은 물론 왕실까지 겨누고 있었다. 1905년(광무9) 을사늑약 직후에는 김택영과 함께 중국으로 망명하려 하였으나 결국 김택영만 조선을 떠나게 되었다. 1908년(융희2) 신학문과 민족의식을 교육하기 위해 구례에 호양학교(壺陽學校)를 설립하였고, 자신의 문인들에게 교육을 담당하게 하였다.

1910년 음력 8월 5일 황현은 강제병탄의 소식을 듣고 「절명시」 네 수와 유서를 남기고 자결하였다. 구례군(求禮郡) 유산촌(乳山村)에 장사지냈다. 장지연(張志淵, 1864-1921)이 『경남일보』에 황현의 절명시를 게재하고, 한용운(韓龍雲, 1879-1944)이 만시를 짓는 등, 그의 자결은 식민지 초기 큰 반향을 일으켰다. 묘지에는 그의 유언에 따라 『세설신어(世說新語)』를 부장하였고, 이후 1942년 광양시 봉강면으로 이장했다.

4. 구성 및 내용

『매천집(梅泉集)』과 『매천속집(梅泉續集)』은 모두 중국 상하이(上海)의 '한묵림서국(翰墨林書局)'에서 간행되었다. 일제의 감시 아래에서 황현의 문집을 출간하기 어렵다고 판단한 유족과 문인들이 중국에서 출간하기로 결정하고 중국에 망명해 있던 김택영이 편집을 담당하여, 활자본 『매천집』 7권 3책이 1911년 간행되었다. 이 연활자본 『매천집』은 당초 유족과 문인들이 보냈던 원고 중의 상당량을 김택영이 편집 과정에서 제외하고 출판하였던 것이다. 유족들의 부탁으로 제외되었던 원고 중의 일부를 김택영이 다시 편집하여, 연활자본 『매천속집』 2권 1책이 1913년 간행되었다. 국립중앙도서관·고려대 중앙도서관 등에 소장되어 있다.

1932년에 박형득(朴炯得)이 연활자본 『매천시문선집(梅泉詩文選集)』 4권2책 보성(寶城)에서 간행하였는데 상하이에서 간행된 문집을 저본으로 삼은 것으로 보인다. 1957년에는 김진명(金振明)이 주석을 붙이고 시체별로 재분류한 석판본 『전주매천시집(箋註梅泉詩集)』 3권1책을 담재서실(澹齋書室)에서 간행하였는데 역시 상하이에서 간행된 문집을 저본으로 삼은 것이다. 이 밖에 황현의 저술로 『매천야록』, 『오하기문』, 『동비기략』 등은 문집에 수록하지 않았고, 그밖에 문집에 미처 수록되지 못한 시문들도 적지 않았다. 1978년에 아세아문화사에서 『매천집』과 『매천야록』을 합하여 『황현전집』 2책으로 영인 출판하였고, 1998년에 전주대학교 호남학연구소에서 『매천집』과 『오하기문』을 합하여 『매천전집』 5책으로 영인 출판하였다. 전주대학교에서 출판한 책에는 황현의 동생 석전(石田) 황원(黃瑗, 1870-1944)과 황현과 절친했던 이건창의 사촌 동생이며 그 자신도 황현과 깊이 교유하였던 이건방(李建芳, 1861-1939) 두 사람이 교정하여 출판을 준비하였던 원고도 포함되어 있고, 새로 발굴된 시문들도 증보되어 있다. 김택영이 간행한 『매천집』에는 한시가 838수 실려 있었는데, 전주대학교에서 출판한 책에는 한시가 1060수 실려 있다.

상하이 간행본을 중심으로 보면, 원집 7권 3책, 속집 2권 1책으로 되어 있다.

원집 권1의 권수에는 1911년에 지은 중국인 강겸(江謙)의 서문, 박문호(朴文鎬)가 지은 묘표(墓表), 김택영이 지은 본전, 김택영과 왕수환(王粹煥)이 지은 화상찬(畵像贊), 황원이 지은 사행영록(事行零錄), 박창현(朴暢鉉)의 평어(評語), 권봉수(權鳳洙)의 제사(題詞)가 실려 있고, 원집 권7의 권말에는 학이태(郝爾泰)가 쓴 제후(題後)와 왕성순(王性淳)이 쓴 발문, 송태회(宋泰會)와 윤종균(尹鍾均)이 쓴 저자의 찬(贊), 그리고 정오(正誤)가 실려 있다. 특히 김택영이 지은 본전은 황현이 자결하던 당시의 분위기와 황현의 결단을 매우 인상적으로 서술하고 있다.

원집 권1-5는 詩로서 838首가 연대순으로 편차되어 있다. 권1에는 1877년부터 1895년까지 지은 시 160수가 실려 있다. 권2에는 1895년부터 1898년까지 지은 시 182수가 실려 있다. 권3에는 1898년부터 1901년까지 지은 시 192수가 실려 있다. 권4에는 1901년부터 1907년까지 지은 시 236수가 실려 있다. 권5에는 1908년부터 1910년까지 지은 시 61수와 보유 7수가 실려 있다. 보유는 1880년부터 1884년까지 지은 시 7수를 모은 것으로 이른바 「중매산방시초(中梅山房詩鈔)」인데, 연대순 편차가 이미 끝났기 때문에 권말에 붙이고 보유라고 한 것이다.

원집 권6-7은 文으로 문체별로 편차되어 있다. 권6에는 서(書) 1편, 서(序) 3편, 기(記) 7편, 발(跋) 8편, 논(論) 3편, 설(說) 4편이 실려 있다. 권7에는 명(銘) 11편, 찬(贊) 2편, 소(疏) 1편, 제문(祭文) 5편, 행장(行狀) 3편, 묘표(墓表) 1편, 전(傳) 2편, 서사(書事) 1편, 잡문(雜文) 2편, 보유(補遺) 1편이 실려 있다.

속집 권1의 권수에는 1913년에 황개기(黃開基)가 지은 서문, 이건방(李建芳)과 이건승(李建昇)이 지은 제문이 실려 있고, 권2의 권말에는 김택영이 쓴 발문이 실려 있다. 권1에는 서(書) 20편, 서(序) 2편, 기(記) 4편, 발(跋) 1편이 실려 있다. 권2에는 제문(祭文) 1편, 행장(行狀) 3편, 묘표(墓表) 3편, 전(傳) 2편, 잡문(雜文) 7편이 실려 있다.

5. 주요 작품 및 문집의 특징

황현은 특히 시인으로서의 명성이 대단하였다. 그의 「절명시」및 우국시(憂國詩)들도 수준이 높지만, 한가로운 전원 생활을 노래한 작품들처럼 서정한시도 매우 수준이 높았다. 「원식십오영(園植十五咏)」은 집 주변을 둘러싸고 있는 나무들을 읊은 것이고, 「산촌즉사(山村卽事)」는 만수동 계곡에서 자신의 집안까지 이어지는 한가로운 풍경 속에 독서하는 자아를 자각하고 있는 것이다. 복분자를 따며 맡게 되는 상큼한 향기를 짧은 봄의 순간과 어울리게 포착한 「채복분자(採覆盆子)」도 전원시(田園詩)로서 주목할 만한 작품이다.

1900년(광무4)의 연말에 지은 「세모회인제작(歲暮懷人諸作)」은 김택영·이건초(李建初)·여규형(呂圭亨)·정만조(鄭萬朝)·이건승(李建昇)·홍건(洪楗)·이원긍(李源兢)·백낙륜(白樂倫)·이성렬(李聖烈)·박문호(朴文鎬)·오한응(吳翰應)·성혜영(成蕙永)·이정직(李定稷)·이기(李沂)·유제양(柳濟陽)·왕사찬(王師瓚)·윤종균(尹鍾均)·윤병수(尹秉綬)·송태회(宋泰會)·경월대사혜근(擎月大師惠勤) 등 20인을 생각하며 각각 한 수씩 지은 회인시(懷人詩)이다. 이

시기 황현의 교유에 대해 짐작해볼 수 있는 중요한 자료이다.

황현은 우국시로 주목을 받았는데, 1905년(광무9)에 지은 「오애시(五哀詩)」는 을사조약이 체결되자 자결한 민영환(閔泳煥)·홍만식(洪萬植)·조병세(趙秉世) 세 사람을 애도하고 을사오적의 처형과 조약의 무효를 주장하던 최익현(崔益鉉)에게는 희망을 걸고, 이미 서거한 이건창에게는 추모하며 자신의 애달픈 심사를 투영한 시이다. 무엇보다 자결하면서 남긴 「절명시」는 망국의 시기에 지식인으로서의 자기 반성과 비통한 감정을 절절하게 표현하며 비극적 서정이 드러난 시로서, 황현의 대표작으로 널리 알려진 시이다.

산문으로는 이정직의 편지에 답하는 「답이석정서(李石亭書)」에서 모방을 경계하고 자신의 문장을 추구해야 한다는 주체적 문학론을 전개한 것이 두드러지고, 「연암속집발(燕巖續集跋)」에서도 같은 취지의 문학론을 기반으로 연암을 평가하고 있는 것이 주목된다. 「서천우현사(書千禹鉉事)」에서는, 구례현감 천우현이 해적을 소문만 듣고 죽으려 한 사실을 두고 마땅히 죽어야 할 곳에서 죽지 못하는 사람보다는 낮다고 평가하였다. 마치 한일합방 이후에도 아무런 반성 없이 살아가는 세도가들에 대해 죽기 전에 미리 날카로운 비판을 하고 있는 듯하다.

6. 참고문헌

배종석, 『매천 한시의 서정적 특징 연구』, 성균관대학교 박사학위논문, 2012.
임형택, 「망국의 시대를 고발한 전통지식인의 눈」, 『우리고전을 찾아서』, 한길사, 2007.
기태완, 『황매천 시 연구』, 보고사, 1999.

詩
梅泉集 天

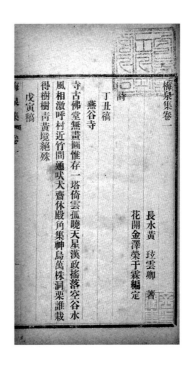

梅泉集卷一

詩

丁丑稿

燕谷寺

寺古佛堂無畫圖惟存一塔倚雲孤曉天星漢政搖落空谷水
風相激呼村近竹間通吠犬齋休殿角集神烏萬株洞栗誰栽
得樹樹靑黃境絶殊

長水黃 玹雲卿 著
花開金澤榮于霖編定

序

爲國有學無小大強弱興亡未甞無人爲學而通無新舊文質
未甞無用苟死而爲國無間於事濟不濟未甞無所感於後之
人曰韓倂朝之明年老友韓金滄江橋其故人黃烈士詩文一
卷囑爲序且傳示烈士生平始末及倂朝後仰藥殉國之際臨
終絶命之詞余觀之益信韓不國久矣而黃君者非其人乎於
時中國方懾懾於世界强弱興亡之懼全國熱血志士不惜摩
頂濺血以爲政治改革之爭發離武漢之間面風揚於全國雄
傑之士虎跳鷹奮而文人學子亦復攘臂盡於其間兩月以
來北廷悔禍且顧罷兵聽民決議大事之成有日矣夫韓封故

麥源江 謙敬持

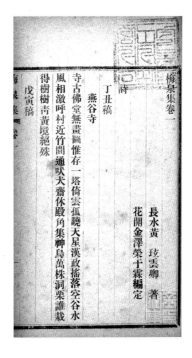

梅泉集卷一

詩

丁丑稿

燕谷寺

寺古佛堂無畫圖惟存一塔倚雲孤曉天星漢政搖落空谷水
風相激呼村近竹間通吠犬齋休殿角集神烏萬株洞栗誰栽
得樹樹靑黃境絶殊

長水黃 玹雲卿 著
花開金澤榮于霖編定

근현대 유림 문집 목록
-호남편-

근현대 유림 문집 목록 -호남편-

번호	저자	문집명	생몰년	구성	간사년	판종	소장처	총서간행	비고
1	강기준(康基準)	난파유고(蘭坡遺稿)	1876-1954	2권 1책	1957	석판본	국립중앙도서관, 국회도서관		
2	강기흠(姜琪欽)	죽계실기(竹溪實記)	1860-1911	2권 1책	1986	석판본	전북대		
3	강길원(姜吉遠)	양호당유고(養浩堂遺稿)	1898-1986	1책	1986	석판본	미상		
4	강대일(姜大一)	취암유고(翠庵遺稿)	1870-1950	3권 1책	1953	석판본	국립중앙도서관, 계명대, 고려대, 서울대 구장각, 성균관대 존경각, 영남대, 원광대, 전남대, 전북대, 한국학중앙연구원	역총 1496	
5	강인(姜繗)	국사집(菊史集)	미상	1권 1책	1968	목판본	국립중앙도서관, 국회도서관, 전북대, 전주대	역총 1465	
6	강천수(姜天秀)	감운실기(甲雲實記)	1918-미상	1책	1999	신활자본	미상		
7	강희진(康熙鎭)	지헌유고(止軒遺稿)	1878-1942	3권 2책	1959	석판본	국립중앙도서관, 계명대, 영남대 존경각, 전남대, 전북대		
8	경허성우(鏡虛惺牛)	경허집(鏡虛集)	1849-1912	1권 1책	1943	신연활자본	고려대, 부산대		
9	고광열(高光烈)	니산유고(尼山遺稿)	1876-1958	6권 3책	1961	석판본	국립중앙도서관, 고려대, 성균관대 존경각, 전남대		
10	고광선(高光善)	현와유고(弦窩遺稿)	1855-1934	9권 4책	1896/1956	목활자본	국립중앙도서관/계명대, 고려대, 영남대, 전남대, 전주대, 한국학중앙연구원	역총 544-545	
11	고다표(高多杓)	월운집(月雲集)	1862-1947	4권 2책	1988	석판본	전남대		
12	고동주(高東柱)	회재집(悔齋集)	1848-1916	6권 2책	1956	석판본	국립중앙도서관, 국회도서관, 단국대 율곡기념도서관, 전남대, 전북대, 조선대, 한국학중앙연구원		

번호	저자	문집명	생몰년	구성	간사년	판종	소장처	총서간행	비고
13	고석진 (高石鎭)	방호집 (方壺集)	1856-1924	3권 2책	1934	석판본	국립중앙도서관, 계명대, 성균관대 존경각, 연세대, 영남대, 전남대, 전주대		
14	고예진 (高禮鎭)	송천집 (松川集)	1875-1952	13권 4책	1963	영인본	국립중앙도서관, 경상대, 국민대, 부산대, 원광대, 전남대, 전북대, 중남대	효종 1660-1661	〈해제〉 호남-01
15	고재붕 (高在鵬)	익재집 (翼齋集)	1869-1936	11권 4책	1965	연활자본	국립중앙도서관, 계명대, 고려대, 연세대		
16	고재익 (高在益)	성와유고 (省窩遺稿)	1912-1982	4권 2책	1984	석판본	국립중앙도서관, 국회도서관, 단국대 퇴계기념도서관, 원광대, 전남대, 중남대, 한국학중앙연구원		
17	고정주 (高鼎柱)	춘강집 (春岡集)	1863-1933	3권 1책	1975	신연활자본	경상대, 단국대 퇴계기념도서관, 전남대, 전주대, 순조제		
18	고제천 (高濟杰)	성당유고 (省堂遺稿)	1901-1992	2권 1책	1993	석판본	국립중앙도서관, 고려대, 국회도서관, 원광대, 전남대, 전북대, 중남대		
19	고제인 (高濟安)	석천유고 (石川遺稿)	1845-1927	5권 2책	1943	석판본	국립중앙도서관, 성균관대, 전북대		
20	고제용 (高濟庸)	석남집 (石南集)	1854-1961	4권 2책	1962	신연활자본	국립중앙도서관, 연세대		
21	고한주 (高漢柱)	외당유고 (畏堂遺稿)	1871-1959	8권 2책	1958	석판본	국회도서관, 성균관대 존경각, 전남대		
22	고한섭 (高漢燮)	해사유고 (海沙遺稿)	1855-1919	4권 2책	1962	석판본	국립중앙도서관, 고려대, 전북대, 한국학중앙연구원		
23	고헌진 (高憲鎭)	초남시집 (楚南詩集)	1872-1910	4권 1책	1976	연활자본	원광대, 전남대		
24	고희상 (高熹相)	운강집 (雲岡集)	1890-1965	4권 2책	1954	석판본	미상		
25	공상원 (孔商源)	율제유고 (栗霽遺稿)	1861-1917	2권 1책	1983	석판본	전남대 호남한문고전연구실		

번호	저자	문집명	생몰년	구성	간사년	판종	소장처	총서간행	비고
26	공재성(孔在星)	만오사고(晚珸私稿)	1904-1974	2권 1책	1989	석판본	국립중앙도서관, 고려대, 국회도서관, 전남대, 전주대, 조선대, 한국학중앙연구원		
27	공학원(孔學源)	도봉집(道峯集)	1869-1939	11권 5책	1948	석판본	국립중앙도서관, 전남대, 전주대	역총 2830-2831	〈해제〉호남-02
28	구간모(具旵謨)	송간유고(松澗遺稿)	1844-1918	4권 1책	1962	석판본	국립중앙도서관, 원광대, 전남대, 한국학중앙연구원		
29	권복수(權福洙)	화동사고(華東私稿)	1871-1926	4권 1책	1981	석판본	경기대, 전남대, 전북대, 충남대	역총 1782	
30	권봉수(權鳳洙)	지촌유고(芝村遺稿)	1872-1940	2권 1책	1956	석판본	국립중앙도서관, 계명대, 고려대, 단국대 퇴계기념도서관, 성균관대 존경각, 울산대, 전북대	역총 1990	
31	권순근(權淳根)	일산실기(逸山實記)	1903-1974	3권 1책	1996	신활자본	경기대, 동국대, 안동대, 원광대, 전북대, 전주대, 한국학중앙연구원		
32	권순명(權純命)	양재집(陽齋集)	1891-1974	22권 11책	1977	석인본/필사본	국립중앙도서관, 계명대, 고려대, 전남대, 한국학중앙연구원		〈해제〉호남-03
33	권진규(權晉奎)	청련재유집(靑連齋遺集)	1860-1910	4권 2책	1966	연활자본	국립중앙도서관, 경기대, 경상대, 전남대	역총 2185	
34	기노상(奇老相)	연파유고(蓮坡遺稿)	1891-1962	2권 1책	1966	신연활자본	국립중앙도서관, 전남대, 전북대		
35	기노선(奇老善)	도남집(道南集)	1895-1937	4권 2책	1979	석판본	국립중앙도서관, 고려대, 국민대, 국회도서관, 전남대, 조선대, 충남대, 한국학중앙연구원		
36	기노장(奇老章)	창헌유고(彰軒遺稿)	1904-1970	7권 4책	1972	석판본	국립중앙도서관, 계명대, 국회도서관, 전남대, 전북대, 충남대, 한국학중앙연구원		본집 6권 3책, 보유 1권 1책
37	기동준(奇東準)	춘담집(春潭集)	1860-1918	10권 5책	1966	석판본	국립중앙도서관, 동국대, 성균관대 존경각, 숙명여대, 안동대, 원광대, 충남대, 한국국학진흥원	역총 2820-2821	

번호	저자	문집명	생몰년	구성	간사년	판종	소장처	총서간행	비고
38	기세흥(奇世興)	옥봉시고(玉峯詩稿)	1898–미상	3권 1책	1966	석판본	국립중앙도서관, 전북대, 조선대		
39	기우만(奇宇萬)	송사집(松沙集)	1846–1916	54권 27책	1931/1947	석판본/목활자본	국립중앙도서관, 동아대, 서울대 규장각, 원광대, 전남대, 전주대, 한국학중앙연구원	문총 345–346 역총 387–395	<해제> 호남-04 목록 1책, 본집 50권 24책(1931), 속집 2권 1책, 부록 2권 1책(1947)
40	기장연(奇長衍)	평재실기(平齋實記)	1892–1950	2권 1책	1975	석판본	국립중앙도서관, 경상대, 계명대, 고려대, 성균관대 존경각, 전남대, 중앙대, 한국학중앙연구원		
41	기재(奇宰)	식재집(植齋集)	1854–1921	6권 3책	1929	석판본	국립중앙도서관, 고려대, 국민대, 성균관대 존경각, 연세대, 전남대, 전주대, 중앙대	역총1443–1444	
42	김경중(金暻中)	지산유고(芝山遺稿)	1863–1945	4권 1책	1966	연활자본	국립중앙도서관, 계명대, 고려대, 동국대, 원광대, 전남대, 한국학중앙연구원	역총 1831	
43	김경권(金敬鈇)	사은유고(沙隱遺稿)	1879–1947	2권 1책	1965	석판본	국립중앙도서관, 계명대, 국회도서관, 춘호재		
44	김경환(金璟煥)	죽포유고(竹圃遺稿)	1873–1933	4권 1책	1969	석판본	원광대		
45	김광수(金光洙)	만하유고(晩河遺稿)	1883–1915	2권 1책	미상	석판본	고려대, 전북대, 전주시립완산도서관, 조선대, 한국학중앙연구원	역총 376	
46	김교준(金敎俊)	경암집(敬菴集)	1883–1944	9권 6책	1961	필사본	국립중앙도서관, 고려대, 원광대, 전남대, 전주대	역총 1515–1516	<해제> 호남-05
47	김규일(金圭馹)	현재유고(汝齋遺稿)	1859–1945	2권 1책	미상	석판본	호남지방문헌연구소		
48	김규태(金奎泰)	고당유고(顧堂遺稿)	1902–1966	19권 7책	1967	목활자본	고려대, 단국대, 율곡기념도서관, 부산대, 성균관대 존경각, 전남대, 전주대, 춘호재	역총 2111–2113	<해제> 호남-06 본집 16권 6책, 별집 3권 1책

번호	저자	문집명	생몰년	구성	간사년	판종	소장처	총서간행	비고
49	김규현(金圭炫)	오천유고(梧泉遺稿)	1893-1946	4권 1책	1992	미상	미상		
50	김근배(金根培)	매하유고(梅下遺稿)	1847-1910	5권 2책	1947	석판본	국립중앙도서관, 계명대, 원광대, 전남대, 전북대, 전주대, 전주시립완산도서관, 순호재	역총 2789	
51	김기경(金箕璟)	신묵재유고(愼黙齋遺稿)	1867-1938	4권 1책	1952	석판본	국립중앙도서관, 고려대, 전북대, 한국학중앙연구원		
52	김기상(金基庠)	서평유고(西坪遺稿)	1867-1938	4권 2책	1975	석판본	국립중앙도서관, 고려대, 단국대, 성균관대 존경각, 원광대, 전남대, 전주대, 충남대		
53	김기수(金基洙)	온지당유고(溫知堂遺稿)	1853-1916	2권 1책	1966	석판본	고려대, 단국대 율곡기념도서관, 전남대, 전북대		
54	김기숙(金錤淑)	춘재유고(春齋遺稿)	1868-1945	2권 1책	1968	석판본	국립중앙도서관, 고려대, 국회도서관, 전남대, 한국학중앙연구원, 충남대		
55	김기순(金箕洵)	초은유고(樵隱遺稿)	1862-1931	6권 1책	1956	석판본	국립중앙도서관		
56	김기순(金箕舜)	초연재유고(超然齋遺稿)	1853-1913	2권 1책	1969	석판본	전남대, 한국학중앙연구원		
57	김기열(金璣烈)	각재유고(覺齋遺稿)	1845-1914	4권 2책	1923	목활자본	국립중앙도서관 존경각, 연세대, 원광대, 성균관대		
58	김기중(金基重)	지재집(止齋集)	1862-1943	2권 2책	1946	석판본	국립중앙도서관, 연세대		
59	김기현(金基炫)	송오유고(松塢遺稿)	1895-1966	2권 1책	1968	석판본	국립중앙도서관, 계명대, 고려대, 성균관대 존경각, 전남대, 전북대, 한국학중앙연구원, 조선대		
60	김기형(金基衡)	사남유고(沙南遺稿)	1841-1917	5권 2책	1938	목활자본	국립중앙도서관, 계명대, 연세대, 영남대, 성균관대 존경각, 원광대, 전남대, 전북대		
61	김낙필(金洛泌)	노가암유고(老可庵遺稿)	1850-1919	2권 1책	1949	석판본	국립중앙도서관, 계명대, 화회군, 원광대, 부안교육문화회관		

번호	저자	문집명	생몰년	구성	간사년	판종	소장처	총서간행	비고
62	김노수 (金魯洙)	경암집 (敬菴集)	1878-1956	13권 13책	1995	석판본	경상대, 고려대, 국회도서관, 전북대		
63	김노현 (金魯鉉)	소석유고 (小石遺稿)	1841-1916	4권 2책	1917	목활자본	국립중앙도서관, 계명대, 연세대, 원광대		
64	김도중 (金度中)	오남유고 (鰲南遺稿)	1881-1959	6권 2책	1974	신연활자본	국립중앙도서관, 고려대, 동국대, 경주캠퍼스, 성균관대 존경각, 전남대, 전북대, 전주대, 한국학중앙연구원	역중 2936	
65	김동수 (金東洙)	무여재유고 (無如齋遺稿)	1857-1937	3권 1책	1954	석판본	국립중앙도서관, 고려대, 연세대, 전남대, 전북대		
66	김동현 (金東炫)	송은당유고 (松隱堂遺稿)	1846-1918	1책	1941	석판본	연세대, 전남대, 전주대		
67	김동현 (金東玹)	정재시고 (靜齋詩稿)	1905-1972	1권 1책	1980	석판본	전남대		
68	김두삼 (金斗三)	영비유고 (穎濱遺稿)	1844-1931	2권 1책	1967	신연활자본	고려대, 전남대, 충남대, 한국학중앙연구원	역중 2852	
69	김득상 (金得相)	옥산정실기 (玉山亭實記)	1880-1952	2권 1책	1973	석판본	국립중앙도서관, 고려대, 성균관대 존경각, 원광대, 중앙대, 한양대		
70	김만식 (金晩植)	난실유고 (蘭室遺稿)	1845-1922	3권 1책	1965	석판본	국립중앙도서관, 계명대, 고려대, 국회도서관, 연세대, 전남대, 조선대	역중 1560	
71	김명철 (金明喆)	경재유고 (敬齋遺稿)	1878-1938	1책	1961	석판본	계명대, 원광대, 순조제, 충남대		
72	김문옥 (金文鈺)	효당집 (曉堂集)	1901-1960	16권 9책	미상	목판본	국립중앙도서관, 고려대, 연세대, 전남대, 전북대	역중 441-443	<해제> 호남-07 목록 1책, 본집 16권 8책
73	김민환 (金玟煥)	국사유고 (菊史遺稿)	1872-1930	2권 1책	1929	미상	미상		
74	김병구 (金秉圭)	만성재유고 (晩醒齋遺稿)	1865-1935	2권 1책	1969	석판본	계명대, 고려대		

번호	저자	문집명	생몰년	구성	간사년	판종	소장처	총서간행	비고
75	김병겸(金秉謙)	두봉집(斗峯集)	1855-1927	4권 1책	1934	목활자본	계명대, 연세대, 전남대		
76	김병주(金炳周)	위재유고(危齋遺稿)	1869-1939	7권 2책	1959	석판본	단국대 율곡기념도서관, 연세대, 전주시립완산도서관	역총 2809	
77	김병찬(金秉燦)	소산유고(小山遺稿)	1862-1948	3권 1책	1972	석판본	국립중앙도서관, 계명대, 원광대, 전남대, 한국학중앙연구원		
78	김봉환(金鳳煥)	회봉집(晦峯集)	1873-1915	4권 2책	1960	연활자본	국립중앙도서관, 경기대, 계명대, 고려대, 전남대, 중남대, 한국학중앙연구원	역총 2882	
79	김상기(金相基)	석서유고(石西遺稿)	1891-1954	5권 1책	1967	석판본	국립중앙도서관, 계명대, 국회도서관, 원광대, 전남대, 전주대	역총 2864	
80	김상수(金相秀)	호은유고(湖隱遺稿)	1875-1952	3권 1책	1954	석판본	국립중앙도서관, 경기대, 연세대, 전남대, 한국학중앙연구원	역총 1493	
81	김상은(金相㒚)	우석유고(友石遺稿)	1884-1959	2권 1책	1976	석판본	계명대	역총 1495	
82	김상진(金相晉)	벽농사고(碧農私稿)	1902-미상	5권 2책	1988	석판본	국립중앙도서관, 경상대, 경희대, 계명대, 고려대, 국민대, 전남대, 전북대, 조선대, 중남대, 한국학중앙연구원		
83	김석익(金錫翼)	심재집(心齋集)	1885-1957	미상	1990	미상	미상		
84	김성기(金聲基)	희재유고(希齋遺稿)	1884-1951	4권 2책	1958	미상	미상		
85	김성수(金性銖)	인와유고(忍窩遺稿)	1861-1921	2권 1책	1971	석판본	계명대, 영남대, 용인대, 전남대		
86	김성태(金成泰)	제헌유고(濟軒遺稿)	1880-1965	2권 1책	1934	석판본	국립중앙도서관, 단국대 율곡기념도서관, 원광대, 전북대, 한국학중앙연구원		
87	김세환(金世煥)	성재사고(省齋私稿)	1912-1996	1책	1996	신연활자본	정북대, 광주보건대		

번호	저자	문집명	생몰년	구성	간사년	판종	소장처	총서간행	비고
88	김수익(金秀益)	성재유고(醒齋遺稿)	1864-1938	3권 1책	1976	연활자본	사우당종택, 원광대, 전남대		
89	김순(金簨)	염제집(念齋集)	1888-1978	16권 2책	1981	영인본	국립중앙도서관, 국회도서관, 전북대, 전주대	역총 555-556	〈해제〉 호남-08
90	김순묵(金純默)	항재유고(恒齋遺稿)	1866-1935	1책	1952	석판본	미상		
91	김씨부인(金氏夫人)	김유인실기7첩(金孺人實記帖)	1879-1948	1책	1970	연활자본	용인대, 전북대		
92	김영근(金永根)	경회집(景晦集)	1865-1934	1책	1987	영인본	국립중앙도서관, 경남대, 계명대, 고려대, 성균관대, 원광대, 충남대		
93	김영상(金永相)	춘우정문고(春雨亭文稿)	1836-1911	6권 3책	1961	연활자본	국립중앙도서관, 계명대, 단국대, 국기념도서관, 모덕사, 연세대, 영남대, 전북대, 전주시립완산도서관		
94	김영순(金永淳)	지재유고(止齋遺稿)	1871-1946	6권 2책	1975	고활자본	국립중앙도서관, 고려대, 성균관대, 존경각, 용인대, 전남대	역총 2793	
95	김영일(金永一)	일산유고(一山遺稿)	1896-1966	3권 2책	1968	석판본	국립중앙도서관, 경기대, 고려대, 국회도서관, 충남대		
96	김영주(金永柱)	지재유고(直齋遺稿)	1881-1953	2권 1책	1957	석판본	국립중앙도서관		
97	김옥섭(金玉燮)	신헌유고(愼軒遺稿)	1878-1930	4권 2책	1969	석판본	고려대, 전남대, 전북대, 한국학중앙연구원	역총 2917	
98	김용기(金容琪)	경재유고(敬齋遺稿)	1867-1946	5권 2책	1971	석판본	국립중앙도서관, 전남대, 전주대, 조신대		
99	김용선(金容善)	성암유고(省菴遺稿)	1865-1929	6권 2책	1932	석판본	국립중앙도서관, 성균관대, 존경각, 연세대, 원광대, 전남대, 전북대, 전주대, 한국학중앙연구원	역총 2885	
100	김용현(金容玄)	회운유고(晦雲遺稿)	1881-1952	1권 1책	1982	석판본	전남대, 조신대		

번호	저자	문집명	생몰년	구성	간사년	판종	소장처	총서간행	비고
101	김용환(金容煥)	경재유고(敬齋遺稿)	1870–1938	1권 1책	1940	신연활자본	전남대		
102	김용후(金容厚)	초헌유고(蕉軒遺稿)	1858–1942	3권 1책	1955	석판본	국립중앙도서관, 경기대, 계명대, 국회도서관, 성균관대 존경각, 원광대, 전남대, 전주대	역중 2878	
103	김우(金玗)	학남집(鶴南集)	1833–1910	6권 2책	1912	목활자본	국립중앙도서관, 계명대, 국민대, 성균관존경각, 원광대, 전남대, 전남대, 한국학중앙연구원	역중 493	
104	김은덕(金垠悳)	추산유고(秋山遺稿)	1857–1936	4권 2책	1950 跋	석판본	국회도서관, 연세대, 전남대		
105	김윤상(金潤相)	일정김공~서집(一庭金公三稿集)	1869–1926	1책	1973	석판본	국민대		
106	김윤필(金潤弼)	석호실기(石湖實記)	1828–1915	2권 1책	1962	석판본	국립중앙도서관, 계명대, 단국대, 단국대 퇴계기념도서관, 국기기념도서관, 성균관대 존경각, 연세대, 전남대, 전북대, 전주대		
107	김응란(金應瀾)	만희유고(晚喜遺稿)	1850–1924	2권 1책	1938	신활자본	국립중앙도서관, 대구가톨릭대, 연세대, 원광대, 전남대		
108	김인섭(金寅燮)	낙헌유고(樂軒遺稿)	1884–1949	4권 2책	1969	석판본	전남대		
109	김인식(金仁植)	독수재유고(篤守齋遺稿)	1864–1939	2권 2책	1968	신연활자본	국립중앙도서관, 계명대, 고려대, 성균관대 존경각		
110	김재백(金在白)	죽암유고(竹庵遺稿)	1889–1965	2권 1책	1969	석판본	국립중앙도서관, 고려대, 전북대, 중남대, 한국학중앙연구원		
111	김재범(金在範)	성은유고(城隱遺稿)	1868–1948	2권 1책	1972	석판본	국립중앙도서관, 고려대, 원광대, 전북대, 한국학중앙연구원	역중 2778	
112	김재석(金載石)	월담유고(月潭遺稿)	1895–1971	8권 4책	1976	석판본	국립중앙도서관, 부산대, 전주대, 한국학중앙연구원	역중 1414–1415	〈해제〉 호남-09
113	김재성(金在聲)	회산유고(晦山遺稿)	1878–1955	2권 1책	1972	석판본	국립중앙도서관, 전북대, 전주대		

번호	저자	문집명	생몰년	구성	간사년	판종	소장처	총서간행	비고
114	김재원(金梓源)	만당유고(晚堂遺稿)	1886-1953	1책	1959	석판본	국립중앙도서관, 성균관대 존경각, 원광대, 전주대, 한국학중앙연구원		
115	김재윤(金在璉)	석재유고(石齋遺稿)	1877-1947	2권 1책	1973	석판본	단국대 율곡기념도서관, 전남대, 전북대, 춘호재, 한국학중앙연구원	역총 1436	
116	김재찬(金在瓚)	은포유고(隱圃遺稿)	1854-1927	미상	미상	미상	미상		
117	김재천(金在蒨)	호석유고(湖石遺稿)	1869-1940	3권 1책	1989	석판본	국립중앙도서관, 전북대		
118	김재홍(金在洪)	수오재집(遂吾齋集)	1867-1939	19권 10책	1951	목활자본	계명대, 고려대, 단국대 퇴계기념도서관, 성균관대 존경각, 연세대, 영남대, 한국학중앙연구원	역총 358-360	
119	김정중(金定中)	묵재유고(黙齋遺稿)	1865-1942	3권 3책	1957	목활자본	국립중앙도서관, 경기대, 계명대, 고려대, 영남대, 전주대	역총 2806	
120	김정회(金正會)	연연당문고(淵淵堂文稿)	1903-1970	10권 1책	1978	연활자본	국립중앙도서관		
121	김제진(金濟眞)	추수유고(秋水遺稿)	1855-1927	1권 1책	미상	미상	미상		
122	김제헌(金堤憲)	노가재실기(老可齋實記)	1841-1922	2권 1책	1967	석판본	국립중앙도서관		
123	김조(金旐)	성강유고(醒岡遺稿)	1880-1948	10권 5책	1968	석판본	국립중앙도서관, 한국학중앙연구원		
124	김종가(金種嘉)	입헌집(立軒集)	1889-1975	10권 5책	미상	신연활자본	경기대, 단국대 퇴계기념도서관, 전남대, 전북대, 한국학중앙연구원	역총 1405-1407	〈해제〉 호남-10
125	김종기(金鍾基)	칠봉유고(七峯遺稿)	1898-1970	1책	1998	인쇄본	고려대, 연세대		
126	김종락(金宗洛)	정재집(貞齋集)	1882-1952	4권 2책	1958	석판본	단국대 율곡기념도서관, 전남대, 한국학중앙연구원		
127	김종환(金鍾煥)	수오재실기(守吾齋實記)	1889-1957	1책	1993	신활자본	부안교육문화회관		

번호	저자	문집명	생몰년	구성	간사년	판종	소장처	총서간행	비고
128	김준식 (金埈植)	동두집 (東荳集)	1888–1969	9권 4책	1972	연활자본	국립중앙도서관, 경상대, 계명대, 원광대, 전남대, 한국학중앙연구원	역총 2942–2943	
129	김중엽 (金重燁)	월암우고 (月庵遺稿)	1878–1946	3권 1책	1967	연활자본	미상		
130	김지학 (金志學)	완석우고 (頑石遺稿)	1866–1925	9권 4책	1939	연활자본	경기대, 전남대, 전주대		
131	김진기 (金鎭基)	운곡사고 (雲谷私稿)	1863–1944	2권 2책	1944	목활자본	단국대 퇴계기념도서관, 동국대, 연세대, 전남대		
132	김진명 (金振明)	담제유고 (澹齋遺稿)	1906–1978	2권 1책	1982	석판본	국립중앙도서관, 고려대, 동국대, 성균관대 존경각, 원광대, 전남대, 전북대, 전주대, 조선대, 중남대		
133	김진현 (金珍鉉)	운파유고 (雲坡遺稿)	1878–1966	6권 2책	1978	석판본	고려대, 단국대 율곡기념도서관, 단국대 퇴계기념도서관, 전남대, 전북대		
134	김진호 (金鎭祜)	금조집 (錦樵集)	1847–1924	2권 1책	1976	석판본	국립중앙도서관, 성균관대, 전주대, 한국학중앙연구원		
135	김진호 (金鎭祜)	물천집 (勿川集)	1847–1924	16권 9책	1910	목판본	국립중앙도서관, 경기대, 경상대, 고려대, 국민대, 부산대, 성균관대 존경각		목록 1책, 본집 16권 8책
136	김창석 (金昌碩)	후암집 (後菴集)	1878–1966	5권 1책	1963	석활자본	미상		
137	김창하 (金昌夏)	유제집 (楡齋集)	1875–1930	2권 1책	미상	연활자본	전북대		
138	김제정 (金梯楨)	서고유고 (西皐遺稿)	1836–1910	1권 1책	미상	미상	미상		
139	김철기 (金喆基)	오산유고 (梧山遺稿)	1889–1952	3권 1책	1979	석판본	고려대, 원광대, 전북대, 전주대, 춘호재, 한국학중앙연구원	역총 2996	
140	김태한 (金台漢)	일헌유고 (一軒遺稿)	1847–1913	3권 2책	1929	목판본	계명대, 국회도서관, 성균관대 존경각, 연세대, 영남대, 원광대, 전남대, 전북대, 전주대	역총 1586	

번호	저자	문집명	생몰년	구성	간사년	편종	소장처	총서간행	비고
141	김태호(金泰鎬)	용파유고(龍坡遺稿)	1889-1952	2권 2책	1988	석판본	국립중앙도서관, 원광대, 전남대, 충남대		<해제> 호남-11
142	김태균(金澤均)	국포실기(菊圃實記)	1872-1945	2권 1책	1946	석판본	국립중앙도서관, 조선대, 경기대, 전남대, 전주대, 충남대, 한국학중앙연구원		
143	김태병(金澤秉)	아산유고(峨山遺稿)	1887-1957	5권 2책	1991	석판본	국립중앙도서관, 고려대, 전남대, 조선대, 충남대		
144	김택술(金澤述)	후창집(後滄集)	1884-1954	39권 19책	1955/2004	석판본	국립중앙도서관, 경상대, 계명대, 고려대, 부안교육문화회관, 전남대, 전북대, 전주대	역총 383-386	<해제> 호남-12 본집 31권 15책(1955), 속집 및 부록 8권 4책(2004)
145	김태진(金澤珍)	오봉유고(五峰遺稿)	1879-1937	1권 1책	1946	신연활자본	계명대, 전남대		
146	김태모(金學模)	묵초시고(墨樵詩稿)	1860-1925	2권 2책	1931	신연활자본	국립중앙도서관, 고려대, 전북대, 한양대		
147	김태목(金漢穆)	탁신재유고(濯新齋遺稿)	1865-1934	5권 1책	1968	석판본	국립중앙도서관, 단국대, 율곡기념도서관, 전남대, 전북대, 충남대		
148	김한무(金漢戊)	일제시집(一齋詩集)	1900-1968	1권 1책	1982	미상	전남대 호남한문고전연구실		
149	김한무(金漢文)	지경재유고(持敬齋遺稿)	1864-1910	4권 2책	1968	석판본	국립중앙도서관, 고려대, 전남대, 춘호재, 한국학중앙연구원	역총 2877	
150	김한섭(金漢燮)	오남집(吾南集)	1838-1894	13권 7책	1920경	목활자본	국립중앙도서관, 계명대, 고려대, 연세대, 원광대, 전남대, 전북대, 전주대	역총 541	
151	김한익(金漢翼)	화동유고(華東遺稿)	1863-1944	2권 1책	1974	석판본	고려대, 전남대, 전주대, 한국학중앙연구원		
152	김혁수(金赫洙)	양외유고(養窩遺稿)	1867-1938	4권 2책	1953	석판본	국립중앙도서관, 계명대, 전남대, 국회도서관, 조선대	역총 1824	
153	김현술(金賢述)	봉산유고(蓬山遺稿)	1898-1969	6권 3책	1982	석판본	국립중앙도서관, 부산대, 성균관대, 단국대, 퇴계기념도서관, 손경각, 수실대, 원광대, 전남대, 중앙대, 충남대	역총 2910	

번호	저자	문집명	생물년	구성	간사년	판종	소장처	총서간행	비고
154	김현옥 (金顯玉)	산석집 (山石集)	1844-1910	7권 3책	1922	목활자본	국립중앙도서관, 계명대, 연세대, 원광대, 전남대, 전주대	역중 514	
155	김형덕 (金炯德)	신조유고 (信都野生遺稿)	1858-1923	3권 1책	1939	석판본	국립중앙도서관, 경기대, 단국대 퇴계기념도서관, 부안교육문화회관, 연세대, 전주대		
156	김호근 (金浩根)	서주집 (西洲集)	1858-1931	2권 1책	1960	석판본	국립중앙도서관, 연세대, 전남대, 한국학진흥원		
157	김호영 (金鎬永)	신재만록 (愼齋漫錄)	1907-1984	2권 1책	1984	석판본	국립중앙도서관, 동국대, 성균관대 존경각, 영남대, 용인대, 원광대, 전남대, 전주대, 중남대		
158	김중석 (金洪錫)	남은유고 (南隱遺稿)	1890-1968	2권 1책	1969	석판본	국립중앙도서관, 경기대, 고려대, 전남대	역중 2698	
159	김효식 (金孝植)	간암유고 (艮庵遺稿)	미상-1948	2권 1책	1958	연활자본	국립중앙도서관, 고려대, 원광대, 전남대, 전북대, 조선대, 한국학중앙연구원	역중 1494	
160	김훈 (金勳)	동해집 (東海集)	1836-1910	7권 7책	1851/ 1911	목활자본	전남대/국립중앙도서관, 성균관대 존경각, 원광대, 전북대, 중남대		
161	김훈석 (金勳錫)	인암유고 (忍庵遺稿)	1884-1953	3권 1책	미상	신연활자본	영남대, 원광대		
162	김희정 (金羲正)	해은집 (海隱集)	1844-1916	1책	2014	인쇄본	국립중앙도서관		
163	나도의 (羅燾毅)	금와유고 (錦窩遺稿)	1872-1947	1권 1책	1967	석판본	국립중앙도서관, 계명대, 전남대		
164	나영성 (羅永成)	죽우유고 (竹宇遺稿)	1843-1926	2권 1책	1963	석판본	국립중앙도서관, 경상대, 계명대, 영남대, 원광대, 조선대	역중 1948	
165	나원찬 (羅繗燦)	매강유고 (台江遺稿)	1898-1951	3권 1책	1981	석판본	전남대		
166	나윤조 (羅允照)	금파유고 (錦坡遺稿)	1853-1912	3권 1책	1916	목활자본	국립중앙도서관, 계명대, 고려대, 균관대 존경각, 전남대		

번호	저자	문집명	생몰년	구성	간사년	판종	소장처	총서간행	비고
167	나인환(羅仁煥)	금암유고(錦菴遺稿)	1859~1936	3권 1책	1947	석판본	국중도, 성균관대 존경각, 전남대, 전주대		
168	노문규(盧文奎)	송해유집(松海遺集)	1850~1935	4권 1책	1960	석판본	계명대, 전남대		
169	노병희(魯炳熹)	호정유고(壺亭遺稿)	1850~1918	1권 1책	1976	연활자본	동국대, 원광대, 전북대, 한양대	역총 375	
170	노유탁(魯綸鐸)	유남집(悠南集)	1860~1938	1권 1책	1955	석판본	국립중앙도서관, 고려대, 전남대, 한국학중앙연구원		
171	노재규(盧在奎)	농암유고(鶴巖遺稿)	1836~1920	3권 1책	1923	목활자본	계명대, 고려대, 모덕사, 부산대, 전남대		
172	노종룡(盧鍾龍)	소해유고(穌海遺稿)	1856~1926	8권 4책	1960	석판본	국립중앙도서관, 계명대, 국회도서관, 전남대, 전북대, 조선대		본집 4권 및 부록 4권 합 4책
173	노정수(盧靖秀)	백천집(白泉集)	1871~1951	6권 2책	1954	석판본	국립중앙도서관, 고려대, 원광대, 전북대, 한국학중앙연구원	역총 2868	
174	노흥현(盧興鉉)	신정유고(愼庭遺稿)	1875~1943	5권 2책	1965	목활자본	계명대, 성균관대 존경각, 용인대, 전북대	역총 1571	
175	두홍엽(杜洪燁)	삼성재유고(三省齋遺稿)	1856~1932	1책	1934	석판본	국립중앙도서관, 계명대, 원광대		
176	모대혁(牟大赫)	남당시고(南堂詩稿)	1879~1950	2권 1책	1976	석판본	계명대, 원광대, 전남대, 전주대, 조선대, 한국학중앙연구원		
177	모종관(牟鍾寬)	유천유고(柳川遺稿)	1883~1946	3권 1책	1962	석판본	국립중앙도서관, 성균관대 존경각, 전남대, 경기대, 성균관대, 중앙대, 한국학중앙연구원		
178	문기행(文驥行)	삼회당실기(三晦堂實記)	1837~1916	3권 1책	1976	석판본	국립중앙도서관, 원광대, 전남대, 전주대, 한국학중앙연구원		
179	문달환(文達煥)	둔재집(遯齋集)	1852~1938	8권 3책	1975	석판본	국립중앙도서관, 계명대, 모덕사, 성균관대 존경각, 한국학중앙연구원		
180	문익환(文翊煥)	정헌유고(靜軒遺稿)	1870~1930	3권 1책	1970	석판본	국립중앙도서관, 계명대, 전남대, 춘호재		

번호	저자	문집명	생몰년	구성	간사년	판종	소장처	총서간행	비고
181	문재무(文在戊)	화산유고(華山遺稿)	1906-1973	2권 1책	1991	석판본	경희대, 고려대, 국민대, 국회도서관, 동국대, 원광대, 전북대, 전주대, 충남대		
182	문재희(文載熙)	모암집(茅菴集)	1868-1941	8권 4책	미상	석판본	전북대		
183	문제남(文濟南)	경헌유고(敬軒遺稿)	1880-1946	2권 1책	1996	석판본	국립중앙도서관, 고려대, 전남대, 순천대, 한국학중앙연구원	역총 2858	
184	문제중(文濟衆)	석정유고(石汀遺稿)	1878-1949	4권 2책	1960	석판본	국립중앙도서관, 고려대, 연세대, 원광대, 전남대, 충남대		
185	문존호(文存浩)	오강집(五岡集)	1884-1957	8권 4책	1959	연활자본	경상대, 단국대 퇴계기념도서관, 동아대, 영남대, 용인대, 전남대	역총 2128-2129	
186	문장구(文章圭)	율산집(栗山集)	1869-1961	8권 3책	1995	신활자본	경상대, 조선대		
187	문창식(文昌植)	우당집(友堂集)	1913-미상	2권 1책	1933	연활자본	전남대		
188	문충렬(文忠烈)	항와유고(恒窩遺稿)	1878-1960	2권 1책	1977	석판본	계명대, 고려대, 전남대, 한국학중앙연구원		
189	민영준(閔泳準)	도은서고(陶隱書稿)	1897-미상	2권 1책	1969	석판본	국립중앙도서관, 계명대, 고려대, 단국대 율곡기념도서관, 원광대, 전남대, 전북대, 전주대, 한국학중앙연구원	역총 2698	
190	민용호(閔龍鎬)	운촌만고(雲村漫稿)	1899-1970	1권 1책	1974	연활자본	고려대, 전남대		
191	민의식(閔毅植)	지학유고시집(止鶴遺稿詩集)	1845-1918	2권 2책	1956	석판본	국립중앙도서관, 전북대		본집 1권 및 부록 1권 합 2책
192	박경양(朴敬養)	춘산유고(春山遺稿)	1895-1977	2권 2책	1985	연활자본	국립중앙도서관, 원광대, 충남대		
193	박정진(朴璟鎭)	남죽유고(南竹遺稿)	1884-1956	3권 2책	1970	석판본	국립중앙도서관, 단국대 퇴계기념도서관, 고려대, 단국대, 경희대, 영남대, 전남대, 전주대, 전북대, 조선대	역총 1464	〈해제〉호남-13

번호	저자	문집명	생몰년	구성	간사년	판종	소장처	총서간행	비고
194	박군신 (朴君信)	죽사유고 (竹史遺稿)	1914-1986	1책	미상	미상	미상		
195	박규삼 (朴圭三)	삼호당유고 (三乎堂遺稿)	1871-1912	1책	1964	석판본	전남대		
196	박기태 (朴奇泰)	은산정시집 (隱山亭詩集)	1889-1964	1권 1책	1980	연활자본	계명대, 국립중앙도서관		
197	박기영 (朴基永)	남파집 (南坡集)	1846-1912	2권 2책	1914	목활자본	국립중앙도서관, 고려대, 서울대 규장각, 영남대, 전주대		
198	박기용 (朴淇龍)	병소유고 (屛巢遺集)	1873-1944	1책	1961	석판본	국립중앙도서관, 계명대, 원광대, 전남대, 전북대, 전주대, 한국하중앙연구원	역종 1482	
199	박기용 (朴麒容)	후당유고 (後堂遺稿)	1910-1993	3권 2책	1994	석판본	원광대, 전북대		
200	박기우 (朴淇禹)	춘재유고 (春齋遺稿)	1881-1959	2권 1책	1960	석판본	국립중앙도서관, 계명대, 전남대, 전북대, 전주대, 조선대		
201	박기권 (朴夔鈇)	강쾌유고 (剛喟遺稿)	1864-1913	5권 2책	1932	목활자본	국립중앙도서관, 계명대, 전남대, 고려대, 국회도서관, 한국대		본집 4권 및 부록 1권 合 2책
202	박노진 (朴魯珍)	서응당시집 (瑞應堂詩集)	미상-1934	2권 1책	1934	석판본	국립중앙도서관, 경기대, 계명대, 국화도서관, 원광대, 중앙대, 한국하중앙연구원		
203	박대권 (朴大錤)	경성당사고 (敬惺堂私稿)	1867-1916	1책	1937	석판본	국립중앙도서관, 계명대, 단국대 퇴계기념도서관, 연세대, 한국하중앙연구원		
204	박동수 (朴東洙)	송포유고 (松圃遺稿)	1907-1980	1권 1책	1994	미상	미상		
205	박동찬 (朴東贊)	남당유고 (南塘遺稿)	1885-1955	5권 2책	1988	석판본	고려대, 국민대, 동국대, 전남대, 전북대		
206	박민순 (朴敏淳)	구계유고 (九溪遺稿)	1869-1939	2권 1책	1980	신활자본	조선대		

번호	저자	문집명	생몰년	구성	간사년	판종	소장처	총서간행	비고
207	박민호 (朴岷鎬)	청담유고 (清潭遺稿)	1884–1960	2권 2책	1962	석판본	계명대, 국회도서관, 전남대		
208	박민희 (朴敏熙)	매정유고 (梅亭遺稿)	1888–1945	2권 1책	1963	석판본	국립중앙도서관, 국회도서관, 원광대, 전남대, 충남대		
209	박병하 (朴炳夏)	가헌유고 (可軒遺稿)	1847–1910	3권 1책	1938	석판본	국립중앙도서관, 계명대, 원광대, 전주대, 한국학중앙연구원		
210	박봉구 (朴鳳求)	행담유고 (杏潭遺稿)	1887–1959	2권 1책	1962	석판본	원광대, 전남대		
211	박봉혁 (朴莑赫)	수재유고 (守齋遺稿)	1873–1935	8권 3책	1937	석판본	국립중앙도서관, 계명대, 전남대		
212	박상석 (朴尙錫)	화계집 (華溪集)	1894–미상	7권 2책	1980	석판본	영남대, 원광대, 전북대, 전주대		
213	박석원 (朴錫元)	절당유고 (節堂遺稿)	1892–1968	8권 4책	1969/ 1970	석판본	국립중앙도서관, 국회도서관, 원광대, 전남대,		본집 6권 3책(1969), 속집 2권 1책(1970)
214	박성근 (朴性根)	농암유고 (聾巖遺稿)	1867–1938	2권 1책	1973	석판본	충남대		
215	박세현 (朴世鉉)	송암실기 (松菴實記)	1868–1935	2권 1책	1962	석활자본	국립중앙도서관, 경상대, 단국대 퇴계기념도서관, 동국대, 성균관대 존경각, 충남대		
216	박수 (朴洙)	중당유고 (中堂遺稿)	1864–1912	3권 3책	1944	석판본	국립중앙도서관, 단국대 율곡기념도서관, 부안교육문화회관		
217	박순영 (朴淳榮)	자산유고 (柘山遺稿)	1881–1959	4권 1책	1970	석판본	국립중앙도서관, 전남대		본집 4권 및 부록 合 1책
218	박승재 (朴丞載)	만헌유고 (晩軒遺稿)	1863–1943	1책	1980	연활자본	전남대, 충남대		
219	박영호 (朴泳鎬)	송계유고 (松溪遺稿)	1858–1931	3권 1책	1966	석판본	연세대, 전남대		
220	박용주 (朴用柱)	송사유고 (松史遺稿)	1871–1930	3권 1책	1964	연활자본	국립중앙도서관, 경기대, 국회도서관, 전남대, 전주대		

근현대 유림 문집 해제 2 – 호남편 – 321

번호	저자	문집명	생몰년	구성	간사년	판종	소장처	총서간행	비고
221	박용진 (朴瑢鎭)	춘헌유고 (春軒遺稿)	1871–1942	6권 2책	1972	목활자본	국립중앙도서관, 고려대, 전주대		
222	박원규 (朴源奎)	이지재유고 (二至齋遺稿)	1847–1918	2권 1책	1933	석판본	국립중앙도서관, 경기대, 전북대		
223	박원묵 (朴元黙)	석하집 (石下集)	1834–1911	6권 3책	1965	석판본	국립중앙도서관, 계명대, 고려대, 연세대, 원광대, 전남대, 조선대, 충남대, 충남대	역종 1819	
224	박원식 (朴元植)	근재유고 (槿齋遺稿)	1875–1947	1책	1981	연활자본	미상		
225	박원제 (朴元在)	송오유고 (松塢遺稿)	1911–1980	2권 1책	1990	석판본	전남대, 조선대		
226	박인규 (朴仁圭)	성당사고 (誠堂私稿)	1909–1976	12권 6책	1977	석판본	국립중앙도서관, 안동대, 원광대, 전주대	역종 1408–1410	〈해제〉 호남-14 목록 1책, 본집 12권 5책
227	박인규 (朴仁圭)	춘강유고 (春岡遺稿)	1865–1942	2권 1책	1969	신연활자본	국립중앙도서관, 계명대, 용인대, 전남대, 전북대, 춘호재, 한국학중앙연구원		
228	박인섭 (朴寅燮)	근암집 (近菴集)	1873–1933	12권 4책	1940	석판본	성균관대 존경각, 원광대, 전남대, 전주대	역종 1762	
229	박인진 (朴仁溱)	우계당유고 (愚溪堂遺稿)	1886–1967	2권 1책	1969	연활자본	계명대, 전남대		
230	박일상 (朴馹相)	삼호유고 (三乎遺稿)	1894–1956	3권 1책	1961	석판본	국립중앙도서관, 계명대, 고려대, 서울대, 구장각, 전북대, 한국학중앙연구원	역종 1460	
231	박임상 (朴琳相)	민재유고 (敏齋遺稿)	1864–1944	8권 4책	1945/2001	석판본	국립중앙도서관, 경상대, 계명대, 전남대		〈해제〉 호남-15
232	박재항 (朴在恒)	연곡유고 (淵谷遺稿)	1864–1912	1책	1965	석판본	국립중앙도서관, 원광대, 전남대, 전주대		
233	박정주 (朴鼎株)	둔고집 (屯皐集)	1805–1875	19권 9책	1913	고활자본	국립중앙도서관, 계명대, 성균대존경각, 한국학중앙연구원		본집 17권 8책, 부록 1권 및 부집 1권 합 1책

번호	저자	문집명	생몰년	구성	간사년	판종	소장처	총서간행	비고
234	박종완(朴鍾完)	월주존고(月洲存稿)	1857-1916	2권 1책	1974	연활자본	국립중앙도서관, 고려대, 부산대, 동국대, 연세대, 성균관대 존경각, 전남대, 충남대	역총 630	본집 2권 및 부록 1권 합 1책
235	박종주(朴鍾柱)	양계실록(陽溪實錄)	1852-1924	2권 1책	1954	석판본	계명대, 성균관대 존경각, 원광대, 전북대		
236	박주현(朴周鉉)	송곡유고(松谷遺稿)	1844-1910	3권 1책	1964	석판본	국립중앙도서관, 경희대, 고려대, 국회도서관, 성균관대 존경각, 연세대, 전남대, 전북대, 전주대	역총 2784	
237	박중면(朴重勉)	야은유고(野隱遺稿)	1869-1950	3권 1책	1959	석판본	국립중앙도서관, 경기대, 계명대, 제명대, 국회도서관, 전남대, 충남대	역총 1495	본집 2권 부록 1권 합1책
238	박중일(朴仲鎰)	호암유집(葫庵遺集)	1855-1911	3권 1책	1975	석판본	국립중앙도서관, 계명대, 전남대		본집 2권 및 부록 1권 합 1책
239	박제기(朴宋琪)	삼오유고(三悟遺稿)	1870-1947	1권 1책	1979	신연활자본	성균관대 존경각, 전남대		
240	박하형(朴夏炯)	송애유고(松厓遺稿)	1891-1971	3권 1책	1982	석판본	국립중앙도서관, 고려대, 국회도서관, 부산대, 성균관대 존경각, 전북대, 조선대, 충남대, 한국학중앙연구원		
241	박학동(朴鶴東)	송파유고(松坡遺稿)	1844-1918	3권 1책	1978	석판본	국립중앙도서관, 국회도서관, 고려대, 원광대, 충남대		
242	박한영(朴漢永)	석전시초(石顚詩抄)	1830-1948	2권 1책	1940	신연활자본	국립중앙도서관, 고려대, 동국대, 전주시립완산도서관	역총 2881	<해제> 호남-16
243	박한풍(朴漢豊)	농산집(農汕集)	1851-1924	2권 1책	1935	석판본	국립중앙도서관, 고려대, 성균관대 존경각, 전남대, 춘호재		
244	박해량(朴海量)	음수재유고(丰修齋遺稿)	1850-1886	6권 3책	1909	고활자본	국립중앙도서관, 퇴계기념도서관, 계명대, 고려대, 단국대, 연세대, 원광대, 전남대, 한국학중앙연구원	역총 2702	
245	박해창(朴海昌)	청와집(靖窩集)	1876-1933	9권 3책	1970	석판본	국립중앙도서관, 부산대, 고려대, 동국대, 동아대, 서울대 규장각, 원광대, 전남대, 한국학중앙연구원		<해제> 호남-17

번호	저자	문집명	생몰년	구성	간사년	판종	소장처	총서간행	비고
246	박현모 (朴賢模)	완재집 (緩齋集)	1880-1963	4권 2책	1977	연활자본	국립중앙도서관, 전남대, 고려대, 전남대, 중앙	역총 2921	
247	박형득 (朴炯得)	남파유고 (南坡遺稿)	1876-1946	3권 1책	1947	연활자본	경기대, 국립중앙도서관		
248	박종행 (朴鍾行)	삼희당유고 (三希堂遺稿)	1879-1962	2권 1책	1963	석판본	국립중앙도서관, 계명대, 영남대, 원광대, 전남대, 조선대, 충호제		
249	박희영 (朴熙瑛)	송은유고 (松雲遺稿)	1876-1960	2권 2책	1975	석판본	국립중앙도서관, 계명대, 남평문씨인수문고, 영남대, 전북대		
250	배병의 (裵炳儀)	춘심당유고 (春心堂遺稿)	1863-1934	4권 1책	1914	무활자본	전남대, 전주대		
251	배석면 (裵錫冕)	노암집 (魯菴集)	1885-1978	16권 6책	1980	신연활자본	원광대		
252	배성수 (裵聖洙)	입헌사고 (立軒私稿)	1910-1996	12권 7책	1992	신연활자본	동국대, 원광대		
253	배연묵 (裵演默)	시습정유고 (時習亭遺稿)	1871-1945	2권 1책	1956	석판본	국립중앙도서관, 계명대, 국회도서관, 원광대, 전남대		
254	배종진 (裵鍾震)	죽암유고 (竹菴遺稿)	1870-1948	2권 1책	1961	석판본	국립중앙도서관, 계명대, 고려대, 전남대, 전주대		
255	배종회 (裵鍾會)	삼사제유고 (三思齋遺稿)	1887-1953	2권 1책	1959	석판본	국립중앙도서관, 계명대, 전남대		
256	배현기 (裵玄基)	인산재집 (仁山齋集)	1881-1954	6권 3책	1959	석판본	계명대, 전남대, 전북대, 한국학중앙연구원		
257	배남군 (白南均)	송파문고 (松坡文稿)	1909-미상	4권 4책	1996	석활자본	부안교육문화회관, 호남지방문헌연구소		
258	백봉수 (白鳳洙)	경야당유고 (耕野堂遺稿)	1841-1911	2권 2책	1912	목활자본	고려대, 연세대	역총 2767	
259	백영직 (白永直)	육유재유고 (六有齋遺稿)	1841-1912	8권 3책	1914	목활자본	계명대, 동국대, 연세대, 전남대, 한국중앙연구원	역총 460	

번호	저자	문집명	생몰년	구성	간사년	판종	소장처	총서간행	비고
260	배홍인 (白弘寅)	세심집 (洗心集)	1874-1952	6권 3책	1959	석판본	국립중앙도서관, 경기대, 계명대, 고려대, 전남대, 전북대, 전주대		
261	변만리 (邊萬里)	봉남집 (鳳南集)	1858-1924	5권 1책	1939/1994	석판본	전남대 호남한문고전연구실/국립중앙도서관, 고려대, 전남대, 중남대, 호남대		
262	변무연 (邊武淵)	직헌유고 (直軒遺稿)	1893-1965	2권 1책	1976	석판본	국립중앙도서관, 계명대, 고려대, 단국대 율곡기념도서관, 용인대, 전남대, 조선대, 춘호재, 중남대, 한국학중앙연구원		
263	변승기 (邊昇基)	회산집 (晦山集)	1867-미상	12권 2책	1939	석판본	국립중앙도서관, 고려대, 전남대, 한국학중앙연구원		
264	변시연 (邊時淵)	문원 (文苑)	1922-2006	54권 77책	1976-1983	석판본	국립중앙도서관, 경상대, 고려대, 성균관대 존경각, 전남대, 전주대한국고전번역원 전하연구소, 조선대, 중남대, 한국학중앙연구원, 한림대 태동고전연구소		원집 47권 67책, 속집 7권 7책
265	변시연 (邊時淵)	산암별고 (汕巖別稿)	1922-2006	3권 2책	2005	석판본	국립중앙도서관, 전주대		
266	변시연 (邊時淵)	산암전고 (汕巖全稿)	1922-2006	15책	2000	석판본	국립중앙도서관, 고려대, 서울대, 전남대		
267	변시연 (邊時淵)	산암후고 (汕巖後稿)	1922-2006	3권 1책	2001	석판본	국립중앙도서관, 고려대, 전남대, 전주대한국고전번역연구소, 중남대		
268	변시연 (邊時淵)	시산실기 (匙山實紀)	1922-2006	2권 1책	1981	석판본	국립중앙도서관, 경상대, 동구대, 성균관대 존경각, 전남대		
269	변종욱 (卞鍾勖)	나산유고 (尼山遺稿)	1873-1949	5권 2책	1949	석판본	국회도서관, 모덕사, 성균관대 존경각, 전북대, 전주대		
270	변진욱 (邊鎭旭)	정암유고 (正巖遺稿)	1879-1949	4권 2책	1994	석판본	고려대, 국중대, 국회도서관, 전남대, 조선대, 중남대		
271	변진화 (邊鎭化)	경은수고 (耕隱遺稿)	1884-1962	2권 1책	1994	석판본	국립중앙도서관, 고려대, 국회도서관, 원광대, 전남대, 전북대, 조선대, 중남대		

번호	저자	문집명	생몰년	구성	간사년	판종	소장처	총서간행	비고
272	봉낙순 (奉洛淳)	후제유고 (後齋遺稿)	1871-1947	6권 3책	1949	석판본	전남대		
273	서달수 (徐達洙)	남천유고 (南川遺稿)	1884-1970	1책	1987	신연활자본	경상대		
274	서병두 (徐丙斗)	추계유고 (秋溪遺稿)	1852-1932	2권 1책	1938	석판본	국립중앙도서관, 경기대, 연세대, 전북대, 제주대		
275	서상태 (徐相台)	애백당유고 (愛栢堂遺稿)	1891-1963	2권 1책	1963	석판본	국립중앙도서관, 고려대, 전남대, 전주대, 순호제		
276	서영환 (徐永煥)	운송유고 (耘松遺稿)	1857-1931	3권 1책	1944	목활자본	계명대, 성균관대 존경각, 연세대, 전남대, 전주대		
277	서인남 (徐仁楠)	독창헌사고 (獨蒼軒私稿)	1907-1987	6권 3책	1989	석판본	충남대		
278	석대성 (石大誠)	성당유고 (性堂遺稿)	1871-1933	4권 2책	1937	석판본	국립중앙도서관, 계명대, 고려대, 국민대, 부산대, 숙명여대, 영남대, 광주대, 전남대	역종 1279	
279	선영방 (宣永邦)	수산유고 (壽山遺稿)	1865-1914	1권 1책	1995	신활자본	미상		
280	선영완 (宣泳完)	동곡유고 (東谷遺稿)	1879-1938	2권 1책	1975	연활자본	국립중앙도서관, 경상대, 국회도서관, 원광대, 전북대, 조선대		
281	선정규 (宣貞圭)	구계사고 (龜溪私稿)	1877-1960	2권 1책	1998	인쇄본	국립중앙도서관		
282	설진영 (薛鎭永)	남파실기 (南坡實記)	1869-1940	1책	1983	신연활자본	국립중앙도서관, 단국대 율곡기념도서관, 영남대, 원광대, 전남대, 전북대, 조선대, 충남대, 한국하중앙연구원		
283	성경수 (成卿修)	만취유고 (晩翠遺稿)	1875-1941	13권 4책	1942	목활자본	국립중앙도서관, 경기대, 계명대, 성균관대 존경각, 전북대, 전남대		
284	성기운 (成璣運)	덕천집 (德泉集)	1877-1956	11권 5책	1958/ 1977	석판본	국립중앙도서관, 고려대, 단국대 퇴계기념도서관, 연세대, 전남대, 전주대, 충남대	역종 1510-1512	〈해제〉호남-18 본집 8권 4책(1958). 속집 2권 및 보유 1권 합 1책(1977)

번호	저자	문집명	생몰년	구성	간사년	판종	소장처	총서간행	비고
285	성영일 (成永鎰)	송호실기 (松湖實記)	1855-1922	4권 1책	1933	목활자본	계명대, 고려대, 성균관대 존경각, 연세대		
286	소권섭 (蘇權燮)	죽은정실기 (竹隱亭實紀)	1870-1961	2권 1책	1980	석판본	국립중앙도서관, 고려대, 성균관대, 성균관대 존경각, 전북대, 조선대		
287	소재준 (蘇在準)	학산유고 (學山遺稿)	1905-1930	3권 1책	미상	석판본	국립중앙도서관, 원광대, 한국학중앙연구원		
288	소하구 (蘇學逑)	열재집 (說齋集)	1859-1948	11권 5책	1957	석판본	국립중앙도서관, 계명대, 연세대, 원광대, 전북대	역총 551-552	〈해제〉호남-19
289	소하섭 (蘇學燮)	남곡유고 (南谷遺稿)	1856-1919	4권 2책	1959	석판본	경기대, 고려대	역총 2807	
290	손기덕 (孫基洛)	월호집 (月湖集)	1858-1922	10권 4책	1937	활자본	국립중앙도서관, 계명대, 고려대, 성균관대 존경각, 영남대, 전남대	역총 1445-1446	
291	손영렬 (孫永烈)	백암당유고 (白巖堂遺稿)	1852-1929	2권 1책	1929	목활자본	국립중앙도서관, 경기대, 성암고서박물관, 전북대		
292	손갑기 (孫甲基)	사헌유고 (思軒遺稿)	1854-1920	8권 2책	1953	목활자본	국립중앙도서관, 경기대, 계명대, 국회도서관, 전남대, 한국학중앙연구원		
293	손정수 (孫敬洙)	외기재사고 (畏己齋私稿)	1867-1936	8권 4책	1946	목활자본	국립중앙도서관, 경기대, 고려대, 성균관대 존경각, 연세대, 인광대, 전남대, 전주대		
294	손기면 (孫基冕)	유재집 (裕齋集)	1882-1956	8권 5책	1959	석판본	국립중앙도서관, 계명대, 제기남도서관, 성균관대 존경각, 전남대, 전북대, 전주시립완산도서관		〈해제〉호남-20 본집 6권 4책, 부록 2권 1책
295	손기석 (孫基碩)	심헌유집 (心軒遺集)	1890-1969	3권 1책	1976	신연활자본	국립중앙도서관, 전남대, 충남대		
296	손기양 (孫基襄)	월곡집 (月谷集)	1887-1956	2권 2책	1964	석판본	국립중앙도서관, 성균관대 존경각	역총 1468	
297	손명회 (孫明會)	소파사둔선고 (小波詞文選稿)	1872-1953	4권 2책	1958	신활자본	국립중앙도서관, 경기대, 고려대, 영남대, 전남대, 전북대, 충남대	역총 2892	〈해제〉호남-21

번호	저자	문집명	생몰년	구성	간사년	판종	소장처	총서간행	비고
298	송병순 (宋秉珣)	심석재집 (心石齋集)	1839–1912	35권 15책	1912	목판본	국립중앙도서관, 계명대, 연세대, 영남대, 전남대, 한국학중앙연구원	문총속 143 역총 2857–2763	
299	송석의 (宋錫義)	송은집 (松隱集)	1884–1967	5권 2책	1976	신연활자본	국립중앙도서관, 경기대, 전남대		
300	송영빈 (宋榮彬)	농와유고 (農窩遺稿)	1889–1953	2권 1책	1961	석판본	국립중앙도서관, 계명대, 단국대 율곡기념도서관		
301	송용만 (宋用萬)	매산시고 (梅山詩稿)	1888–1962	2권 1책	1992	석판본	호남지방문헌연구소		
302	송운회 (宋運會)	설주유고 (雪舟遺稿)	1874–1965	3권 1책	1970	신연활자본	국립중앙도서관, 계명대, 전남대, 전북대, 한국학중앙연구원	역총 2856	〈해제〉호남–22
303	송은헌 (宋殷憲)	강와집 (剛窩集)	1876–1946	6권 2책	1947/ 1960	연활자본	국립중앙도서관, 전북대, 중남대/모덕사, 순호재, 충남대, 한국학중앙연구원	역총 2929	
304	송인직 (宋寅直)	성제유고 (惺齋遺稿)	1876–1913	3권 1책	1964	석판본	원광대, 전남대		
305	송제림 (宋在立)	서운실기 (西雲實記)	1909–1986	1책	1989	석판본	미상		
306	송정묵 (宋廷黙)	후해유고 (後海遺稿)	1855–1927	5권 2책	1967	석판본	고려대, 국회도서관, 연세대, 원광대, 전남대, 전북대, 한국학중앙연구원		
307	송주승 (宋柱昇)	사헌유고 (思軒遺稿)	1868–1947	4권 2책	1976	신연활자본	국립중앙도서관, 경기대, 고려대, 단국대 율곡기념도서관, 성균관대 존경각, 전남대, 충남대	역총 2989	
308	송주의 (宋柱義)	성제사고 (醒齋私稿)	1872–1943	9권 1책	1979	석판본	국립중앙도서관, 경기대, 경희대, 고려대, 전주대		
309	송주하 (宋柱學)	귀래정유고 (歸來亭遺稿)	1876–1942	1책	1998	인쇄본	경상대, 서울대, 전남대, 중남대		
310	송주헌 (宋柱憲)	삼호재집 (三乎齋集)	1872–1950	8권 2책	1974	신연활자본	국립중앙도서관, 원광대, 경기대, 국회도서관, 전남대, 전주대, 조선대, 한국학중앙연구원		〈해제〉호남–23

번호	저자	문집명	생몰년	구성	간사년	판종	소장처	총서간행	비고
311	송증헌(宋曾憲)	후암집(後菴集)	1878-1947	12권 5책	1958	석판본	국립중앙도서관, 계명대, 고려대, 영남대, 전남대, 충남대, 한국학중앙연구원	역총 448-449	
312	송창현(宋昌顯)	설범시고(雪帆詩稿)	1909-1968	1책	미상	미상	미상		
313	송효섭(宋孝燮)	긍재유고(肯齋遺稿)	1907-1973	2권 1책	1981	신연활자본	원광대, 전남대, 전주대, 충남대		
314	신극희(申兢熙)	만송유고(晚松遺稿)	1873-1940	3권 1책	1972	신활자본	순조재, 호남지방문헌연구소		
315	신덕균(申悳均)	탁경유고(琢卿遺稿)	1880-1944	2권 1책	1968	신연활자본	사우당종택, 전남대	역총 1584	
316	신득구(申得求)	농산집(農山集)	1850-1900	12권 5책	1920경	목활자본	국립중앙도서관, 성균관대, 온경각, 연세대, 전남대, 전북대, 충남대	문종속 146	
317	신무철(申武澈)	기재유고(氣齋遺稿)	1877-1949	2권 1책	1975	석판본	전북대, 전주대		
318	신우우(申右雨)	춘당집(春囊集)	1881-1922	4권 2책	1929	목활자본	국립중앙도서관, 계명대, 성균관대, 온경각, 원광대, 전남대		
319	신언승(申彦繩)	석봉유고(石峰遺稿)	1899-1975	3권 1책	1992	신연활자본	경상대, 국민대, 국회도서관, 단국대, 퇴계기념도서관, 전남대, 조선대, 충남대		
320	신연규(申延圭)	야암유고(野菴遺稿)	1842-1912	2권 1책	1964	석판본	국립중앙도서관, 계명대, 고려대, 영남대, 전주대		
321	신영균(申永均)	인당집(忍堂集)	1833-1922	2권 2책	미상	목활자본	국립중앙도서관, 계명대, 연세대		
322	신제희(申在熙)	백헌유고(栢軒遺稿)	1876-1957	1권 1책	1994	신연활자본	전남대		
323	신현대(申鉉大)	신묵당유고(愼黙堂遺稿)	1867-1945	2권 1책	1948	석판본	국립중앙도서관, 계명대, 고려대, 성균관대, 온경각, 전남대, 조선대	역총 1500	

번호	저자	문집명	생몰년	구성	간사년	판종	소장처	총서간행	비고
324	신홍휴(申弘休)	봉남집(鳳南集)	1872-1940	10권 3책	1967	석판본	국립중앙도서관, 고려대, 영남대, 전남대		
325	심계순(沈啓淳)	죽파유고(竹坡遺稿)	1852-1926	5권 1책	1944	목활자본	대구가톨릭대, 연세대, 전남대		
326	심상호(沈相浩)	임유천고(臨流淺稿)	1904-미상	3권 1책	1980	석판본	한국학중앙연구원		
327	심의항(沈宜恒)	만촌유고(晩村遺稿)	1870-1939	4권 1책	1966	동활자본	국립중앙도서관, 전북대		
328	안광호(安光鎬)	회산유고(晦山遺稿)	1869-1945	2권 1책	1976	석활자본	전남대 호남한문고전연구실		
329	안규봉(安圭俸)	소남유고(小南遺稿)	1874-1956	3권 1책	1972	신연활자본	국립중앙도서관, 정기대, 영남대, 전남대		
330	안규숭(安圭嵩)	우은유고(愚隱遺稿)	1889-1943	3권 1책	1972	석판본	미상		
331	안규용(安圭容)	서언유고(瑞堰遺稿)	1860-1910	5권 2책	1989	미상	공주대, 대구가톨릭대, 전남대, 전주대		
332	안규용(安圭容)	회봉유고(晦峰遺稿)	1873-1959	14권 7책	1963/1974	신연활자본	국립중앙도서관, 고려대, 영남대, 원광대, 전남대, 전북대	역총 2841-2843	〈해제〉 호남-24 본집 10권 5책(1963), 별집 2권 1책, 부록 2권 1책(1974)
333	안규호(安圭灝)	둔사만록(遁舍漫綠)	1874-1941	3권 1책	1996	신연활자본	고려대, 단국대 퇴계기념도서관, 동국대, 전남대, 전북대, 전주대, 중앙대		
334	안규홍(安圭洪)	담산실기(澹山實記)	1879-1911	2권 1책	1954	석판본	국립중앙도서관, 사우당종택, 성균관대 존경각, 연세대, 전남대, 전주대		
335	안극(安極)	회은집(晦隱集)	1864-1945	5권 3책	1965	연활자본	계명대, 전남대, 충남대	역총 1423	
336	안동식(安東植)	송은유고(松隱遺稿)	1874-1937	4권 1책	1972	석판본	계명대, 원광대, 한국학중앙연구원		
337	안병탁(安秉柝)	겸산유고(兼山遺稿)	1904-1994	12권 4책	1999	신연활자본	국립중앙도서관		

번호	저자	문집명	생몰년	구성	간사년	판종	소장처	총서간행	비고
338	안병택(安秉宅)	부해집(浮海集)	1861-1936	3책	2008/2013	인쇄본	국립중앙도서관		
339	안성환(安成煥)	소산유고(蘇山遺稿)	1858-1911	4권 2책	1963	신연활자본	국립중앙도서관, 계명대, 고려대, 연세대, 전남대, 전북대, 한국학중앙연구원	역중 1470	
340	안수봉(安洙奉)	만취당유고(晚翠堂遺稿)	1874-1939	3권 1책	1971	신연활자본	국립중앙도서관, 계명대, 전남대, 한국학중앙연구원		
341	안요묵(安堯黙)	지연재유고(芝蓮齋遺稿)	1847-1914	1권 1책	미상	목활자본	연세대		
342	안정현(安珽鉉)	정와유고(靜窩遺稿)	1871-1928	4권 1책	1935	석판본	국립중앙도서관, 계명대, 성균관대 존경각, 원광대, 전남대, 한국학중앙연구원	역중 2075	
343	안종학(安鍾鶴)	지봉집(芝峯集)	1863-1923	5권 2책	1933	석판본	경기대, 고려대, 성균관대 존경각, 연세대, 전남대, 전북대, 조선대		
344	안지수(安致洙)	염과집(念窩集)	1863-1950	10권 5책	1967	연활자본	성균관대 존경각, 연세대, 전북대		
345	양계묵(梁啓黙)	심암유고(心菴遺稿)	1882-1941	10권 4책	1946/1965	목활자본	국립중앙도서관, 계명대, 고려대, 원광대, 전남대, 전주대, 조선대, 중남, 한국학중앙연구원	역중 2923	본집 7권 3책(1946), 속집 3권 1책(1965)
346	양규술(梁圭述)	초산시고(樵山詩稿)	1897-미상	3권 1책	1968	연활자본	국립중앙도서관, 단국대 율곡기념도서관, 영남대, 원광대, 전남대, 전북대, 조선대, 중남대, 한국학중앙연구원		
347	양기주(梁基柱)	구일유고(九逸遺稿)	1861-1937	1권	미상	석판본	미상		
348	양덕환(梁德煥)	다정유고(茶亭遺稿)	1846-1925	1권 1책	1976	활자본	전남대, 한국학중앙연구원		
349	양병의(楊秉益)	구은유고(龜隱遺稿)	1890-1979	2권 1책	1986	신활자본	전주대		
350	양병현(楊炳鉉)	정재유고(靜齋遺稿)	1875-1946	5권 1책	1989	인쇄본	국립중앙도서관		

번호	저자	문집명	생몰년	구성	간사년	판종	소장처	총서간행	비고
351	양우승(梁祐承)	국오사고(菊塢私稿)	1906-1931	3권 1책	1933	목활자본	국립중앙도서관, 성균관대 존경각, 연세대, 전주대		
352	양원영(楊援永)	성암유고(星巖遺稿)	1861-1938	3권 1책	1986	석판본	부안교육문화회관, 원광대, 전북대, 전주대		
353	양재경(梁在慶)	희암유고(希庵遺稿)	1859-1918	13권 3책	1955	석판본	국립중앙도서관, 계명대, 고려대, 전남대, 전남대, 중남대	역총 2808	〈해제〉호남-25
354	양주혁(楊柱赫)	덕강유고(德岡遺稿)	1893-1976	2권 1책	1978	신연활자본	국립중앙도서관, 고려대, 전남대, 한국학중앙연구원		
355	양순영(楊賢永)	만포유고(晩圃遺稿)	1858-1951	2권 1책	1952	신연활자본	단국대 율곡기념도서관, 부안교육문화회관, 원광대, 전북대		
356	양회갑(梁會甲)	정재집(正齋集)	1884-1961	16권 7책	1965	신연활자본	계명대, 고려대, 원광대, 전남대, 전북대, 전주대, 중남대	역총 519-521	〈해제〉호남-26
357	양회남(梁會南)	만취헌유고(晩翠軒遺稿)	1884-1959	4권 1책	1980	미상	미상		
358	양회락(梁會洛)	동계당유고(東溪堂遺稿)	1862-1935	9권 2책	1946	석판본	국립중앙도서관, 경기대, 고려대, 성균관대 존경각장상대, 전남대	역총 2920	
359	양회수(梁會水)	전은유고(田隱遺稿)	1876-1958	1권 1책	1976	신연활자본	전남대, 호남지방문헌연구소		
360	양회전(梁會油)	송담유고(松潭遺稿)	1887-1968	1권 1책	1976	신연활자본	전남대, 호남지방문헌연구소		
361	양회환(梁會奐)	행림유고(杏林遺稿)	1879-1955	2권 1책	1960	석판본	국립중앙도서관, 국회도서관, 전남대		
362	여창현(呂昌鉉)	운사유고(雲沙遺稿)	1897-1975	6권 3책	1979	석판본	국립중앙도서관, 경주캠퍼스, 동국대, 전남대, 원광대, 전주대, 중남대, 한국학중앙연구원		
363	염병섭(廉秉燮)	동강유고(東江遺稿)	1882-1950	2권 1책	1965	신연활자본	계명대, 원광대, 한국학중앙연구원		
364	염석진(廉錫珍)	남곡유고(南谷遺稿)	1879-1955	4권 2책	1965	석판본	국립중앙도서관, 영남대, 전남대, 전주대, 한국학중앙연구원	역총 1427	

번호	저자	문집명	생몰년	구성	간사년	판종	소장처	총서간행	비고
365	염재신 (廉在愼)	과암유고 (果菴遺稿)	1862-1935	4권 1책	1941/1980	연활자본	전남대, 계명대/국회도서관, 전주대, 조선대		
366	오계수 (吳繼洙)	난와유고 (難窩遺稿)	1843-1939	17권 8책	1916	목활자본	국립중앙도서관, 고려대, 성균관대, 연세대, 용인대, 원광대, 전남대, 전주대	역총 504-505	<해제> 호남-27
367	오권수 (吳權洙)	석봉유고 (石峯遺稿)	1854-1917	3권 1책	1976	석판본	국립중앙도서관, 전남대		
368	오근후 (吳根厚)	도연유고 (道淵遺稿)	1862-1932	4권 1책	1947	석판본	국립중앙도서관, 계명대, 고려대, 연세대, 원광대, 전남대, 전북대		
369	오남수 (吳南洙)	석은유고 (石隱遺稿)	1884-1933	3권 1책	1995	인쇄본	국립중앙도서관		
370	오민환 (吳玟煥)	송아일지 (松阿逸志)	1905-1977	3권 1책	미상	필사본	호남지방문헌연구소		
371	오병수 (吳秉壽)	수산유고 (壽山遺稿)	1883-1961	5권 3책	1962	석판본	국립중앙도서관, 성균관대, 송정각, 전남대, 전주대		
372	오석홍 (吳錫泓)	성석유고 (醒石遺稿)	1857-1918	5권 2책	1934	목판본	국립중앙도서관, 계명대, 대구가톨릭대, 연세대, 전남대, 전북대, 전주대	역총 1731	
373	오연필 (吳然必)	천석사고 (川石私稿)	미상	3권 1책	1967	석판본	전남대		
374	오영기 (吳永璣)	치재유고 (痴齋遺稿)	1874-1935	3권 1책	1946	석판본	국립중앙도서관, 계명대, 고려대, 전남대, 한국학중앙연구원		
375	오영찬 (吳永贊)	후백당유고 (後栢堂遺稿)	1874-1936	3권 1책	1946	목활자본	국립중앙도서관, 계명대, 성균관대, 송정각, 전남대, 전주대		
376	오계인 (吳季仁)	소계유고 (小溪遺稿)	1854-1914	2권 1책	1946	목활자본	고려대, 단국대, 을지기념도서관, 연세대, 원광대, 전남대		
377	오재영 (吳在泳)	소지집 (小志集)	1865-1911	1권 1책	1920	석판본	국립중앙도서관, 계명대, 고려대, 원광대, 전남대, 전북대, 한국학중앙연구원	역총 1466	

번호	저자	문집명	생몰년	구성	간사년	판종	소장처	총서간행	비고
378	오정근(吳正根)	만회유고(晚悔遺稿)	1871-1936	3권 1책	1939	목활자본	국립중앙도서관, 계명대, 원광대, 전남대, 전북대		
379	오정선(吳禎善)	균음당유고(竻陰堂遺稿)	1861-1923	3권 1책	1963	석판본	국립중앙도서관, 계명대, 연세대, 원광대, 전남대, 전주대		
380	오준선(吳駿善)	후석유고(後石遺稿)	1851-1931	25권 13책	미상	목판본	국립중앙도서관, 계명대, 동국대 경주캠퍼스, 성균관대 존경각, 안동대, 원광대, 전남대, 전주대	역총 444-447	<해제>호남-28 목록 1책, 본집 25권 12책
381	오진묵(吳晉黙)	수정유고(守靜遺稿)	1868-1936	4권 1책	1959	연활자본	계명대, 성균관대 존경각, 원광대, 전남대, 전북대, 조선대		
382	오진영(吳震泳)	석농집(石農集)	1869-1944	32권 12책	1950	신연활자본	국립중앙도서관, 계명대, 성균관대 존경각, 영남대, 전남대, 전북대, 한국학중앙연구원		
383	오하순(吳夏淳)	송고유고(松皐遺稿)	1836-1914	1권 1책	1967	석판본	국립중앙도서관, 계명대, 전남대, 조선대, 한국학중앙연구원	역총 2780	
384	오형순(吳炯淳)	쌍산유고(雙山遺稿)	1865-1940	3권 1책	1942	석판본	국립중앙도서관, 고려대, 전남대		
385	옹택규(邕宅奎)	우련집(又連集)	1852-1928	7권 2책	1962	연활자본	국립중앙도서관		
386	위계도(魏啓道)	만취집(晚翠集)	1926-1999	8권 1책	2002	인쇄본	경북대, 고려대, 서울대, 성균관대, 연세대, 영남대, 전북대, 조선대		
387	위계민(魏啓玟)	복재집(復齋集)	1855-1923	7권 4책	1956	신연활자본	국립중앙도서관, 계명대, 성균관대 존경각, 연세대		본집 6권 3책, 부록 1책
388	위계양(魏啓洋)	춘헌집(春軒集)	1848-1939	6권 3책	1949/1968	목활자본	국립중앙도서관 존경각/계명대, 성균관대, 전남대, 전북대, 전주대	역총 473	
389	위계용(魏啓龍)	오헌유고(梧軒遺稿)	1870-1948	7권 2책	1976/2001	연활자본	국립중앙도서관/경상대		
390	위계창(魏啓昌)	죽헌유고(竹軒遺稿)	1861-1943	4권 2책	1946	목활자본	국립중앙도서관, 계명대, 고려대, 성균관대 존경각, 연세대, 전남대, 전북대, 충남대	역총 475	

번호	저자	문집명	생몰년	구성	간사년	판종	소장처	총서간행	비고
391	위관식(魏瓘植)	춘파유고(春坡遺稿)	1843-1910	4권 2책	1933	목활자본	국립중앙도서관, 계명대, 고려대, 성균관대, 연세대, 용인대, 전남대	역종 2663-2664	
392	위석구(魏錫九)	덕암유고(德菴遺稿)	1882-1913	3권 1책	1961	석판본	국립중앙도서관, 계명대, 성균관대, 연세대, 전남대, 전주대, 한국학중앙연구원	역종 1950	
393	위택기(魏澤基)	계서유고(桂墅遺稿)	1858-1940	2권 1책	1975	석판본	국립중앙도서관	역종 532	
394	위홍량(魏洪良)	중뢰유고(重牢遺稿)	1881-1961	3권 2책	1968	목활자본	국립중앙도서관, 계명대, 성균관대, 조경각, 원광대, 전남대, 전주대	역종 474	
395	위후식(魏侯植)	묵헌유고(黙軒遺稿)	1848-1929	4권 1책	1980	석판본	고려대, 한국학중앙연구원		
396	유경구(庾敏求)	입신재유고(立身齋遺稿)	1873-1919	3권 1책	1933	연활자본	국립중앙도서관, 성균관대, 전남대, 전북대		
397	유구현(庾九鉉)	낙수유고(洛叟遺稿)	1858-1922	4권 2책	1939	목활자본	국립중앙도서관, 성균관대, 조경각, 연세대, 한국학중앙연구원		
398	유근수(柳根壽)	국송유고(菊松遺稿)	1894-1952	3권 1책	1969	활자본	원광대, 전남대		
399	유낙연(柳樂淵)	계은집(溪隱集)	1833-1925	4권 2책	1945	석판본	국립중앙도서관, 경기대, 계명대, 고려대, 동국대, 영남대, 전북대, 전주대		
400	유동식(庾東植)	신재유고(愼齋遺稿)	1880-1952	4권 2책	1962	석판본	국립중앙도서관, 계명대, 성균관대, 조경각, 영남대, 원광대, 전남대		
401	유상기(柳相基)	묵재유고(黙齋遺稿)	1867-1945	3권 1책	1966	석판본	계명대, 전남대, 한국학중앙연구원		
402	유상열(柳庠烈)	관암유고(覽菴遺稿)	1880-1962	1권 1책	1966	석판본	호남지방문헌연구소		
403	유성(柳晟)	춘정유고(春丁遺稿)	1878-1963	4권 2책	1965	석판본	국립중앙도서관, 경기대, 고려대, 영남대, 원광대, 전남대	역종 2902	
404	유시준(柳時俊)	월계사고(月溪私稿)	1896-1978	2권 1책	1972	연활자본	국립중앙도서관, 경기대, 조경각, 성균관대, 전남대		

번호	저자	문집명	생몰년	구성	간사년	판종	소장처	총서간행	비고
405	유영 (柳永)	호석유고 (壺石遺稿)	1888-1958	4권 3책	1960	석판본	고려대, 국회도서관, 안동대, 전남대		
406	유영구 (柳永求)	일성유고 (一醒遺稿)	1892-1970	2권 1책	1972	연활자본	국립중앙도서관, 경기대, 전남대		
407	유영선 (柳永善)	현곡집 (玄谷集)	1893-1961	32권 16책	1962/ 1978	신연활자본	국립중앙도서관, 전남대, 충남대, 한국학중앙연구원	역총 352-357	본집 26권 13책 (1962), 속집 6권 3책 (1978)
408	유영의 (柳永毅)	오천유고 (五泉遺稿)	1865-1947	1권 1책	1956	석판본	국립중앙도서관		
409	유위 (柳暐)	순암유고 (巽菴遺稿)	1855-1932	2권 1책	1944	목활자본	국립중앙도서관, 계명대, 고려대, 성균관대 존경각, 연세대, 원광대, 전남대, 전주대		
410	유인동 (柳寅東)	성초유고 (聖樵遺稿)	1895-1959	5권 2책	1959	목활자본	국립중앙도서관, 계명대, 원광대, 전북대		
411	유인석 (柳寅奭)	수당유고 (睡堂遺稿)	1859-1931	4권 1책	1975	연활자본	모덕사, 전주대		
412	유인정 (柳寅正)	화은유고 (華隱遺稿)	1869-1938	2권 1책	1968	석판본	국립중앙도서관, 계명대, 영남대, 원광대, 전남대		
413	유일수 (柳日秀)	남고유고 (南皐遺稿)	1888-1944	2권 1책	1977	연활자본	원광대, 전북대		
414	유일현 (庚一鉉)	성만유고 (醒晩遺稿)	1842-1938	5권 2책	1935	목활자본	국립중앙도서관, 계명대, 성균관대 존경각, 원광대, 한국학중앙연구원		
415	유재만 (柳在萬)	백당집고 (柏堂讚稿)	1909-미상	1책	1988	신연활자본	국립중앙도서관, 성균관대 존경각, 전남대, 전북대, 조선대, 중남대		
416	유재성 (柳在晟)	성암심기 (誠菴實紀)	1908-1982	1권 1책	1982	석판본	미상		
417	유재형 (劉載亨)	농은유고 (農隱遺稿)	1879-1952	3권 1책	1960	석판본	성균관대, 전북대		

번호	저자	문집명	생몰년	구성	간사년	판종	소장처	총서간행	비고
418	유정선(柳鼎善)	석수유고(石수遺稿)	1879~1945	2권 1책	1948	석판본	경상대, 연세대, 전남대, 전주대		
419	유종룡(柳鍾龍)	원석유고(圓石遺稿)	1899~1978	3권 1책	1981	신연활자본	조선대, 한국학중앙연구원		
420	유종무(柳鍾戊)	남강유고(南江遺稿)	1889~1962	3권 1책	1970	석판본	국립중앙도서관, 계명대, 고려대, 전남대		
421	유준정(柳鍾正)	금수유고(錦正遺稿)	1817~1918	6권 3책	1950	석판본	국립중앙도서관, 성균관대 존경각, 영남대, 원광대, 전남대		
422	유지성(柳志聖)	수당실기(遂堂實記)	1838~1918	1권 1책	1951	석판본	미상		
423	유춘선(柳春善)	춘담유고(春潭遺稿)	1893~1959	2권 1책	1991	석판본	국립중앙도서관		
424	유홍렬(柳洪烈)	송으유고(松隱遺稿)	1890~1968	4권 1책	1967	목판본	전남대		
425	유후열(柳厚烈)	후서유고(後西遺稿)	1867~1919	1책	1957	석판본	계명대, 전남대, 전주대		
426	유흥선(柳興善)	동천유고(東川遺稿)	1875~1952	2권 1책	1970	신연활자본	국립중앙도서관, 고려대, 단국대 율곡기념도서관, 동국대, 성균관대 존경각, 영남대, 전남대, 전북대, 전주대, 한국학중앙연구원		
427	육병수(陸炳洙)	담재유고(潭齋遺稿)	1906~1978	1권 1책	1979	연활자본	원광대, 전북대, 전주대, 조선대		
428	윤경혁(尹璟赫)	지호유고(底湖遺稿)	1885~1966	5권 2책	1977	석판본	국립중앙도서관, 고려대, 단국대 율곡기념도서관, 전남대, 전북대, 순천대		
429	윤상대(尹相大)	완재유고(綏齋遺稿)	1873~1943	3권 1책	1965	석판본	국립중앙도서관, 단국대 율곡기념도서관, 원광대, 전남대		
430	윤영순(尹永順)	백원정실기(百源亭實記)	1886~1951	2권 1책	1961	신연활자본	국립중앙도서관, 경기대, 계명대, 단국대 퇴계기념도서관, 단국대 율곡기념도서관, 모덕사, 성균관대 존경각, 전남대, 전주대		

번호	저자	문집명	생몰년	구성	간사년	판종	소장처	총서간행	비고
431	윤영호 (尹榮浩)	기산재실기 (箕山齋實記)	1881–1939	1권 1책	1973	석판본	전남대, 충남대		
432	윤종균 (尹鍾均)	유당시집 (酉堂詩集)	1861–1941	3권 1책	1968	석판본	국립중앙도서관, 경기대, 원광대, 전남대, 한국학중앙연구원		〈해제〉호남-30
433	윤철성 (尹哲成)	치당실기 (耻堂實記)	1879–1927	1권 1책	1964	석판본	국립중앙도서관, 경기대, 단국대 퇴계기념도서관, 원광대, 전남대, 전주대, 충호재		
434	윤항식 (尹恒植)	추당유고 (秋塘遺稿)	1855–1926	7권 2책	1946	석판본	국립중앙도서관, 모덕사, 한국학중앙연구원		
435	우현 (又軒)	우현유고 (又軒遺稿)	1880–1955	3권 1책	1960	석판본	국립중앙도서관, 전남대		
436	이계두 (李啓斗)	국사선생시집 (菊史先生詩集)	1882–1939	1권 1책	1948	신연활자본	국립중앙도서관, 고려대, 국회도서관, 성균관대 존경각, 원광대, 전남대, 조선대, 충남대		
437	이계택 (李啓澤)	현은유고 (峴隱遺稿)	1880–1950	2권 1책	1953	목활자본	국립중앙도서관, 연세대, 전주대		
438	이광수 (李光秀)	옥산집 (玉山集)	1873–1953	7권 2책	1962	신연활자본	국립중앙도서관, 고려대, 동국대, 성균관대 존경각, 원광대, 전남대, 전북대, 충남대	역종 1718	〈해제〉호남-31
439	이교문 (李敎文)	일봉유고 (日峯遺稿)	1846–1914	8권 4책	1947	석판본	국립중앙도서관, 계명대, 고려대, 연세대, 원광대, 전남대	역종 2704	
440	이교천 (李敎川)	악천유고 (樂川遺稿)	1882–1948	6권 2책	1949	석판본	국립중앙도서관, 경기대, 계명대, 고려대, 원광대, 전남대, 전북대	역종 1725	
441	이교흠 (李敎欽)	정당유고 (靜堂遺稿)	1878–1959	1권 1책	1985	석판본	국립중앙도서관, 원광대, 충남대		
442	이규재 (李圭栽)	묵와유고 (黙窩遺稿)	1845–1914	5권 2책	1938	석판본	국립중앙도서관, 고려대, 원광대, 전남대, 전주대, 한국학중앙연구원	역종 2783	
443	이규채 (李圭綵)	송석유고 (松石遺稿)	1849–1933	2권 1책	1975	석판본	국립중앙도서관, 성균관대 존경각, 조선대, 한국학중앙연구원		

번호	저자	문집명	생몰년	구성	간사년	판종	소장처	총서간행	비고
444	이규철 (李圭㬚)	일암유고 (一菴遺稿)	1854–1925	5권 2책	1936	목판본	국립중앙도서관, 계명대, 국회도서관, 전남대		
445	이근문 (李根汶)	백파유고 (白坡遺稿)	1846–1931	3권 1책	1940	석판본	국립중앙도서관, 경기대, 계명대, 성균관대 존경각, 연세대, 전남대	역중 1590	
446	이근식 (李根植)	은암유고 (隱巖遺稿)	1868–1947	3권 1책	1965	석판본	국립중앙도서관, 계명대, 전남대		
447	이하 (李沂)	이하 하유서 (李海鶴遺書)	1848–1909	12권 3책	1955	필사본	경상대, 전주대	문종 347	〈해제〉 호남-32
448	이기로 (李驥魯)	정의재유고 (精毅齋遺稿)	1851–1927	3권 2책	1959	석판본	연세대, 전남대, 충남대		
449	이기승 (李起永)	연파사고 (蓮坡私稿)	1882–1950	2권 1책	1981	연활자본	전남대		
450	이기완 (李起完)	강제집 (剛齋集)	1891–1964	4권 2책	1984	석판본	고려대, 전북대		
451	이기유 (李基瑜)	쌍청헌유고 (雙淸軒遺稿)	1856–1933	3권 1책	1959	연활자본	국립중앙도서관, 고려대, 연세대, 전남대, 전남대, 전북대		
452	이기호 (李基昊)	죽사유고 (竹史遺稿)	1899–미상	1권 1책	1997	인쇄본	국립중앙도서관		
453	이남의 (李南儀)	단하시고 (丹霞詩稿)	1877–1944	1책	1953	목활자본	단국대 율곡기념도서관, 서울대 규장각, 성균관대 존경각, 전북대		
454	이대기 (李大基)	화헌유고 (和軒遺稿)	1905–1997	3권 1책	미상	미상	미상		
455	이대원 (李大遠)	소출제유고 (素出霽遺稿)	1902–1955	4권 1책	1965	연활자본	원광대		
456	이덕우 (李德雨)	송와우고 (松窩遺稿)	1887–1960	1권 1책	1982	인쇄본	국립중앙도서관, 전남대		
457	이도복 (李道復)	후산집 (厚山集)	1862–1938	22권 11책	1967	목활자본/석판본	국립중앙도서관, 경기대, 계명대, 모덕사, 성균관대 존경각, 영남대, 원광대, 전주대	역중 1321–1323	

번호	저자	문집명	생몰년	구성	간사년	판종	소장처	총서간행	비고
458	이돈모 (李敦模)	근재집 (謹齋集)	1888-1951	2권 2책	1978	신활자본	경상대, 고려대, 원광대, 전북대		
459	이돈식 (李敦植)	농은유고 (農隱遺稿)	1847-1920	5권 1책	1933	석판본	국립중앙도서관, 경기대, 계명대, 연세대, 전남대, 전주대		
460	이돈형 (李敦炯)	취석헌유고 (醉石軒遺稿)	1857-1929	1권 1책	1984	석판본	전남대		
461	이동우 (李東雨)	난고유고 (蘭皐遺稿)	미상-1919	2권 1책	1967	석판본	계명대, 전북대, 순조재, 한국학중앙연구원	역중 1466	
462	이명교 (李明敎)	국전유고 (菊田遺稿)	1852-1933	3권 1책	1968	석판본	연세대, 충남대		
463	이민섭 (李敏燮)	매헌시고 (梅軒詩稿)	1843-1916	1책	1971	석판본	미상		
464	이방회 (李昉會)	원암선고 (元庵選稿)	1846-1928	3권 1책	1981	연활자본	국립중앙도서관, 고려대, 한국학중앙연구원		
465	이병구 (李秉龜)	성암유고 (性庵遺稿)	1842-1912	2권 2책	1967	석판본	국립중앙도서관, 계명대, 연세대, 전남대, 전주대, 조선대		
466	이병수 (李炳壽)	겸산유고 (謙山遺稿)	1855-1941	20권 10책	1946	석판본	국립중앙도서관, 계명대, 나주문화원, 영남대		〈해제〉호남-33
467	이병수 (李秉壽)	동은유고 (東隱遺稿)	1883-1965	3권 1책	1987	신연활자본	원광대	역중 1561	
468	이병욱 (李炳旭)	춘강유고 (春岡遺稿)	1888-1949	2권 1책	1978	석판본	전주대, 순조재		
469	이병위 (李秉瑋)	월호유고 (月湖遺稿)	1929-1929	2권 1책	1974	연활자본	국립중앙도서관, 원광대, 전남대		
470	이병은 (李炳殷)	고재집 (顧齋集)	1877-1960	12권 6책	1963	신연활자본	국립중앙도서관, 계명대, 국회도서관, 성균관대 존경각, 영남대, 원광대, 전남대, 전북대, 전주대, 충남대		〈해제〉호남-34
471	이상녕 (李湘寧)	취헌사고 (翠軒私稿)	1916-미상	1책	1977	석판본	안동대		

번호	저자	문집명	생몰년	구성	간사년	판종	소장처	총서간행	비고
472	이상백 (李常白)	죽오집 (竹塢集)	1857–1924	2권 1책	1927	석판본	국립중앙도서관, 경기대, 경상대, 고려대, 원광대, 전남대	역총 1948	
473	이석순 (李錫淳)	오당실기 (五堂實記)	1849–1926	3권 1책	1938	석판본	국회도서관, 성균관대 존경각, 연세대, 원광대, 전남대, 전북대		
474	이석용 (李錫庸)	정재집 (靜齋集)	1878–1914	4권 1책	1960	석판본	국립중앙도서관, 성균관대 존경각, 영남대, 전북대, 전주대		
475	이성구 (李性求)	춘파유고 (春坡遺稿)	1905–1967	2권 1책	1982	석판본	전남대		
476	이성범 (李性範)	은우계유고 (隱愚溪遺稿)	1893–1965	1권 1책	1982	석판본	국립중앙도서관, 단국대 퇴계기념도서관, 전북대, 전주대, 중남대		
477	이수하 (李洙夏)	금계집 (金溪集)	1861–1931	4권 2책	1999	목활자	국립중앙도서관, 계명대, 성균관대, 연세대, 원광대, 전주대	역총 2887	
478	이수혁 (李洙爀)	성암유고 (誠菴遺稿)	1878–1952	4권 2책	1967	연활자본	국립중앙도서관, 계명대, 고려대, 동국대 경주캠퍼스, 전남대, 춘호재, 한국학중앙연구원		
479	이승복 (李承福)	양곡유고 (良谷遺稿)	1886–1961	11권 3책	1967	석판본	계명대, 고려대, 서울대 규장각, 성균관대 존경각, 원광대, 전남대, 한국학중앙연구원	역총 2138	
480	이승엽 (李承燁)	경양유고 (景暘遺稿)	1883–1952	5권 2책	1971	신연활자본	계명대, 경기대, 국회도서관, 전남대, 전북대, 전주대, 조선대	역총 1478	
481	이승학 (李承鶴)	청고집 (青皐集)	1857–1928	4권 2책	1965	신연활자본	국립중앙도서관, 경기대, 계명대, 동국대, 성균관대 존경각, 연세대, 전남대, 전주대, 한국학중앙연구원	역총 2998	
482	이시용 (李時容)	소계유고 (小溪遺稿)	1853–1917	2권 1책	1975	석판본	계명대, 고려대, 수명여대, 원광대, 전남대		
483	이연우 (李彦雨)	용자집 (槦滋集)	1875–1916	1권 1책	1926	연활자본	국립중앙도서관, 국회도서관, 서울대 규장각, 한국학중앙연구원		
484	이연관 (李淵觀)	난곡유고 (蘭谷遺稿)	1857–1935	2권 1책	1978	석판본	원광대	역총 1499	

번호	저자	문집명	생몰년	구성	간사년	판종	소장처	총서간행	비고
485	이연우 (李演雨)	진재사고 (眞齋私稿)	1890–1939	6권 2책	1951	목활자본	계명대, 원광대, 전남대, 전주대	역총 2912	
486	이연회 (李淵會)	물재유고 (勿齋遺稿)	1867–1939	5권 1책	1977	석판본	영남대, 원광대, 전남대, 전주대, 호남지방문헌연구소		
487	이영규 (李泳奎)	당헌유고 (棠軒遺稿)	1882–1960	2권 2책	1960	석판본	국립중앙도서관, 계명대, 원광대, 전남대, 한국학중앙연구원		
488	이영순 (李永恂)	우헌집 (愚軒集)	1881–1955	1권 1책	1979	신연활자본	전남대		
489	이완상 (李玩相)	극재유고 (克齋遺稿)	1887–1953	2권 1책	1978	석판본	계명대		
490	이용우 (李用雨)	경산유고 (耕山遺稿)	1876–1963	10권 4책	1971	석판본	원광대, 전북대, 충남대		
491	이윤창 (李潤昌)	나벽당유집 (糯碧堂遺集)	1848–1921	2권 1책	1937	목활자본	국립중앙도서관, 계명대, 고려대, 전북대, 전주대, 한국학중앙연구원	역총 2687	
492	이을호 (李乙鎬)	죽호유고 (竹湖遺稿)	1871–1945	3권 1책	1970	연활자본	국립중앙도서관, 원광대, 전남대, 호남한문고전연구실		
493	이일 (李鎰)	소봉유고 (小峰遺稿)	1868–1927	6권 3책	1958	석판본	고려대, 전남대	역총 2705	
494	이전우 (李銓雨)	매계문고 (梅谿文稿)	1904–미상	3권 1책	1978	석판본	국립중앙도서관, 경기대, 조선대		
495	이정순 (李靖淳)	향암유고 (向菴遺稿)	1908–1956	2권 1책	1983	신연활자본	동국대, 경주캠퍼스, 원광대, 전남대, 충남대	역총 1496	
496	이정원 (李正遠)	낙오재유고 (樂吾齋遺稿)	1871–1957	6권 2책	1963	석판본	국립중앙도서관, 계명대, 고려대, 전북대		본집 4권 및 부록 2 권 합 2책
497	이정직 (李定稷)	석정집 (石亭集)	1841–1910	7권 3책	1923	연활자본	국립중앙도서관, 계명대, 고려대, 안교육문화회관, 연세대, 전남대, 한국학진흥원	역총 373	〈해제〉충남-35
498	이정회 (李正會)	심재유고 (心齋遺稿)	1858–1939	4권 1책	1955	신연활자본	국립중앙도서관, 연세대, 전남대, 전북대		

번호	저자	문집명	생몰년	구성	간사년	판종	소장처	총서간행	비고
499	이종고(李鍾杲)	양산사고(陽山私稿)	1883-1954	6권 3책	1965	연활자본	국립중앙도서관, 경기대, 성균관대 존경각, 전주대, 충남대		
500	이종관(李鍾官)	죽하유고(竹下遺稿)	1875-1928	3권 1책	미상	석판본	전북대		
501	이종목(李鍾睦)	해오유고(海塢遺稿)	1863-1921	4권 2책	1933	석판본	국립중앙도서관, 경희대, 성균관대 존경각, 연세대		
502	이종림(李鍾林)	저전유고(楮田遺稿)	1857-1925	8권 4책	1927	목활자본	국립중앙도서관, 서울대 규장각, 연세대, 전남대, 전주시립완산도서관	역총 1163	
503	이종상(李鍾祥)	춘곡유고(春皐遺稿)	1886-1965	2권 1책	1976	석판본	국립중앙도서관, 전남대, 전북대, 충남대, 한국학중앙연구원		
504	이종아(李鍾雅)	뇌신유고(耒山遺稿)	1885-1963	3권 1책	1975	신활자본	경상대	역총 2991	
505	이종엽(李鍾燁)	복암유고(復菴遺稿)	1862-1924	3권 1책	1953	목활자본	국립중앙도서관, 계명대, 고려대, 성균관대 존경각, 전남대, 전주대		
506	이종옥(李鍾勗)	몽암집(蒙嚴集)	미상-1926	9권 2책	1975	석판본	국립중앙도서관, 고려대, 전남대, 전북대, 조선대, 충남대		
507	이종제(李鍾濟)	희자유고(希齋遺稿)	1871-1952	1권 1책	1966	석판본	국립중앙도서관, 충남대		
508	이종택(李鍾宅)	육봉유집(六峯遺集)	1865-1942	10권 5책	1944	석판본	국립중앙도서관, 계명대, 고려대, 성균관대 존경각, 원광대, 전북대, 전주대		
509	이종택(李鍾澤)	복재유고(復齋遺稿)	1868-1938	4권 2책	1951	석판본	전남대		
510	이종필(李鍾弼)	시산유고(詩山遺稿)	1908-1973	2권 1책	1974	석판본	국립중앙도서관, 경기대, 원광대, 전남대, 충남대		
511	이종홍(李鍾共)	금원사고(錦峰私稿)	1888-1929	1권 1책	1956	석판본	국립중앙도서관, 계명대, 전남대, 충남대		
512	이주헌(李周憲)	상실암유고(尙實菴遺稿)	1870-1923	4권 1책	1959	석판본	국립중앙도서관, 계명대, 전남대, 전주대, 성균관대, 한국학중앙연구원		

번호	저자	문집명	생몰년	구성	간사년	판종	소장처	총서간행	비고
513	이준모(李準模)	우재유고(愚齋遺稿)	1888-1971	2권 1책	1974	연활자본	단국대 율곡기념도서관		
514	이지무(李枝茂)	옥산유고(玉山遺稿)	1857-1912	3권 1책	1988	석판본	원광대, 전남대, 조선대, 충남대		
515	이창신(李昌新)	괴정집(槐亭集)	1852-1919	6권 3책	1926	목활자본	원광대, 전주대	역총 374	
516	이창우(李昌雨)	정재사고(正齋私稿)	1903-미상	3권 1책	1982	신활자본	단국대 율곡기념도서관		
517	이창환(李昌煥)	오재집(晤齋集)	1896-1964	6권 3책	1968	석판본	고려대, 국회도서관, 전남대, 전북대, 충남대		
518	이재수(李在壽)	지암유집(遲庵遺集)	1832-1912	2권 2책	1973	석판본	경기대, 계명대, 고려대, 사우당종택, 영남대, 원광대		
519	이최선(李最善)	석전집(石田集)	1825-1883	4권 2책	1963	연인본	국립중앙도서관, 고려대, 동국대, 성균관대 존경각, 연세대, 전남대, 전남대, 전북대, 한국학중앙연구원		
520	이춘복(李春馥)	죽헌유고(竹軒遺稿)	1889-1957	2권 1책	1973	석판본	국립중앙도서관, 원광대, 전남대, 호제, 한국학중앙연구원		
521	이탁헌(李鐸憲)	남파유고(南坡遺稿)	1842-1914	6권 3책	1934	목활자본	국립중앙도서관, 성균관대 존경각, 전남대, 전북대, 전주대, 조선대		
522	이한용(李漢龍)	당천집(唐川集)	1862-1926	8권 4책	1936	목활자본	국립중앙도서관, 계명대, 고려대, 동아대, 성균관대 존경각, 전남대, 전주대, 충남대	역총 1263-1264	
523	이한응(李漢膺)	시당유고(時堂遺稿)	1902-1949	2권 1책	1973	석판본	경상대, 원광대		
524	이한휘(李韓徽)	송하시고(松下詩稿)	1917-1991	1권 1책	1993	신연활자본	단국대 퇴계기념도서관, 부산대, 승실대, 전남대, 전북대, 전주대, 충남대		
525	이호헌(李顥獻)	초은유고(樵隱遺稿)	1858-1931	3권 1책	1929	석판본	국립중앙도서관, 계명대, 고려대, 연세대, 전남대		

번호	저자	문집명	생몰년	구성	간사년	판종	소장처	총서간행	비고
526	이환익(李桓翼)	유산집(牖山集)	1855-1932	8권 3책	1973	석판본	국립중앙도서관, 경기대, 서울대, 성균관대 존경각, 안동대, 영남대, 원광대, 전남대, 전북대, 중남대, 중앙대, 한국학중앙연구원, 한림대 배동고전연구소		
527	이효석(李孝石)	화산유고(華山遺稿)	1874-1945	4권 2책	1980	연활자본	전남대 호남한문고전연구실		
528	이희민(李喜旻)	소송유고(紹松遺稿)	1868-1923	2권 1책	1959	석판본	고려대, 성균관대 존경각, 숙명여대, 전북대, 전주시립완산도서관		
529	이희봉(李喜鳳)	오헌만록(梧軒漫錄)	1901-1988	3권 1책	1988	석판본	국립중앙도서관, 국회도서관, 원광대, 전남대, 전주대, 조선대		
530	이희석(李羲錫)	지암유고(阯菴遺稿)	1895-1962	4권 2책	1960	석판본	국립중앙도서관, 계명대, 영남대, 원광대, 전남대		
531	이희용(李熙容)	쌍석유고(雙石遺稿)	1853-1931	3권 1책	1984	석판본	국립중앙도서관, 계명대, 고려대, 국회도서관, 동국대, 성균관대 존경각, 전남대, 중남대, 중앙대	여증 1739	
532	이희진(李熙璡)	후곡유고(後谷遺稿)	1852-1912	4권 1책	1918	목활자본	계명대, 전남대		
533	이희택(李熙鐸)	송계유고(松溪遺稿)	1892-1955	4권 1책	1970	석판본	국립중앙도서관, 원광대, 중남대, 한국중앙연구원		
534	임공희(任公喜)	청죽집(聽竹集)	1850-1917	2권 1책	1968	석활자본	고려대, 성균관대 존경각		
535	임규호(林圭鎬)	금양구고(錦狂遺稿)	1856-1929	3권 1책	1980	석판본	전남대		
536	임기민(林基萬)	우헌유고(愚軒遺稿)	1878-1962	3권 1책	1968	석판본	원광대		
537	임노성(林魯晉)	노하당유집(蘆下堂遺集)	1848-1920	1권 1책	1946	목활자본	국립중앙도서관, 원광대		
538	임노창(林魯昶)	제은당실기(稊隱堂實記)	1892-1966	1권 1책	1973	석판본	고려대, 원광대, 진남대, 전남대, 전북대		

번호	저자	문집명	생몰년	구성	간사년	판종	소장처	총서간행	비고
539	임동석(林東錫)	석곡실기(石谷實記)	1875-1961	2권 1책	1986	석판본	국민대, 국회도서관, 단국대 퇴계기념도서관, 동국대, 성균관대 존경각, 원광대, 전북대, 전주대		
540	임동선(任東宣)	수암일지(守菴逸志)	1892-1960	2권 1책	1980	석판본	국립중앙도서관, 경기대, 원광대, 전남대, 중남대		
541	임동안(林東安)	전신유고(戩愼遺稿)	1885-1972	1권 1책	미상	신연활자본	전남대		
542	임문규(林文奎)	행원유고(杏園遺稿)	1886-1964	2권 1책	1966	연활자본	국립중앙도서관, 전남대, 춘호재, 중남대	역중 2880	
543	임병찬(林炳贊)	돈헌유고(遯軒遺稿)	1851-1916	8권 1책	1957	석판본	국립중앙도서관, 경상대, 계명대, 고려대, 성균관대 존경각, 전북대, 전주대, 한국학중앙연구원	역중 2796	〈해제〉 호남-36
544	임상희(林相熙)	금우유고(錦愚遺稿)	1858-1931	2권 1책	1936	석판본	국립중앙도서관, 계명대, 연세대, 전남대, 한국학중앙연구원		
545	임양호(林襄鎬)	남파문고(南坡文稿)	1880-1952	2권 1책	1968	신연활자본	국립중앙도서관, 부안교육문화회관, 전주대		
546	임인규(林仁圭)	회정유고(晦亭遺稿)	1873-1951	2권 1책	1953	석판본	국립중앙도서관, 고려대, 전남대, 전북대, 조선대, 한국학중앙연구원		
547	임정부최씨(林貞婦崔氏)	열부수강최씨실기(烈婦鄭崔氏實記)	1906-1951	1책	미상	미상	미상		
548	임태주(任泰柱)	성제집(誠齋集)	1881-1944	5권 2책	1965	목활자본	국립중앙도서관 존경각, 계명대, 고려대, 성균관대 존경각, 연세대, 영남대, 전남대, 전북대, 전주대	역중 1385	
549	임필주(任弼柱)	도산유고(島山遺稿)	1851-1929	2권 1책	1991	신연활자본	전남대		
550	임희교(任凞教)	죽천유고(竹川遺稿)	1876-1937	4권 2책	1970	석판본	국립중앙도서관, 전남대, 중남대, 한국학중앙연구원		
551	장기홍(張基洪)	학남재유고(學南齋遺稿)	1883-1956	8권 3책	1960	석판본	국립중앙도서관, 고려대, 대구가톨릭대, 영남대, 전남대, 전주대, 중남대	역중 1160	

번호	저자	문집명	생몰년	구성	간사년	판종	소장처	총서간행	비고
552	장병채(張炳彩)	동양유고(桐陽遺稿)	1881~1959	1권 1책	1964	석판본	단국대 율곡기념도서관, 전남대, 전북대		
553	장병회(張柄晦)	죽사유고(竹師遺稿)	1871~1941	2권 1책	1968	연활자본	국립중앙도서관, 계명대, 고려대, 서울대 규장각, 성균관대 존경각, 전북대, 춘호재	역중 2990	
554	장태수(張泰秀)	일유재집(一逌齋集)	1841~1910	1책	1990	석판본	경상대, 고려대, 공주대, 서울대, 명여대, 울산대, 호남대		
555	장현구(張晛求)	사옹시고(師翁詩稿)	1886~1968	2권 1책	1986	석판본	고려대, 국민대, 전남대		
556	전구현(全九鉉)	명천제유고(明川齋遺稿)	1860~1925	2권 1책	1987	석판본	국립중앙도서관, 연세대, 원광대, 전주대		
557	전우(田愚)	간재집(艮齋集)	1841~1922	60권 31책	1926	연활자본	국립중앙도서관, 경상대, 경희대, 계명대, 고려대, 국민대, 단국대 퇴계기념도서관, 동아대, 성균관대 존경각, 연세대, 영남대, 원광대, 전주대, 조선대, 중남대, 한국학중앙연구원	문총 332~336 / 역중 321~329	<해제> 호남-37 목록 1책, 본집 43권 21책, 속집 16권 8책, 정오표 1책(간제 사고)
558	전원식(田元植)	가암사고(柯菴私稿)	1907~1981	8권 1책	1984	신활자본	경북대, 고려대, 단국대 퇴계기념도서관, 서강대, 성균관대, 연세대, 전북대, 충남대		
559	정경원(鄭經源)	이당유고(以堂遺稿)	1853~1946	8권 4책	1948	석판본	국립중앙도서관, 고려대, 모덕사, 연세대, 전남대		
560	정관석(鄭瓘錫)	겸재유고(謙齋遺稿)	1901~1982	8권 4책	1984跋	영인본	동아대, 중남대		
561	정관원(鄭官源)	용오집(龍塢集)	1857~1920	10권 5책	1933/1935	목활자본	국립중앙도서관, 경기대, 계명대, 고려대, 연세대, 원광대, 전남대, 진주대, 전주대, 한국학중앙연구원	역중 2515	본집 7권 3책(1933), 속집 3권 2책(1935)
562	정구현(鄭九鉉)	송포유고(松圃遺稿)	1882~1945	3권 1책	1975	석판본	국립중앙도서관, 경기대, 계명대, 전남대, 춘호재		

번호	저자	문집명	생몰년	구성	간사년	판종	소장처	총서간행	비고
563	정규병 (丁奎炳)	만성유집 (晩醒遺集)	1870–1960	5권 2책	1964	석판본	국립중앙도서관, 전남대, 전북대		
564	정규영 (鄭奎綮)	한제집 (韓齋集)	1860–1921	8권 4책	1943	목활자본	국립중앙도서관, 계명대, 원광대, 전남대	역총 1331–1332	
565	정규종 (鄭圭綜)	송남유고 (松南遺稿)	1889–1972	4권 2책	1975	석판본	국립중앙도서관, 성균관대, 순천대, 전남대, 전북대, 전주대, 충남대		
566	정기태 (丁基泰)	국사유고 (菊史遺稿)	1855–1919	4권 1책	1946	석판본	계명대, 대구가톨릭대, 안동대, 전북대, 한국국학진흥원, 한국학중앙연구원		
567	정노수 (丁魯壽)	송포유고 (松浦遺稿)	1877–1965	4권 2책	1972	연활자본	국립중앙도서관, 고려대, 전북대, 전주대	역총 2573	〈해제〉호남-38
568	정대수 (丁大秀)	양천유고 (陽泉遺稿)	1882–1959	8권 책	1960	석판본	국립중앙도서관, 경기대, 경상대, 전북대, 전주대, 조선대, 충남대		
569	정대현 (丁大晛)	석연유고 (石連遺稿)	1884–1958	5권 1책	1971	석판본	국립중앙도서관, 단국대 퇴계기념도서관, 동아대, 전북대, 조선대, 충남대	역총 2880	
570	정대현 (鄭大鉉)	석계시고 (石溪詩稿)	1873–1946	2권 1책	1975	석판본	국립중앙도서관, 춘호재		
571	정동식 (鄭東植)	모은유고 (慕隱遺稿)	1850–1910	4권 2책	1913	목활자본	고려대, 전남대	역총 377	본집 3권 및 부록 1권 습 2책
572	정두흠 (鄭斗欽)	운암집 (雲岩集)	1832–1910	4권 2책	1908	목활자본	국립중앙도서관, 경기대, 연세대, 전남대		
573	정명원 (鄭明遠)	송남집 (松南集)	1852–1938	2권 1책	1947	목활자본	국립중앙도서관, 전남대	역총 1733	
574	정복규 (鄭福圭)	월파사고 (月波私稿)	1915–미상	3권 2책	1994	신연활자본	국립중앙도서관, 고려대, 국회도서관, 전남대, 조선대		
575	정상열 (鄭相烈)	화남유고 (花南遺稿)	1876–1942	3권 1책	1967	석판본	한국학중앙연구원		
576	정상진 (丁商鎭)	간송유고 (澗松遺稿)	1881–1967	3권 1책	1968	석판본	서울대 규장각, 전남대, 전북대, 조선대		

번호	저자	문집명	생몰년	구성	간사년	판종	소장처	총서간행	비고
577	정순방(鄭淳邦)	초당유고(草堂遺稿)	1891–1960	1권 1책	1968	석판본	고려대, 단국대 율곡기념도서관, 원광대, 전남대, 전북대	역종 2982	
578	정순백(鄭淳伯)	서은유고(瑞隱遺稿)	1863–1939	2권 1책	1945	석판본	국립중앙도서관, 전남대		
579	정순종(鄭淳宗)	하남유고(鶴南遺稿)	1881–1949	2권 1책	1962	석판본	국립중앙도서관, 계명대, 원광대, 전남대, 전주대, 조선대, 춘호제		
580	정순필(鄭淳珌)	지산유고(耻山遺稿)	1866–1928	3권 1책	미상	석판본	전북대		
581	정승원(鄭升源)	석란실기(石蘭實記)	1868–1934	2권 1책	1960	석판본	고려대, 단국대 퇴계기념도서관, 한국학중앙연구원		
582	정시림(鄭時林)	월파집(月波集)	1839–1912	18권 7책	1913/1940	목활자본/석판본	국립중앙도서관, 경기대, 계명대, 국회도서관, 용인대, 전남대, 전북대, 전주대, 한국학중앙연구원	역종 684	〈해제〉 호남-39 본집 15권 5책(1913), 속집 2권 및 부록 1권 합 2책(1940)
583	정영필(鄭英珌)	회산유고(晦山遺稿)	1879–1965	2권 1책	1978	석판본	국립중앙도서관, 전남대, 조선대, 한		
584	정영하(丁永夏)	기헌시집(杞軒詩集)	1878–1957	3권 1책	1969	석판본	국립중앙도서관, 계명대, 원광대, 전북대, 조선대, 중앙대		
585	정용수(丁龍洙)	보만당유고(保晩堂遺稿)	1886–1934	1권 1책	1970	석판본	국립중앙도서관, 전남대		
586	정우선(鄭遇善)	금하유고(琴下遺稿)	1883–1950	1권 1책	1954	석판본	국립중앙도서관, 계명대, 고려대, 한국학중앙연구원		
587	정우오(鄭愚五)	벽수유고(碧樹遺稿)	1846–1920	2권 1책	1980	석판본	조선대	역종 580	
588	정위영(鄭偉永)	봉하유고(蓬下遺稿)	1902–1968	1책	1969	연활자본	전북대		
589	정응휴(鄭應休)	성헌유고(醒軒遺稿)	1894–1966	8권 2책	1971	석판본	원광대, 원광대, 전남대, 조선대, 국학중앙연구원		

번호	저자	문집명	생몰년	구성	간사년	판종	소장처	총서간행	비고
590	정의림(鄭義林)	일신재집(日新齋集)	1845-1910	21권 12책	1927	목활자본	국립중앙도서관, 계명대, 동아대, 성균관대 존경각, 연세대, 안세대, 영남대, 원광대, 전남대	역총 1401-1404	〈해제〉호남-40 목록 1책, 본집 21권 11책
591	정익섭(丁翼燮)	남운유고(南耘遺稿)	1911-1950	3권 1책	1980	석판본	경희대, 단국대 퇴계기념도서관, 부산대, 단국대, 숭실대, 전남대, 순조제		
592	정인제(鄭仁禾)	지암유고(志巖遺稿)	1855-1934	5권 2책	1960	석판본	국립중앙도서관, 계명대, 고려대, 단국대 율곡기념도서관, 전남대, 전주대	역총 1467	
593	정일우(丁日宇)	율헌집(栗軒集)	미상	2권 1책	1918	신연활자본	경상대, 경희대, 국회도서관, 대구가톨릭대, 돌림대, 동아대, 성균관대 존경각, 영남대, 전남대, 충남대	역총 796	
594	정일원(鄭一源)	국재유고(菊齋遺稿)	1870-1935	2권 1책	1954	석판본	국립중앙도서관, 국회도서관, 전주대		
595	정재건(鄭在健)	소송유고(小松遺稿)	1843-1910	2권 1책	1964	연활자본	국립중앙도서관, 계명대, 국회도서관, 단국대 율곡기념도서관, 전남대, 전북대, 전주대, 한국학중앙연구원	역총 1475	
596	정재규(鄭在奎)	해산유고(海山遺稿)	1873-1930	2권 1책	1958	목활자본	국립중앙도서관, 계명대, 성균관대 존경각, 전남대, 한국학중앙연구원	역총 661	
597	정재훈(鄭在勳)	대은유고(臺隱遺稿)	1835-1912	2권 1책	1960	석판본	국립중앙도서관, 고려대, 전남대	역총 2685	
598	정제만(鄭濟萬)	일와유고(一窩遺稿)	1872-1942	2권 1책	1965	석판본	국립중앙도서관, 계명대, 전남대, 전주대, 충남대, 한국학중앙연구원		
599	정종엽(鄭鍾燁)	수당유고(修堂遺稿)	1885-1940	5권 2책	1964	석판본	국립중앙도서관, 경상대, 원광대, 전주대, 충남대	역총 396	
600	정진회(鄭珍會)	송포유고(松圃遺稿)	1878-1952	2권 1책	1976	목판본	원광대, 한국학중앙연구원		
601	정창균(鄭昌均)	사헌실기(思軒實記)	1895-미상	2권 1책	1965	목활자본	국립중앙도서관, 경기대, 전남대		

번호	저자	문집명	생몰년	구성	간사년	판종	소장처	총서간행	비고
602	정창호 (鄭昌鎬)	죽포유고 (竹圃遺稿)	1856-1933	2권 1책	1969	신연활자본	국립중앙도서관, 단국대 율곡기념도서관, 영남대, 전주대	역총 1492	
603	정제균 (丁珠鈞)	술재유집 (述齋遺集)	1929-1983	1책	1984	인쇄본	경기대, 공주대, 서울대, 성균관대, 전남대, 충북대		
604	정철환 (鄭喆煥)	동조문고 (東樵文稿)	1901-1981	5권 1책	1988	신활자본	단국대 퇴계기념도서관, 서울대, 전남대		
605	정태중 (丁泰重)	입헌유고 (立軒遺稿)	1885-1967	8권 2책	1969	석판본	연세대, 전남대, 호남대		
606	정형옥 (丁洞玉)	좌강시고 (莝岡詩稿)	1917-1977	2권 1책	1979	석판본	서울대		
607	정홍수 (丁弘秀)	휘산시고 (輝山詩稿)	1871-1918	2권 1책	1939	석판본	계명대, 국립중앙도서관		
608	정홍재 (鄭泓宰)	읠재유고 (浩齋遺稿)	1901-1982	3권 3책	1984	신연활자본	충남대	역총 380	<해제> 호남-41
609	정환춘 (鄭桓春)	백헌유고 (栢軒遺稿)	1859-1945	2권 1책	1967	석판본	전남대		
610	정휴덕 (鄭休德)	농와실기 (鸕窩實記)	1887-1932	1권 1책	1949	신연활자본	성균관대 존경각, 전남대, 전북대, 조선대		
611	정휴명 (鄭休明)	유촌유고 (有村遺稿)	1850-1925	4권 2책	1998	석판본	경상대, 고려대, 원광대, 원광대, 전북대, 조선대		
612	정휴선 (鄭休鮮)	만산유고 (晩山遺稿)	1881-1945	2권 2책	1970	석판본	국립중앙도서관, 단국대 율곡기념도서관, 전남대, 중앙대, 충남대, 한국학중앙연구원		
613	정희면 (鄭熙冕)	국수유고 (菊叟遺稿)	1867-1944	5권 3책	1964/1979	연활자본/석판본	국립중앙도서관, 경기대, 전주대, 조선대, 충남대, 한국학중앙연구원	역총 1497	<해제> 호남-42 본집 5권 2책(1964), 속집 1권 1책(1979)
614	조덕승 (曹悳承)	흠재문고 (欽齋文藁)	1873-1960	9권 3책	1969	석판본	국립중앙도서관, 고려대, 원광대, 전북대, 전주대, 한국학중앙연구원	역총 524	

번호	저자	문집명	생몰년	구성	간사년	판종	소장처	총서간행	비고
615	조도승(曺燾承)	석오유고(石塢遺稿)	1926-1973	1책	1991	미상	미상		
616	조병일(趙炳日)	석당실기(石堂實記)	1895-1959	1권 1책	1967	석판본	고려대, 전남대, 전주대		
617	조병훈(曺秉勳)	성농유고(星農遺稿)	1911-1991	2권 1책	1991	석판본	전북대		
618	조상종(曺尙鍾)	성암유고(性菴遺稿)	1882-1952	1권 1책	1963	석판본	국립중앙도서관, 계명대, 고려대, 국회도서관, 성균관대 존경각, 전남대		
619	조석일(曺錫一)	오암유고(梧巖遺稿)	1868-1916	2권 1책	1962	석판본	모덕사, 전남대, 충남대, 한국학중앙연구원	역총 400	
620	조석일(曺錫日)	강재유고(强齋遺稿)	1886-1969	2권 1책	1983	석판본	국립중앙도서관, 전남대, 조선대, 충남대	역총 375	
621	조석휴(曺錫休)	무우당유고(無憂堂遺稿)	1852-1922	1책	1931	활자본	국립중앙도서관		
622	조성가(趙性家)	월고집(月皐集)	1824-1904	20권 10책	1929	목활자본	국립중앙도서관, 연세대	문총속 137 역총 516-518	
623	조성민(趙成珉)	심산유고(心汕遺稿)	1879-1952	6권 2책	1965	연활자본	국립중앙도서관, 계명대, 단국대 퇴계기념도서관, 성균관대 존경각, 전남대, 전주대, 충남대	역총 2908	
624	조성일(趙成鎰)	심연유고(心淵遺稿)	1882-1941	4권 2책	1977	석판본	경기대, 성균관대 존경각, 전남대, 한국학중앙연구원		
625	조영선(趙泳善)	배헌집(拜軒集)	1879-1932	3권 1책	1959	석판본	국립중앙도서관, 계명대, 교려대, 단국대 율곡기념도서관, 모덕사, 성균관대 파대존경각, 전남대, 전북대, 전주대, 한국학중앙연구원	역총 2718	
626	조영완(趙永完)	추계사고(秋溪私稿)	미상-1966	1책	1980	석판본	국립중앙도서관, 전북대, 순호재		
627	조용구(趙鏞求)	괴은유고(槐隱遺稿)	1882-1948	3권 1책	1985	신연활자본	국립중앙도서관		

번호	저자	문집명	생몰년	구성	간사년	판종	소장처	총서간행	비고
628	조우식(趙愚植)	성암집(昔菴集)	1869-1937	14권 5책	1940	석판본	국립중앙도서관, 계명대, 고려대, 성균관대 존경각, 전남대, 전주대	역총 2824-2825	
629	조원철(趙元喆)	단산집(丹山集)	1917-1977	4권 2책	1977	석판본	전남대, 전북대		
630	조인석(趙寅錫)	석정집(石汀集)	1863-1931	10권 5책	1935	석판본	국립중앙도서관, 계명대, 동국대 경주캠퍼스, 연세대, 전남대, 한국학중앙연구원	역총 2812-2813	
631	조장섭(趙章燮)	위당집(韋堂集)	1857-1934	8권 4책	1971	석판본	국립중앙도서관, 고려대도서관, 모덕사, 전북대	역총 2019-2020	〈해제〉호남-43
632	조종덕(趙鍾悳)	창암집(滄庵集)	1858-1927	10권 4책	1957	석판본	국립중앙도서관, 계명대, 고려대, 국회도서관, 연세대, 전남대	역총 2816-2817	
633	조형구(趙亨九)	우헌유고(丮軒遺稿)	1855-1930	4권 2책	1941	목활자본	고려대, 전남대	역총 2556	
634	지영구(池永求)	삼산가장(三山家藏)	1839-1917	3권 1책	1942	석판본	국립중앙도서관, 경기대, 국회도서관, 단국대 퇴계기념도서관, 연앙대, 전남대, 전주대		
635	진완탁(晉完鐸)	월파정시(月波亭詩)	1915-미상	1책	1975	석판본	국립중앙도서관, 단국대 퇴계기념도서관, 성균관대 존경각, 전북대, 전남대		
636	창녕조씨(昌寧曹氏)	숙인창녕조씨실기(淑人昌寧曺氏實記)	1858-1934	1책	1937	석활자본	계명대, 국립중앙도서관		
637	채면묵(蔡冕黙)	후송유고(後松遺稿)	1876-1952	3권 1책	1956/1972	석판본	성균관대 존경각, 전남대, 중앙대, 국립중앙도서관계명대, 고려대, 단국대 율곡기념도서관, 전주대	역총 1495	
638	채수명(蔡洙命)	우헌유고(愚軒遺稿)	1865-1933	2권 1책	1943	목활자본	국립중앙도서관, 연세대, 전남대, 한국학중앙연구원		
639	천보배(千寶培)	학산가장(鶴山家藏)	1903-미상	3권 1책	1966	신연활자본	국립중앙도서관, 계명대, 고려대, 단국대 퇴계기념도서관, 성균관대 존경각, 전남대, 전북대, 한국학중앙연구원		

번호	저자	문집명	생몰년	구성	간사년	판종	소장처	총서간행	비고
640	천상운(千翔健)	지촌유고(芝村遺稿)	1876-1924	2권 1책	1959	연활자본	국립중앙도서관		
641	최각렬(崔珏烈)	농은유고(農隱遺稿)	1866-1926	2권 1책	1947	목활자본	국립중앙도서관, 계명대, 고려대, 성균관대 존경각, 영남대, 전북대		
642	최기남(崔基南)	난곡유고(蘭谷遺稿)	1875-1946	2권 1책	1971	석판본	고려대, 전남대, 전북대, 한국학중앙연구원		
643	최기광(崔基光)	서암유고(瑞菴遺稿)	1878-1943	2권 1책	1993	미상	원광대, 호남지방문헌연구소		
644	최기룡(崔基龍)	죽파유고(竹坡遺稿)	1843-1913	4권 1책	1964	석판본	국립중앙도서관, 모덕사		
645	최기모(崔基模)	산곡유고(山谷遺稿)	1869-1925	8권 2책	1962	석판본	고려대, 모덕사, 연세대	역총 2878	
646	최기석(崔淇碩)	남하유고(南下遺稿)	미상	2권 1책	1971	석판본	고려대, 단국대 율곡기념도서관, 원광대, 전주대		
647	최기성(崔基性)	낭은유고(朗隱遺稿)	1863-1930	7권 3책	1971	연활자본	모덕사, 호남대		
648	최민렬(崔敏烈)	종양집(宗瀁輯)	1896-1980	2권 1책	1983	연활자본	국립중앙도서관, 고려대, 단국대 퇴계기념도서관, 동국대, 성균관대 존경각, 원광대	역총 397	
649	최병심(崔秉心)	금재집(欽齋集)	1874-1957	30권 14책	1961	석판본	국립중앙도서관, 국회도서관, 원광대, 전남대, 전북대, 전주대, 중남대		〈해제〉 호남-44 목록 1책, 전편 21권 9책, 후편 7권 3책, 부록 1책
650	최병하(崔炳夏)	일석유고(一石遺稿)	1839-1924	6권 2책	1965	석판본	국립중앙도서관, 계명대, 고려대, 연세대, 용인대, 전남대, 전북대	역총 2567	
651	최보열(崔輔烈)	운정집(賞亭集)	1847-1922	4권 2책	1972	연활자본	국립중앙도서관, 계명대, 고려대, 단국대 퇴계기념도서관, 대구가톨릭대, 성균관대 존경각, 영남대, 원광대, 전남대, 전북대, 전주대	역총 1790	

번호	저자	문집명	생몰년	구성	간사년	판종	소장처	총서간행	비고
652	최봉석 (崔鳳錫)	우봉선생유고 (牛峯先生遺稿)	1862–1927	1책	1963	석판본	미상		
653	최봉신 (崔鳳信)	암은유고 (巖隱遺稿)	1862–1924	2권 1책	1935	목활자본	국립중앙도서관, 경기대, 고려대, 성균관대 존경각	역총 2876	
654	최성철 (崔成澈)	송은실기 (松隱實記)	1864–1939	2권 1책	1950	목활자본	국립중앙도서관, 고려대, 성균관대 존경각, 연세대, 전남대		
655	최수화 (崔洙華)	운파유고 (雲坡遺稿)	1885–1962	4권 1책	1967	석판본	국립중앙도서관, 계명대, 고려대, 원광대, 전남대		
656	최승모 (崔勝模)	전은사고 (田隱私稿)	1868–1949	3권 1책	1959	석판본	국립중앙도서관		
657	최유일 (崔裕一)	이산사고 (苨山乂稿)	1889–미상	2권 1책	1973	연활자본	미상		
658	최윤환 (崔允煥)	경당만록 (敬堂漫錄)	1890–미상	6권 3책	1975	석판본	계명대, 고려대, 전남대, 조선대		
659	최인우 (崔仁宇)	직재유고 (直齋遺稿)	1888–1952	2권 1책	1974	석판본	국립중앙도서관, 성균관대 존경각, 원광대, 전남대, 조선대, 충남대, 한림대 태동고전연구소, 한국하-중앙연구원		
660	최인환 (崔仁煥)	인재유고 (忍齋遺稿)	1878–1958	2권 1책	1965	석판본	국립중앙도서관, 원광대, 전남대		
661	최재영 (崔再榮)	송우당유고 (松友堂遺稿)	1882–1960	4권 1책	1980	연활자본	호남지방문헌연구소		
662	최재홍 (崔在洪)	석당유고 (石堂遺稿)	1889–1961	2권 1책	1964	신연활자본	국립중앙도서관, 성균관대 존경각, 전남대, 전북대, 전주대, 충남대		
663	최정 (崔檉)	정선학승시집 (㼱選鶴祉詩集)	1850–1922	1책	1950	석판본	국립중앙도서관		
664	최준 (崔濬)	상우제수고 (尙友齋遺稿)	1879–1948	2권 2책	미상	석판본	원광대		

번호	저자	문집명	생몰년	구성	간사년	편종	소장처	총서간행	비고
665	최준식 (崔竣植)	만은시고 (晚隱詩稿)	1875-1946	2권 1책	1947	석판본	미상		
666	최창렬 (崔滄烈)	화봉유고 (華峰遺稿)	1877-1940	7권 2책	1962	석판본	전남대, 전주대		
667	최태일 (崔泰鎰)	배졸시고 (百拙私稿)	1899-미상	5권 3책	1974	석판본	전남대		
668	편무경 (片戊景)	덕포유고 (德圃遺稿)	1893-1961	3권 1책	1965	석판본	국립중앙도서관, 계명대, 전남대, 전북대, 전주대		
669	하원순 (河元淳)	청봉집 (晴峰集)	1858-1924	3권 1책	1956	목활자본	국립중앙도서관, 계명대, 성균관대 춘경각, 연세대, 전남대, 전북대, 전주대		
670	한용린 (韓容麟)	후재유고 (後齋遺稿)	1878-1940	2권 2책	1956	석판본	전남대, 중앙대		
671	한재석 (韓在錫)	죽포시고 (竹圃詩稿)	1868-1928	2권 1책	1970	석판본	단국대 율곡기념도서관		
672	한중석 (韓重錫)	취송당유고 (翠松堂遺稿)	1898-1974	2권 1책	1986	신연활자본	국립중앙도서관, 경기대, 전남대, 조선대, 중앙대		
673	허림 (許林)	옥포유고 (玉圃遺稿)	1871-1916	3권 1책	미상	석판본	고려대, 연세대, 원광대, 전북대	역총 2888	
674	허섬 (許爕)	백제유고 (白霽遺稿)	1881-1946	7권 3책	1947	석판본	국립중앙도서관, 고려대, 국민대, 전북대		
675	홍정하 (洪景夏)	화운유고 (華雲遺稿)	1888-1949	5권 2책	1969	연인본	원광대, 전북대, 전주대, 한국중앙연구원	역총 1522	〈해제〉 호남-45
676	홍규식 (洪奎植)	석천유고 (石川遺稿)	1871-1945	5권 1책	1980	신연활자본	고려대, 국회도서관, 부산대, 성균관대 춘경각, 전남대, 전북대, 중남대		
677	홍순주 (洪淳柱)	회당유고 (晦堂遺稿)	1897-1971	3권 1책	1976	석판본	국립중앙도서관, 경기대, 전남대, 전주대, 한국학중앙연구원	역총 1988	
678	홍우 (洪鈺)	기우집 (幾宇集)	1883-1948	8권 3책	1966	석판본	국립중앙도서관, 계명대, 성균관대한 국학중앙연구원, 전남대, 전북대	역총 1426	

연번	저자	문집명	생몰년	구성	간사년	판종	소장처	총서간행	비고
679	홍우섭(洪祐燮)	설헌유고(雪軒遺稿)	1880-1958	4권 1책	1969	석판본	국립중앙도서관, 계명대, 계명대, 단국대 퇴계기념도서관, 전남대, 한국학중앙연구원	역총 2874	
680	홍우성(洪祐成)	모산유고(慕山遺稿)	1849-1932	3권 1책	1973	석판본	국립중앙도서관, 전남대, 준호제		
681	홍우용(洪祐鏞)	우산유고(牛山遺稿)	1872-1941	2권 2책	1968	석판본	계명대, 전남대, 전북대, 한국학중앙연구원		
682	홍종호(洪鍾皓)	서범수록(西汎隨錄)	1919-1996	1책	1976	석판본	국립중앙도서관, 단국대 퇴계기념도서관, 성균관대 존경각, 원광대, 전남대, 조선대, 중남대		
683	홍찬희(洪纘憙)	시헌유고(時軒遺稿)	1882-1953	6권 3책	1958	석판본	국립중앙도서관, 원광대, 전남대		
684	황병중(黃炳中)	고음집(鼓嚴集)	1871-1935	4권 2책	1938	석판본	국립중앙도서관, 경성대, 고려대, 영남대, 원광대		
685	황병중(黃炳中)	양명집초(陽明集鈔)	1871-1935	3책	미상	미상	국립중앙도서관		
686	황병호(黃炳濩)	청산유고(聽山遺稿)	1863-1934	5권 1책	1935	목활자본	국립중앙도서관, 연세대, 전남대		
687	황석(黃㠼)	석정유고(石庭遺稿)	1848-1919	1책	1947	신연활자본	국립중앙도서관, 계명대, 단국대 율곡기념도서관, 성균관대 존경각		
688	황의석(黃義錫)	남강시고(南岡詩稿)	1901-미상	3권 1책	1978	연활자본	국립중앙도서관, 계명대, 단국대 율곡기념도서관, 성균관대 존경각, 전남대, 조선대		
689	황제필(黃在弼)	단파유고(檀坡遺稿)	1847-1893	5권 2책	1929	목활자본	국립중앙도서관, 계명대, 고려대, 성균관대 존경각, 연세대, 전남대, 전주대	역총 1471	
690	황제오(黃宰五)	연촌유고(連村遺稿)	1895-1965	2권 2책	1983	신연활자본	국립중앙도서관, 단국대 퇴계기념도서관, 부산대, 성균관대 존경각, 조선대, 한국학중앙연구원		

번호	저자	문집명	생몰년	구성	간사년	판종	소장처	총서간행	비고
691	황철원 (黃澈源)	중헌집 (重軒集)	1878-1932	10권 4책	1948	석판본	국립중앙도서관, 고려대, 용인대,	역총 522-523	
692	황현 (黃玹)	매천집 (梅泉集)	1855-1910	11권 5책	1911/ 1966	연인본/ 필사본	국립중앙도서관, 경상대, 고려대, 국회도서관, 남평문씨 인수문고, 연세대, 전남대, 한국학중앙연구원	문총 348 역총 2925	〈해제〉호남-46 본집 7권 3책(1911), 속집 4권 2책(1913)